Wettbewerb und Monopolisierung in der Luft- und Raumfahrtindustrie

AF814206

Strukturwandel und Strukturpolitik

Herausgegeben von Prof. Dr. Wolfram Elsner

Band 16

PETER LANG
Frankfurt am Main · Berlin · Bern · Bruxelles · New York · Oxford · Wien

Stefan Reiter

Wettbewerb und Monopolisierung in der Luft- und Raumfahrtindustrie

Analyse und Bewertung des Unternehmenszusammenschlusses Daimler-Benz/MBB aus Sicht der modernen Industrieökonomik

PETER LANG
Internationaler Verlag der Wissenschaften

Bibliografische Information der Deutschen Nationalbibliothek
Die Deutsche Nationalbibliothek verzeichnet diese Publikation in der Deutschen Nationalbibliografie; detaillierte bibliografische Daten sind im Internet über <http://www.d-nb.de> abrufbar.

Zugl.: Bremen, Univ., Diss., 2007

D 46
ISSN 1438-2644
ISBN 978-3-631-56917-7

© Peter Lang GmbH
Internationaler Verlag der Wissenschaften
Frankfurt am Main 2007
Alle Rechte vorbehalten.

Das Werk einschließlich aller seiner Teile ist urheberrechtlich geschützt. Jede Verwertung außerhalb der engen Grenzen des Urheberrechtsgesetzes ist ohne Zustimmung des Verlages unzulässig und strafbar. Das gilt insbesondere für Vervielfältigungen, Übersetzungen, Mikroverfilmungen und die Einspeicherung und Verarbeitung in elektronischen Systemen.

www.peterlang.de

Zur Reihe "Strukturwandel und Strukturpolitik"

"Strukturwandel", vor allem "globaler" Strukturwandel, ist in aller Munde. Er ist in der Tat das wichtigste Phänomen, in dem sich die *Dynamik* des Wirtschaftens äußert und das dem Wachstum der Wirtschaft zugrunde liegt. Auch Wirtschaftspolitik ist seit mehr als zwei Jahrzehnten weit eher "Strukturpolitik" (im weitesten Sinne, also institutionelle Strukturen eingeschlossen) als "Globalsteuerung".

Statisch-statistisch gesehen haben Struktur und Strukturwandel mit ökonomischen Phänomenen auf *"mittlerer" Aggregationsebene* und ihrem Wandel zu tun: Sektoren, Branchen, sektorale Cluster und Netzwerke, ferner Regionen, regionale Cluster und Netzwerke sowie schließlich Betriebsgrößenklassen (wie z. B der "Mittelstand" oder Kleinstunternehmen und Existenzgründer). Diese strukturelle Dimension der Wirtschaft beschreibt zugleich das moderne Feld der *Meso-Ökonomik.* Zur Strukturpolitik zählen dementsprechend die sektorale Strukturpolitik (industrial policy), die heutzutage auch *cluster- und netzwerkorientiert* ist, einschließlich der Technologiepolitik, die *regionale* Strukturpolitik, einschließlich der Humankapitalförderung i. w. S., sowie die *Mittelstands- und Existenzgründungsförderpolitik.*

Dynamisch und *ökonomisch-theoretisch* betrachtet haben Strukturwandel und Strukturpolitik etwas mit unmittelbaren (d. h. nicht nur indirekten, preisvermittelten) *Interaktionen* von Akteuren zu tun. Diese finden i. d. R. in komplexen und mit Unsicherheit behafteten Entscheidungssituationen statt und induzieren Prozesse, deren Ergebnisse nicht nur in Mengen und Preisen beschreibbar sind. Sie sind bedingt durch funktional und räumlich fragmentierte Wertschöpfungsketten, die zugleich technologisch höchst interdependent sind und insbesondere durch Netztechnologien und Netzexternalitäten die Akteure in ihren Entscheidungen voneinander abhängig machen. Diese neue Realität der New Economy verlangt hochgradig abgestimmte individuelle Entscheidungen und dichte Interaktionen. Solche Interaktionen wiederum verlangen vielfältige *Koordinierungs- und Kooperationsleistungen* von den Akteuren einschließlich der öffentlichen Akteure. Diese Leistungen lassen sich nach aller Erfahrung und theoretisch erhärtet vor allem in *"mittelgroßen" Gruppen* effektiv erbringen. Dort finden *soziale Lernprozesse* relativ leicht statt, und private Akteure können in diesem Rahmen im evolutionären Prozeß soziale Institutionen der Koordination und Kooperation herausbilden. Netzwerke, als fortgeschrittene Kooperationsformen, bewirken dann nach empirischen Erkenntnissen erhebliche Effizienzsteigerungen, z. B. oft erhebliche Beschleunigungen des Innovationsprozesses zwischen kleinen und mittleren Unternehmen. Solche spontanen dezentralen Prozesse sind jedoch zugleich - sowohl in der sozialökonomischen Realität wie in sozialen Experimenten, erhärtet durch theoretische Forschung - oft *blockiert*, anhaltend *fragil* und/oder sehr *zeitaufwendig.*

Wenn Global Player vor diesem Hintergrund ihre Macht einsetzen und globale Zuliefernetzwerke hierarchisch organisieren und kommandieren ("Hub & Spoke Netzwerke"), dann finden dezentrale Lernprozesse i.d.R. ebenfalls in suboptimaler Weise statt. Die Koordinations- und Kooperationsleistungen der privaten Akteure lassen sich jedoch *initiieren*, *stabilisieren* und/oder *beschleunigen* durch eine moderne Wirtschafts(struktur)politik, die die Anreize, Motive und Leistungen der Privaten nicht (etwa im Sinne der traditionellen Kollektivguttheorie) ersetzt, sondern sich wiederum interaktiv mit diesen koordiniert, um die Privaten zu Beiträgen im eigenen, aber auch im strukturpolitischen Interesse zu motivieren. Zu dem damit angedeuteten Paradigma einer "*interaktiven*" (und damit zugleich "schlankeren") *Wirtschafts- und Strukturpolitik* soll diese Buchreihe ebenfalls Beiträge liefern.

Insgesamt soll mit dieser Reihe der Anspruch verfolgt werden, eine moderne, interaktive *Meso-Ökonomik* zu repräsentieren. Diese kann die vielfältigen Insuffizienzen reiner Mikro- und reiner Makro-Ökonomik und die vielfältigen, oft unbeabsichtigten (wenngleich oft systematischen) strukturellen Effekte von mikro- und makroökonomischen Vorgängen und mikro- und makropolitischen Aktionen aufdecken helfen und schließlich die Probleme durch adäquate privat-private und privat-öffentliche Interaktionsstrukturen einer Lösung näherbringen.

Wolfram Elsner, Bremen

Vorwort des Herausgebers

Der vorliegende Band steht im Zusammenhang der Branchen- und Sektorstudien dieser Buchreihe, insbesondere mit dem anderen Band, der bereits Konkurrenz und Kooperation in der internationalen Flugzeugindustrie behandelt hat (Bd. 14 dieser Reihe). Wir legen diesen Band nun als eine weitere aufschlussreiche Case Study über die deutsche und europäische (und unvermeidlich auch globale) Luft- und Raumfahrtindustrie vor, die betriebswirtschaftliche, wettbewerbsrechtliche und -politische, innovations- und industrieökonomische, industriepolitische sowie außenwirtschaftliche und natürlich auch außenpolitische Dimensionen hat. Last not least hat der nun fast 20 Jahre alte Ausgangspunkt dieser Case Study, der Zusammenschluss von Daimler Benz und Messerschmidt-Bölkow-Blohm, der die Deutsche Airbus und das europäische Airbus-Konsortium hat entstehen lassen, eine hohe aktuelle Relevanz. Vor dem Hintergrund der aktuellen Krise der EADS Flugzeugsparte ist ein Blick in die jüngste Konzerngeschichte der letzten 20 Jahre aufschlussreich: Welche ökonomischen und betriebswirtschaftlichen Prognosen wurden damals entwickelt und strittig diskutiert, was sind die Vorder- und was die Rückseiten jener Fusion, die diesen heutigen europäischen Konzernverbund haben entstehen lassen? Die moderne Innovations- und Industrieökonomik sowie die Theorien der strategischen Industrie- und Außenwirtschaftspolitiken haben dazu einiges und recht Differenziertes zu sagen. Nach Lektüre dieser Fallstudie wird man auch in der aktuellen Debatte über die Krise des europäischen Flugzeugbau-Verbundes kompetenter mitreden können.

Bremen, April 2007
Wolfram Elsner

Aktuelle Vorbemerkung

Der Zusammenschluss von Daimler-Benz und Messerschmidt-Bölkow-Blohm im Jahr 1998 stellt einen wegweisenden Eckpfeiler zuerst bei der Neuordnung der deutschen und später der europäischen Luft- und Raumfahrtindustrie (LRI) dar. Ohne diese zuvor nationale Konsolidierung der deutschen LRI-Strukturen wäre ein europäisches Gemeinschaftsunternehmen, wie EADS, nur schwer zu realisieren gewesen. Auch der Erfolg von Airbus in den letzten Jahren ist unter anderem auf die durch den Zusammenschluss entstandenen effizienteren Strukturen und Entscheidungswege zurückzuführen. So war der Zusammenschluss Daimler-Benz/ MBB ein wichtiger Schritt, um die im Anschluss umgesetzten organisatorischen Veränderungen innerhalb des Airbus-Konsortiums durchzuführen und seine Integration im Rahmen des EADS-Konzerns zu beschleunigen. Der Zusammenschluss stellt somit einen ersten Rationalisierungsschritt dar, der die Wettbewerbsfähigkeit von Airbus gegenüber seinem Konkurrenten Boeing gestärkt hat.

Dass dennoch bei Airbus heute nicht alles rund läuft, zeigen die derzeitigen Probleme des Konsortiums. Anhand der aktuellen Lieferverzögerungen beim A380 und dem damit einhergehenden Stellenabbau und den geplanten Werksverkäufen zeigt sich, dass Airbus nach wie vor ein gutes Stück von einer unter betriebswirtschaftlichen Aspekten optimalen Struktur mit effizienten Prozessen entfernt ist. Gleichzeitig zeigt die Unentschlossenheit und mehrfache Anpassung im Zusammenhang mit der Produktionsentscheidung des A350 die Komplexität der Entscheidungsstrukturen innerhalb des Unternehmens. Dies ist besonders kritisch zu sehen, da der Wettbewerber Boeing aus einer schwierigen Phase Ende der neunziger Jahre inzwischen gestärkt hervorgegangen ist und Airbus heute in Bezug auf Produktinnovationen und moderne Produktionsstrukturen erheblich unter Druck setzt. Gleichzeitig wurde in der Diskussion über das von Airbus aufgesetzte Power8-Rationalisierungsprogramm der ausgeprägte politische Einfluss in dieser Branche erkennbar. Es wurde deutlich, in welchem schwierigen Spannungsfeld zwischen staatlichen Protektionismus und unternehmerischer Rationalität sich die LRI bewegt. Einerseits sind Rationalisierungsschritte auf unternehmerischer Seite nachvollziehbar, um wettbewerbsfähig zu bleiben (auch wenn diese ursächlich durch Fehler des Managements entstanden sind), andererseits sind die beschäftigungspolitischen Motive nachvollziehbar, aufgrund derer Politiker sich für den Erhalt von Werken und Arbeitsplätzen in bestimmten Regionen einsetzen. Im Fall von Airbus geht der Einfluss der Politik jedoch noch weiter. So forderten einzelne deutsche Regierungsstellen eine konkrete Mitbestimmung bei der Aufteilung zukünftiger Arbeitspakete an spezifischen Airbusprojekten im Rahmen des Power8-Rationalisierungsprogramms, obwohl seitens der Bundesregierung zurzeit keine direkte Unternehmensbeteiligung an EADS und somit Airbus vorliegt (im Gegensatz zur französischen Seite). Eine Legitimation für eine solche staatliche Einmischung wird lediglich aus den über Jahrzehnten geflossenen umfangreichen Subventionen abgeleitet und mit der damit einhergehenden Sicherung eines strategisch wichtigen Industriezweiges begründet.

Die Diskussion um getätigte Subventionen in der zivilen Flugzeugindustrie reicht bis in die siebziger Jahre zurück und ist somit annähernd so alt wie Airbus selbst. Eine neue Wendung nahm die Auseinandersetzung im Jahr 2004, als die USA das bilaterale Abkommen mit der EU von 1992, welches erstmalig die Beschränkung von Subventionen festlegte, kündigten und eine Untersuchung der Airbus Subventionen bei der Welthandelsorganisation (WTO) beantragten. Dies wurde seitens der EU mit einer Gegenklage erwidert, die ihrerseits die Einleitung eines Verfahrens bei der WTO gegen die Subventionen der USA an Boeing beantragte. In Summe errechnen beide Parteien Subventionen in zweistelliger Milliardenhöhe, die der Flugzeugindustrie der jeweils anderen Seite ungerechtfertigt zugeflossen seien.

Derzeit sprechen zwei Gründe gegen eine Rückkehr der beiden Parteien an den Verhandlungstisch zur Lösung des transatlantischen Handelsstreits: Einerseits hat die amerikanische Seite aufgrund der jüngsten Erfolge von Boeing derzeit die stärkeren Machtposition inne, wodurch es den Europäern schwerer fällt Zugeständnisse zu machen, da sich Airbus in einer Schwächephase befindet. Andererseits macht die Diskussion in Europa um eine höhere Staatsbeteiligung an EADS und die ungeklärte Finanzierung des A350 eine kurzfristige Verhandlungslösung nicht sehr wahrscheinlich. Dies deutet darauf hin, dass die derzeitige Situation in diesem transatlantischen Handelskonflikt festgefahren ist.

Es gibt jedoch auch Gründe, die für eine mögliche Verhandlungslösung sprechen. So müssen sich die beiden Kontrahenten Airbus und Boeing bewusst sein, dass sie am Schluss auch als Verlierer dastehen können, falls die WTO im Rahmen einer Verurteilung die Rückzahlung von Subventionen anordnet. Angesichts der über Jahre hinweg geleisteten hohen Subventionszahlungen wäre dies für beide Seiten nicht unproblematisch und letztlich würde es beiden Unternehmen eher schaden, als helfen. Darüber hinaus ist fraglich, inwiefern sich die beiden Handelsmächte einen solchen Konflikt leisten können, wenn gleichzeitig mit China und Russland zwei neu erstärkte Wirtschaftsmächte in den Markt für zivile Großraumflugzeuge drängen und so den Wettbewerb zu den etablierten Wirtschaftsnationen in diesem Sektor verschärfen. So hat China unlängst angekündigt, ein ziviles Großraumflugzeug für mehr als 150 Passagiere zu entwickeln. Experten schätzen zwar, dass es noch rund 13 Jahre dauert, bevor die ersten Maschinen fertig gestellt sind. In Anbetracht der Tatsache, dass der chinesische Markt aber einen geschätzten Bedarf von 2.900 Flugzeugen im Wert von 280 Mrd. $ in den nächsten 20 Jahren aufweisen wird, ist dies doch eine sehr wesentliche und nicht zu unterschätzende Entwicklung. Zusätzlich spricht für eine Verhandlungslösung, dass sowohl Airbus als auch Boeing schon lange keine reinen nationalen Champions mehr sind. Im Zuge der internationalen Arbeitsteilung beziehen die Flugzeugbauer einen steigenden Anteil von Zulieferteilen von Unternehmen aus dem jeweiligen Land des Konkurrenzunternehmens. Somit schadet ein WTO-Verfahren indirekt auch der heimischen Industrie. Dazu kommt, dass beide Unternehmen wichtige Kunden auf der jeweils anderen Seite des Atlantiks haben.

Inwiefern vor diesem Hintergrund die USA und Europa ihren Disput beibehalten oder in Anbetracht der neuen Konkurrenz eher eine kooperative Lösung finden, wird die Zukunft zeigen. Mittelfristig muss es in Europa das Ziel sein, den Einfluss der Regierungen in der zivilen Luftfahrtindustrie sowohl in finanzieller als auch in politischer Hinsicht zu reduzieren. Dies würde auch die betriebswirtschaftlich notwendigen Maßnahmen zur Optimierung der Produktionsprozesse bei Airbus erleichtern. Dass in naher Zukunft der Staatseinfluss in der Flugzeugindustrie sowohl in den USA als auch in der EU gänzlich obsolet wird, ist aufgrund der Besonderheiten des Marktes jedoch unwahrscheinlich.

Die aktuellen Entwicklungen in der europäischen und internationalen LRI zeigen nach wie vor die hohe Veränderungsdynamik dieser Branche. Die Wettbewerbssituation im Bereich der Herstellung ziviler Verkehrsflugzeuge ist hierfür nur ein Beispiel. Auch auf Ausrüster- und Zuliefererebene und in der Raumfahrt werden grenzüberschreitende Zusammenschlüsse und Kooperationen immer wichtiger. Der Unternehmenszusammenschluss Daimler-Benz/MBB steht am Anfang einer Konsolidierungsentwicklung auf europäischer Ebene, die nach wie vor noch nicht abgeschlossen ist. Dies zeigt die bis heute hohe Relevanz des Zusammenschlusses auf die Entwicklung europäischer LRI-Strukturen, die ihrerseits das globale Wettbewerbsgefüge der Branche prägen und beeinflussen.

Düsseldorf, April 2007
Stefan Reiter

Inhaltsverzeichnis

Abkürzungsverzeichnis

AECMA	European Association of Aerospace Industries
AI	Airbus-Industrie
AIA	Aerospace Industries Association
AS	Aérospatiale
ASCM	Agreement on Subsidies and Countervailing Measures
ASD	AeroSpace and Defence Industries Association of Europe
ASU	Arbeitsgemeinschaft Selbständiger Unternehmer e.V.
BAe	British Aerospace
BDI	Bundesverband der Deutschen Industrie e.V.
BDLI	Bundesverband der Deutschen Luft- und Raumfahrtindustrie e.V.
BERD	Business Sector Expenditures on R&D
BETA	Bureau d'économie théorique et appliquée
BGT	Bodensee Gerätetechnik GmbH
BIP	Bruttoinlandsprodukt
BkartA	Bundeskartellamt
BMBF	Bundesministerium für Bildung, Wissenschaft, Forschung und Technologie
BMBW	Bundesministerium für Bildung und Wissenschaft
BMFT	Bundesministerium für Forschung und Technologie
BMPT	Bundesministerium für Post und Telekommunikation
BMVBW	Bundesministerium für Verkehr, Bau und Wohnungswesen
BMVg	Bundesministerium für Verteidigung
BMW	Bayrische Motoren Werke
BMWi	Bundesministerium für Wirtschaft
BWB	Bundesamt für Wehrtechnik und Beschaffung
CAEP	Committee on Aviation Environmental Protection
CASA	Construcciones Aeronauticas SA
CEA	Chase Econometric Institute
DA	Daimler-Benz Aerospace Airbus GmbH
DARA	Deutsche Agentur für Raumfahrtangelegenheiten
DASA	DaimlerChrysler Aerospace AG
debis	Daimler-Benz Interservices AG
DFG	Deutsche Forschungsgemeinschaft
DGLR	Deutsche Gesellschaft für Luft- und Raumfahrt e.V.
DIW	Deutsches Institut für Wirtschaftsforschung
DLR	Deutsche Luft- und Raumfahrt
DoT	Department of Transportation
DRI	Denver Research Institute
DZLR	Deutsches Zentrum für Luft- und Raumfahrt

EADS	European Defence and Space Agency
EDIG	European Defence Industry Group
EGV	Vertrag zur Gründung der Europäischen Gemeinschaft
ESA	European Space Agency
ESI	European Space Industry
EU	Europäische Union
EUROMART	European Cooperative Measures for Aeronautical Research and Technology
EWGV	Vertrag zur Gründung der europäischen Wirtschaftsgemeinschaft
FAZ	Frankfurter Allgemeine Zeitung
FhG-ISI	Fraunhofer Gesellschaft - Institut für Systemtechnik und Innovationsforschung
FESG	Forecasting and Economic Support Group
F&E	Forschung und Entwicklung
GASP	Gemeinsame Außen- und Sicherheitspolitik
GATT	General Agreement on Tariffs and Trade
GIE	Groupement d'Intérêt Economique
GWB	Gesetz gegen Wettbewerbsbeschränkungen
HB	Handelsblatt
HFG	Hamburger Flugzeugbau
HGB	Handelsgesetzbuch
IABG	Industrieanlagen-Betriebsgesellschaft
IAF	International Astronautical Federation
IATA	International Air Transport Association
ICAO	International Civil Aviation Organization
ifo	Institut für Wirtschaftsforschung
IO	Industrial Organization
IRWG	Industry Restructuring Working Group
KfW	Kreditanstalt für Wiederaufbau
LCA	Large Civil Aircraft
LF	Luftfahrt
LRI	Luft- und Raumfahrzeugindustrie
LuR	Luft- und Raumfahrt
MBB	Messerschmitt-Bölkow-Blohm GmbH
MDD	McDonnell Douglas Corporation
MMS	Matra Marconi Space
MOU	Memorandum of Understanding
MRI	Midwest Research Institute
MTF	Militärische Transportflugzeuge
MTU	Motoren- und Turbinen-Union
NASA	National Aeronautics and Space Administration

NATO	North Atlantic Treaty Organization
NJ	New Jersey
nv	nicht vorhanden
OECD	Organization for Economic Cooperation and Development
p.a.	per annum
PA	Pennsylvania
Pkm	Personenkilometer
RADCAP	R&D Contributions to Aviation Progress
R&D	Research and Development
Rdnr.	Randnummer
SAS	Societé par Actions Simplifiée
SCE	Single Corporate Entity
SDI	Strategic Defense Initiative
SEPI	Sociedad Estatal de Participaciones Industriales
Skm	Sitzplatzkapazität pro Kilometer
SS/L	Space Systems Loral
SZ	Süddeutsche Zeitung
Tkm	Tonnenkilometer
TST	Telefunken Systemtechnik AG
Tz.	Textzeichen
UTC	United Technologies Corporation
UWG	Gesetz gegen den unlauteren Wettbewerb
VFW	Vereinigte Flugtechnische Werke
VGe	Verarbeitendes Gewerbe
VGR	Volkswirtschaftliche Gesamtrechnung
VR	Veränderungsraten
WEU	Westeuropäische Union
WTO	World Trade Organization
WuW	Wirtschaft und Wettbewerb
WWU	Wirtschafts- und Währungsunion

Abbildungsverzeichnis

Tabellenverzeichnis

I. Einleitung

1. Die deutsche Luft- und Raumfahrtindustrie im Wandel

Die Luft- und Raumfahrtindustrie (LRI) in Deutschland ist, gemessen an Umsatz und Beschäftigten, eine vergleichsweise kleine industrielle Branche. Verglichen mit den USA, Großbritannien und Frankreich ist der Anteil der LRI am Bruttoinlandprodukt und an der Gesamtbeschäftigung in Deutschland eher gering. Trotz alledem wird dem Sektor der LRI immer wieder eine strategisch bedeutsame Komponente zugeschrieben. Hierfür sind eine Reihe von Faktoren verantwortlich. Zum einen sind die industriellen Ausgaben für Forschung und Entwicklung in der LRI, gemessen an den Umsätzen, deutlich höher als in allen anderen Branchen. Darüber hinaus leistet die LRI einen bedeutenden volkswirtschaftlichen Beitrag durch eine hohe Exportquote sowie durch die hoch bezahlten und qualifizierten Arbeitsplätze die sie bietet. In diesem Sinne ist die LRI ein Sektor, der die Entwicklung neuer Technologien vorantreibt. Er verbindet fast alle Hochtechnologien des Informationszeitalters wie Elektronik, Robotik, Mess-, Steuer-, Werkstoff-, und Regeltechnik. Die Innovationen der Branche haben den Computerbau wesentlich beflügelt und finden in vielen anderen Industriezweigen Anwendung. Gleichzeitig ist sie Schrittmacher bei der Entwicklung neuer Werkstoffe und Technologien.

Im Jahr 2004 erwirtschaftete die Branche mit 69.300 Beschäftigten einen Umsatz von 16 Mrd. Euro. Zu diesem Gesamtumsatz der Branche in 2004 trug die zivile Luftfahrt 63% bei, gefolgt von der militärischen Luftfahrt (29,3%) und der Raumfahrt (7,7%). Nach einem tief greifenden Markteinbruch Mitte der neunziger Jahre entwickelt sich die LRI inzwischen sehr positiv. So kann sie in Folge einer umfassenden Konsolidierung heute wieder positive Wachstumszahlen vorweisen. Insofern sind die Branchenperspektiven bezogen auf Wachstum und Beschäftigung mittel- bis langfristig weiterhin günstig.

Eine der vorrangigen Aufgaben wird in der nächsten Zeit die Konsolidierung der bislang entstandenen europäischen Strukturen in der LRI sein. Die deutsche LRI befindet sich heute inmitten eines europäischen Konsolidierungs- und Integrationsprozesses und hat sich hierfür, nicht zuletzt durch die Unterstützung der Bundesregierung, in den letzten beiden Jahrzehnten eine gute Ausgangsposition geschaffen. Auf allen Ebenen der Luft- und Raumfahrt steht die Europäisierung der deutschen Aktivitäten im Vordergrund. Dies gilt sowohl auf Ebene der Industrie als auch auf der des Luftverkehrs, der Forschung und der Wissenschaft. Auf allen Gebieten werden nationale Grenzen überschritten und der europäische Rahmen gewinnt an Bedeutung.

Als Voraussetzung für diese aus heutiger Sicht europäische Ausrichtung der deutschen LRI musste zuvor eine Konsolidierung auf nationaler Ebene erfolgen. Dies war insbesondere deswegen notwendig, da es mit einer zersplitterten Unternehmenslandschaft ungleich schwieriger gewesen wäre, sich in die Entwicklungen auf europäischer Ebene einzubringen. In diesem Zusammenhang spielt der Unternehmenszusammenschluss zwischen dem damaligen Automobilkonzern Daimler-Benz und dem hauptsächlich auf die Luft- und Raumfahrt ausgerichteten Unternehmen Messerschmitt-Bölkow-Blohm (MBB) aus dem Jahr 1989 eine wesentliche Rolle. Warum es zu diesem Zusammenschluss zweier deutscher Industrieunternehmen kam und welche Beweggründe dabei eine Rolle spielten wird im folgenden kurz skizziert, bevor im Rahmen der weiteren Ausführungen eine ausführliche Analyse erfolgt.

Angesichts der Veränderungen im internationalen und speziell im europäischen Wettbewerbsumfeld rückte Ende der achtziger Jahre auf dem Gebiet des strategischen Managements neben der „Führung"[1] insbesondere die „Wettbewerbsorientierung" strategischer Überlegungen immer mehr in den Mittelpunkt der Planung von Unternehmen[2]. Dabei stand die Wachstumssicherung als Ziel der Unternehmenspolitik im Rahmen der verhaltenswissenschaftlichen Theorie im Zentrum der Betrachtungen[3], wobei dieses Wachstumsziel mit dem Bestreben verbunden war, Risiko und Unsicherheit möglichst gering zu halten[4].

Unternehmen sehen sich seit jeher einer Vielzahl möglicher Gefährdungen ausgesetzt, die ihren Geschäftsverlauf beeinflussen. So hängt ihr Erfolg von Faktoren ab, die im Vorfeld zum Teil nur schwer abzuschätzen sind. Aktivitäten der Wettbewerber spielen hierbei genauso eine Rolle wie Wechselkursänderungen, Streiks oder Veränderungen in der Wirtschaftspolitik eines Landes. Zusätzlich müssen auch Aspekte auf der Absatzseite, wie z.B. Änderungen der Konsumentenpräferenzen und auf der Anbieterseite z.B. Änderungen bei Produktionstechniken in das strategische Kalkül einbezogen werden. Schließlich sind Großunternehmen durch ihre geringe Anpassungsflexibilität vielfältig eingeschränkt, da sie häufig u.a. durch ihre interne Bürokratie an Reaktionsschnelligkeit auf die Veränderungen der Märkte einbüßen[5].

---

1 Vgl. Henzler (1988a, b), o.S.

2 Vgl. Meffert/Wehrle (1982), o.S.; Rumelt (1979), S. 196 ff.

3 Vgl. Zohlnhöfer/Greiffenberg (1981), S. 79 ff.; Trein (1995), S. 67 ff.; Watter (1990), S. 29 ff.

4 Vgl. Albrecht, (1994), S. 5 ff.; Kilger/Karl (1971), S. 401 ff.; Bressmer/Moser/Sertl, (1989), S. 16 ff.

5 Vgl. Berg (1995), S. 369; Sieben/Stein (1992), S. 9 ff.; Theis (1992), S. 9 ff.; Storck (1993), S. 30 ff.

Der ehemalige Vorstandsvorsitzende der Daimler-Benz AG, EDZARD REUTER, hatte Ende der achtziger Jahre die Vorstellung, durch Strategien externer Diversifizierung[1] eine Wachstumssicherung und Risikostreuung der Geschäftsfelder des Daimler-Benz-Konzerns zu erreichen[2]. Das Ziel war hierbei, im Rahmen einer Art Zukunftsvorsorge rechtzeitig Ersatz für traditionelle Betätigungen auf solchen Märkten zu schaffen, deren Wachstumsdynamik sich abschwächt. Dabei sollte versucht werden, drohende Gefährdungen der eigenen Wettbewerbsposition möglichst frühzeitig zu erkennen, um ihnen rechtzeitig entgegenwirken zu können[3]. So bestand im Daimler-Benz-Konzern Mitte der achtziger Jahre[4] die Befürchtung, dass die Automobilindustrie zu Beginn des neuen Jahrtausend, zumindest unter dem Aspekt der absetzbaren Mengen, an die Grenzen des Wachstums stoßen würde[5]. Daraus wurde die Notwendigkeit für das Unternehmen abgeleitet, neue Wachstumspotenziale zu erschließen. Im folgenden suchte die Daimler-Benz AG neue, ergiebige Märkte vor allem in der Mikroelektronik, in der Kommunikationstechnik und in anderen „high technology"-Bereichen wie der Luft- und Raumfahrtindustrie[6]. Diese Bereiche passten nach Aussage der damals agierenden Manager in das Portfolio des größten deutschen Industrieunternehmens. Man wollte in diesen Bereichen die Kernkompetenzen des Unternehmens fortführen, die durch hohe Produktqualität, eine überdurchschnittliche Innovationsleistung[7] und die Fähigkeit zum Bereitstellen komplexer und anspruchsvoller Problemlösungen gekennzeichnet war[8].

Diversifizierung hat nicht nur das Erschließen neuer Wachstumspotenziale durch den Eintritt in zuvor nicht bearbeitete Märkte zum Ziel, sondern man erhofft sich hierdurch auch, die Wettbewerbsposition der etablierten Unternehmensbereiche verbessern zu können. Dies wird mit der Realisierung von Synergien begründet, die, wenn sie konkret und möglichst vollständig umgesetzt werden, die Wettbewerbsposition des Unternehmens nachhaltig verbessern sollen[9]. Inwiefern Synergien im Falle eines Unternehmenszusammenschlusses allerdings

---

1 Vgl. Sontheimer (1989), S. 4 f.; Busse/Coenenberg (1992), S. 5 f.; Lamparter (1989), S. 30 f.

2 Vgl. Reuter (1998), S. 315 ff.; Kirchner (1991), S. 115 ff.; Zoern (1994), S. 13 ff.

3 Vgl. Berg (1990), S. 644; Hunger (1991), S. 56 ff.; Porter (1992), S. 57 ff.

4 Vgl. Berg (1982), S. 1 ff.

5 Diese Befürchtung kann man inzwischen aufgrund der sehr positiven Entwicklung der deutschen Automobilindustrie speziell auch im internationalen Wettbewerbsumfeld als unbegründet zurückweisen. Vgl auch Arndt (1994), S. 119 ff.

6 Vgl. Clever (1993), S. 23 ff.

7 Vgl. Haag (1995), S. 7 ff.

8 Vgl. Berg (1990), S. 644; Freytag (1989), o.S.

9 Vgl. Ehrensberger (1993), S. 13 ff.; Gerpott (1993), S. 61 ff.; Green (1990), S. 17 f.; Kirchner (1991), S. 115 ff.; Frank (1993), S. 115 ff.; Seidel (1995), S. 27 ff.; Reißner (1992), S. 104 ff.

tatsächlich vorliegen und in welchem Maße es im Einzelfall gelingt, diese auszuschöpfen, kann allenfalls langfristig beurteilt werden und muss zudem kritisch gesehen werden[1]. So könnte es sein, dass im Rahmen eines Unternehmenszusammenschlusses eindeutige Synergien vorliegen, diese aber aufgrund politischer oder anderer Umstände nicht konsequent realisiert werden können. Wird ein Unternehmenszusammenschluss jedoch im Vorfeld mit der Realisierung eben dieser Synergien begründet, könnte er im nachhinein einen Teil seiner Legitimation einbüßen.

Im Rahmen der Bestrebungen, die Vorstellung eines „integrierten Technologiekonzern" umzusetzen, kam es 1989, neben einem schon vorher in die Wege geleiteten Engagements der Daimler-Benz AG bei AEG, MTU und Dornier, zu dem Unternehmenszusammenschluss mit der Messerschmitt-Bölkow-Blohm GmbH. Dieser wurde nach einer Untersagung des Bundeskartellamtes, erst im Rahmen einer Ministererlaubnisentscheidung genehmigt.

Das Zusammenschlussvorhaben wurde bereits im Vorfeld intensiv und kontrovers diskutiert, da befürchtet wurde, dass durch den Zusammenschluss und den somit vollzogenen Eintritt von Daimler-Benz in den Bereich Wehrtechnik, sowie in Verbindung mit anderen Engagements des Automobilkonzerns, es in Deutschland zur Bildung eines übermächtigen[2] „Militärisch-Industriellen Komplexes" kommen würde[3]. Als kritisch sah man in diesem Zusammenhang vor allem die nicht mehr parlamentarisch kontrollierbare Interessensverflechtung von Luftfahrt-, Rüstungsindustrie, Militär und Politik an.

1 Vgl. Berg (1995), S. 373 f.; Chatterjee (1986), S. 119 ff.
2 Vgl. Tolksdorf (1994), S. 13 ff.
3 Vgl. Bamberg (1990), S. III ff.

2. Zielsetzung und Aufbau der Arbeit

Der Unternehmenszusammenschluss zwischen Daimler-Benz und MBB stellt ein wichtiges Ereignis dar, das über die rein unternehmensbezogene Sicht der beiden beteiligten Firmen hinausgeht. So ist der Zusammenschluss dieser beiden Unternehmen einen wesentlicher Meilenstein im Rahmen der Konsolidierung der wichtigsten deutschen Luft- und Raumfahrtaktivitäten, der seinerseits die Voraussetzung für die Entwicklung weiterreichender europäischer Strukturen war. Demnach sind in bezug auf diesen Zusammenschluss nicht nur die beiden beteiligten Unternehmen als solches relevant, sondern auch der Einfluss, den der Zusammenschluss auf die Weiterentwicklung der zugehörigen Marktstrukturen hatte. Um dieses Zusammenspiel zwischen Unternehmen und Markt zu beschreiben, wird im Rahmen dieser Arbeit die moderne Industrieökonomik herangezogen.

Die moderne Industrieökonomik oder Industrial Organization (IO) beschäftigt sich vor allem mit der Interaktion zwischen Markt und Unternehmen, also mit dem Funktionieren von Märkten, und stellt somit ein zentrales Forschungsgebiet der Mikroökonomik und der modernen Volkswirtschaftslehre insgesamt dar. Den Schwerpunkt legt die IO dabei weniger auf die allgemeine Gleichgewichtstheorie, die mikroökonomische Haushalts- und Unternehmenstheorie oder die Preis- und Wettbewerbstheorie. Sie bedient sich vielmehr explizit marktspezifischer Partialmodelle, dass heißt sie befasst sich mit isolierten Industrien. Dadurch ist sie unmittelbar auf das reale Geschehen auf solchen abgegrenzten Märkten ausgerichtet und ist deshalb weniger abstrakt und stärker anwedungsorientiert als beispielsweise die allgemeine Gleichgewichtstheorie. Darüber hinaus berücksichtigt sie das strategische Verhalten der Wirtschaftssubjekte und stellt auf marktspezifische institutionelle Gegebenheiten ab. Schließlich versucht sie, Erklärungen und Vorhersagen für die Funktionsweise spezifischer Märkte zu liefern[1].

Die moderne Industrieökonomik interessiert sich weniger für den theoretischen Referenzfall des vollkommenen Wettbewerbs. Sie befasst sich vielmehr mit Formen des unvollständigen Wettbewerbs zwischen Unternehmen. So gilt ihr Interesse dem Wettbewerbsverhalten im Oligopol und in der monopolistischen Konkurrenz, dem potentiellen Wettbewerb z.B. beim Vorliegen von dominanten Firmen oder natürlichen Monopolen sowie dem Marktzu- und -austritt von Unternehmen. Zudem spielen Themen wie Forschung und Entwicklung, Marktdynamik und vor allem das strategische Verhalten von Unternehmen in diesen Marktformen eine wichtige Rolle. Dabei bedient sich die IO aller Gebiete der

1 Vgl. Bühler/Jaeger (2002), S. 1 f.

modernen Mikroökonomik, von der Spieltheorie über die Vertragsökonomik bis hin zur Informationsökonomik. So hilft die IO aus der Sicht von Regierungen, Wettbewerbsbehörden und Wissenschaftlern aufzuzeigen, inwiefern Märkte mit unvollständigem Wettbewerb zu effizienten Ergebnissen führen können oder inwieweit imperfekte Märkte in der Lage sind, die soziale Wohlfahrt eines Landes zu maximieren[1].

2.1 Problemstellung

Die Luft- und Raumfahrtindustrie stellt einen typischen Investitionsgütersektor dar. Bei den in dieser Branche hergestellten Produkten handelt es sich überwiegend um sehr hochwertige Erzeugnisse, die in relativ kleiner Stückzahl hergestellt werden. Die Produkte haben in der Regel eine sehr lange Produktlebensdauer und einen dementsprechend langen Modellzyklus. Die Entwicklung neuer Produkte erfordert häufig sehr hohe Investitionskosten, wobei der Markterfolg in keiner Weise gesichert ist. Dies sind einige Gründe, warum auf diesem engen Markt nur eine kleine Anzahl von Herstellern in der Lage ist, die erforderlichen Mittel aufzubringen und die vorhandenen Risiken in Kauf zu nehmen.

Hieraus ergibt sich, dass die auf dem Markt absetzbaren Stückzahlen für die im Bereich der Luft- und Raumfahrtindustrie tätigen Unternehmen von elementarer Bedeutung für die Stückkosten und damit für die Rentabilität der getätigten Investitionen sind. Solche Märkte, die wie die Luft- und Raumfahrtindustrie „economies of scale“ und „economies of scope“ aufweisen, sind in der Regel stark umkämpft und neigen zu engen Oligopolen, da unter anderem Pioniervorsprünge der Altsassen (bereits etablierte Unternehmen) für nachfolgende Unternehmen mit rein marktwirtschaftlichen Mitteln nur schwer aufzuholen sind. Trotz der generellen Marktfähigkeit von Faktoren und Gütern sind die Voraussetzungen vollkommener Konkurrenz beim Vorliegen solcher Größenvorteile nicht erfüllt. Insbesondere ist die Annahme der reinen Mengenanpassung bei vielen aktiven Unternehmen nicht mehr gerechtfertigt. Im Einproduktfall führen fallende Durchschnittskosten aufgrund hoher Fixkosten zu unmittelbaren Anreizen für Fusionen. Solche Auswirkungen von Größenvorteilen werden sowohl in der Theorie natürlicher Monopole als auch in der Industrieökonomik untersucht[2].

Bei der Luft- und Raumfahrtindustrie handelt es sich daher um eine Branche, die weitgehend durch staatliches Engagement geprägt ist. Dabei reicht die direkte oder indirekte Förderung durch die Finanzierung von Grundlagenforschung über

1 Vgl. Bühler/Jaeger (2002), S. 3.
2 Vgl. Knieps (2001), S. 21 ff. sowie S. 45 ff.; Tirole (1999), S. 42 ff. sowie S. 671 ff.

staatliche Auftragsentwicklung, öffentliche Beschaffung und Erhaltungsmaßnahmen bis hin zur Produktions- und Absatzsubventionierung. Dadurch ist es dem Staat möglich, in erheblichen Ausmaß die Gestaltung der jeweils nationalen Luft- und Raumfahrtindustrie zu beeinflussen sowie die Wettbewerbsposition der entsprechenden Industrien nachhaltig in seinem Sinne zu verbessern oder ggf. zu verschlechtern.

Staatliche Eingriffe gehören seit jeher zum Wirtschaftsleben und bis in das 18. Jahrhundert hinein wurden sie nicht wirklich in Frage gestellt. Eine positive Handelsbilanz stand im Mittelpunkt der merkantilistischen Wirtschaftspolitik. Mit hohen Zöllen und einem künstlich intensivierten Export schotteten sich die Länder gegen ungewünschte Konkurrenzprodukte ab. Doch im Rahmen der zunehmenden Handelsströme zu Beginn des neunzehnten Jahrhunderts wurde die Beibehaltung dieser Wirtschaftsordnung immer schwieriger und es wurden zunehmend die Vorzüge des Freihandels gegenüber dem Protektionismus propagiert. Im Folgenden wurde aber auch das Freihandelsideal in seiner theoretischen Reinform nie verwirklicht. Vor diesem Hintergrund versucht die neue Außenhandelstheorie seit Mitte der achtziger Jahre, durch die Zusammenführung der klassischen Außenhandelstheorie mit der modernen Industrieökonomik das Zustandekommen strategischer Handels- und Industriepolitik zu erklären. Sie untersucht den Einfluss gegenläufiger Interessen auf die politische Entscheidungsfindung und begründet, warum Freihandel in speziellen Einzelfällen nicht die für die eigene Volkswirtschaft beste Alternative ist. Die Theorie der strategischen Handelspolitik wurde im Rahmen der neuen Außenhandelstheorie entwickelt und dient als theoretische Basis dieser Arbeit.

Im Rahmen der Analyse soll der Unternehmenszusammenschluss von Daimler-Benz und MBB aus dem Jahr 1989 als Fallbeispiel herangezogen werden, um unter anderem die eben dargelegten Merkmale der Luft- und Raumfahrtindustrie anhand eines praktischen Falls zu analysieren. Dabei soll anhand dieser Unternehmensfusion sowohl die starke staatliche Einflussnahme als auch die Evolution der gesamten Branche im Hinblick auf die stärkere nationale und schließlich auch europäische Konzentration diskutiert werden. Von speziellem wissenschaftlichen Wert soll die ex-post Analyse dieser im Rahmen einer Ministererlaubnis zu Stande gekommenen Fusion sein. So werden die im Jahr 1989 von der Monopolkommission herangezogenen Argumente die für bzw. gegen den Zusammenschluss sprachen erneut aufgegriffen und sowohl vor dem Hintergrund des Wandels in der Luft- und Raumfahrtindustrie als auch vor dem derzeitigen wissenschaftlichen Kenntnisstand erläutert und diskutiert. Theoretisch eingebettet wird die Analyse dabei in die moderne Industrieökonomik im allgemeinen und in die strategische Handelspolitik im speziellen.

Folgende Untersuchungshypothesen, sollen im Rahmen der Dissertation überprüft werden:

- Für den Fall, dass Kapitalmangel oder ein zu hohes unternehmerisches Risiko die langfristige Entwicklung eines als „strategisch" bezeichneten Wirtschaftszweigs gefährden, wird vom Staat nicht nur interveniert, sondern er wird zu einem treibenden Element im gesamten wirtschaftlichen Prozess.

- Ein aufeinander abgestimmtes Vorgehen zwischen Staat und privatwirtschaftlichen Unternehmen bestimmt die strukturelle Entwicklung der Luft- und Raumfahrtindustrie. Es werden Teilbereiche dieser Industrie wettbewerbsfähig gemacht oder aufgebaut, gegebenenfalls in Konkurrenz zu bereits auf dem Weltmarkt existierenden Unternehmen (siehe Airbus). Der Staat und nicht der Wettbewerb macht die Luft- und Raumfahrtindustrie international konkurrenzfähig.

- Die Überführung der staatlichen Beteiligung an MBB in die privatwirtschaftliche Eigenverantwortung stellt eine notwendige Voraussetzung für eine grundlegende strukturelle Neuordnung der deutschen und europäischen Luft- und Raumfahrtindustrie dar. Die Ministererlaubnis des Unternehmenszusammenschlusses zwischen Daimler-Benz und MBB ist im Rahmen der Abwägung von Gemeinwohlvor- und Gemeinwohlnachteilen auch aus heutiger Sicht als richtig anzusehen.

- Über staatliches Engagement in Form einer aktiven Konzentrations- und Subventionspolitik sowie durch gezielte politische Förderung, unter anderem auf europäischer Ebene, ist es dem Staat in den vergangenen zwanzig Jahren gelungen, die deutsche Luft- und Raumfahrtindustrie zu erhalten und international konkurrenzfähig zu machen.

2.2 Vorgehensweise

Um die Vorgehensweise einer weitergehenden Analyse des Zusammenschlusses darzulegen, müssen zuvor einige Hintergründe erläutert werden. Das Unternehmen MBB war zum Zeitpunkt des Zusammenschlusses in den Bereichen ziviler Flugzeugbau, Wehrtechnik, Raumfahrt und Hubschrauberbau tätig. Direkt im Anschluss an den genehmigten und vollzogenen Zusammenschluss mit Daimler-Benz im Jahr 1989 wurde MBB im Rahmen einer internen Umstrukturierung in die neu geschaffene Daimler-Benz Aerospace (DASA) integriert. Somit ist es im Rahmen einer ex-post Analyse nicht mehr möglich, alle Unternehmensteile der früheren MBB im nachhinein einer genauen Untersuchung zu unterziehen, da sich die Geschäftstätigkeiten der ehemaligen MBB mit den Aktivitäten anderer Unternehmen wie z.B. Dornier, die sich vorher bereits im Portfolio von Daimler-Benz befanden, vermischt haben und im Rahmen der DASA zusammengefasst wurden. Lediglich ein Teil der früheren MBB kann heute noch separat betrachtet werden: die deutsche Beteiligung am Airbus-Projekt. MBB war 1989 zu 100% Eigentümer der Deutschen Airbus GmbH, die den wirtschaftlichen Generalunternehmer für den deutschen Anteil des Airbus-Programms in Höhe von 37,9% darstellte. Ende 1999 wurde dieser Anteil am Airbus-Programm seitens der DASA in den neu gegründeten europäischen Raumfahrtkonzern EADS eingebracht. Insofern ist die deutsche Beteiligung an Airbus nach wie vor klar gegenüber den anderen unternehmensinternen Konsolidierungen abgrenzbar. Dazu kommt, dass gerade der zivile Flugzeugbau mit 54% des Umsatzes den größten Teil der Geschäftstätigkeit von MBB vor dem Zusammenschluss abdeckte und somit einen akzeptablen Gradmesser für die Entwicklung nach dem Zusammenschluss darstellt.

Die Anwendung der Theorie der strategischen Handelspolitik soll dazu dienen, die deutsche Beteiligung am Airbus-Programm respektive Airbus insgesamt unter aktuellen industrieökonomischen Gesichtspunkten zu analysieren und somit Rückschlüsse auf den Zusammenschluss zuzulassen. Die Theorie der strategischen Handelspolitik hat für Märkte mit unvollständiger Konkurrenz aufgezeigt, dass staatliche Intervention unter bestimmten Umständen zum Vorteil des intervenierenden Landes gereichen kann, indem ausländische Produzentenrenten ins Inland umgeleitet werden (rent shifting). Allerdings sind die Anforderungen für eine erfolgreiche Intervention hoch und die Gefahr eines wohlfahrtsmindernden Eingriffs ist entsprechend groß, falls nicht alle Vorbedingungen für einen erfolgreichen Eingriff erfüllt sind. Insofern dient die strategische Handelspolitik als theoretischer Rahmen, um die Zusammenhänge zwischen privatwirtschaftlichen Unternehmen und staatlichen Akteuren zu beschreiben und über den industrieökonomischen Erfolg oder Misserfolg von staatlichen Interventionen im Hinblick auf den Zusammenschluss Daimler-Benz/MBB zu urteilen.

In *Kapitel 2* werden vorab die Merkmale der Luft- und Raumfahrtindustrie herausgearbeitet. Nach genauer Definition und Abgrenzung zu anderen Branchen wird hierbei auf die Besonderheiten und die Unternehmenskonzentration in diesem Sektor eingegangen. Dabei werden unter anderem auch die spezifischen Produktionsbedingungen durch die dieser Industriezweig gekennzeichnet ist (economies of scale und economies of scope) erläutert. Im Anschluss erfolgt eine Einordnung der deutschen Luft- und Raumfahrtindustrie im internationalen Vergleich. Abgeschlossen wird dieses Kapitel mit einer Übersicht der industriepolitischen Zusammenhänge, die diese Branche prägen und der speziellen Rolle des Staates und seiner Einflussnahme auf das Wirtschaftsgeschehen dieses Sektors.

Die in *Kapitel 3* dargestellte strategische Handelspolitik stellt den theoretischen Rahmen der Arbeit dar. Zuerst erfolgt eine Darstellung der strategischen Interaktion der beiden Champions auf dem Weltmarkt für zivile Verkehrsflugzeuge. Im Anschluss wird die staatliche Einflussnahme im Rahmen dieser Interaktion beschrieben und auf die strategische Handelpolitik übergeleitet. Nach einer kurzen Einführung über die Idee und Entstehung der strategischen Handelspolitik wird die Theorie ausführlich erläutert. Dabei werden zuerst der Begriff und die Ziele der strategischen Handelspolitik definiert und abgegrenzt, bevor im einzelnen auf die Modelle der beiden Ideengründer BRANDER und SPENCER eingegangen wird. Es folgt ein Exkurs in die spieltheoretischen Variationen dieses theoretischen Modells. Abschließend werden kritische Äußerungen an dem Modell gewürdigt und einander gegenübergestellt.

In *Kapitel 4* wird der Zusammenschluss der Daimler-Benz AG mit der Messerschmitt-Bölkow-Blohm GmbH aus dem Jahre 1989 in einem historischen Abriss dargestellt. Hierzu werden zuerst die beiden Unternehmen in ihrer damaligen Struktur vorgestellt sowie Anlass und Hintergründe für das Zusammenschlussvorhaben beschrieben. Im Anschluss wird auf das Antrags- und Genehmigungsverfahren eingegangen. Hierzu zählt zunächst der Antrag und die Ablehnung des Zusammenschlusses beim Bundeskartellamt und des weiteren der Antrag auf Erlaubnis durch den Bundesminister für Wirtschaft. Das Ergebnis der Monopolkommission und die Genehmigung durch den Bundesminister für Wirtschaft, einschließlich des Misstrauensvotums des damaligen Präsidenten der Kommission, schließen die historische Betrachtung ab.

Eingangs von *Kapitel 5* werden zunächst die relevanten beteiligten Unternehmen in ihrer heutigen Organisationsform vorgestellt und kurz skizziert. Die weitere Struktur dieses Kapitels ergibt sich weitgehend aus dem Sondergutachten der Monopolkommission, in dem die Kommission die einzelnen kritischen Aspekte des Zusammenschlusses thematisierte und im Rahmen der 1989 vorliegenden wissenschaftlichen Erkenntnisse beurteilte. Die Arbeit greift diese behandelten Punkte erneut auf und analysiert sie im Rahmen einer ex-post Analyse unter aktuellen wissenschaftlichen Erkenntnissen. Dabei werden, wie es der Aufgabe im Rahmen einer Ministererlaubnis entspricht, die Gemeinwohlvorteile den -nachteilen gegenübergestellt, um schließlich zu einem Urteil über den Zusammenschluss aus heutiger Sicht zu gelangen.

Kapitel 6 ergänzt die Ausführungen des vorangegangenen Kapitels, indem repräsentativ Airbus, einschließlich des deutschen Anteils an dem Gemeinschaftsunternehmen als wichtigster Bestandteil der früheren MBB, im Rahmen der strategischen Industrieökonomik beleuchtet wird. Hierzu wird zunächst die strategische Handelspolitik am Beispiel von Airbus angewendet, um zu verdeutlichen, wie im Modell von Spencer/Brander durch gezielte Staatseingriffe die inländische Wohlfahrt auf Kosten des Auslands erhöht werden kann. Nach Darstellung der unterschiedlichen Skaleneffekte, die in der Luft- und Raumfahrtindustrie vorliegen, werden im Anschluss die Ergebnisse dreier Studien vorgestellt, die im Rahmen einer solchen strategischen Industrieökonomik den Versuch unternommen haben, die anfallenden Wohlfahrtseffekte zu quantifizieren. Im folgenden wird darüber hinaus gezeigt, zu welchen industrieökonomischen Problemen und Konflikten es gerade in der Luft- und Raumfahrtindustrie zwischen Boeing und Airbus respektive zwischen den USA und Europa in den letzten Jahren gekommen ist, wie man mit ihnen umging und welche Tendenzen sich für die Zukunft abzeichnen.

Kapitel 7 führt die Zwischenfazits aus Theorie- und Empirieteil inklusive der finalen Schlussfolgerungen zusammen und schließt die Arbeit mit einem Ausblick auf die Perspektiven der Luft- und Raumfahrtindustrie im internationalen Kontext ab.

A) Hintergrund / Theorie

II. Merkmale und Entwicklung der Luft- und Raumfahrtindustrie

1. Definition, Gliederung und Abgrenzungsproblematik

Unter der Luft- und Raumfahrzeugindustrie (LRI) versteht man eine Gruppe von Unternehmen und Industriebetrieben[1], die sich mit der Entwicklung, Produktion und Modifikation von Luft- und Raumfahrzeugen sowie deren spezifischer Teile, Komponenten, Ausrüstungen und Peripheriegeräte beschäftigt. Im Hinblick auf die in der LRI hergestellten Endgeräte kann man diese Branche in folgende Bereiche unterteilen:

- **ziviler Luftfahrzeugbau** (Flugzeuge aller Arten und Größen, Hubschrauber, sonstige Luftfahrzeuge wie Luftschiffe, Ballone),
- **militärischer Luftfahrzeugbau** (Flugzeuge aller Arten und Größen, Hubschrauber, Flugkörper mit eigenen Antriebsaggregaten),
- **Raumfahrzeugbau** (Raumkörper, Startgeräte)[2].

Die Hersteller der in dieser Industrie produzierten Enderzeugnisse werden auch als Systemfirmen bezeichnet. Sie beziehen in erheblichen Umfang Zulieferungen (Teile, Komponenten, Ausrüstungen) von anderen Unternehmen. Die Hersteller von **Triebwerken** für Luft- und Raumfahrzeuge werden meist als eigenständiger Subsektor der LRI ausgewiesen. Für die Erfassung der restlichen **Teile und Ausrüstungen** gibt es unterschiedliche Zuordnungskonzepte[3]. Verschiedene statistische Quellen kommen demnach zu unterschiedlichen Aussagen über die Größenordnung dieser Branche[4].

Neben der dargestellten Branchenaufteilung ist ein weiteres häufig verwendetes Gliederungsschema die Unterteilung des Luft- und Raumfahrtsektors in:

---

1 Die Bezeichnung Industriebetrieb umfasst sozio-technische Systeme, in denen i.d.R. auf ingenieurwissenschaftlicher Basis Sachgüter zur Fremdbedarfsdeckung geschaffen werden, um Erfolg unter Beachtung von sozialen und sonstigen Anforderungen zu erzielen.

2 Der Raumfahrzeugbau lässt sich genauso in einen zivilen und einen militärischen Teilbereich untergliedern. Da in Deutschland aber bisher keine militärische Komponente besteht, wird diese Unterteilungsmöglichkeit hier nicht weiter betrachtet.

3 Vgl. hierzu die unterschiedlichen Abgrenzungen des Statistischen Bundesamtes und des BDLI für die deutsche Luft- und Raumfahrtindustrie in Kapitel V-3.1.1.

4 In diesem Zusammenhang ist die Konsolidierung der Sektorendaten wichtig. Hierbei werden die innersektoralen Lieferungen, also die Zulieferungen der Teile-, Komponenten und Ausrüstungshersteller an die Systemhersteller, von der Brutto-Umsatzsumme abgezogen (konsolidierter Umsatz), um Doppelzählungen zu vermeiden. Dieses Verfahren wird in der DG III-Statistik der Europäischen Kommission verwendet. Dadurch ergeben sich jeweils drei Werte für den sektoralen Umsatz eines Landes und für die EU insgesamt, nämlich der unkonsolidierte, der auf nationaler Ebene konsolidierte und der auf Gemeinschaftsebene konsolidierte Umsatz.

- Luftfahrzeug-Systemhersteller
- Raumfahrzeug-Systemhersteller
- Triebwerkhersteller
- Ausrüstungshersteller[1]

Abgesehen von unterschiedlichen Vorgehensweisen bei der Abgrenzung im Teile- und Ausrüstungsbereich bestehen zum Teil auch große Unterschiede beim Einbeziehen der Herstellung von **Peripheriegeräten**[2] für den Betrieb von Luft- und Raumfahrzeugen und der Erfassung von **Reparaturen, Wartungs- und Erhaltungsarbeiten**[3]. Überschneidungen liegen außerdem im Bereich der **F&E-Aktivitäten** vor.

Hieraus wird ersichtlich, dass die Branchenabgrenzung der Luft- und Raumfahrtindustrie erhebliche Unterschiede aufweist. Es bestehen Überschneidungen in den einzelnen Ansätzen und statistische Zuordnungsprobleme. Abgesehen von der engeren Industriesektoren-Abgrenzung, kann man diese Branche schließlich auch noch unter Einbeziehung des damit direkt verflochtenen Dienstleistungsbereiches[4] in einem weiteren Sinne als Luft- und Raumfahrt-Komplex verstehen[5].

---

1 Dies entspricht der Gliederung der Branchenstatistik der DG III der Europäischen Kommission. Sie unterteilt außerdem den gesamten LRI-Sektor in einen zivilen und einen militärischen Bereich.
Der BDLI fasst in seiner Standardstatistik die Systemhersteller von Luft- und Raumfahrzeugen zur Gruppe Systemindustrie zusammen. Er erfasst dafür als einen zusätzlichen Subsektor die Gruppe „Werkstoffindustrie". Eine vollständige Gliederung umfasst somit neun Untergruppen, nämlich Systemhersteller, Triebwerkhersteller und Teile- und Ausrüstungshersteller jeweils für zivile Luftfahrzeuge, militärische Luftfahrzeuge und Raumfahrzeuge.

2 Dies können Start- und sonstige Bodenanlagen zur Steuerung von Start-, Flug- und Landevorgängen, Auswertungseinrichtungen für übermittelte Informationen, Flugsimulatoren usw. sein.

3 Arbeiten mit erheblichen Eingriffen in die Fahrzeuge (z.B. Modernisierungsmaßnahmen, Kampfwertsteigerungen von militärischem Gerät) werden stets von den betreffenden Systemfirmen durchgeführt und gehen somit in die Sektorenvariablen ein. Routine-Wartungsarbeiten und kleinere Reparaturen können dagegen auch von den entsprechenden Betreibern vorgenommen werden. Demnach hängt die Erfassung von der jeweiligen Zuordnung ab.

4 Hiermit sind nur die Dienstleistungen gemeint, die zur Entwicklung, Herstellung und Erhaltung der Aktivitätsbereiche erforderlich sind.

5 Vgl. Hild/Breitenacher/Pieper, (1997), S. 1.

Für die vorliegende Arbeit soll im allgemeinen der Abgrenzung der ASD[1] (AeroSpace and Defence Industries Association of Europe) gefolgt werden. Sie sammelt jährlich die Daten der LRI der EU-Mitgliedstaaten und veröffentlicht sie im Rahmen ihres „Facts and Figures"-Berichts. Die Auswertung deckt dabei Angaben von 15 Mitgliedstaaten der Europäischen Union und zum Teil auch über die weltweite LRI ab[2]. Im Rahmen dieser Auswertungen wird als **unkonsolidierter Umsatz** die Summe der Umsätze bezeichnet, welche die erfassten Unternehmen melden. Der **konsolidierte Umsatz** wird dagegen als Summe des unkonsolidierten Umsatzes minus dem Umsatz berechnet, den die Unternehmen der europäischen LRI untereinander tätigen. Somit spiegelt der konsolidierte Umsatz sowohl alle Verkäufe dieser Branche an Endnutzer wieder als auch die Verkäufe an andere LRI-Unternehmen außerhalb Europas. Den Berechnungen der ASD liegt folgender Aufteilung nach Industrie-Sektoren und Produkt- Segmenten zugrunde (vgl. Tabelle II-1).

		Industrie-Sektoren			
		Systeme & Rahmen	Triebwerke	Ausrüstung	Summe
Produkt-Segmente	Flugzeuge	a	b	c	**Flugzeuge** = a + b + c
	Lenkflugkörper	d	e	f	**Lenkflugkörper** = d + e + f
	Weltraum	g	h	i	**Weltraum** = g + h + i
	Summe	**Systeme & Rahmen** = a + d + g	**Triebwerke** = b + e + h	**Ausrüstung** = c + f+ i	**Summe** = Σ (a...i)

Tabelle II-1: Aufteilung der Industriedaten der europäischen LRI nach dem Schema der ASD[3].

Das genaue Verhältnis der einzelnen Industrie-Sektoren innerhalb des Entwicklungs- und Herstellungsprozesses kann nicht anhand des konsolidierten Umsatzes dargestellt werden, da der Triebwerks- und Ausrüstungssektor einen wesentlichen Anteil seiner Endprodukte an die Unternehmen aus dem Sektor „Systeme & Rahmen" weitergibt. Um dennoch den individuellen Sektoren-

1 Dabei handelt es sich um eine Nachfolgeorganisation auf europäischer Ebene, die im April 2004 durch den Zusammenschluss von AECMA, EDIG und Eurospace entstand.

2 Dies sind Österreich, Belgien, Dänemark, Finnland, Frankreich, Deutschland, Griechenland, Irland, Italien, Luxemburg, Niederlande, Portugal, Spanien, Schweden, Großbritannien.

3 Quelle: ASD (2004), S. 29.

Beitrag in Relation zum gesamten konsolidierten Umsatz berechnen zu können, werden die folgenden wesentlichen Korrekturen an den sektorspezifischen Umsatzdaten vorgenommen[1]:

- Abzug des Umsatzes für *Triebwerke* und *Ausrüstung*, der von der europäischen LRI an die „Systeme & Rahmen"-Hersteller geliefert wird, vom konsolidierten Umsatz des Sektors *Systeme & Rahmen*.

- Addition des Umsatzes für *Triebwerke*, die von der europäischen LRI an die „Systeme & Rahmen"-Hersteller geliefert werden, zum konsolidierten Umsatz des Sektors *Triebwerke* und Abzug der *Ausrüstung*, die von der europäischen LRI an „Systeme & Rahmen"-Hersteller geliefert wird, vom konsolidierten Umsatz des Sektors *Triebwerke*.

- Addition des Umsatzes für *Ausrüstung*, die von der europäischen LRI an die Systeme & Rahmen Hersteller geliefert wird, zum konsolidierten Umsatz des Sektors *Ausrüstung*.

Die einzelnen Industrie-Sektoren sind dabei wie folgt definiert (analog ergeben sich die Produkt-Segmente aus den gleichen Inhalten)[2]:

Systeme & Rahmen:
- Komplette Systeme an flugfähigen Rahmen für Flugzeuge, Helikopter, Gleiter und Bodensysteme, ..., ihre Subsysteme, Teile und Wartung.
- Komplette Systeme an flugfähigen Rahmen für Lenkflugkörper und Bodensysteme, ..., ihre Subsysteme, Teile und Wartung.
- Komplette Systeme an flugfähigen Rahmen für Raumfahrzeuge, Satelliten, Startrampen und Bodensysteme, ..., ihre Subsysteme, Teile und Wartung.

Triebwerke:
- Kolbenmotoren, Turboprops, Turbojets, Düsentriebwerke, ihre Subsysteme, Teile und Wartung zur Installation in Flugzeugsystemen.
- Triebwerke, ihre Subsysteme, Teile und Wartung zur Installation in Lenkflugkörper.
- Vortriebgeräte, ihre Subsysteme, Teile und Wartung zur Installation im Weltraumfahrzeugen, Satelliten und Startrampen.

Ausrüstung:
- Fertige Produkte, Subsysteme, Teile und Wartung auch für Test- und Bodentraining, Ausrüstung für den Einbau in Flugzeug-Systeme.

1 ASD (2004), S. 29.
2 ASD (2004), S. 30.

- Fertige Produkte, Subsysteme, Teile und Wartung auch für Test- und Bodentraining, Ausrüstung für den Einbau in Lenkflugkörper-Systeme.
- Fertige Produkte, Subsysteme, Teile und Wartung auch für Test- und Bodentraining, Ausrüstung für den Einbau in Weltraumfahrzeuge, Satelliten und Startrampen.

Wie zuvor erwähnt, bestehen auch unterschiedliche Definitionen von Forschung & Entwicklung (F&E). Es ist besonders schwierig, einheitliche Daten zu diesem Thema länderübergreifend zu erfassen. Die ASD verfolgt hinsichtlich der Erfassung von F&E folgenden Definitionsansatz, dem sich diese Arbeit anschließt: F&E wird als forschungs- und technologiebezogene Aktivitäten bezeichnet, die alle F&E Aktivitäten beinhalten, die nicht direkt bestimmten Produkten zugeordnet werden können. Sie können demnach als generische Technologien bezeichnet werden und dienen dazu, die technologische Basis zu erhalten oder auszubauen. Gleichzeitig sind dies auch alle Aktivitäten im weitesten Sinne, die als unterstützende oder hinführende Tätigkeiten zu einer Serienproduktion gelten[1].

Bevor im folgenden ausführlich auf die Entwicklung der LRI im deutschen und internationalen Kontext eingegangen wird, sollen zuerst einige wesentliche Merkmale dieser Branche herausgearbeitet und dargestellt werden. Im Anschluss erfolgt eine kurze Einordnung des Unternehmenszusammenschlusses Daimler-Benz/MBB unter Berücksichtigung der Struktur der deutschen LRI. Zum Abschluss des Kapitels werden industriepolitische Aspekte des Sektors beleuchtet.

1 Vgl. ebenda, S. 31.

2. Kennzeichen der Branche

Die Luft- und Raumfahrtindustrie ist ein typischer Investitionsgütersektor. Bei den in dieser Branche hergestellten Produkten handelt es sich überwiegend um sehr hochwertige Erzeugnisse, die in relativ kleiner Stückzahl hergestellt werden. Ein ziviles Großflugzeug[1] repräsentiert nach heutigen Maßstäben einen Neuwert zwischen ca. 60 Mio. und 235 Mio. US-$ (Airbus A380)[2]. Insgesamt wurden im Jahr 1999 mit 916 zivilen Großflugzeugen die meisten Maschinen weltweit ausgeliefert. Im Jahr 2003 waren es immerhin noch 586 Maschinen. Seit ihrer Markteinführung in den fünfziger Jahren kamen bisher insgesamt rund 20.000 Mittel- und Langstreckenjets zur Auslieferung[3]. Im Vergleich dazu kostet die Positionierung eines Telekommunikations-Standardsatelliten durchschnittlich rund 200 Mio. US-$, wobei die Startkosten fast die Hälfte der Kosten verursachen. Hiervon wurden 1994 (um eine Jahr exemplarisch herauszugreifen) etwa 15 Stück im Weltraum platziert[4].

Im Luftfahrzeugbau und in den meisten Teilen des Raumfahrzeugbaus wird dementsprechend in Kleinserie gefertigt, wobei ein Teil der Wertschöpfung der Branche auch aus auftragsfinanzierter Technologieentwicklung, insbesondere im militärischen Luftfahrzeugbau und in der Raumfahrt, besteht. Die Erzeugnisse im zivilen Luftfahrzeugbau haben einerseits eine sehr lange Produktlebensdauer von zum Teil mehr als 25 Jahren und einen langen Modellzyklus. Außerdem erfordert die Entwicklung eines neuen Modells sehr hohe Investitionskosten. So wurden für die letzte Neuentwicklung von Boeing, der B777, beispielsweise Investitionen von ca. 5 Mrd. US-$ genannt[5]. Für das neue großvolumige Airbusmodell A380 wird der Entwicklungsaufwand mit einer Summe von ca. 12 Mrd. € veranschlagt[6]. Diese gesamten Vorlaufkosten sind auf eine recht kleine Stückzahl in der Produktion und zusätzlich auch noch über einen relativ langen Zeitraum zu verteilen[7]. Die Entwicklungskosten für ein modernes Großflugzeug bedeuten somit durch die Konzentration eines großen Kapitalbetrages auf ein einzelnes Objekt ein hohes Investitionsrisiko, vor allem aufgrund des ungewissen Markterfolges. Dies sind einige Gründe, warum auf diesem engen Markt nur

---

1 Als Großflugzeug bezeichnet man Flugzeuge mit 100 und mehr Sitzen.

2 Im Vergleich dazu kostet eine Boeing 747-400 etwa 185 Millionen US-$.

3 Vgl. European Commission (1997b), DG III, S. 2-21 und eigene Berechnungen.

4 Vgl. Hild/Breitenacher/Pieper, (1997), S. 6.

5 Vgl. Hayward (1994), S. 7.

6 Vgl. BDLI (1998a), S. 9.

7 Airbus möchte in den kommenden 20 Jahren 750 Exemplare des A380 verkaufen. Nach Aussage des Unternehmens werde die Gewinnschwelle bei 250 Flugzeugen erreicht. Abweichende Meinungen gehen aber eher von einer Gewinnschelle bei 530 Flugzeugen aus.

eine kleine Zahl von Herstellern in der Lage ist, diese Mittel aufzubringen und das Risiko in Kauf zu nehmen[1].

Auf einem Markt wie der LRI spielen Effizienzgewinne der Unternehmen eine wesentliche Rolle (vgl. hierzu auch Kapitel VI-2.1). Durch die Einsparung von Zeit oder Geld können sie ihre nationale und internationale Konkurrenzfähigkeit verbessern. Diese Einsparungen können erzielt werden durch:

- **Verbundeffekte** (economies of scope) - Bei Zusammenschlüssen von Unternehmen ergeben sich Verbundvorteile. Diese entstehen dadurch, dass die Herstellungskosten von zwei verschiedenen Produkten in einem diversifizierten Unternehmen niedriger sind als in zwei Einprodukt-Unternehmen. Diese produktiven Effizienzgewinne kompensieren im optimalen Fall mögliche Ineffizienzen, die durch die abnehmende Wettbewerbsintensität entstehen[2].
- **Skalenerträge** (economies of scale) - Mit zunehmender Produktionsmenge sinken die durchschnittlichen Stückkosten. Dies ergibt sich dadurch, dass bei steigender Produktion die Produktionskosten, unter der Annahme konstanter Faktorpreise, unterproportional wachsen. Dies bezeichnet man auch als statische Skalenerträge. Weitere Ersparnisse ergeben sich aus Lerneffekten, die vor allem bei der Produktentwicklung entstehen. Diese werden als dynamische Skalenerträge bezeichnet[3].

Im Fall von Verbundeffekten und Skalenerträgen ist zu berücksichtigen, dass sich diese positiven Effekte auch umkehren können. Dies geschieht insbesondere dann, wenn das Unternehmen die erhöhten Koordinations- und Organisationsaufgaben nach einem horizontalen oder vertikalen Unternehmenszusammenschluss nicht bewältigen kann. Entstehen in einem solchen Fall Mehrkosten oder Produktionsausfälle, spricht man auch von „diseconomies of scope“ und „diseconomies of scale“[4].

Aus den eben dargestellten Rahmenbedingungen ergibt sich für die LRI, dass die auf dem Markt absetzbaren Stückzahlen von elementarer Bedeutung für die Stückkosten und damit für die Rentabilität der getätigten Investitionen sind. Solche Märkte sind zum Teil stark umkämpft und neigen zur Monopolisierung, da insbesondere Pioniervorsprünge die als Markteintrittsbarrieren wirken für nach-

---

1 Vgl. McGuire (1997), S. 10 f.
2 Vgl. Schmidt (1998), S. 204.
3 Vgl. Bletschacher/Klodt (1992), S. 72.
4 Vgl. ebenda, S. 213.

folgende Unternehmen mit rein marktwirtschaftlichen Mitteln nur schwer aufzuholen sind[1].

Auf der Absatzseite besteht eine Finanzierungsproblematik, da der Kauf von Luft- und Raumfahrterzeugnissen für die Kunden eine große Investition bedeutet, vor allem dann, wenn nicht nur ein einzelnes Produkt, sondern ganze Flottenteile angeschafft werden. Aus diesem Grund spielen die Konditionen der Absatzfinanzierung eine wesentliche Rolle[2]. Hinzu kommt eine starke Abhängigkeit von der Entwicklung der Wechselkurse für nicht originär in US-$ fakturierende Unternehmen, da die gesamte Branche Warenströme in US-$ verrechnet.

Ein weiteres besonderes Merkmal der Branche ist die weltweit hohe Transparenz. Durch die limitierten Produktvarianten und die begrenzte Zahl von Systemherstellern ist die Branche überschaubar wie kaum eine andere. Die geringe Anzahl von Anbietern sowie die hohe Transparenz des Sektors ermöglichen zudem eine dynamische Globalisierung der Märkte im Bereich des zivilen Luftfahrzeugbaus und auf dem Markt für Standardsatelliten für den kommerziellen Einsatz. Dagegen herrscht in dem Bereich der militärischen Erzeugnisse und bei Technologieentwicklungen im Raumfahrtbereich in den Ländern mit eigenen Kapazitäten eine nationale Beschaffungspolitik vor, die sich vor allem aus politischen und sicherheitsbezogenen Gründen ergibt[3].

---

1 Dies war auch der Grund für die umfangreichen und über einen sehr langen Zeitraum gezahlten Subventionen für den Airbus.

2 Dies zeigte sich besonders bei der Markteinführung des A380. So mussten Erstkunden für den A380 nur rund 105 Mio. € bezahlen und bleiben damit rund 40% unter dem Listenpreis. der zwischen 165 und 177 Mio. € liegt.

3 Vgl. Hild/Breitenacher/Pieper, (1997), S. 6 f.

3. Einordnung des Zusammenschlusses Daimler-Benz/MBB in internationale Wirkungszusammenhänge

Abgesehen von den kontrovers diskutierten wirtschaftspolitischen und juristischen Implikationen auf nationaler Ebene (auf die im weiteren Verlauf dieser Arbeit noch ausführlich eingegangen wird), hat der Zusammenschluss von Daimler-Benz und MBB Deutschlands Rolle im internationalen Wettbewerb der Luft- und Raumfahrtindustrie verändert. Gegenüber einer ehemaligen Unternehmensstruktur, die aus einigen hoch spezialisierten mittelständischen Unternehmen und einer großen Bandbreite an kleinen Zuliefererbetrieben bestand, konzentrierte sich der größte Teil der nationalen Aktivitäten in den neunziger Jahren in der DaimlerChrysler Aerospace AG (DASA)[1]. Erst durch die Einbringung dieses Teils in den im Jahr 2000 gegründeten europäischen Luft- und Raumfahrtkonzern EADS gewannen die europäischen Strukturen mehr an Bedeutung.

Die inzwischen auch in den USA vollzogene Konzentration der nationalen LRI auf wenige Großunternehmen bestätigt auf den ersten Blick die deutschen Entwicklungen, da ohne sie eine Konkurrenzfähigkeit auf internationaler Ebene wohl nicht mehr gegeben gewesen wäre[2]. Vor diesem Hintergrund waren auch die europäischen Bestrebungen zu sehen, auf europäischer Ebene zu einer Konsolidierung der Luft- und Raumfahrtaktivitäten zu kommen. Dass diese Strategie auf den ersten Blick erfolgreich sein kann, wird am Beispiel des Airbus deutlich, der sich inzwischen nicht nur zu einem gleichrangigen Konkurrenten gegenüber dem amerikanischen Hersteller Boeing entwickelt hat, sondern diesen bezüglich des Marktanteils zeitweise sogar überholt hat[3]. Auf die negativen Aspekte dieses Beispiels wird dabei noch einzugehen sein[4].

Im Folgenden soll gezeigt werden, wie die nationale Konsolidierung der deutschen Luft- und Raumfahrtaktivitäten Deutschlands Rolle und Einfluss im internationalen Gefüge anhaltender europäischen und internationalen Konzentrationsbestrebungen beeinflusst hat und welche Auswirkung sich hieraus ergaben.

1 Vor dem Zusammenschluss von Daimler-Benz und Chrysler stand das Kürzel DASA für Daimler-Benz Aerospace AG.

2 Eine in kleinere Einheiten zersplitterte deutsche Luft- und Raumfahrtindustrie könnte zum einen Großprojekte nur durch die Schaffung komplexer Allianzen finanzieren. Außerdem könnten Nachfrageschwankungen schwerwiegendere Folgen haben, die bis hin zur Gefährdung einzelner Unternehmen führen. Auch bei der Preisgestaltung sind größere Unternehmenseinheiten flexibler als kleinere, welches bei der hohen Transparenz des Marktes schnell negative Auswirkungen mit sich bringen kann.

3 Siehe Kapitel III-1.2 für die Entwicklung des Marktanteils.

4 Auf die Problematik bezüglich getätigter staatlicher Subventionen und somit negativer Aspekte des Airbus wird insbesondere in Kapitel VI eingegangen.

So können die beiden pan-europäischen Unternehmen EADS und Airbus letztlich als Resultante zuvor vollzogener nationaler Konzentrationsprozesse angesehen werden.

Aus heutiger Sicht darf eine Analyse des Zusammenschlusses Daimler-Benz/MBB nicht allein unter nationalen wettbewerbspolitischen Gesichtspunkten durchgeführt werden, sondern muss auch im internationalen Beziehungsgeflecht von Kooperation und Wettbewerb eingeordnet werden. Aus diesem Grund wird im folgenden zunächst die Entwicklung der LRI auf internationaler, europäischer und deutscher Seite vorgestellt, bevor im Anschluss industrie- und wirtschaftspolitische Aspekte dieser Branche aufgegriffen werden.

4. Internationale Wettbewerbspositionen

4.1 Entwicklung des Weltmarktes

Es ist schwierig, das gesamte Weltmarktvolumen von Erzeugnissen der Luft- und Raumfahrtindustrie zu quantifizieren. Für die historische Entwicklung und zur Darstellung der wichtigsten Tendenzen kann als Anhaltspunkt jedoch der LRI-Umsatz der OECD-Länder herangezogen werden. Auf diese Ländergruppe entfällt der größte Teil der weltweiten Produktionsleistung dieser Branche und sie prägt außerdem die relevanten Marktvorgänge auf globaler Ebene. Abgesehen von diesen Ländern befinden sich nennenswerte LRI-Kapazitäten nur noch in Russland[1], China[2], Brasilien, Indonesien, Südkorea und Indien sowie, speziell bezogen auf den militärischen Luftfahrzeugbau, in Israel. Diese Produktionskapazitäten machen zusammengefasst aber nur ca. 5% des gesamten Weltmarktes für zivile Luft- und Raumfahrterzeugnisse aus[3].

Der gesamte LRI-Umsatz der OECD-Länder ist in den achtziger Jahren stark gewachsen und erreichte mit 173 Mrd. US-$ im Jahr 1990 seinen zwischenzeitlichen Höchststand (vgl. Tabelle II-2)[4]. Die durchschnittliche jährliche Wachstumsrate lag im Zeitraum von 1980 bis 1990 bei 4,6%. Damit war die LRI einer der am stärksten expandierenden Industriesektoren in den achtziger Jahren.

Der kontinuierliche Expansionsprozess der achtziger Jahre wurde in der ersten Hälfte der neunziger Jahre nachhaltig unterbrochen. Das reale Umsatzvolumen in der LRI der OECD-Länder sank bis 1994 auf 130 Mrd. US-$, was einer jährlichen Veränderungsrate von -6,2% im Zeitraum 1990/94 entspricht. Aufgrund

---

1 In Russland wurden zur Zeit der UdSSR, vorangetrieben durch die Rüstungsanstrengungen, umfassende und technologisch auf hohem Niveau stehende LRI-Potenziale geschaffen, die in ihrer Breite nur mit denen des Weltmarktführers USA vergleichbar waren. Aufgrund der Schwierigkeiten des Landes beim politischen und wirtschaftlichen Transformationsprozess wurden die wirtschaftlichen Nutzungsmöglichkeiten dieser Potenziale jedoch stark eingeschränkt. Aus diesem Grund ist die russische Wettbewerbsposition gegenwärtig nur schwer einzustufen. Die technologischen Fähigkeiten des Landes kann man aber nach wie vor als hoch einschätzen. Dies belegt auch die zentrale Rolle der Russen bei der neu konzipierten internationalen Raumstation.

2 China hat, neben der Eigenversorgung mit militärischem Gerät, vor allem ein Angebot an Raumfahrt-Startkapazitäten. Daneben ist China zur Zeit dabei, im zivilen Flugzeugbau über Kooperationen mit Unternehmen in den USA und Europa Anschluss zu gewinnen.

3 Vgl. Hild/Breitenacher/Pieper (1997), S. 216.

4 Im folgenden wird als Outputgröße der auf nationaler Ebene konsolidierte Umsatz verwendet. Dabei werden die sektoreninternen Zulieferungen eliminiert. Die Umsatzdaten enthalten also nur Enderzeugnisse sowie Komponenten und Teile, die direkt an Endabnehmer geliefert oder exportiert werden. Die Daten basieren auf den Erhebungen und Angaben der nationalen Industrieverbände.

der konjunkturellen Situation kam es bei der zivilen Nachfrage zu einem abrupten Abschwung im Beschaffungszyklus von Groß- und Regionalflugzeugen. So sank das reale Umsatzvolumen im zivilen Bereich der LRI um -3,8% pro Jahr im Zeitraum 1990/94. Strukturellen Ursprungs war dagegen der Rückgang der Nachfrage nach wehrtechnischen Erzeugnissen, da es durch die veränderte weltpolitische Situation in Verbindung mit Haushaltsproblemen in den meisten OECD-Ländern zu dauerhaften Einschränkungen der militärischen Beschaffungsbudgets kam. So sank der militärische Anteil des Umsatzvolumens von 1990 bis 1994 um durchschnittlich -7,9% pro Jahr[1].

Variable	Absolute Daten				Veränderungsraten[a)] in %	
	1985	1990	1994	2000	1990/94	1994/00
Umsatz[b)] (Mrd. US-$)						
USA	88,9	102,5	73,0	119,5	-7,2	10,6
EU-Länder[c)]	45,6	56,3	41,9	81,8	-6,4	15,9
Kanada	4,1	6,6	7,2	15,4	2,4	18,9
Japan	6,2	7,4	7,9	15,2	1,5	15,6
OECD-Länder insgesamt	144,9	172,8	130,0	231,9	-6,2	13,1
davon:						
militärische Erzeugnisse	101,7	99,0	67,5	92,8	-7,9	6,2
zivile Erzeugnisse	43,2	73,8	62,4	139,1	-3,8	20,5
Beschäftigte (1.000)						
OECD-Länder insgesamt	1.481	1.551	1.069	1.150	-7,8	1,3
Umsatz je Beschäft. (Tsd. US-$)						
OECD-Länder insgesamt	97,8	111,4	121,6	201,7	2,3	11,0

a) Durchschnittliche jährliche Veränderungsraten. – b) in Preisen und Wechselkursen von 2003. – c) Umsätze konsolidiert auf nationaler Ebene.

Tabelle II-2: Historische Eckdaten der LRI der OECD-Länder[2].

Bis zum Ende des Jahrtausends erholte sich der Markt von diesen Umsatzeinbrüchen und legte zwischen 1994 und 2000 durchschnittlich um 13,1% zu. Dies war speziell dem zivilen Bereich zu verdanken, der mit 20,5% Wachstum in diesem Zeitraum überdurchschnittlichen Anteil an der Entwicklung hatte, was be-

1 Der Anteil der wehrtechnischen Erzeugnisse am gesamten LRI-Umsatz der OECD-Länder erreichte 1984 mit 71,5% seinen Maximalwert in den achtziger Jahren und ging 1990, stark beeinflusst durch den Nachfrageboom im zivilen Bereich, auf 57% zurück.

2 Quelle: European Commission (1997b), DG III und AECMA Jahresberichte - Facts and Figures (1996-2003) sowie ASD (2004).

sonders auf die wieder erstarkte Nachfrage nach zivilen Verkehrsflugzeugen zurückzuführen war (vgl. hierzu auch Kapitel III-1.2).

Mit einem Wert von 267 Mrd. US-$ im Jahr 2001 erreichte der weltweite Umsatz in der Luft- und Raumfahrt seinen bisherigen Höhepunkt (vgl. Abbildung II-1). Bemerkenswert ist in diesem Zusammenhang, dass der Anteil der amerikanischen Unternehmen am weltweiten Umsatz der LRI in der Zeit von 1998-2003 von 56,4% auf 44% kontinuierlich abnahm. Im gleichen Zeitraum gelang es den Unternehmen der europäischen Staaten, ihren Anteil am weltweiten Umsatz von 33,5% auf 39,5% zu steigern.

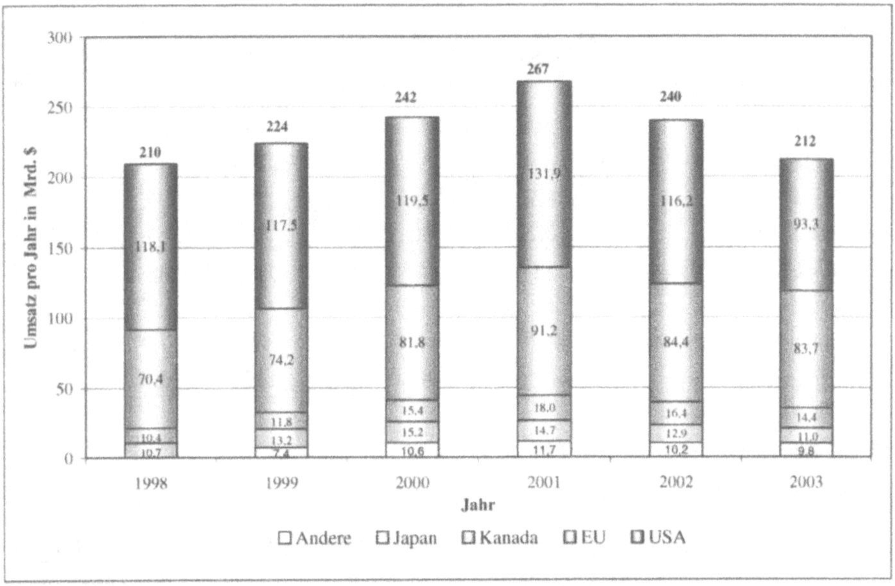

Abbildung II-1: Weltweiter LRI-Umsatz 1998-2003[1].

Parallel dazu wurde die Beschäftigung an das Geschäftsvolumen angepasst. 1990 zählte die Branche in den OECD-Ländern insgesamt noch 1,55 Mio., vier Jahre später nur noch 1,07 Mio. Beschäftigte. Dies entspricht einem durchschnittlichen Personalabbau von 8,9% pro Jahr. Wie bei der Umsatzentwicklung erreichte die weltweite Beschäftigung in der LRI im Jahr 2001 ihren höchsten Wert mit 1,2 Mio. Beschäftigten und nahm seitdem kontinuierlich ab, wenn

1 Quelle: AECMA (2003), S. 28; Die europäischen Werte beziehen sich auf die konsolidierten Umsätze der Mitgliedsländer; in durchschnittlichen jährlichen Wechselkursen von 2003.

auch relativ gesehen langsamer als sich der Rückgang des Umsatzes vollzog (vgl. Abbildung II-2).

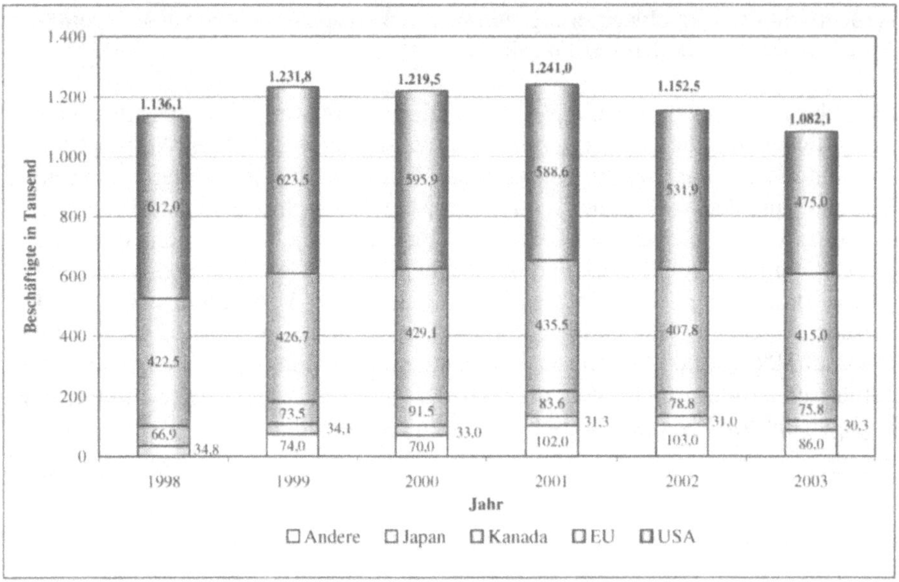

Abbildung II-2: Weltweiter Beschäftigung in der LRI 1998-2003[1].

Dies hängt im wesentlichen mit der hohen Anzahl an qualifizierten Arbeitskräften zusammen, die in dieser Branche beschäftigt werden. So versucht man möglichst lange an diesen hoch qualifizierten Mitarbeitern festzuhalten, da sie nur sehr schwer wieder aufgebaut bzw. eingestellt werden können, wenn man sie einmal freigesetzt hat. Gleichzeitig nimmt die Ausbildung bei Neueinstellungen dieser Arbeitskräfte sehr viel Zeit in Anspruch da die inhaltlichen Aufgabengebiete in der Regel sehr komplex sind. Aus diesem Grund hinkt in der Regel speziell in der LRI die Kapazitätsanpassung des Humankapitals der Geschäftsentwicklung zeitlich hinterher.

Um so einschneidender ist der Wegfall der Arbeitsplätze in der Luft- und Raumfahrtindustrie in den USA zu sehen. Ihr Anteil an der weltweiten Beschäftigung der LRI ging von 1998 mit 54% auf 44% im Jahr 2003 zurück, betrug also minus 10%. In absoluten Zahlen ausgedrückt bedeutet dies, dass allein in diesen sechs Jahren in den USA im Durchschnitt rund 23.000 Stellen p.a. weggefallen sind. Zur gleichen Zeit blieb in Europa die branchenweite Beschäftigung auf einem annähernd konstanten Niveau. Stellt man diesen Zahlen der Beschäfti-

1 Quelle: AECMA (2003), S. 28 und ASD (2004), S. 36.

gungsentwicklung die jährliche Umsatzentwicklung gegenüber, so erkennt man für die USA einen Umsatzrückgang in der LRI von 1998-2003 in Höhe von 12% gegenüber einer Anteilszuwachs für die Länder der EU in Höhe von 5%. Dies verdeutlicht die Verschlechterung der Wettbewerbsposition der USA gegenüber der EU in der LRI in den letzten Jahren.

Ende der achtziger und Anfang der neunziger Jahre waren zwei Tendenzen im wesentlichen für die Intensivierung des Wettbewerbs auf dem Weltmarkt für Luft- und Raumfahrzeuge verantwortlich. Zuerst ergab sich aus dem strukturellen Rückgang der Nachfrage nach militärischen Erzeugnissen ein starker Anpassungsdruck auf die einzelnen Industrien. Besonders die USA waren von dieser Entwicklung aufgrund ihres überdurchschnittlichen Gewichts der wehrtechnischen Komponente stark betroffen (vgl. Abbildung II-3). So hatte sich der militärische Anteil am LRI-Umsatz der USA zwischenzeitlich von 74% im Jahr 1984 auf 40% im Jahr 2001 reduziert. Erst in den letzten beiden Jahren stieg der militärische Anteil, nicht zuletzt durch das weltweit ausgeweitete militärische Engagement der US-amerikanischen Regierung, erneut an.

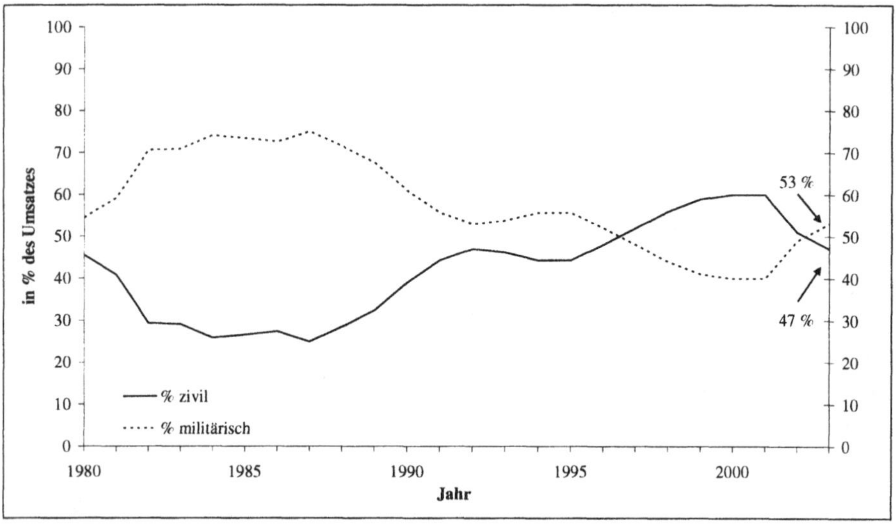

Abbildung II-3: Ziviler und militärischer LRI-Umsatz der USA[1].

Zusätzlich hatten die USA in den achtziger Jahren auf den zivilen Märkten der LRI an Boden verloren, was vor allem dem zunehmenden Erfolg der zivilen Verkehrsflugzeuge von Airbus zugeschrieben werden konnte. Verursacht durch

1 Quelle: European Commission (1997b), DG III und AECMA Jahresberichte - Facts and Figures (1996-2003), sowie ASD (2004), S. 36.

die Branchenkrise Anfang der neunziger Jahre bemühten sich die Luft- und Raumfahrtunternehmen und die Regierung der USA in den letzten Jahren intensiv, die Position der US-amerikanischen LRI zu stabilisieren und zu stärken.

4.2 Unternehmenskonzentration

Vor allem in den USA hatte in den neunziger Jahren ein starker Restrukturierungs- und Konsolidierungsprozess stattgefunden, der seitdem konsequent weitergeführt wurde. Dieser stand im Zusammenhang mit den veränderten Marktbedingungen, insbesondere im Hinblick auf die strukturellen Veränderungen bei der Nachfrage nach wehrtechnischen Erzeugnissen. Nachdem Boeing als Marktführer die Rangliste der größten Luft- und Raumfahrtkonzerne bis 1993 angeführt hatte, wurde das Unternehmen durch den Zusammenschluss der Lockheed Corporation und der Martin Marietta Corporation von seiner Spitzenposition vorübergehend verdrängt[1]. 1996 wurde darüber hinaus von dem neuen Branchenriesen der wehrtechnische Bereich von Loral übernommen. In den Jahren 1996-1997 kam es jedoch durch die Übernahme der Rüstungssparte von Rockwell International durch Boeing sowie durch den Zusammenschluss von Boeing und McDonnell Douglas zu einem neuerlichen Führungswechsel in der Rangfolge der größten Branchenunternehmen. Im Jahr 1997 plante darüber hinaus das damals fünftgrößte LRI-Unternehmen der USA, die Northrop Grumman Corporation[2], den Zusammenschluss mit Lockheed Martin. Allerdings wurde die Fusion von Lockheed-Martin und Northrop-Grumman ein Jahr später im Juli 1998 aus Wettbewerbsgründen von der US-Regierung nicht genehmigt. Inzwischen ist der Konzentrationsprozess der zivilen und militärischen LRI in den USA weitgehend abgeschlossen[3] (vgl. Tabelle II-3). Hiermit sind die LRI-Unternehmen in den USA fokussiert aufgestellt und denken nun über eine Expansion nach Europa nach[4].

1 Lockheed nahm 1992 Rang 5 und Martin Marietta Platz 10 in der weltweiten Rangliste der LRI-Unternehmen ein. In den Zusammenschluss eingebracht wurden von Martin Marietta zudem die Übernahmen von General Electric Aerospace Division und General Dynamics Space Systems sowie von Lockheed die General Dynamics Military Aircraft Division.

2 1994 war die Northrop Grumman Corporation aus der Fusion der beiden namensgebenden Gesellschaften hervorgegangen Die beiden Unternehmen Northrop und Grumman Corporation belegten 1992 Platz 11 und 17 in der „Weltrangliste".

3 Im Jahr 2000 gab es den Versuch des US-Konzerns General Electric, mit dem Technologiekonzern Honeywell zu fusionieren. Der Zusammenschluss war zwar schon von der US-Kartellbehörde genehmigt, die Unternehmen zogen ihren Antrag aber 2001 aufgrund von EU-Bedenken zurück.

4 Vgl. Küchle (2003), S. 10 f.

Durch diese Entwicklung sind in den USA, dem größten Binnenmarkt der Welt für Güter und Dienstleistungen der Luft-, Raumfahrt-, und Verteidigungsindustrie, innerhalb von 5 Jahren vier Konzerne entstanden: Boeing/McDonnell Douglas/Rockwell, Lockheed-Martin, Northrop-Grumman und Raytheon-Hughes. Sie fassen in technologischer und ökonomischer Hinsicht alle Bereiche der militärischen und zivilen Luft-, Raumfahrt- sowie Verteidigungstechnik in wenigen Unternehmen zusammen[1].

Unternehmen[a)]	Umsatz in Mrd. US-$[b)]			
	Umsatz gesamt nach Ort des Stammsitzes		Umsatz nach Verwendung	
	Amerika	EU	militärisch	zivil
Boeing	50,5		28,3	22,2
EADS		37,8	7,2	30,6
Lockheed Martin	31,8		30,2	1,6
United Technologies	31,0		5,3	25,7
Northrop Grumman	26,2		18,6	7,6
Honeywell	23,1		4,2	18,9
BAE Systems		22,4	17,2	5,2
Raytheon	18,1		16,8	1,3
Bombardier[d)]	17,0		0	17,0
General Dynamics	16,6		12,8	3,8
Insgesamt	214,3	60,2	140,6	133,9
	Anteil[c)] in%			
	78,1	21,9	51,2	48,8

a) Berücksichtigung bei mehr als 15% LRI- oder Rüstungsumsatz am Gesamtumsatz. – b) Gesamtumsatz der Unternehmen 2003. – c) am Umsatz der 10 Unternehmen insgesamt. – d) Bombardier ist ein kanadisches Unternehmen.

Tabelle II-3: Die größten LRI- und Rüstungsunternehmen weltweit[2].

Von den zehn umsatzstärksten LRI-Unternehmen weltweit stammten 2003 acht vom amerikanischen Kontinent, während zwei im EU-Raum registriert sind (vgl. Tabelle II-3). Auf die fünf größten LRI-Unternehmen aus den USA entfiel 45% des gesamten LRI-Umsatzes der OECD-Länder. Der Umsatz der beiden größten und einzigen europäischen LRI-Unternehmen innerhalb der „top ten" der Branche machte 2003 dagegen nur 17% aus. Eine andere interessante Relation ergibt sich, wenn man die kumulierten Umsätze der zehn größten LRI-

1 Vgl. Daimler-Benz Aerospace AG (1997a), S. 2.

2 Quelle: Defense News Top 100 (2004), Datamonitor.com.

Firmen aus Amerika und der EU vergleicht. Dies ergibt ein Verhältnis von 2 zu 1, sprich die zehn größten LRI-Unternehmen des amerikanischen Kontinents generieren genau doppelt so viel Umsatz wie die zehn größten europäischen LRI-Unternehmen. Insofern hat der Konzentrationsprozess in den USA im Ergebnis Größenverhältnisse geschaffen, die im Vergleich zu den europäischen Unternehmen deren eigenen Konzentrationsprozess wieder ausgleichen.

In Europa gab es Konzentrationsvorgänge vergleichbarer Dimension lange Zeit nicht. Allerdings unterscheiden sich die Bedingungen und Strukturen in Europa deutlich von denen in den Vereinigten Staaten. Während in den USA die einzelnen Unternehmen in der LRI unabhängiger voneinander arbeiten und eher in Konkurrenzbeziehungen zueinander stehen, arbeiten die europäischen Hersteller auf der Grundlage eines engen Beziehungsgeflechtes von Kooperationen und Gemeinschaftsprojekten auf vielfältige Weise zusammen. So erwirtschaftete das damals größte deutsche LRI-Unternehmen, die DASA, 1997 70% ihres Umsatzes in europäischen Kooperationen[1]. Aus diesem Grund spielten sich Fusionen in der Vergangenheit, bis zur Schaffung des europäischen Luft- und Raumfahrtkonzerns EADS, lange Zeit vor allem im nationalen Rahmen ab[2].

Auf europäischer Ebene gab es in den achtziger und neunziger Jahren die Zusammenschlüsse von Aeritalia und Salina zu Alenia[3] in Italien sowie die Übernahme von Dornier und MBB und deren Zusammenfassung mit der MTU zur DASA durch die Daimler-Benz AG in Deutschland. Im Anschluss daran kam es zu dem Zusammenschluss von Daimler-Benz und MBB, wobei nach dessen Vollzug sämtliche Teile der ehemaligen MBB in die DASA integriert wurde[4].

Im Juli 2000 entstand nach langem und zähen Ringen der europäischen Staaten der EADS-Konzern durch den Zusammenschluss der deutschen DASA, der französischen Aerospatiale und der spanischen CASA. Doch der Weg bis zu diesem historischen Ereignis war nicht einfach und drohte des öfteren zu scheitern. Mitte 1997 wurde eine Absichtserklärung der DASA und der französischen Lagardère-Gruppe verabschiedet, in der diese beiden Unternehmen mit britischer Beteiligung einen eigenen Luft- und Raumfahrtkonzern gründen wollten[5]. Allerdings scheiterte dieser erste Anlauf an den Gesprächen zwischen der DA-

1 Vgl. Daimler-Benz Aerospace AG (1997b), S.1.

2 Die Ausnahme hiervon war die 1993 erworbene Mehrheitsbeteiligung der DASA an Fokker, die jedoch 1996 auch schon scheiterte.

3 In der Aufstellung nach Tabelle III-2 enthalten im Staatskonzern Finmeccanica S.P.A.

4 Abgesehen von den Teilen die im Rahmen der Ministererlaubnis herausgelöst werden mussten.

5 Vgl. o.V. (1997f), S. 13 ff.

SA und der British Aerospace im Jahr 1998[1]. Erst ein Jahr später gelang es der französischen und der deutschen Seite, ihre Differenzen auszuräumen und somit die Gründung eines multinationalen Konzerns weiter voranzutreiben. In Folge dessen schloss sich auch die spanische CASA 1999 dem Konsortium an. Heute stellt die EADS einen starken Wettbewerber gegenüber Großbritannien und vor allem gegenüber der US-amerikanischen Konkurrenz dar.

Im Gegensatz zu den USA ist der Konzentrationsprozess auf dem europäischen Kontinent noch nicht abgeschlossen[2]. So gibt es derzeit erste Hinweise auf Gespräche über eine Fusion zwischen EADS und dem französischen Rüstungsunternehmen Thales. Durch den Zusammenschluss würde es gelingen, ein stärkeres Gegengewicht zur US-Konkurrenz im Rüstungsbereich zu bilden[3]. Allerdings konkurrieren Deutschland und Frankreich trotz des gemeinsamen Interesses an der Konzentration der europäischen Rüstungsindustrie weiterhin um die Führung innerhalb der EADS. Auf der anderen Seite ist noch offen, ob in Zukunft nicht auch Teile der BAe mit EADS zusammengeführt werden[4].

Durch diese aktuellen Entwicklungen wurde die früher vorherrschende, primär nationale Orientierung der Unternehmen im Luft- und Raumfahrtsektor in Europa zum Teil aufgebrochen. Trotzdem bleiben multinationale Unternehmensformen, abgesehen von den angesprochenen Kooperationsformen, die Ausnahme. Diese nationale Orientierung ist einerseits auf die strategische Bedeutung der Branche und andererseits auf die durch den hohen staatlichen Mitteltransfer gesetzten Rahmenbedingungen zurückzuführen. In Europa kommt hinzu, dass sich erhebliche LRI-Kapazitäten noch im Staatsbesitz befinden, speziell in Frankreich, Italien und Spanien.

4.3 Stellung der europäischen Luft- und Raumfahrtindustrie auf dem Weltmarkt

Die europäische Union ist der zweitgrößte Anbieter auf dem Weltmarkt für Luft- und Raumfahrterzeugnisse. Der konsolidierte Umsatz der europäischen

---

1 British Aeropsace hatte sich statt dessen für eine Fusion mit GEC Marconi Electronic Systems entschieden.

2 Auch wenn die nationale Konsolidierung innerhalb der USA weitestgehend realisiert ist, gibt es in letzter Zeit immer wieder Bemühungen der amerikanischen Seite, sich über Zukäufe auf dem europäischen Kontinent zu etablieren. Ein Beispiel ist in diesem Zusammenhang die Veräußerung der Anteile der Eignerfamilie von Rheinmetall im Jahr 2004.

3 Vgl. Guay (1998), S. 167 ff. hier wird eine ausführliche Analyse der Zentralisierungsbemühungen in der europäischen Rüstungsindustrie dargestellt.

4 Vgl. o.V. (2004b), S. 1.

LRI ist mit 74 Mrd. € im Jahr 2003 inzwischen annähernd gleich groß wie der in den USA mit 82,5 Mrd. €. Dabei zeigt die Umsatzentwicklung der europäischen Länder seit 1980 erhebliche konjunkturelle Schwankungen (vgl. Abbildung II-4). So kam es in der ersten Hälfte der neunziger Jahre zu einem Nachfragerückgang der sich deutlich in der Umsatz- und Beschäftigungsentwicklung der europäischen LRI niederschlug.

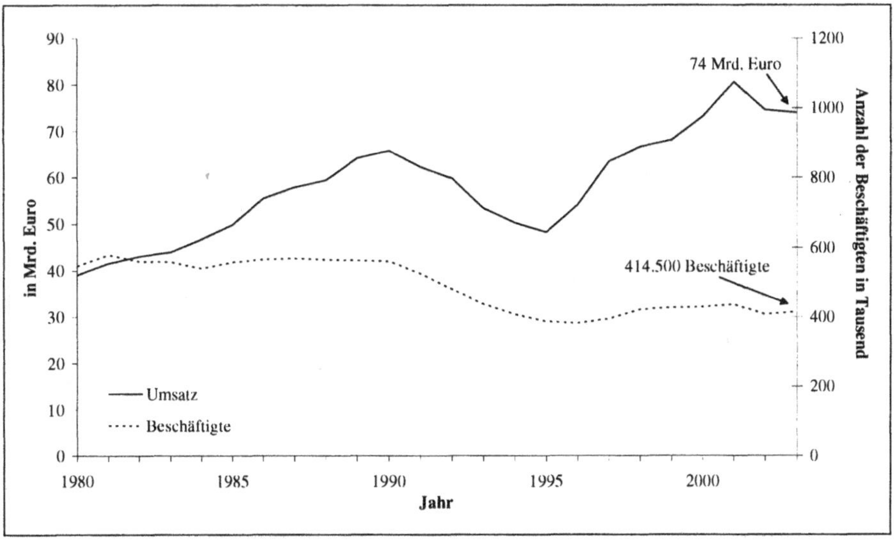

Abbildung II-4: Umsatz und Beschäftigung in der europäischen LRI 1980-2003[1].

Die Abnehmerstruktur der EU-Länder unterscheidet sich nur unwesentlich von der Gesamtsicht der OECD-Länder. So war der wehrtechnische Anteil am Gesamtumsatz in der EU im Jahr 2003 mit 36% nur geringfügig niedriger als in der Gesamtheit der OECD-Länder, bei denen dieser Anteil bei 37% lag (vgl. Abbildung II-5). Stark abweichend stellt sich dagegen die Situation in den USA dar, bei denen aufgrund ihres starken militärischen Übergewichts, die militärische Verwendung im Jahr 2003 53% vom Gesamtumsatz ausmachte. Trotz der geringeren Bedeutung bildet die militärische Nachfrage aber auch in Europa nach wie vor einen wesentlichen Bestandteil des gesamten LRI-Geschäftes[2].

1 Quelle: ASD (2004), S. 32; Umsätze inflationsbereinigt zu konstanten Preisen 2003.
2 Vgl. Hild/Breitenacher/Pieper (1997), S. 230.

Über 90% des LRI-Umsatzes der EU-Länder entfallen auf den Bereich Luftfahrzeuge (2003: 91,1%)[1]. Hier konnten die Europäer vor allem mit dem Airbus-Programm seit den siebziger Jahren eine beachtliche Position auf dem Weltmarkt für zivile Großflugzeuge gegen die bereits präsente und dominierende amerikanische Konkurrenz aufbauen. Auf die beiden anderen Produkt-Segmente Lenkflugkörper und Weltraum entfiel dagegen nur ein Anteil von 4,3%, respektive 4,5%[2].

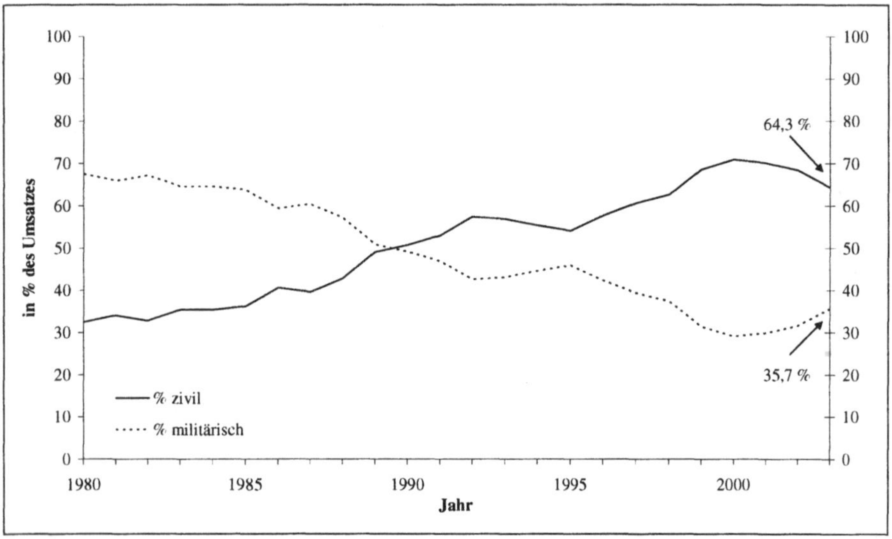

Abbildung II-5: Ziviler und militärischer LRI-Umsatz der EU-Länder[3].

Die nach Umsatz führenden LRI-Länder innerhalb Europas sind Großbritannien und Frankreich. Deutschland folgt auf dem dritten Rang. Zusammen machen diese drei Länder ca. dreiviertel des in Europa generierten Umsatzes in der LRI aus. Die nächst größeren Umsatzbeiträge kommen aus Italien, Spanien, Schweden und den Niederlanden. Die größten Umsatzbeiträge entstammen in der europäischen LRI aus dem Industrie-Sektor „Systeme & Rahmen", der 60% des Umsatzes auf sich vereinigt, während auf die Sektoren Triebwerke und Ausrüstung jeweils 20% des Umsatzes generieren.

Bedingt durch die Branchenkrise in der ersten Hälfte der neunziger Jahre wurde in den europäischen Ländern der Personalbestand um -6% p.a. erheblich verrin-

1 Damit ist ziviles und militärisches Fluggerät gemeint. Vgl. hierzu ASD (2004), S. 33.
2 Vgl. ASD (2004), S. 33.
3 Quelle : ASD (2004), S. 32.

gert, allerdings in der Erholungsphase zum Ende des Jahrtausend auch wieder mit durchschnittlich 2% pro Jahr aufgebaut. Das Umsatzvolumen je Beschäftigten hat währenddessen in den letzten Jahren stetig zugenommen (vgl. Tabelle II-4) und sich auch vom Jahr 2000 mit 171 Tsd. € noch einmal auf 180 Tsd. € im Jahr 2003 erhöht.

Variable	Absolute Daten				Veränderungsraten[a)] in%	
	1985	1990	1995	2000	1990/95	1995/00
Umsatz[b)] (Mrd. €)						
Großbritannien[c)]	21,5	25,7	22,0	28,8	-2,9	6,2
Frankreich[c)]	17,3	20,1	15,4	23,7	-4,7	10,8
Deutschland[c)]	10,0	13,0	7,9	14,8	-7,8	17,5
EU-Länder insg. konsolidiert	49,9	65,8	48,3	73,2	-5,3	10,3
davon:						
militärische Erzeugnisse	31,8	32,4	22,2	21,3	-6,3	0,8
zivile Erzeugnisse	18,1	33,4	26,1	51,9	-4,4	19,8
davon:						
Systeme und Rahmen	29,6	39,0	28,5	39,5	-5,4	7,7
Triebwerke	9,4	11,7	8,4	14,1	-5,6	13,6
Ausrüstung und Teile	10,9	15,1	11,4	19,6	-4,9	14,4
Beschäftigte (1.000)						
EU-Länder insgesamt	558	561	387	429	-6,2	2,2
Umsatz je Beschäft. (Tsd. €)						
EU-Länder insgesamt	89	117	122	171	0,9	8,0

a) Durchschnittliche jährliche Veränderungsraten. – b) in Preisen und Wechselkursen von 2003. – c) Umsätze unkonsolidiert auf nationaler Ebene.

Tabelle II-4: Eckdaten der Luft- und Raumfahrtindustrie der EU-Länder[1].

Die historische Entwicklung der LRI innerhalb Europas liegt darin begründet, dass der europäische Markt im Bereich Luft- und Raumfahrzeuge durch eine ausgeprägte nationalstaatliche Fragmentierung gekennzeichnet ist. So werden die Budgets für die militärische Beschaffung und für staatlich finanzierte Forschung und Technologieentwicklung auch heute noch vorwiegend in den einzelnen Ländern aus sicherheits- und industriepolitischen Gründen nur unter nationalen Gesichtspunkten und zum Nutzen der eigenen industriellen Basis eingesetzt. Der Grund hierfür ist, dass die militärische Beschaffung bisher aus dem

1 Quelle: European Commission (1997b), DG III und AECMA Jahresberichte - Facts and Figures (1996-2003), ASD (2004) sowie Daten der jeweiligen Landesverbände.

europäischen Integrationsprozess mehr oder weniger ausgeklammert wurde und erst in letzter Zeit verstärkt Bestrebungen in dieser Richtung unternommen werden. So wurde zwar in den Verträgen von Maastricht die Entwicklung einer gemeinsamen europäischen Sicherheitsidentität das Ziel einer integrierten europäischen Verteidigung ins Auge gefasst. Die als Voraussetzung dafür erforderliche gemeinsame Außen- und Sicherheitspolitik (GASP) kommt jedoch nur sehr langsam voran. So ist die GASP der EU von allen Politikbereichen mit denen sich die EU befasst noch am stärksten durch zwischenstaatliche Elemente geprägt. Während in anderen Bereichen der Gemeinschaftspolitik Mehrheitsentscheidungen bereits zur Regel geworden sind, gewinnt das Mehrheitsprinzip in der GASP erst seit dem Inkrafttreten des Amsterdamer Vertrags am 1. Mai 1999 langsam an Bedeutung. Ursprünglich als europäische politische Zusammenarbeit angelegt, umfasst das GASP seit dem Vertrag von Maastricht auch eine vertraglich verankerte Verantwortung der Union in Verteidigungsangelegenheiten[1]. Aber erst der europäische Rat von Nizza beschloss im Dezember 2000 die Einsetzung neuer, ständig in Brüssel angesiedelter Gremien zur Stärkung der GASP und zum Aufbau der europäischen Sicherheits- und Verteidigungspolitik.

Ein Problem der europäischen Länder besteht darin, dass auf Unternehmensebene vor allem in der Vergangenheit nicht zwischen wehrtechnischer und zivilwirtschaftlicher LRI differenziert wurde. In der Regel sind allein schon aufgrund des komplexen Beziehungsgeflechts zwischen militärischen und zivilen Technologiebereichen beide Komponenten in einem Unternehmen vorhanden. Darüber hinaus haben die zivilen Forschungs- und Entwicklungskapazitäten die Förderung der landeseigenen Industrien zum Ziel, welches die nationale Orientierung der Unternehmensstrukturen zusätzlich verstärkt. So waren vor der Gründung der EADS die 10 größten Unternehmen in der europäischen LRI organisatorisch stark nationalstaatlich orientiert, insbesondere in den Ländern, in denen sich der größte Teil der Unternehmen im Staatsbesitz befanden[2]. Aus diesen Gründen waren Fusionsvorgänge auf europäischer Ebene in einer Dimension wie in den USA wegen der bestehenden nationalen Sensibilitäten und Standortrivalitäten sowie unterschiedlicher Rahmenbedingungen in den einzelnen Ländern erheblich schwieriger zu realisieren. Vor der Gründung der EADS stand innerhalb Europas das Festhalten an nationalen Kapazitäten sowie die individuelle Förderung des eigenen Hochtechnologiesektors bei den Überlegungen zu strategischen Anpassungsmaßnahmen bei der Gestaltung der industriellen Strukturen

1 *„Die gemeinsame Außen- und Sicherheitspolitik umfasst amtliche Fragen, welche die Sicherheit der Europäischen Union betreffen, wozu auf längere Sicht auch die Festlegung einer gemeinsamen Verteidigungspolitik gehört, die zu gegebener Zeit zu einer gemeinsamen Verteidigung führen könnte“.* [EU-Vertrag, Titel V, Art. J. 4, Absatz (1)].

2 In Großbritannien ist dies bei BAe heute noch so und auch in Frankreich wird mit Thales noch genauso vorgegangen.

der LRI im Vordergrund. Aufgrund der schwierigen Bedingungen in dieser Branche, bedingt durch hohe F&E-Kosten und kleinen Stückzahlen in der Fertigung, hatte man, um trotz der Fragmentierung des europäischen Marktes auf betriebswirtschaftlich sinnvolle Kostenrelationen zu kommen, lange Zeit versucht, durch ein Netzwerk von Gemeinschaftsprojekten und Kooperationsbeziehungen, die durch Unternehmensverflechtungen in Teilbereichen (Joint Ventures)[1] ergänzt wurden, diese Defizite zu kompensieren[2].

Ein solches Kooperationsgefüge kann allerdings kein Ersatz für klar definierte, über die Grenzen mehrerer Länder reichende Gemeinschaftsunternehmen sein, durch die maximale Synergien erzielt werden. Ein solches Gebilde ist, wie das europäische Netzwerk in der Vergangenheit gezeigt hat, zu vielschichtig und durch zu viele Ineffizienzen belastet. Allein bei Gemeinschaftsprojekten, an denen zahlreiche Interessenten, Finanziers und Auftragsnehmer beteiligt sind, kommt es durch die Vielzahl der Involvierten zu schwierigen Konsensfindungsvorgängen und Verhandlungslösungen, z.B. über die Aufteilung der Finanzmittel und der nationalen Auftragsanteile. Hierdurch besteht stets die Gefahr, dass betriebswirtschaftlich und/oder strategisch nur suboptimale Lösungen gefunden werden.

Eine weitere Besonderheit der europäischen Strukturen bestand lange Zeit darin, dass sich die großen nationalen Hersteller nicht durchweg als Konkurrenten sahen. So wurde auf dem europäischen Kontinent der nationale Wettbewerb, insbesondere im Bereich der öffentlichen Nachfrage, weitgehend ausgeschaltet. Gemeinschaftsprojekte wurden durch Absprachen auf Regierungsebene spezifiziert und dann zur Ausführung den nationalen „Champions" übertragen. Konkurrierende Angebote wie in den USA waren aufgrund der wenigen Anbieter auf nationaler Ebene nicht üblich. Diese Tendenz verstärkte sich immer mehr, desto stärker die nationalen Konzentrationsentwicklungen in den jeweiligen europäischen Ländern vorangetrieben wurden.

Obwohl die technologische Kompetenz der europäischen LRI als schon immer als sehr hoch einzuschätzen war, wies das europäische Luft- und Raumfahrzeugangebot lange Zeit Schwächen im Hinblick auf die wirtschaftliche Wettbewerbsposition auf. So war die Relation zwischen Aufwand und Erträgen oft nicht ausreichend, um preispolitisch mit den USA mithalten und gleichzeitig Weiterentwicklungen aus eigener Kraft finanzieren zu können. Hierzulande konnten die notwendigen Impulse für die Erschließung kommerzieller Märkte,

1 So wurden die Hubschrauberaktivitäten von der französischen Aérospatiale und der DASA in das Gemeinschaftsunternehmen Eurocopter eingebracht und die Raumfahrtaktivitäten von Matra und GEC zur Matra Marconi Space (MMS) zusammengebracht.

2 Vgl. Hild/Breitenacher/Pieper (1997), S. 236 ff.

die in den USA durch andauernden staatlichen Mitteltransfer in die Industrie zu Pionierpositionen führten, nicht entstehen[1]. Die europäischen Unternehmen befanden sich Jahrzehnte lang in der Rolle des Nachzüglers (z.B. bei Großflugzeugen, Trägerraketen und Standardsatelliten), da sie mit hohen Kosten versuchen mussten, auf bereits besetzten Märkten Fuß zu fassen[2].

In Anbetracht der speziellen Bedingungen, unter denen sich die Luft- und Raumfahrtindustrie in der heutigen Zeit bewegt[3], ist die Konzentration auf eine kleine Zahl von effizient organisierten Herstellern eine wichtige Voraussetzung für eine internationale Wettbewerbsfähigkeit auf diesem Markt. Durch die Gründung des europäischen Luft- und Raumfahrtkonzerns EADS wurde in Europa ein erster wichtiger Schritt in diese Richtung getan.

4.4 Die Entwicklung der deutschen Luft- und Raumfahrtindustrie

Die deutsche Luft- und Raumfahrtindustrie ist innerhalb Europas, gemessen am Umsatz und den Beschäftigten, die Nummer Drei nach der britischen und französischen. Im Vergleich zum Weltmarktführer USA macht der Umsatz der deutschen LRI nur 19% des amerikanischen LRI-Umsatzes aus (vgl. Tabelle II-5). Im Jahr 2003 lag der Anteil des deutschen LRI-Umsatzes an dem der gesamten OECD-Länder, konsolidiert auf nationaler Ebene, bei 8,4%, nachdem er 1994 nur 5,9% betragen hatte.

Die relativ schwache Position des deutschen LRI-Sektors lässt sich zum Teil aus historischen Gegebenheiten erklären. So waren nach dem 2. Weltkrieg wehrtechnische Tätigkeiten durch die alliierten Siegermächte untersagt. Speziell in den fünfziger und sechziger Jahren wurden aber weltweit die Grundstrukturen für diesen Industriezweig, im Geflecht von militärischen Entwicklungen, nationalen Raumfahrtprogrammen und zivilen Märkten, gelegt. Dies trifft in Europa speziell für Frankreich und Großbritannien zu, die bereits in der unmittelbaren Nachkriegszeit begannen, ihre Luftfahrtindustrien auszubauen. Deutschland fand hier zunächst keinen Anschluss. Es wurden aber bereits Mitte der fünfziger

1 Charakteristisch für die USA war über Jahrzehnte hinweg ein hoher staatlicher Mitteltransfer und ein großer homogener Inlandsmarkt.

2 *„Hohe Zahlungen für die Etablierung des Airbus-Konsortiums in Westeuropa können interpretiert werden als teure Eintrittskarte in ein bereits reifes Geschäftsfeld, das bislang fest in der Hand amerikanischer Hersteller war. Sie können auch gewertet werden als später Preis für eine verfehlte Industriepolitik in den 50er und 60er Jahren“.* [Gerybadze/Arthur D. Little International (1988), S. 73].

3 Hohe Fixkosten durch einen großen F&E-Aufwand, der im militärischen Bereich vom Auftraggeber getragen wird, im kommerziellen Bereich aber vorzufinanzieren ist.

Jahre erste industrielle Kapazitäten reaktiviert, allerdings spielte sich dies in einem relativ kleinen Rahmen ab. Weltmarktrelevante Strukturen ergaben sich durch die viel zu starke Zersplitterung und die unzureichende Eigenkapitaldecke in der Branche vorerst nicht[1]. Erst zum Ende des Jahrtausends gelang es der deutschen LRI, ihre Präsenz in Relation zu den anderen LRI-Nationen zu festigen und auszubauen (vgl. Tabelle II-5).

Regionen/Länder	Periodendurchschnitt				Jahr
	1985/89	1990/94	1995/99	2000/03	2003
Umsatzanteile[a)] der deutschen LRI an den:	in%				
EU-Ländern	21,7	20,3	17,6	20,6	18,2
OECD-Ländern insgesamt	7,0	6,5	6,7	7,4	8,4
Umsatzanteile[a)] der deutschen LRI im Vergleich zu:	Vergleichsland = 100				
Frankreich	74	64	55	63	63,0
Großbritannien	52	47	44	62	63,6
USA	12	11	12	16	19,0
a) Umsätze konsolidiert auf nationaler Ebene und in Preisen und Wechselkursen von 2003.					

Tabelle II-5: Position der deutschen LRI im internationalen Vergleich[2].

Man war sich zwar schon früher der Bedeutung dieser Branche für das technologische Portfolio eines hoch entwickelten Industrielandes bewusst, der tragenden Rolle des Staates wurde jedoch nicht in dem Maße Rechnung getragen, wie dies in anderen Ländern der Fall war. So wurde z.B. in Deutschland erst 1974 die Position eines Koordinators für die deutsche Luft- und Raumfahrt eingerichtet, um die Schnittstelle zwischen Industrie und Staat besser auszufüllen, seine Kompetenzen waren jedoch eher begleitender Natur[3].

Um den Entwicklungsprozess der LRI der Bundesrepublik Deutschland aufzuzeigen, soll im folgenden durch die Unterteilung in drei Hauptphasen die Evolution dieser Branche kurz dargestellt werden.

1 Vgl. Schulte-Hillen (1974), S. 10 ff.

2 Quelle: European Commission (1997b), DG III ; BDLI-Statistik ; ASD (2004), S. 30 f.

3 Vgl. Hornschild/Neckermann (1988), S. 101 f.

4.4.1 Reaktivierung und Positionierung

In der Reaktivierungsphase der fünfziger und sechziger Jahre standen militärische Nachbauprojekte im Vordergrund[1]. Es kam außerdem zu ersten Gemeinschaftsprojekten mit europäischen Partnern[2] und zu einer Reihe von Eigenentwicklungen, die aber nicht zu nennenswerten Markterfolgen führten. Die eigenständigen Technologieentwicklungen dieser Jahre erzeugten zwar internationales Aufsehen, führten aber nicht zu Serienfertigungen. Trotzdem schufen die weitgehend mit öffentlichen Mitteln finanzierten Projekte ein beachtliches technologisches Potenzial und Reputation für die deutsche Luft- und Raumfahrtindustrie.

Der damals vorliegenden Zersplitterung auf der Unternehmensebene[3] wurde in der zweiten Hälfte der sechziger Jahre durch erste Fusionen auf nationaler Ebene begegnet (vgl. Abbildung D-1 im Anhang). Mit den Unternehmen VFW[4] (1965) und MBB[5] (1969) sowie der Dornier-Gruppe prägten drei Systemfirmen die deutsche LRI in den siebziger Jahren. Hierzu muss man im erweiterten Kreis auch noch den Triebwerkhersteller MTU zählen[6]. Gegen Ende der sechziger Jahre erkannte man, dass der nationale Rahmen für Großprojekte zu eng war und zog erste Konsequenzen aus dieser Erkenntnis. Dem folgend wurden auf Regierungsebene europäische Gemeinschaftsprojekte definiert und beschlossen, die dann mit der Aufteilung der Arbeiten nach quantitativen nationalen Beteiligungsschlüsseln (Quotenregelung) in den einzelnen nationalen Industrien abgewickelt wurden. Im Zuge der durch dieses Vorgehen geschaffenen technologischen Kompetenz und den konzentrierten Unternehmensstrukturen konnte die deutsche LRI als wichtiger Partner in dieses Branchengeflecht eingebunden

1 Das größte Nachbauprojekt war die Lizenzfertigung des Lockheed Kampfflugzeuges F 104 Starfighter.

2 Wie z.B. die militärische Transportmaschine Transall.

3 Ihr stand eine starke Fragmentierung der Forschungsinstitutionen in diesem Bereich gegenüber. Vgl. Schulte-Hillen (1974), S. 20 ff.

4 Die Vereinigten Flugtechnischen Werke (VFW) sind aus dem Zusammenschluss der Firmen Focke-Wulf, Weser-Flugzeugbau und Heinkel Flugzeugbau hervorgegangen. VFW bildete vorübergehend (1969 bis 1979) mit dem niederländischen Regionalflugzeughersteller Fokker eine unternehmerische Einheit (VFW-Fokker GmbH).

5 Die Messerschmitt-Bölkow-Blohm GmbH (MBB) ist aus dem Zusammenschluss der Bölkow GmbH (einschl. Siebelwerke), der Messerschmitt AG (einschl. Junkers) und der Firma Hamburger Flugzeugbau (HFB) hervorgegangen.

6 An der Motoren- und Turbinen-Union (MTU) waren mit je 50% Daimler-Benz und MAN beteiligt, wobei das MAN-Engagement aus der Übernahme der BMW-Triebwerkbau GmbH stammte.

werden, ohne allerdings innerhalb der Strukturen eine tonangebende Rolle zu spielen[1].

Kennzeichnend für die Struktur der LRI Ende der sechziger, Anfang der siebziger Jahre war, dass der Einbindungsgrad der deutschen LRI in das europäische Branchengeflecht wesentlich höher war als das der beiden innerhalb Europas führenden LRI-Länder Frankreich und Großbritannien. In Deutschland wurden zu dieser Zeit kaum noch größere eigenständige Projekte im Luftfahrtbereich in Erwägung gezogen. Statt dessen konzentrierte sich die deutsche LRI weitgehend auf ihre Beteiligung an den Gemeinschaftsprojekten auf europäischer Ebene. Im Rahmen dieser Gemeinschaftsprojekte konnte sich die deutsche LRI hinter Frankreich und Großbritannien in den siebziger Jahren nur sehr langsam weiterentwickeln. So ist die Entwicklung bis 1978 durch eine Stagnation der deutschen LRI-Umsätze gekennzeichnet. Erst mit dem Anlaufen der Beschaffungsphase von Tornado und Alphajet sowie der Belebung der Nachfrage nach zivilen Großflugzeugen, insbesondere von Produkten von Airbus-Industrie, kam es 1979 zu einem Umsatzschub von 4,5 Mrd. (1978) auf 6,6 Mrd. DM[2]. Gemessen in Preisen und Wechselkursen von 1980, lag der Anteil der deutschen LRI am realen LRI-Umsatz der EU-Länder[3] im Durchschnitt der siebziger Jahre bei 14% und an dem der OECD-Länder insgesamt bei 4,3%[4].

Das Jahr 1979 bildet einen weiteren Eckpunkt für die Entwicklung der deutschen Luft- und Raumfahrtindustrie. So kam es auf Unternehmensebene zu einer weiteren nationalen Konzentration, bei der nach der Auflösung der Verbindung von VFW und Fokker das Unternehmen VFW von MBB übernommen wurde (vgl. Abbildung D-1 im Anhang). Dadurch war ein deutsches LRI-Unternehmen entstanden, das auch im internationalen Rahmen eine beachtliche Größenordnung darstellte. Im Jahr 1980 lag MBB hierdurch, gemessen am Umsatz, auf Platz 12 in der Rangliste der LRI-Unternehmen im OECD-Raum[5].

4.4.2 Wachstum und Konzentration

Insgesamt entwickelte sich die deutsche LRI in den achtziger Jahren erfolgreich, was auf eine Vielzahl von Faktoren zurückzuführen ist. So nahm auf der Grund-

1 Wichtige Gemeinschaftsprojekte waren in diesem Zusammenhang das Großraum-Passagierflugzeug Airbus mit seinem Markteintritt 1974, der auf deutsche Initiative hin entwickelte Alphajet und das Mehrzweck-Kampfflugzeug Tornado.

2 Umsätze konsolidiert auf nationaler Ebene und bewertet mit Preisen von 1980.

3 Großbritannien, Spanien und Schweden sind hierbei eingerechnet.

4 Vgl. Hild/Breitenacher/Pieper (1997), S. 248.

5 Vgl. Commission of the European Communities (1986), S. 12.

lage der europäischen Projekte in der LRI der Umsatz in Deutschland im Durchschnitt dieses Jahrzehnts um 11% pro Jahr zu (1980/90) und die Zahl der Beschäftigten stieg um durchschnittlich 2,8% p.a. an. Insbesondere in der ersten Hälfte dieser Dekade wurde das Wachstum von der Ausweitung der Produktion ziviler Branchenerzeugnisse getragen. Dagegen entwickelte sich der Umsatz mit wehrtechnischen Produkten zwar auch positiv, allerdings mit nur halb so großen Wachstumsraten wie der zivile Bereich (vgl. Tabelle II-6)[1].

Variable	Absolute Daten			Veränderungsraten[a)] in%	
	1980	1985	1990	1980/85	1985/90
Umsatz[b)] (Mrd. €)					
Insgesamt	4,6	9,3	13,0	15,8	7,0
davon:					
militärische Erzeugnisse	2,5	4,3	5,6	11,4	7,5
zivile Erzeugnisse	2,1	5,0	7,4	20,7	8,5
davon:					
Systeme und Rahmen	3,0	5,7	7,8	13,5	6,5
Triebwerke	0,5	0,8	1,1	11,2	6,9
Ausrüstungen und Teile	1,1	2,8	4,1	24,2	9,0
Beschäftigte (1.000)					
Insgesamt	72,9	79,8	95,0	2,0	3,6
Umsatz je Beschäft. (Tsd.€)					
Insgesamt	63,4	116,5	136,5	13,2	3,3

a) Durchschnittliche jährliche Veränderungsraten. – b) Umsätze konsolidiert auf nationaler Ebene.

Tabelle II-6: Eckdaten der deutschen LRI - achtziger Jahre[2].

Das Branchenwachstum war in den achtziger Jahren in Deutschland stärker als im EU- und OECD-Durchschnitt. Konsolidiert auf nationaler Ebene erhöhte sich der deutsche Anteil am LRI-Umsatz der EU-Länder insgesamt von 16% (1980) auf 21% (1990)[3]. Im Raumfahrtbereich lag er im Jahr 1990 sogar bei 33%[4] und im Rahmen der OECD-Länder immerhin bei 8,5%. Lediglich der Triebwerkbereich blieb im deutschen Branchenportfolio unterrepräsentiert. Sein Anteil be-

1 Vgl. Jungkurth (1992), S. 111 ff.
2 Quelle: BDLI-Statistik; eigene Berechnungen.
3 Der Höchststand des deutschen LRI-Umsatzanteils an den EU-Ländern war 23% (1991).
4 Den höchsten Anteil an den EU-Ländern erreichte die deutsche LRI beim realen Raumfahrtumsatz 1987 und 1989 mit jeweils knapp 36%.

trug im Jahr 1990 13% am europäischen und 4% am OECD-Umsatz. Die günstige Branchenentwicklung in den achtziger Jahren ist dabei unter anderem auf den Erfolg des Airbus-Programms zurückzuführen. So stieg der Anteil der Airbus-Modelle am Auftragsbestand von zivilen Großflugzeugen westlicher Herkunft, gemessen an der Stückzahl, von 17% im Jahr 1980 auf knapp 39% im Jahr 1990[1].

Obwohl das Gewicht des militärischen LRI-Umsatzes in Deutschland nicht so groß ist wie in den USA, Frankreich und Großbritannien, ist der Umsatz mit wehrtechnischen Erzeugnissen für die deutsche LRI von grundlegender Bedeutung. Trotzdem hat sich dieser Bereich in den achtziger Jahren nicht so expansiv entwickelte wie der zivile, trug aber immer noch 9% p.a. zum Branchenwachstum bei. Der Umsatz mit militärischen LRI-Produkten ist zwar nach 1986 nicht mehr gestiegen, machte jedoch in der zweiten Hälfte der Dekade noch rund 43% des gesamten LRI-Umsatzes aus (vgl. Abbildung II-6).

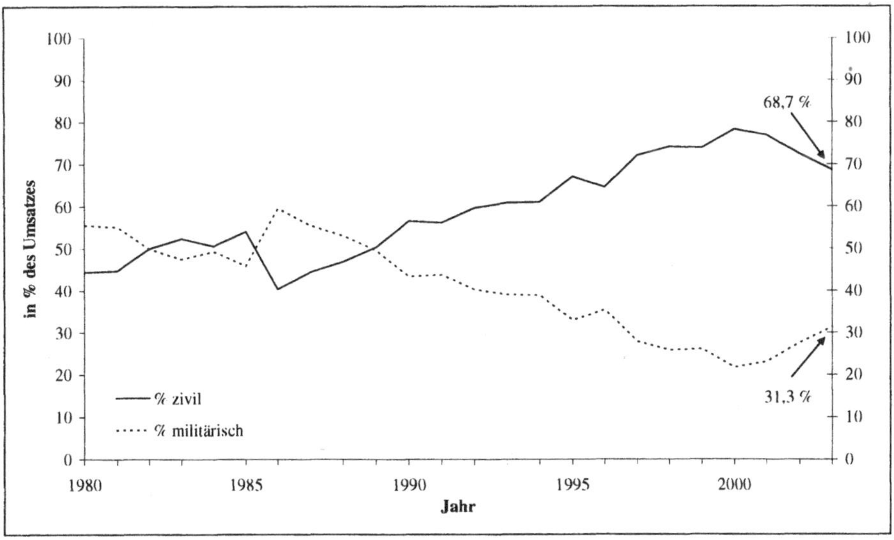

Abbildung II-6: Ziviler und militärischer LRI-Umsatz in Deutschland[2].

Ein weiteres prägendes Merkmal der deutschen LRI in den achtziger Jahren waren die erheblichen Anstrengungen, die unternommen wurden, um das technologische Potenzial zu stärken. So war z.B. der Aufwand für Forschung und Entwicklung ungewöhnlich hoch. Nach Angaben der OECD lag die F&E-Intensität

1 Vgl. Hild/Breitenacher/Pieper (1997), S. 250 f.
2 Quelle: BDLI-Statistik; eigene Berechnungen.

der deutschen LRI[1] zwischen 1976 und 1988 bei durchschnittlich 30,1%[2]. Dieser hohe Entwicklungsaufwand schlug sich in einer sehr starken Position deutscher Unternehmen in der Patentstatistik nieder[3].

Einen positiven Einfluss auf die Branchenentwicklung der achtziger Jahre hatte vor allem die stabile Entwicklung des staatlichen Finanzmitteltransfers, der sich durch öffentliche Ausgaben für F&E, Beschaffung, Wartung und Modifikationen ergab. Das staatliche finanzielle Engagement machte in dieser Dekade fast ein halbes Prozent des Bruttoinlandsprodukts (BIP) aus. Im Durchschnitt der EU-Länder mit LRI-Kapazitäten lag dieser Anteil ohne Deutschland bei 0,32% des BIP[4]. Erheblich höher war dagegen der staatliche Finanzmitteleinsatz im LRI-Bereich in den USA. Hier wurden während der achtziger Jahre durchschnittlich 1,3% des BIP in diese Branche transferiert.

Auf Unternehmensebene kam es Ende der achtziger Jahre zu einer weiteren Konzentration in der Bundesrepublik Deutschland. Dabei wurde zunächst Dornier mehrheitlich und dann MBB vollständig, einschließlich aller Anteile an der Deutschen Airbus GmbH, in den Daimler-Benz-Konzern integriert und schließlich, nach mehreren internen Reorganisationsschritten, in die auch Teile des ebenfalls von Daimler-Benz akquirierten Elektrokonzerns AEG einbezogen wurden, zur Daimler-Benz Aerospace AG (DASA) zusammengefasst (vgl. Abbildung D-1 im Anhang)[5]. Damit war eines der größten LRI-Unternehmen Europas entstanden[6], das auch weltweit einen vorderen Rang[7] einnahm[8].

---

1 Also der Anteil der Aufwendungen für Forschung und Entwicklung am Produktionswert der Unternehmen des Sektors.

2 Vgl. OECD (1993), S. 198.

3 MBB belegte in den achtziger Jahren den ersten Platz unter allen LRI-Unternehmen, gemessen an den luft- und raumfahrtrelevanten Patentanmeldungen. Der Anteil von MBB an den für die Luft- und Raumfahrt relevanten Patentanmeldungen (in mindestens zwei Ländern) betrug im Zeitraum von 1982 bis 1989 3,1%. Auf den nächsten Plätzen folgten United Technologies (2,4%), Thomson CSF (2,2%), General Electric (2,0%) und Boeing (1,9%). Quelle: ifo-Patentstatistik.

4 Hierbei wurden die Länder Deutschland, Frankreich, Großbritannien, Italien, Spanien, Niederlande, Belgien und Schweden in die Betrachtung einbezogen.

5 In der ersten Restrukturierungsphase wurden die zusammengefassten LR-Kapazitäten des Daimler-Benz-Konzerns als Deutsche Aerospace mit demselben Kürzel DASA bezeichnet.

6 In Europa stand die DASA, gemessen am Umsatz in der LRI 1990, auf Platz zwei hinter British Aerospace, ist aber inzwischen 1996 auf Platz drei hinter Aeropaciale zurückgefallen.

7 Im Vergleich der OECD-Länder mit LRI-Umsatz stand die DASA 1990 noch auf Platz fünf und ist bis 1996 auf den 7. Rang zurückgefallen. Vgl. Schrempp (1992), S. 19 ff.

8 Vgl. Hild/Breitenacher/Pieper (1997), S. 253 f.; Reichert (1995), S. 19 f.; Riedl (1992), S. 11.

4.4.3 Konsolidierung

Die erste Hälfte der neunziger Jahre standen im Zeichen einer drastischen Verschlechterung der Lage in der deutschen LRI (vgl. Tabelle II-7)[1]. Die Branchenkrise war zwar weltweit zu beobachten, wirkte sich aber in Deutschland besonders stark aus. So nahm der Umsatz der deutschen LRI um 9,2% pro Jahr ab. Am stärksten war der Rückgang beim Umsatz mit wehrtechnischen Erzeugnissen, dagegen verlor der zivile Luftfahrzeugbau in diesem Zeitraum mit 6% p.a. nur unterdurchschnittlich an Umsatzvolumen. Der Umsatz mit wehrtechnischen Erzeugnissen reduzierte sich dagegen von 1990 bis 1995 um 11% pro Jahr.

Variable	Absolute Daten			Veränderungsraten[a)] in%	
	1990	1995	2000	1990/95	1995/00
Umsatz[b)] (Mrd. €)					
Insgesamt	13,0	7,8	14,8	-9,2	13,7
davon:					
militärische Erzeugnisse	5,6	2,6	3,2	-13,7	4,8
zivile Erzeugnisse	7,4	5,3	11,6	-6,1	17,7
davon:					
Systeme und Rahmen	7,8	4,7	8,5	-8,8	12,72
Triebwerke	1,1	1,0	2,4	-0,1	19,5
Ausrüstungen und Teile	4,1	2,1	3,9	-10,8	13,2
Beschäftigte (1.000)					
Insgesamt	95,0	63,3	69,1	-7,8	1,8
Umsatz je Beschäft. (Tsd.€)					
Insgesamt	136,5	124,0	214,2	-1,5	11,8
a) Durchschnittliche jährliche Veränderungsraten. – b) Umsätze kons. auf nationaler Ebene.					

Tabelle II-7: Eckdaten der deutschen LRI - neunziger Jahre[2].

Bemerkenswert an dieser Entwicklung war vor allem, dass der Umsatzeinbruch in der LRI der anderen EU-Länder in den ersten fünf Jahren dieser Dekade weniger stark ausgeprägt war als in Deutschland und die deutsche LRI somit innerhalb Europas wieder etwas an Boden verlor (vgl. Tabelle II-5). Das gleiche gilt bei der Betrachtung des OECD-Raumes. Der deutsche LRI-Umsatzanteil an den

1 Gegen Ende 1991 war der reale Umsatz der deutschen LRI, entgegen der Entwicklung auf dem Weltmarkt, nochmals leicht gestiegen. Der Rückgang setzte erst massiv 1992 ein (vgl. Abbildung III-4).

2 Quelle: BDLI-Statistik; eigene Berechnungen.

EU-Ländern sackte bis zum Jahr 1994 unter die 20%-Marke ab, im OECD-Vergleich fiel er unter 7%.

Land/Region		Ausgaben pro Jahr in Mrd. Euro[b)]			
		1985	1990	1995	1997
		Absolut			
Insgesamt[a)]	D	4,6	5,2	3,6	2,8
	EU-Länder	27,4	26,1	20,4	18,8
	USA	79,1	82,4	55,6	52,3
davon:					
F&E	D	1,1	1,7	1,3	0,8
	EU-Länder	9,2	10,5	9,2	7,8
	USA	28,4	32,8	28,6	29,3
davon:					
Beschaffung	D	2,6	2,0	0,9	0,6
	EU-Länder	18,2	15,5	11,3	11,0
	USA	46,6	44,9	23,3	19,0
		In % des LRI-Umsatzes[c)]			
Deutschland		49,2	40,1	45,8	25,7
EU-Länder		57,9	41,5	45,3	31,1
USA		78,1	70,8	66,6	56,4

a) F&E-Aufträge, öffentliche Beschaffung und Erhaltungsmaßnahmen (Wartung, Reparaturen, Modifikationen). – b) Angaben in Preisen und Wechselkursen von 1997. – c) konsolidiert auf nationaler Ebene.

Tabelle II-8: Staatlicher Finanzmitteleinsatz in der LRI Deutschlands, der EU-Länder und der USA[1].

Abgesehen von dem Rückschlag im Bereich der zivilen Großflugzeuge wurde diese Entwicklung vor allem durch die drastische Einschränkung des staatlichen Finanzmitteltransfers beeinflusst. Dieser wurde in den neunziger Jahren in fast allen Ländern der OECD reduziert, aber nirgendwo so stark wie in Deutschland (vgl. Tabelle II-8 und Tabelle C-1 im Anhang). Im Vergleich nahm der öffentliche Finanzmitteleinsatz in den USA von 1990 bis 1997 real um knapp 5% pro Jahr ab. In den LRI-Ländern der EU verminderte sich diese Größe um 4% pro Jahr. In Deutschland dagegen machte der Rückgang jährlich knapp 7% aus,

1 Quelle: European Commission (1997b), DG III; BDLI-Statistik; Altfeld (2000), S. 10.

während in dem gleichen Zeitraum der Anteil des staatlichen Finanzmitteleinsatzes am Gesamtumsatz der LRI von 40% auf 26% abnahm (vgl. Tabelle II-8)[1]. 1991 betrug der öffentlichen Finanzmitteleinsatz in Deutschland noch 5,3 Mrd. Euro. Die Reduzierung dieser Umsatzkomponente innerhalb der folgenden drei Jahren um ein Drittel hat die Branchenentwicklung der damaligen Jahre nachhaltig belastet[2]. Gleichzeitig schrumpfte auch das nicht staatlich determinierte Geschäftsvolumen der Branche durch die von den Weltmärkten ausgehende Nachfragekontraktion (vgl. Tabelle II-7). So ging der Umsatz mit zivilen LRI-Erzeugnissen in Deutschland von 1990 bis 1995 um gut ein Drittel zurück. Es kam somit Anfang der neunziger Jahre zu einer katastrophalen Entwicklung für die deutsche LRI, da der weltweite Nachfrageabschwung im zivilen Bereich und die Einschränkungen des staatlichen Finanzmitteleinsatzes aufeinander trafen und so die negative Wirkung verstärkt wurde.

Die Ursachen für die plötzliche Verringerung des staatlichen Finanzmitteltransfers sind eindeutig. Die schon vorher vorhandene Staatsverschuldung wurde durch die Wiedervereinigung Deutschlands und die dadurch entstehenden Kosten signifikant erhöht und die Neuverschuldung überstieg im folgenden die Konvergenzkriterien, die in den Verträgen von Maastricht festgeschrieben wurden und von deren Einhaltung Deutschlands Eintritt in die Europäische Wirtschafts- und Währungsunion (WWU) abhing. Nicht nur aus diesem Grund, aber dadurch mit besonderer Dringlichkeit versehen, musste die Bundesregierung in diesen Jahren besondere Anstrengungen unternehmen, die Neuverschuldung durch tiefgreifende Sparmaßnahmen in Grenzen zu halten. Besonders einschneidend waren dabei die Kürzungen im Budget für Verteidigungsausgaben. Besonders eingeschränkt wurden die Ausgaben für die Beschaffung von wehrtechnischen Erzeugnissen, die von 1990 bis 1995 um 58% abnahmen. Nur geringfügig weniger wurden die Ausgaben für Erhaltungsmaßnahmen und wehrtechnische Forschung und Entwicklung gesenkt, und zwar um gut ein Drittel[3]. Durch dieses plötzliche Zurückfahren der Ausgaben für militärische Beschaffung und wehrtechnische F&E gerieten die wehrtechnischen Kapazitäten der deutschen LRI innerhalb kürzester Zeit in die Situation hochgradiger Unterauslastung und damit in eine prekäre betriebswirtschaftliche Lage.

Mitte der neunziger Jahre war demnach die Situation der deutschen LRI durch folgende Entwicklungen gekennzeichnet:

---

1 Von 1991 bis 1994 betrug die Veränderungsrate sogar -22% pro Jahr und -53% über die gesamten 4 Jahre.

2 Der staatliche Finanzmitteltransfer sank von 5,3 Mrd. € 1991 auf 3,5 Mrd. € 1994 (vgl. Tabelle C-1 im Anhang).

3 Vgl. Tabelle C-1 im Anhang.

- Reduzierung der öffentlichen Beschaffung
- Einschränkung der öffentlichen F&E-Mittel
- starker Rückgang der privatwirtschaftlichen Nachfrage nach LRI-Erzeugnissen durch einen Abschwung auf dem Weltmarkt[1]

Die Auswirkungen für die Position der deutschen LRI waren gravierend. Aus der noch Ende der achtziger, Anfang der neunziger Jahre durch eine Aufbruchstimmung gekennzeichneten, dynamischen Wachstumsbranche war innerhalb weniger Jahre eine in ihrer Existenz bedrohte Krisenbranche geworden. So hat sich nach Angaben des BDLI der reale Gesamtumsatz der LRI in Deutschland innerhalb von 4 Jahren von 1991 bis 1995 fast halbiert (-43%).
Durch diese Entwicklungen war es notwendig, auch die personellen Kapazitäten anzupassen, welches aber nicht in vollem Umfang realisiert werden konnte. Dies lag zum einen an den in Deutschland gegebenen Rahmenbedingungen, die eine flexible Anpassung der Beschäftigtenzahl erschweren, und zum anderen an der Tatsache, dass die Branche bestrebt war, einen qualifizierten Personalstamm zu halten, um im Falle einer Wiederbelebung der Nachfrage die notwendigen Kapazitäten zur Verfügung zu haben.

Der vom Weltmarkt ausgelöste und vom Staat durch prozyklisches Verhalten verstärkte Umsatzeinbruch mit seinen gravierenden betriebswirtschaftlichen Folgen war aber nicht das einzige einschneidende Ereignis der neunziger Jahre. Der Versuch der DASA im Jahr 1993, durch die Übernahme einer Mehrheitsbeteiligung beim niederländischen Regionalflugzeugspezialisten Fokker eine starke Position auf dem Weltmarkt in diesem Bereich zu erreichen, scheiterte[2]. Die vielseitigen Probleme auf diesem Markt, der durch weltweite Überkapazitäten, einen Nachfrageeinbruch zu Beginn der neunziger Jahre und einen daraus resultierenden Preisverfall gekennzeichnet war, führten in Verbindung mit der Wechselkursproblematik zur Aufgabe dieses Engagements Anfang 1996. Nach diesem fehlgeschlagenen Versuch der DASA, sich im Regionalflugzeugbau ein ergänzendes Geschäftsfeld zu erschließen, wurde beschlossen, sich stärker auf das Engagement im Bereich der zivilen Großflugzeuge (durch den Anteil am Airbus-Programm) zu konzentrieren[3].

In den neunziger Jahren ergab sich durch die Turbulenzen auf den für die DASA relevanten Märkten, ein erheblicher Rationalisierungsdruck. So wurde versucht, durch ein umfangreiches Kostensenkungs- und Rationalisierungsprogramm (DOLORES) die Kostensituation in den Griff zu bekommen und wettbewerbsfähigere Strukturen für die Zukunft zu schaffen. Einem überdurchschnittlichen

1 Vgl. Hild/Breitenacher/Pieper (1997), S. 274.
2 Vgl. Geschäftsbericht der Daimler-Benz AG (1996), S. 9; Bamberger (1993), S. 188 ff.
3 Vgl. Behrens/Merkel (1990), S. 29 ff.

Lohnkostenniveau wie in Deutschland, sollte mit einem überdurchschnittlichen Produktivitätsniveau begegnet werden. Hierbei hatte die Industrie die Aufgabe, die innerbetrieblichen Strukturen so zu gestalten und zu optimieren, dass sie flexibel den auch in Zukunft zu erwartenden Nachfrageschwankungen angepasst werden konnten. Dabei standen personelle Anpassungen, Standortstrukturen, Fertigungstiefen und das Zulieferersystem zur Disposition. Die Rentabilität musste für ein privatwirtschaftlich geführtes Unternehmen, auch wenn dessen Aktivitäten zum Teil staatlich gefördert wurden, absolutes Leitkriterium sein[1].

Die Ertragslage der deutschen LRI wurde zusätzlich Anfang 1995 durch eine Aufwertung der DM stark belastet. Dies betraf die gesamte deutsche Wirtschaft, die Auswirkungen waren aber im zivilen Flugzeugbau besonders gravierend, da hier alle Absatztransaktionen auf US-Dollar-Basis abgewickelt werden. Diese Entwicklung mündete in einem eindeutigen Wettbewerbsvorteil für die US-amerikanischen Hersteller, da sie auf Basis ihrer Heimatwährung keine Anpassung bei der Kalkulation ihrer Preise vornehmen mussten. Die außerhalb der USA produzierenden LRI-Unternehmen mussten sich dagegen gegen das drohende Wechselkursrisiko absichern. Solche Absicherungsgeschäfte sind allerdings kostenintensiv und reduzieren zusätzlich die Margen eines Unternehmens.

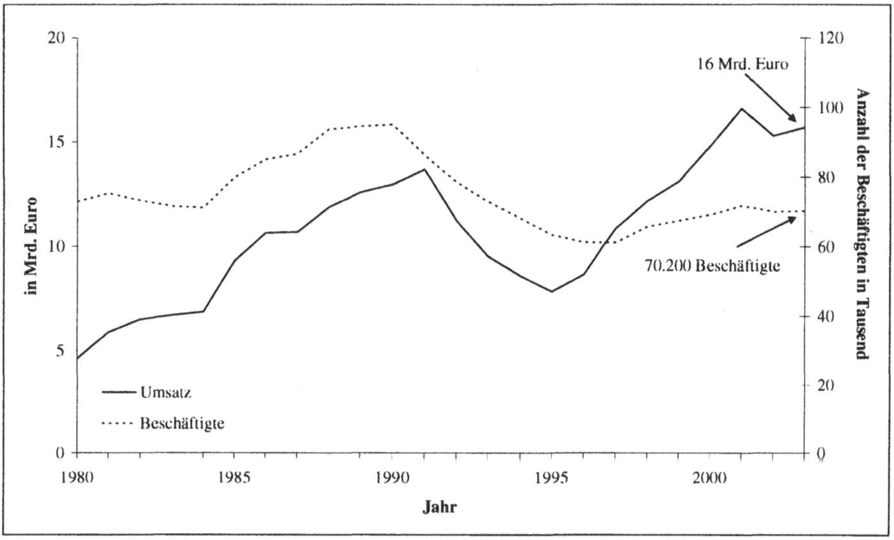

Abbildung II-7: Umsatz und Beschäftigung in der deutschen LRI 1980-2003[2].

1 Vgl. Hild/Breitenacher/Pieper (1997), S. 278; Knitter (1996), S. 2 ff.
2 Quelle: BDLI-Statistik.

Als Abschluss dieser Konsolidierungsphase der neunziger Jahre kann die Gründung des europäischen Luft- und Raumfahrtkonzerns EADS im Jahr 2000 angesehen werden. Hierbei wurde der größte Teil der deutschen LRI-Kapazität in das europäische Gemeinschaftsunternehmen eingebracht und somit die Weiterentwicklung der Branche aus Sicht der deutschen Unternehmen mit denen der anderen Ländern der Gemeinschaft verknüpft. Wie sich dieser Schritt auf die Weiterentwicklung der nationalen LRI-Kapazitäten auswirken wirkt bleibt abzuwarten und kann erst in einigen Jahren eingehend beurteilt werden. So hat die Entwicklung von Umsatz und Beschäftigung der deutschen LRI allerdings in den ersten Jahren des neuen Jahrtausends keine gravierenden Richtungswechsel vollzogen (vgl. Abbildung II-7).

Als Fazit lässt sich festhalten, dass die Bundesrepublik Deutschland, bedingt durch die politischen Gegebenheiten, ein Spätstarter im Bereich der Luft- und Raumfahrtaktivitäten nach dem zweiten Weltkrieg war. Zu Beginn der neunziger Jahre wurde versucht, durch die vollständige Privatisierung der industriellen Strukturen und der Einbindung großer Teile der Branchenkapazitäten in einen finanzstarken Großkonzern (DASA) die inzwischen aufgetretenen Schwachstellen der deutschen LRI zu bereinigen. Dabei fiel die erste Phase der Neuausrichtung allerdings mit einer ausgeprägten Branchenrezession und einer ergebnisverschlechternden Wechselkursentwicklung zusammen. Um so härter traf zusätzlich der abrupte und überproportionale Abbau des staatlichen Mitteleinsatzes mit seiner extremen zyklusverstärkenden Wirkung den Restrukturierungsvorgang in dieser Branche. Erst zum Ende des Jahrtausends konnte sich die deutsche LRI dank einer sehr positiven Absatzentwicklung im Bereich der zivilen Großraumflugzeuge erholen und ihre Position auf internationaler Ebene festigen.

5. Industrie- und wirtschaftspolitische Aspekte der Luft- und Raumfahrtindustrie

Wissenschaft und Technik spielen speziell in einem Industriezweig wie der Luft- und Raumfahrtindustrie eine große Rolle und sind die entscheidende Basis für den wirtschaftlichen Wohlstand in hoch entwickelten Ländern. Um diesen Wohlstand zu mehren oder auch nur zu bewahren, bedarf es eines fortwährenden Stroms an neuem technischen Wissen. Generell kommt die Aufgabe der Entwicklung und der Umsetzung neuen Wissens zuallererst privatwirtschaftlichen Unternehmen zu. Es gibt aber Argumente, wonach eine rein marktwirtschaftliche Steuerung von Forschung und technologischer Entwicklung nicht zu gesamtwirtschaftlich optimalen Ergebnissen führt. Hieraus ergibt sich, dass eine staatlich geförderte Forschungs- und Technologiepolitik in einem entwickelten Industrieland wie die Bundesrepublik Deutschland grundsätzlich notwendig ist[1].

Bezüglich der Frage, in welchem Umfang und auf welche Weise der Staat fördernd eingreifen sollte, gehen die Meinungen jedoch weit auseinander. So wird immer wieder betont, dass die entscheidenden Anstöße für viele Schlüsseltechnologien vor allem in der Forschung von staatlichen Initiativen ausgegangen seien. Eine Gesellschaft, die im globalen Wettbewerb nicht zurückfallen wolle, müsse ihre Zukunft selbst in die Hand nehmen und dürfe die technologische Entwicklung nicht allein den Steuerungsmechanismen des Marktes und den beteiligten Unternehmen überlassen. Auch die Wirtschaftswissenschaft beurteilt die Frage, welche Aufgabe dem Staat im Innovationsprozess zukommt, höchst unterschiedlich. Dabei sind die anwendbaren Theorien zu Analyse und Bewertung industriepolitischer Maßnahmen in den vergangenen Jahren erheblich erweitert worden[2]:

- Neue Impulse kommen aus der *Industrieökonomik*, die vor allem zu einem besseren Verständnis der Wettbewerbsprozesse und der Wirkungsweise staatlicher Markteingriffe in technologieintensiven Industrien beigetragen hat[3].
- Die *neue Außenhandelstheorie*[4], die aus einer Synthese von traditioneller Außenhandelstheorie und Industrieökonomik hervorgegangen ist, zielt mit ihren strategischen Politikempfehlungen vorrangig auf technologieintensive Industrien ab und nimmt immer mehr Einfluss auf die Konzeption der Industriepolitik in fortgeschrittenen Industrieländern.

1 Vgl. Klodt (1995), S. 1.
2 Vgl. ebenda S.2.
3 Vgl. hierzu Tirole (1999) und Knieps (2005).
4 Einen Bestandteil der neuen Außenhandelstheorie bildet die strategische Handelspolitik, die den theoretischen Rahmen dieser Arbeit bildet.

- Die *neue Wachstumstheorie* bezieht sich auf die gesamtwirtschaftlichen Auswirkungen des technischen Wandels und bekommt ein immer stärkeres Gewicht in der industriepolitischen Diskussion.

Die Entwicklung dieser neuartigen Ansätze hat die theoretische Basis zur Beurteilung industriepolitischer Maßnahmen wesentlich realitätsnaher gemacht. Die klassischen wohlfahrtstheoretischen Ansätze sind durch diese neuen Entwicklungen nicht obsolet geworden, sondern sie werden ergänzt und in ihrer wirtschaftspolitischen Schlussfolgerung teilweise erheblich modifiziert[1].

5.1 Industriepolitische Zusammenhänge

In all seinen begrifflichen Formen wie Strukturpolitik, Technologiepolitik, strategische Handelspolitik oder „neue" Industriepolitik befasst sich die Industriepolitik mit der Frage, ob der Staat mit selektiven Maßnahmen die Wettbewerbsfähigkeit der gesamten Industrie oder einzelner Branchen fördern soll[2]. Märkte unterliegen sich ständig ändernden Einflüssen, unter anderem durch den starken Wettbewerb, der sich nicht nur innerhalb einzelner Volkswirtschaften, sondern auch über geographische Grenzen hinweg abspielt[3].

Ausgangspunkt jeglicher Industriepolitik ist der volkwirtschaftliche Strukturwandel. Angesichts der ständigen Veränderungen im nationalen und internationalen Umfeld versuchen die Regierungen, den Anpassungsprozeß durch Eingriffe in das Marktgeschehen zu beeinflussen[4]. Industriepolitik beinhaltet demnach *„Maßnahmen des Staates zum Erhalt, zur Anpassung, Gestaltung und Wachstumsförderung der Industrie"*[5]. Hierbei gibt es generell zwei Handlungsalternativen für die Politik, um auf den Strukturwandel zu reagieren:

- Sorge tragen, dass der Strukturwandel möglichst reibungslos vor sich geht, indem möglichst alle Hindernisse beseitigt werden.
- Aktiver Eingriff in den Strukturwandel, indem ausgewählte Sektoren besonders in ihrer Entwicklung gefördert werden.

Bei der ersten Handlungsalternative soll die Industriepolitik des Staates ohne gezielte Eingriffe die bestmöglichen Voraussetzungen für Innovationen und die

---

1 Vgl. Klodt (1995), S. 2.

2 Vgl. Köster (1994), S. 117 ff., Sauernheimer (1994), S. 375 ff., Siebert (1988), S. 549 ff., Brösse (1996), S. 9 ff., Oberender/Daumann (1995), S. 3 ff.

3 Vgl. Oberender/Daumann (1995), S. 30 ff.; Holzem (1995), S. 17 ff., Simons (1997), S. 2 ff.

4 Vgl. Weckwerth (1998), S. 1 ff.

5 Simons (1997), S. 8.

Anpassungsfähigkeit der industriellen Produktionsstruktur schaffen. Dabei werden andere Politikbereiche wie die Außenhandelspolitik, die Steuerpolitik, die Geld-, Kredit- und Währungspolitik, die Bildungspolitik, das Patentrecht und die Regulierungspolitik tangiert. Diese Form der Industriepolitik baut auf ein möglichst minimalistischen Eingreifen des Staates, wobei es das Ziel ist, Rahmenbedingungen zu schaffen, die es der Industrie vereinfachen, sich den ständigen Änderungseinflüssen anzupassen. Unter Erweiterung diese Konzeptes fällt auch die Wettbewerbspolitik, deren Ziel es ist, einen funktionsfähigen Wettbewerb zu gewährleisten[1]. Sie wird immer dann angewendet, wenn Regierungen Marktversagen oder unerwünschte Marktergebnisse feststellen und korrigierend in den Marktprozess eingreifen[2]. An dieser Stelle ist der Übergang zur „aktiven" Industriepolitik eher fließend[3].

Bei der zweiten Handlungsalternative ist es das Ziel des Staates, die gesamte Wohlfahrt seines Landes zu steigern, indem er aktiv in das Marktgeschehen eingreift. Dies versucht er zu erreichen, in dem er z.B. den Anteil einer Branche an der Gesamtstruktur erhöht oder die Branchen in ihren Proportionen besser auf einander abstimmt. Im Extremfall würde dies bedeuten, dass der Staat bestimmt, was von welchen Unternehmen in welchem Umfang zu welchem Zeitpunkt und in welcher Qualität produziert wird. Neben einem aktiven Eingreifen durch Subventionen oder dem Erlass von Gesetzen hat der Staat in Märkten wie der LRI die Möglichkeit, als einer der wichtigsten Akteure sowohl an den Faktor- als auch an den Gütermärkten durch seine Beschaffungs-, Beschäftigungs-, und Besoldungspolitik steuernd Einfluss zu nehmen[4]. Hieraus ergibt sich eine große Verantwortung, da er auf solchen Märkten durch seine öffentliche Beschaffungsmaßnahmen selbst die Nachfrage darstellt. Ferner gibt der Staat wichtige Impulse für die Forschungs- und Entwicklungsaktivitäten spezifischer Industriezweige[5].

Jegliches aktive Eingreifen des Staates ist jedoch kritisch zu hinterfragen. Zum einen korrigiert die jeweilige Regierung durch ein Eingreifen in Marktabläufe die eigentlichen „natürlichen" Regulationsmechanismen des Marktes. Des weiteren ist es das Ziel einer jeden Regierung, wieder gewählt zu werden. In Folge dessen befindet sich eine Regierung gegebenenfalls in dem Dilemma, Entscheidungen zu fällen, die im Spannungsfeld zwischen einer effizienten Allokation und dem Risiko einer Wiederwahl stehen:

1 Vgl. Körner/Proff (1998), S. 26 ff.
2 Ein Beispiel hierfür wäre die Kartellaufsicht.
3 Vgl. Simons (1997), S. 9 f.
4 Vgl. Bletschacher/Klodt (1992), S. 53 ff.
5 Vgl. Dosi (1993), S. 3 ff.; Oberender/Daumann (1995), S. 3 ff., Lucas (1988), Romer (1986), S. 12.

„Auf den letzten Beweggrund reduziert, ist das Motiv jeglichen industriepolitischen Engagements in dem Bestreben der demokratisch gewählten Regierungen nach Stimmenmaximierung zu sehen.[1]"

Industriepolitische Handlungsalternativen sind teilweise nur schwer von einander abzugrenzen[2]. Abbildung II-8 soll dennoch versuchen, industriepolitische Motive und Instrumentarien einander gegenüberzustellen, auch wenn Überschneidungen nicht zu vermeiden sind.

Ansätze der Industriepolitik		
	Defensive Krisenpolitik	**Offensive Wachstumspolitik**
Sektoral (ausgewählte Branchen betreffend)	Anpassungs- und Erhaltungsmaßnahmen in Industriebereichen wie Stahl, Schiffbau und Steinkohle	„Neue" bzw. „strategische" Industriepolitik und direkte Innovationsförderung
Horizontal (gesamte Wirtschaft betreffend)	Nationale Schutzmaßnahmen vor Weltwirtschaftskrisen	Staatliche Rahmenbedingungen für industrielle Wachstumsprozesse

Abbildung II-8: Formen der Industriepolitik[3].

Eine defensive Industriepolitik wird angewendet, wenn die jeweilige Regierung den Zwang zur Strukturanpassung nicht sieht. Dagegen wird eine offensive Industriepolitik gewählt, wenn eine Regierung den Strukturwandel als unvermeidlich und notwendig anerkennt und ihn erleichtern oder sogar beschleunigen möchte. Bei sektoral praktizierter Industriepolitik[4] ergibt sich jedoch immer wieder die Problematik, dass eine Regierung sowohl in der offensiven, als auch in der defensive Variante sehr gut begründen muss, warum nur ausgewählte Branchen eine besondere Förderung oder Schutz erhalten und andere nicht begünstigte Branchen dadurch praktisch diskriminiert werden[5].

1 Simons (1997), S. 15.
2 Vgl. hierzu auch Hanusch/Canter (1993), S. 21 ff.
3 Quelle: In Anlehnung an Simons (1997), S. 19. Vgl. hierzu auch Grande (1992), S. 9 ff., Oppenländer (1994), S. 257.
4 Vgl. Hummel (1993), S. 3., Klodt (1993), Ochel (1996), S. 100.
5 Vgl. Ochel (1996); Schrempp (1994), S. 23 ff., Simons (1997), S. 17 f.

Politik und Wissenschaft diskutieren seit langem über die Bedeutung und den Beitrag einzelner Industrien zur wirtschaftlichen Entwicklung. Industrien und Technologien[1] welche die Entwicklung eines Landes maßgeblich beeinflusst haben oder noch beeinflussen werden, bezeichnet man als „strategische Industrien“ oder als „Schlüsseltechnologien“[2]. Zu der Frage, wie eine „strategische Industrie“ bestimmt werden kann bzw. welche Kriterien sie erfüllen sollte, gibt es allerdings unterschiedliche Ansichten und Theorien[3]. Problematisch ist an diesen Konzepten, dass sie zwar theoretisch begründbar sind, ihnen aber die empirische Fundierung fehlt. Insofern bleibt es allein in dem Ermessen der Politiker zu entscheiden, welche Industrie in welchem Umfang als förderungswürdig eingestuft wird[4].

Zu der Art und Weise, wie eine Regierung ihre Industriepolitik gestalten sollte gibt es zahlreiche Theorien und Modelle, die in der Wissenschaft heftig diskutiert werden. Dabei kommt Klodt im Rahmen seiner Ableitung politischer Handlungsoptionen zu dem Ergebnis:

> „Eine eindeutige, politisch unmittelbar umsetzbare Antwort der Wirtschaftstheorie auf die Frage, ob und inwieweit der Staat steuernd in den Prozess von Forschung und technologischer Entwicklung eingreifen sollte, gibt es nicht und kann es nie geben. Dafür sind die Theorien zu abstrakt und die Realitäten zu komplex.[5]“

Insofern wird es wohl nicht unterbleiben, dass Regierungen eine bestimmte Form der Industriepolitik wählen und umsetzen, die sie für die beste halten, auch wenn hierbei Fehlschläge nicht ausbleiben werden und der ein oder andere Ansatz eher experimentelle Charakterzüge aufweisen wird. Denn neben der Theorie kann schließlich nur die konkrete Umsetzung industriepolitischer Maßnahmen tatsächlich langfristig Erfolg oder Misserfolg aufzeigen.

5.2 Industriepolitik in der Luft- und Raumfahrtindustrie und die Rolle des Staates

Bei der Luft- und Raumfahrtindustrie handelt es sich um eine Branche, die weitgehend durch staatliches Engagement geprägt ist[6]. Dieser Einfluss ist in allen Ländern gegeben, die LR-Erzeugnisse produzieren. Die Förderung reicht von

1 Vgl. Hanusch/Canter (1993), S. 11 ff.
2 Vgl. Hierzu OECD (1991).
3 Vgl. hierzu die Theorie der Wachstumspole und die neue Wachstumstheorie in Simons (1997), S. 127 ff. und zur Unterinvestitionsthese Dunn (1995), S. 165 ff.
4 Vgl. Simons (1997), S. 131 f.
5 Klodt (1995), S. 109.
6 Vgl. Hayward (1995), S. 159 ff.

der Grundlagenforschung über die staatliche Auftragsentwicklung, über öffentliche Beschaffung und Erhaltungsmaßnahmen[1] bis zu Produktions- und Absatzsubventionierung[2]. Der Staat ist in vielen Ländern selbst Großkunde für die Erzeugnisse dieser Branche bzw. Auftraggeber für entsprechende Technologieentwicklungen. Im militärischen Bereich ist er, abgesehen von nachträglichen und meist staatlich kontrollierten Exportgeschäften, häufig der einzige Abnehmer. Hierbei ist die eigene industrielle Basis als Garant für eine unabhängige und jederzeit ohne Einschränkungen auf dem gewünschten technologischen Niveau verfügbare Beschaffung von erheblicher strategischer Bedeutung, da sich hieraus die sicherheitspolitische Unabhängigkeit eines Landes ergibt[3].

Im zivilen Bereich stehen dagegen die technologie- und industriepolitischen Implikationen des Hochtechnologiesektors LRI im Vordergrund. Dabei werden in allen LRI-Ländern Forschung und Entwicklung auf diesem Gebiet durch den Staat gefördert. Die Rolle des Staates ergibt sich häufig allein schon dadurch, dass sich anfänglich die meisten Luftfahrtgesellschaften im Staatsbesitz befanden und einige auch heute noch, zumindest zum Teil, staatlich kontrolliert werden bzw. der Staat politischen Einfluss geltend macht. Durch seine eigene Nachfrage, mit allgemeinen Fördermaßnahmen und mit gezielten Interventionen[4] setzt der Staat wichtige Grundvoraussetzungen für die Entwicklung der Luft- und Raumfahrtindustrie. Ferner beeinflusst der Staat auch die Exportvorschriften für Rüstungsgüter, die Vereinbarungen von Standards und Betriebsregelungen und anderen außenhandelspolitischen Einflussnahmen. Die LRI ist dementsprechend ein weitgehend politisch determinierter Industriezweig, dem sowohl unter militärischen als auch unter technologie- und industriepolitischen Gesichtspunkten strategische Bedeutung beigemessen wird, worauf im folgenden detaillierter einzugehen ist.

Die finanziellen Größenordnungen des staatlichen Engagements in den drei wichtigsten Regionen der LRI sind bereits im vorangegangenen Kapitel erläutert worden (siehe Tabelle II-8 und Tabelle C-1 im Anhang). Der staatliche Finanzmitteltransfer ist von elementarer Bedeutung für die Dimension und die Entwicklung der LRI. Dabei bleiben drei Aspekte festzuhalten: Zum einen ist aus Tabelle II-8 erkennbar, dass der staatliche Finanzmitteleinsatz in den USA ins-

---

1 Erhaltungsmaßnahmen, einschließlich Reparatur- und Erhaltungsarbeiten, umfassen sämtliche Arbeiten mit erhebliche Eingriffen in die militärischen und zivilen Fahrzeuge (z.B. Modernisierungsmaßnahmen, Kampfwertsteigerungen von militärischem Gerät), sowie Routine Wartungsarbeiten und kleiner Reparaturen.

2 Vgl. Hild/Breitenacher/Pieper (1997), S. 25 ff.

3 Vgl. Lawrence (2001), S. 112 ff.

4 Wie z.B. durch Risikoabsicherung für neue Produkt- und Technologieentwicklungen im Bereich der kommerziellen LRI. Vgl. hierzu Kern (1991), S. 38 ff.; Klodt (1994), S. 101 ff.

gesamt wesentlich größer ist als in der EU. Dies ist sowohl auf die großen Beschaffungsvolumina der Vereinigten Staaten als auch auf die wesentlich höheren F&E-Aufwendungen dieses Landes zurückzuführen.

Zweitens wird deutlich, dass die Finanztransfers in der ersten Hälfte der neunziger Jahre gegenüber den achtziger Jahren erheblich reduziert wurden. Dies erklärt sich vor allem aus der Veränderung der geopolitischen Lage, also der Beendigung der Ost-West-Konfrontation und des dadurch reduzierten Augenmerks auf das Rüstungspotenzial. Hinzu kamen in fast allen Ländern erhebliche Probleme mit der öffentlichen Verschuldung, die zu Einsparungen zwangen und aufgrund der politischen Entspannungen sich stark auf die militärische Beschaffung auswirkten. Die erheblichen Größenunterschiede zwischen Europa und den USA blieben hierbei jedoch im wesentlichen erhalten.

Als dritter wesentlicher Punkt bleibt festzuhalten, dass die Kürzungen des deutschen Finanzmitteleinsatzes in der LRI von 1990 bis 1994 von besonderer Dimension waren. So waren die Einschränkungen in Deutschland sowohl bei den F&E-Aufwendungen als auch bei den Ausgaben für Beschaffung und Erhaltungsmaßnahmen ungewöhnlich stark (vgl. Kapitel II-3.4.3). Hierbei ist besonders auffällig, dass Deutschland innerhalb Europas zu diesem Zeitpunkt eine Ausnahme bildet, denn in der EU (ohne Deutschland) wurden die entsprechenden Budgets weit weniger stark reduziert als hierzulande. Das gilt sowohl für die F&E-Aufwendungen (Deutschland: -39%, EU ohne Deutschland -17%)[1] als auch für die Beschaffung und Erhaltungsmaßnahmen (Deutschland: -52%, EU ohne Deutschland: -5%)[2].

Der hohe staatliche Anteil am Sektorenumsatz ermöglichen es dem Staat, im erheblichen Ausmaß die Gestaltung der jeweils nationalen Luft- und Raumfahrtindustrie zu beeinflussen und zu prägen. Dadurch ist der Staat in der Lage, die Wettbewerbsposition der entsprechenden Industrien nachhaltig in seinem Sinne zu verbessern oder zu verschlechtern. Der gesamte industriepolitische Spielraum des Staates, den er durch den öffentlichen Mitteleinsatz ausübt, setzt sich aus verschiedenen Komponenten zusammen. Er besteht aus ziviler F&E-Förderung, wehrtechnischer Technologieentwicklung, militärischen und weiteren öffentlichen Beschaffungs- und Erhaltungsmaßnahmen sowie Unterstützungsmaßnahmen, die nicht isoliert, sondern in einem komplexen Wirkungszusammenhang gesehen werden müssen[3].

---

1 Jeweils Veränderungen der realen Größen insgesamt von 1990 bis 1994.

2 Vgl. Hild/Breitenacher/Pieper, (1997), S. 29 f.

3 So können beispielsweise die Ergebnisse wehrtechnischer Technologieentwicklungen den zivilen Kapazitäten technologische Vorteile (Dual use-Aspekt) und Vermarktungspotenziale bringen und umgekehrt, oder große Beschaffungsprojekte können die Finanzkraft der

6. Zwischenfazit

Über den Erfolg oder Misserfolg staatlicher Maßnahmen im Rahmen angewandter Industriepolitik kann man häufig erst nach langfristig gemachten Erfahrungen urteilen. Da man bei einer solchen Analyse je nach Branche und Wahl des theoretischen Ansatzes zu unterschiedlichen Ergebnissen hinsichtlich der Beurteilung kommen kann, spielen insbesondere die Marktabgrenzung und die tatsächlichen Marktgegebenheiten im Untersuchungszeitpunkt eine wesentliche Rolle. Dies ist einer der Gründe, warum im Rahmen dieser Arbeit der Unternehmenszusammenschluss Daimler-Benz/MBB nach einem recht langen Zeitraum von 15 Jahren einer kritischen Würdigung unterzogen wird. Der lange Untersuchungshorizont findet dabei seine Legitimation einerseits in dem langen Planungshorizont vor dessen Hintergrund in dieser Branche gearbeitet wird und andererseits in den weiterführenden branchenbezogenen Strukturanpassungen, die dieser Zusammenschluss ausgelöst hat und die in eine Analyse mit einbezogen werden müssen.

Die Darstellung der deutschen und internationalen Marktentwicklung der LRI hat gezeigt, welchen gravierenden Umbrüchen diese Branche in den letzten Jahrzehnten ausgesetzt war und welche Auswirkungen dies auf die in diesem Bereich engagierten Unternehmen hatte. Der Unternehmenszusammenschluss Daimler-Benz/MBB als ein Beispiel von vielen hat durch die im Vorfeld des Zusammenschlusses kontrovers geführte Diskussion gezeigt, wie weit die Meinungen über einzelne Aspekte der Wettbewerbs- und Industriepolitik aus einander liegen.

Zielsetzung des folgenden Kapitels ist es, die Grundlagen für ein konkretes Anwendungsbeispiel der strategischen Industriepolitik zu legen. Hierzu müssen die industrie- und wirtschaftspolitischen Aspekte die in diesem Kapitel beleuchtet wurden, weiter vertieft werden. Des weiteren wird am Beispiel des Marktes für die zivile Luftfahrt die spezifische Marktsituation zwischen den beiden Herstellern für zivile Verkehrsflugzeuge, Airbus und Boeing, näher erläutert und das Konzept der strategischen Handelspolitik beschrieben. Im Anschluss erfolgt in Kapitel VI eine praxisbezogene Anwendung des Modells. Hieraus werden dann wiederum Rückschlüsse auf den Unternehmenszusammenschluss zwischen Daimler-Benz und MBB gezogen.

Unternehmen stärken und diesen dadurch Mittel einbringen, die sie wiederum für eigenfinanzierte F&E-Aktivitäten nutzen können.

III. Internationaler Wettbewerb und strategische Handelspolitik
1. Der Konflikt zwischen Airbus und Boeing

Trotz Problemen bei der Bestimmung von strategisch wichtigen Industrien wird die Luft- und Raumfahrtindustrie immer wieder als eine solche wichtige Industrie eingestuft und von der Regierung unterstützt. So wurde speziell die Luftfahrtindustrie in Europa mit einer offensiven, sektoralen Industriepolitik gefördert. Dabei begründete man die Sonderstellung dieser Industrie mit dem Argument, unter den Anbietern der Schlüsseltechnologie im Flugzeugbereich herrsche eine zu geringe Wettbewerbsintensität, die durch zu hohe und dauerhafte Marktzutrittsschranken entstanden sei[1]. Man befürchtete die langfristige Monopolisierung dieser Schlüsseltechnologie durch ausländische Unternehmen, wodurch schwerwiegende Folgen für die jeweils nationale und europäische Wirtschaft resultieren würden. Am Beispiel des Marktes für zivile Verkehrsflugzeuge lässt sich das Ergebnis einer solchen Industriepolitik verdeutlichen[2].

Vor der genaueren Beschreibung des Marktes für die zivile Luftfahrt werden zuerst die beiden Hauptkontrahenten auf diesem Markt, Airbus und Boeing, vorgestellt sowie ihre Entwicklung und Konkurrenzsituation erläutert. Im Anschluss wird auf die strategische Interaktion dieser beiden „Champions" eingegangen und die Frage aufgeworfen, wie strategische Handel- und Industriepolitik ausgestaltet sein muss um einen Industriezweig aus nationaler Sicht langfristig zu sichern und zu fördern. Darauf folgend wird die Theorie der strategischen Handelspolitik umfassend dargestellt und erläutert.

1.1 Aufbau und Strategie der Unternehmen

Vor der Gründung von Airbus Industries teilten sich drei US-Anbieter den Weltmarkt für zivile Großflugzeuge[3]. Da die Europäer vermuteten, dass in dieser

1 In der LRI sind die weltweiten Marktstrukturen oligopolistisch geprägt, und aufgrund des enormen F&E-Aufwandes bestehen in fast allen Bereichen dieses Sektors hohe Markteintrittshürden. Nach GRUPP zählt die LRI zu den 9 (von 16) Produktgruppen der Spitzentechnik, die sowohl durch einen hohen Anteil der staatlichen Beschaffung, als auch durch bedeutende Staatssubventionen gekennzeichnet sind. Aufgrund der besonderen Rolle der öffentlichen Beschaffung und der umfangreichen F&E-Förderung kann dieser Sektor auch als politisch determinierte Industrie bezeichnet werden. In Grupp (1994), S. 83.

2 Vgl. hierzu auch das Beispiel der Concorde in Feldmann (1985) und Simons (1997), S. 136 ff.

3 Als zivile Großflugzeuge werden Maschinen mit mehr als 70 Sitzen bezeichnet. In den siebziger Jahren gab es lediglich die drei Anbieter Boeing, McDonnell Douglas und Lookheed. Lookheed zog sich 1981 aus der Produktion von Verkehrsflugzeugen zurück und

Marktkonstellation die Hersteller, geschützt durch Markteintrittsschranken, überhöhte Preise für ihre Flugzeuge verlangten und da man diese Vorherrschaft der Amerikaner brechen wollte, beschlossen die französische und die deutsche Regierung, 1970 Airbus Industries zu gründen.

Auf dem weltweiten Markt für zivile Verkehrsflugzeuge mit mehr als 100 Sitzen sind im wesentlichen nur noch zwei Konkurrenten übrig geblieben, nämlich Airbus in Europa und Boeing in den USA. Dabei ist die Entstehungs- und Entwicklungsgeschichte bei beiden, vor allem aber bei Boeing, höchst wechselhaft. Der relativ späte Markteintritt von Airbus ist ein Paradebeispiel für staatliche Technologieförderung und ihre Auswirkungen. Um die Grundlagen für weitere Ausführungen zu legen, werden zuerst die beiden Unternehmen hinsichtlich ihrer Entstehung, historischen Entwicklung, wesentlichen Kernattribute und Produkte vorgestellt.

1.1.1 Airbus

Airbus wurde 1970 als Groupement d'Intérêt Economique (GIE) gegründet[1]. Gründungsmitglieder sind die Deutsche Airbus GmbH respektive ihre Muttergesellschaft Messerschmidt-Bölkow-Blohm und die französische Aérospatiale. Ursprünglich bestand auch seitens Englands die Absicht, sich an dem Projekt durch das Unternehmen British Aerospace zu beteiligen. So hatte die britische Regierung die vorangegangene Absichtserklärung zur Gründung von Airbus, das Bonner Protokoll, 1967 unterschrieben[2]. Nach einem Streit über die Beteiligung der Firma Rolls-Royce als Triebwerkslieferant zog sich England jedoch im April 1969 aus dem Airbus-Projekt zurück. Ein Jahr nach der Gründung von Airbus-Industries stieß stattdessen der spanische Flugzeughersteller CASA als neues Mitglied zum Airbus-Konsortium hinzu. Im selben Jahr trat auch das niederländische Unternehmen Fokker als assoziiertes Mitglied bei[3].

McDonnell Douglas wurde 1996 von Boeing übernommen. Die aktuellen Anbieter sind Boeing und Airbus.

1 Die französische Rechtsform GIE entspricht einem anglo-amerikanischen Joint Venture. Mehrere Unternehmen schließen sich für eine gemeinsame Aktivität zusammen, behalten aber ihre rechtliche Eigenständigkeit. Der Gewinn aus dem gemeinsamen Projekt wird nach dem Anteil der Investitionen ausgeschüttet, Verluste des eine Partners übernehmen die anderen nicht.

2 In diesem Abkommen wurden die Finanzbeteiligungen und die industrielle Zusammenarbeit für das gemeinsame Airbus-Projekt geregelt. Vgl. hierzu Berg / Mammen (1981), S. 361.

3 Vgl. Fuchs (2002), S.98.

Ziel der beteiligten Regierungen bei der Gründung von Airbus war, in größerem Umfang Marktanteile auf dem internationalen Markt für zivile Flugzeuge zu erobern sowie langfristig gesamtwirtschaftliche Vorteile zu erzielen[1]. Die Europäer wollten versuchen, ihre Abhängigkeit von den US-amerikanischen Herstellern in der zivilen Flugzeugproduktion zu reduzieren und deren erzielte Monopolrenten abzubauen[2]. Die beteiligten Regierungen verpflichteten sich, die Kooperation ihrer Hersteller voranzutreiben, um ein Großraumflugzeug zu konstruieren. Die hohen Entwicklungskosten und der große Wissensvorsprung der amerikanischen Konkurrenz wirkten jedoch abschreckend auf die einzelnen Hersteller[3]. Erst nach Zusage der beteiligten Regierungen, die Entwicklungskosten fast vollständig zu tragen, wurde mit der Entwicklung eines Flugzeuges begonnen.

In den ersten Jahren droht das Airbus-Projekt mehrfach zu scheitern. Im Zuge der Ölkrise 1973 nahmen die Bestellungen für Flugzeuge stark ab. Zudem fehlte es Airbus an einer ganzheitlichen Flugzeugfamilie und einer reibungslosen Vertriebsstruktur, die es ermöglichte, die Anforderungen der Kunden aus einer Hand zu erfüllen. Zu diesem Zeitpunkt kam es Airbus zugute, dass sich in den ersten Jahren nach der Gründung des Airbus Konsortiums die amerikanischen Flugzeugbauer Lockheed und McDonnell Douglas (MDD) einen erbitterten Konkurrenzkampf um den Markt für Großraumflugzeuge lieferten. Beide wurden auf unterschiedlichste Weise vom amerikanischen Staat subventioniert[4], doch für beide war der Markt zu eng. Sie befanden sich in einem klassischen Gefangenendilemma: Sämtliche Beteiligten, die Hersteller, Fluglinien und die US-Regierung hätten von einer gemeinsam koordinierten Entwicklung eines neuen Flugzeugtyps stärker profitiert. Die getrennten Anstrengungen wirkten letztlich nur preistreibend auf die jeweiligen Endprodukte. Hierbei lag das Problem jedoch nicht auf der Informationsseite, denn die Nachfragelücke auf dem Markt für zivile Verkehrsflugzeuge war bekannt, sondern eher in der nicht vorhandenen gemeinsamen Koordination aller Entwicklungsbemühungen[5]:

---

1 Vgl. Revuelta (1999), S. 94 f.

2 Vgl. Aruli (2000), S. 113. f.

3 Die Amerikaner hatten in der Vergangenheit stark von dem Wissen aus ihrem militärischen Flugzeugbau profitiert. Dies war auch Gegenstand der GATT-Uruguay-Runde, bei der es um die Frage nach Art und Weise von Subventionierungen der Luftfahrtindustrie ging. Dabei warf die EU-Kommission der amerikanischen Regierung vor, sie hätte zwischen 1970 und 1990 aus Pentagon- und NASA-Mitteln indirekte Subventionen zwischen 33,5 und 41,5 Milliarden US-$ in die heimische Luftfahrtindustrie getätigt. Vgl. hierzu Tirman (1984), S. 1 ff., U.S. Air Force: R&D Contributions to Aviation Progress (1972).

4 Lockheed erhielt Subventionen in Form eines 250 Millionen Dollar Regierungskredits – McDonnell Douglas wurde durch einen umfangreichen militärischen Beschaffungsauftrag der US-Regierung für sein Modell KC-10 unterstützt, das zur früheren Version der DC-10 kaum Unterschiede aufwies.

5 Ebenda, S. 188.

„Because of the accumulated production, the American companies could have produced almost any aircraft at a lower cost than the Europeans, but they unintentionally left a market gap between the narrow bodies and the jumbos to Airbus, which introduced a differentiated product and initially achieved not a cost or technology but an availability advantage.[1]"

Airbus konnte in dieser Situation die Chance für sich nutzen, indem es das welweit erste Flugzeug mit zwei Triebwerken und 240 bis 345 Sitzplätzen entwickelte, den A300. Dank der konzentrierten europäischen Subventionen[2] die beim A300 zwischen 70%-90% der gesamten Entwicklungskosten ausmachten, konnte der A300 zudem vergleichsweise billiger als die Lockheed- und MDD-Produkte (MD-80) auf den Markt gebracht werden[3].

Der A300 wurde ab 1972 produziert. Allerdings blieb der Absatz bis in die späten siebziger Jahre weit hinter den Erwartungen zurück. Aufgrund der schlechten Auftragslage wurde deshalb die Produktion, zusätzlich zu den Entwicklungskosten, aus den Staatshaushalten finanziert. Ferner wurden mehr Flugzeuge produziert als Bestellungen vorlagen, wodurch Airbus in der Lage war, innerhalb kürzester Zeit ein Flugzeug auszuliefern und aufgrund der finanziellen Unterstützung durch die Regierungen eine aggressive Preispolitik zu betreiben. Diesem Wettbewerbsvorteil stand als Wettbewerbsnachteil das Wechselkursrisiko durch die Fakturierung in US-$ gegenüber. Aus diesem Grund übernahmen die Regierungen, zumindest anfänglich[4], zusätzlich zu den Entwicklungs-, Finanzierungs- und Markterschließungskosten auch noch die Verluste aus Wechselkursschwankungen[5].

Die Strategie von Airbus beruhte in den ersten Jahren darauf, durch unbedingte technische Führerschaft zu möglichst günstigen Preisen die Nische im Konkurrenzkampf mit den anderen Herstellern zu besetzen. Dabei sollten sich für die Fluglinien, die Airbus-Produkte einsetzten, die Betriebskosten verringern, indem

1 Vgl. Tyson (1993), S. 188.

2 Eine detailliert Aufstellung der geleisteten Subventionen findet sich in Kapitel V-3.2.1.

3 Vgl. Fuchs (2002), S.99.

4 Nach einer Klage der amerikanischen Regierung beim GATT wurden im Januar 1992 die Zahlungen der Bundesregierung vom GATT-Schlichtungsausschuß als rechtswidrig verurteilt. Die Bundesregierung stellte daraufhin ihre finanziellen Hilfen, die sich insgesamt bis dahin auf 422 Mio. € aufsummiert hatten, ein. Vgl. hierzu Maennig/Hölzer (1999), S. 194 ff.

5 Bei der Übernahme von MBB durch Daimler-Benz 1989 verpflichtete sich die deutsche Bundesregierung, bei Airbus Verkäufen den Wechselkurs für Daimler-Benz bei 1,80 DM pro US-$ zu fixieren. Liegt der Wechselkurs darunter, erstattet die Bundesregierung Daimler-Benz die Differenz bis zu einer Höhe von maximal 0,20 DM pro US-$.

der Kraftstoff besser genutzt würde[1]. Insbesondere die Verwendung neuartiger Kunststoffmaterialien diente in diesem Zusammenhang der Gewichts- und dadurch der Kostenersparnis. Darüber hinaus wurden Sitzbereich und Cockpit neu konzipiert. Letzteres trug gleichfalls durch die Einsparung von Kabinenpersonal zur Verringerung der Betriebskosten bei[2].

Ab 1978 fingen die Fluggesellschaften wieder verstärkt an, in ihre Flotten zu investierten. Die Ölkrise war überwunden und die Deregulierung des Luftverkehrs verbesserte die Investitionsbereitschaft der Fluglinien. Der vergleichsweise niedrige Treibstoffverbrauch der Airbus-Maschinen war inzwischen zu einem zugkräftigen Verkaufsargument geworden. Zugleich verbesserten sich die Absatzchancen auf dem amerikanischen Markt durch eine weiterhin äußerst aggressive Preispolitik und eine erweiterte Produktpalette mit dem „A310“ und dem „A320“[3].

Im Zuge dieser ersten Erfolge die Airbus verzeichnen konnte, stieß 1979 doch noch Großbritannien zum Konsortium hinzu und auch das belgische Unternehmen Belairbus schloss sich als assoziiertes Mitglied an[4].

Airbus ist heute von der Rechtsform her eine „Societé par Actions Simplifiée“ (SAS)[5]. Aktionäre sind der im Jahr 2000 gegründete Luft- und Raumfahrtkonzern „European Defense and Space Agency“ (EADS) mit einer Beteiligung von 80% sowie British Aerospace mit 20% Anteil. An EADS, einer Gesellschaft niederländischen Rechts (N.V.), halten DaimlerChrysler und die französiche Holding SOGEADE (im Besitz des französischen Waffenkonzerns Lagardère und des französischen Staats) jeweils etwas über 30% der Aktien. Die spanische Staatsholding SEPI (Sociedad Estatal de Participaciones Industriales) besitzt 5,5%, während sich 34% in Streubesitz befinden.

Seit seiner Gründung hat sich Airbus zu einem der beiden größten Hersteller von Verkehrsflugzeugen mit mehr als 100 Sitzplätzen entwickelt. Im Jahr 2003 lieferte Airbus zum ersten Mal in seiner Firmengeschichte mit 305 Flugzeugen mehr Maschinen an seine Kunden aus als Boeing (die ihrerseits 281 Maschinen auslieferte) und sicherte sich somit 52% des Weltmarktes für Passagierflugzeuge

---

1 Vgl. Bletschacher / Klodt (1991), S. 20.
2 Vgl. Vayle, S. 7
3 Vgl. Bletschacher / Klodt (1991), S. 20.
4 Vgl. Bletschacher / Klodt (1992), S. 82.
5 Diese „vereinfachte Aktiengesellschaft“ kann von nur einem Aktionär (bei der SA müssen es sieben sein) gegründet werden. Außerdem ist ein wesentlich geringeres Stammkapital in Höhe von 38.000 Euro für die Gründung notwendig.

mit mehr als 100 Sitzen[1]. Insgesamt hat Airbus seit seiner Gründung über 4.500 Bestellungen von über 180 Kunden erhalten. Im Geschäftsjahr 2002 erzielte Airbus Umsätze in Höhe von 19,5 Milliarden Euro. Die Airbus-Produktpalette umfasst heute vier Flugzeugfamilien[2]:

- Die A320-Familie mit den Flugzeugtypen: A318, A319, A320, A321 (Single-Aisle, 107-185 Sitze)
- Die A300 / A310 Familie (Twin-Aisle, 220-266 Sitze)
- Die A330 / A340 Familie (Long Range , 253-380 Sitze)
- Die A380-Familie (Doppeldeck, ab 555 Sitze, voraussichtlich ab 2006 im Einsatz)

Airbus beschäftigt derzeit über 45.000 Mitarbeiter vor allem an Standorten in Deutschland, Frankreich, Großbritannien und Spanien. In diesen Ländern besitzt Airbus 16 Entwicklungs- und Produktionsstätten, die komplette Sektionen der Flugzeuge produzieren. Bei der Produktion besteht eine Arbeitsteilung zwischen den Airbus-Partnern. Die französische Aérospatiale baut das Cockpit und ist für die Endmontage verantwortlich, die Deutsche Airbus GmbH ist für den Bau des Rumpfes und die Innenausstattung zuständig. Die Britisch Aerospace übernimmt den Bau der Flügel und das Höhenleitwerk wird von der französischen CASA gefertigt. Die voll ausgestatteten Sektionen werden zur Endmontage nach Toulouse (A320, A300/310, A330/340 und zukünftig A380) oder Hamburg (A318, A319, A321, im Rahmen der Endmontage künftig auch A380) gebracht. Der Transport der angefertigten Bauteile erfolgt dabei durch das Airbus-Skylink-System bei dem 4 sogenannte Guppy-Transportflugzeuge eingesetzt werden und die Bauteile zu den jeweiligen Endmontagestellen bringen[3].

Zusammenfassend ist Airbus also letztlich eine Organisation, die Flugzeuge baut und verkauft. Design und Produktion der Einzelteile liegt in der Verantwortung der Airbus Partner. Airbus hat überdies zwar freie Hand in betriebswirtschaftlichen Dingen, aber seine Entscheidungsstruktur sowie die Laufbahnen des höheren Managements zeigen aus der Historie nach wie vor seine engen Verbindungen zur öffentlichen Verwaltung[4]. Wichtige Entscheidungen können nicht ohne das intergouvernementale Airbus-Komitee getroffen werden und Ministertreffen zu Airbus finden regelmäßig statt[5].

1 Vgl. o.V. (2004a), S. 15.

2 Vgl. hierzu www.airbus.com

3 Vgl. Hornschild (1993), S. 140.

4 Dies zeigen insbesondere die zwischen den Regierungen von Deutschland und Frankreich Ende 2004 diskutierten Personalien für die Führung des Airbus und der EADS. Vgl. hierzu auch Bischoff-Ehnes (1994), S. 231.

5 Vgl. McGuire (1997), S. 39 ff.; Fuchs (2002), S. 100.

Auf lange Sicht ist letztendlich die klare Ausrichtung von Airbus auf den technischen Vorsprung erfolgreich gewesen. So arbeitet Airbus seit 1991 profitabel und es ist mit Airbus gelungen einem neuen Anbieter den Markteintritt zu ermöglichen und ihm eine gesicherte Marktposition zu verschaffen[1]. Dieser Erfolg wurde allerdings durch die geleisteten Subventionen von den beteiligten Staaten teuer erkauft. Offen bleibt, inwiefern die hohen Subventionen es ermöglicht haben, ein wettbewerbsfähiges Unternehmen aufzubauen. So sind die Produktionskosten bei Airbus zum Beispiel höher als bei Boeing. Dies liegt zum einen an der komplexen Unternehmensstruktur von Airbus Industries durch die Vielzahl der Partner, die an diesem Projekt beteiligt sind und daran, dass die Airbus-Produktion anstatt nach Effizienzkriterien nach politischen Paritätsansprüchen der beteiligten Staaten aufgebaut wurde[2].

Es ist also gelungen, einem neuen Anbieter den Markteintritt zu ermöglichen und ihm eine gefestigte Marktposition zu verschaffen, es bleibt aber fraglich ob dieser Erfolg den Aufwand rechtfertigt. So schätzt man, dass bis zum Jahr 2002 Subventionen in Höhe von 35 bis 45 Milliarden US-$ in den Aufbau von Airbus geflossen sind[3]. Man kann zwar feststellen, dass der Wettbewerb in der LRI zugenommen hat, aber auch Wettbewerbsverzerrungen durch Subventionen und Protektionismus sind größer geworden[4], so dass die Frage bleibt, worin der Nutzen dieser Politik für die Luftfahrzeugindustrie und die beteiligten Staaten letztendlich liegt. Sicherlich sind große technische Leistungen durch den Bau des Airbus erbracht worden, aber technologischer Spill-over ist nicht messbar. Unter Kosten-Nutzen Aspekten muss man somit festhalten, dass der Airbus bis heute eine sehr fragwürdiges Unterfangen darstellt[5].

Insofern bleibt die Frage vorerst offen, inwiefern die originären Ziele der Airbus-Gründer erreicht wurden, einen langfristig profitablen europäisches Flugzeughersteller zu schaffen, und wie die Vorgehensweise um dies zu erreichen aus gesamtwirtschaftlicher und wohlfahrtstheoretischer Sicht zu beurteilen ist.

---

1 Vgl. Bletschacher / Klodt (1991), S. 20.

2 Vgl. ebenda, S. 146.

3 Diese Angabe bezieht sich auf Subventionen der letzten drei Jahrzehnte seitens der Länder Frankreich, Deutschland, Spanien und Großbritannien, abzüglich der geleisteten Rückzahlungen von Airbus an die subventionierenden Regierungen. Vgl. hierzu Hopf/Link/Stewart-Ladewig (2003), S. 15 und Maennig/Hölzer (1999), S. 194 ff.

4 Erst 1992 unterzeichneten die Europäische Gemeinschaft und die Regierung der USA ein Abkommen, mit dem sich beide Seiten zu strikter Einhaltung bestimmter politischer Einflussnahme auf das Beschaffungsverhalten ihrer Fluglinien und Flugzeughersteller verpflichteten.

5 Vgl. zur Flugzeugindustrie im Allgemeinen und zum Airbus-Projekt im Besonderen Todd/Simpson (1986) und Berg/Tielke-Hosemann (1988), S. 122 ff.

1.1.2 Boeing

Am 15. Juli 1916 gründete der Ingenieur William Boeing in Seattle seine Flugzeugfirma Pacific Aero Products Company und trieb mit anfänglich 28 Angestellten die Entwicklung eigener Flugzeuge voran. Ein Jahr später, das Unternehmen war inzwischen in Boeing Airplane Company umbenannt worden, erhielt Boeing von der US-Marine seine ersten Bestellungen. Aber erst ab dem Jahr 1920 fing Boing an, sich besser am Markt durchzusetzen und erhielt sowohl von der US-Marine als auch von der Royal Air Force umfangreiche Aufträge. Darüber hinaus entwickelte Boeing eigene Trainings- und Jagdflugzeuge und wuchs schließlich zum führenden amerikanischen Flugzeughersteller heran. So wurden während des 2. Weltkriegs auf dem Boeing Stammsitz in Seattle zeitweilig bis zu 362 Bomber im Monat gebaut.

Gleichzeitig forcierte Boeing neben dem militärischen auch den Ausbau des zivilen Luftfahrtbereichs. Schon 1927 war das Unternehmen in das florierende Geschäft mit Luftpost eingestiegen. Später folgten eigene Passagierfluggesellschaften. Doch diese Unternehmungen mussten aufgrund des 1934 erlassenen Antitrust-Gesetzes, das Verbindungen zwischen Luftfahrtunternehmen und den Flugzeugherstellern untersagt, wieder vom Konzern getrennt werden.

Nach dem Ende des 2. Weltkrieges riss der plötzliche Nachfrageeinbruch im Bereich der Militärflugzeuge das Unternehmen in eine schwere Krise. Den Durchbruch schaffte Boeing durch die Entwicklung der Jet-Technik, welche die gesamte Luftfahrtindustrie revolutionieren sollte. Jedes moderne Flugzeug funktioniert auch heute noch nach diesem Prinzip: Luft wird angesaugt und mit hohem Druck wieder ausgestoßen. Dies verleiht der Maschine Auftrieb und eine sehr viel höhere Geschwindigkeit als ein Propeller[1]. Boeing entwickelte sich bis Anfang der achtziger Jahren zum weltweit größten Hersteller von Passagier- und Nutzflugzeugen, Bombern und militärischen Kampf- und Überwachungsflugzeugen. Daneben konnte sich das Unternehmen auch auf den Märkten für Raumfahrt-Technologie und Satellitenbau etablieren.

Diese ertragsreichen Geschäfte ermöglichten Boeing in den folgenden Jahren eine Reihe von Übernahmen, die den Fortbestand des Unternehmens sichern sollten. 1996 übernahm man den Luftfahrt- und Verteidigungszweig von Rockwell International, 1997 gelang die Übernahme des bisherigen Konkurrenten im Flugzeugbau McDonnell Douglas und 2000 gelang der Zukauf des Raumfahrt- und Satellitengeschäfts von Hughes Electronics.

---

1 Vgl. Fuchs (2002), S.102.

In den letzten Jahren musste Boeing eine Reihe von Rückschlägen hinnehmen. Durch die Krise im Luftverkehr, unter anderem ausgelöst durch die Terroranschläge am 11. September 2001 in den USA, war keine Fluggesellschaft bereit, den neu entwickelten, zwar schnellen, aber relativ unökonomischen Sonic Cruiser zu bestellen, da die Nachfrage auf dem zivilen Luftverkehrsmarkt insgesamt zurückging. Der Konkurrent Airbus gewann hingegen immer mehr Marktanteile aufgrund der technisch ausgereifteren und kostengünstigeren Produkte. Dazu kam, dass der Boeing-Konzern einen großen militärischen Auftrag an Lockheed Martin verlor[1]. Fast gleichzeitig wurde das von Boeing entwickelte Militärflugzeug X-32 von der US-Air Force abgelehnt. Zusätzlich musste das Unternehmen 2003 die Einstellung der Produktion der 757 bekannt gegeben, da seit den Terroranschlägen vom 11. September 2001 nur 9 Bestellungen für diesen Flugzeugtyp eingegangen waren[2]. Auch bei der 767, im transatlantischen Luftverkehr in den letzten 20 Jahren dominierend, droht wegen mangelnder Nachfrage die Einstellung der Produktion. In der Bemühung, den negativen Trend zu stoppen, setzt Boeing inzwischen seine Hoffnung in die Neuentwicklung der 787, den sogenannten Dreamliner, ein Flugzeug für 200 bis 300 Passagiere, das 2008 auf den Markt kommen soll[3].

Boeing verbuchte im Geschäftsjahr 2002 einen Umsatz von rund 54 Milliarden US-Dollar bei einem Gewinn von 492 Millionen US-Dollar. Sitz der Gesellschaft ist inzwischen Chicago. Weltweit beschäftigt Boeing rund 160.000 Mitarbeiter in mehr als 70 Ländern[4]. 13.000 zivile Flugzeuge des Herstellers sind heute weltweit im Dienst – das entspricht 75% aller zivilen Flugzeuge.

Übersicht über die Flugzeugfamilie des Boeing-Konzerns[5]:

- **gegenwärtige Passagierflugzeuge**: Boeing 717, 737, 747, 777, 787, BBJ
- **ausgelaufene Passagierflugzeuge**: Boeing 707, 727, 757, 767, und Douglas DC-8, DC-9, DC-10 sowie MD-11, MD-80, MD-90
- **militärische Flugzeuge**: E-3 Sentry AWACS, AV-8B Harrier ii Plus, B-1B Lancer, B-2 Spirit, B-52 Stratofortress, F-22 Raptor, B767 Tanker, KC-10 Extender, KC-Stratotanker, B-17 Flying Fortress, Boeing B377 Stratocruiser, Guppy

1 Der Auftrag betraf die Bestellung von 3000 Maschinen des neuen Kampfflugzeugs Joint Strike Fighter mit einem erwarteten Erlös von 200 Mrd. US-Dollar.

2 Die Produktion der 757 ist endgültig im November 2004 ausgelaufen als das letzte und 1050. Flugzeug dieses Typs ausgeliefert wurde. Damit erreichte die 757 zwar nicht die Verkaufzahlen der 737, ist aber eines von nur 7 großen Düsenverkehrsflugzeugen das den Sprung über die Tausenderverkaufsmarke geschafft hat.

3 Vgl. o.V. 2003.

4 Vgl. Boeing Annual Report.

5 Vgl. Boeing Website.

In der Vergangenheit hat Boeing im Gegensatz zu Airbus den strategischen Fokus eher auf die Abdeckung des gesamten Marktes durch eine umfangreiche Produktpalette gelegt als konsequent zu versuchen, die technische Führerschaft in einem Segment zu erlangen. So gelang es Boeing nach dem Markteintritt von Airbus nicht, deren technischen Vorsprung aufzuholen[1]. Über mehrere Jahrzehnte sind die jeweiligen Strategien der beiden großen Flugzeughersteller nichts desto trotz erfolgreich gewesen. Boeing hat dabei allerdings den langsamen, aber kontinuierlichen Verfall seiner Marktanteile auf dem Markt für zivile Flugzeuge nicht verhindern können.

1.2 Strategischer Wettbewerb zwischen Airbus und Boeing

Der Wettbewerb zwischen Airbus und Boeing bezieht sich auf den Bereich der Mittel- und Langstreckenflugzeuge, die mindestens 100 Passagiere und acht Tonnen Fracht über eine Entfernung ab 3.700 Kilometer transportieren können. Den Berechnungen beider Unternehmen zu Folge wird dieses Marktsegment als besonders zukunftsträchtig angesehen, da man davon ausgeht, dass die Interkontinental- und Langstreckenflüge in den nächsten Jahren noch stärker zunehmen werden. Demnach werden bis zum Jahr 2023 jährlich rund 5% mehr Passagiere und 6% mehr Fracht zu bewältigen sein. Dies bedeutet umgerechnet bis zum Jahr 2023 einen Mehrbedarf von insgesamt 25.000 neuen zivilen Verkehrsflugzeugen mit einem Gesamtwert von 2 Billionen US-$[2].

Die Produktfamilien der beiden Unternehmen Airbus und Boeing stehen in direkter Konkurrenz zueinander. Nach seiner Gründung entwickelte Airbus den A300/A310 als direktes Gegenstück zur Boeing B737/B757. In gleicher Weise gilt dies für den Bereich der Großflugzeuge ab 250 Sitzplätzen. Hier bedienen der A330/A340 und die B747 das gleiche Marktsegment für Flugzeugmodelle ab 250 Passagieren und einer Reichweite von 5.500 bis 7.000 Meilen. Eine Gegenüberstellung der Bestellungen und Auslieferungen beider Unternehmen beschreibt die Entwicklung der direkten Konkurrenzsituation der beiden Hersteller in den letzten 10 Jahren.

Wie man Abbildung III-1 entnehmen kann, konnte Airbus seinen Marktanteil gegenüber Boeing sukzessive ausbauen. Trotz starker zyklischer Schwankungen, denen der Industriezweig für zivile Flugzeuge unterliegt, schaffte es Airbus, sich langfristig im Markt zu etablieren. Hierbei ist zu berücksichtigen, dass Airbus dies aus eigener Wachstumsdynamik gelang, während es Boeing auch

---

1 Vgl. Lynn (1997), S. 203 ff.

2 Vgl. Boeing Current Market Outlook (2004) und Airbus Global Market Forecast (2004). Die Unterschiede in den Prognosen der beiden Konkurrenten sind marginal.

durch den Zusammenschluss mit McDonnell Douglas 1996 nicht schaffte, die Erodierung des eigenen Marktanteils zu verhindern. So verbuchte Airbus im Jahr 2003 zum ersten Mal mehr ausgelieferte Verkehrsflugzeuge als der ehemalige Weltmarktführer Boeing und hat diese Position auch in den folgenden zwei Jahren verteidigt.

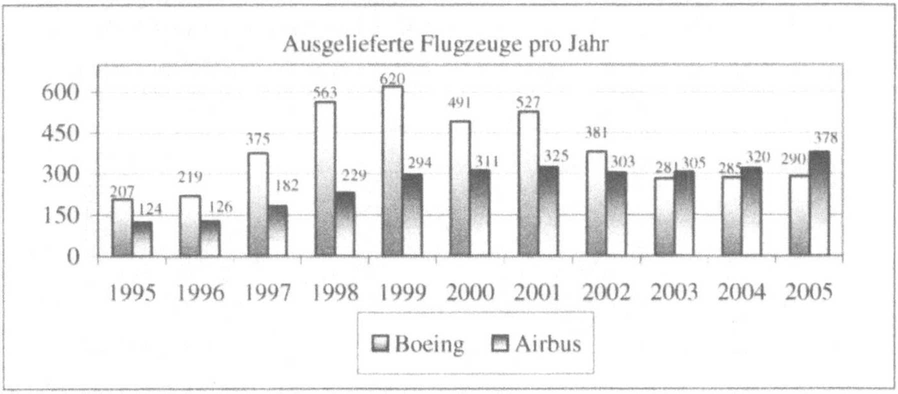

Abbildung III-1: Entwicklung der Flugzeugauslieferungen von Boeing und Airbus 1995-2005[1].

Auf Basis der Flugzeugbestellungen[2] konnte Airbus bereits im Jahr 1994 einmal fast genau so viele Bestellungen verbuchen wie Boeing[3]. Jedoch erst ab dem Jahr 2001 konnte man dauerhaft mehr Bestellungen vorweisen (vgl. Abbildung III-2). Das Jahr 2005 stellte schließlich für beide Hersteller bezogen auf die Bestellungen ein Rekordjahr dar. Mit insgesamt 2057 Maschinen wurden so viele Flugzeuge der beiden Hersteller bestellt wie nie zuvor. Dabei profitierten beide Gesellschaften in 2005 von der Erholung des weltweiten Flugverkehrs sowie einer großen Nachfrage aus Asien und von Seiten der Billig-Fluggesellschaften, die einen besonders großen Wert auf neue, kerosinsparende Flugzeuge legen. Dadurch konnte Airbus bezogen auf die jährlichen Flugzeugbestellungen mit 51% Marktanteil im Jahr 2005 das fünfte Jahr in Folge einen höheren Marktanteil als der Konkurrenten Boeing vorweisen.

Nimmt man diesen Trend an Bestellungen der letzten Jahre als Indikator für die zukünftigen Auslieferungen der beiden Hersteller und somit für den jeweiligen

1 Quelle: Eigene Darstellung, gebildet aus Daten der Unternehmenswebseiten - Werte für Boeing ab 1997 inklusive McDonnell Douglas.

2 Als Flugzeugbestellungen sind an dieser Stelle verbindliche Bestellungen seitens der Fluggesellschaften worden. Absichtserklärungen wurden in der Zählung nicht berücksichtigt.

3 Im Jahr 1994 hatte Boeing125 und Airbus 123 Bestellungen.

Marktanteil, so lässt sich vermuten, dass es wohl in Zukunft keinem der beiden gelingen wird, sich signifikant vom anderen abzusetzen. Eher deutet die Entwicklung der Bestellungen darauf hin, dass beide Hersteller mittelfristig den Markt teilen werden. Wie sich das Bild jedoch verändert sobald die neuen Modelle A380 von Airbus und der neue 787 Dreamliner von Boeing auf den Markt kommen, bleibt abzuwarten, denn dies ist abhängig von der jeweiligen Akzeptanz und Kaufbereitschaft dieser beiden Modelle bei den Fluggesellschaften[1].

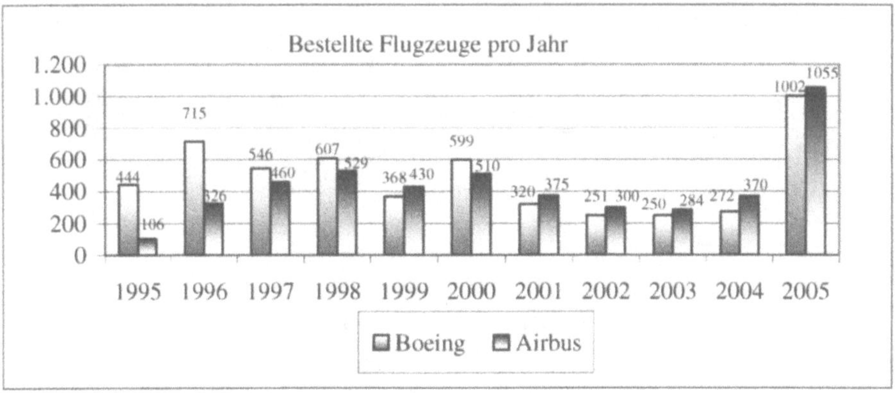

Abbildung III-2: Entwicklung der Flugzeugbestellungen von Boeing und Airbus 1995-2005[2].

Es stellt sich nun die Frage, wie die am Airbus beteiligten europäischen Staaten mit den internen und externen Herausforderungen umgehen sollen, die diesen Industriezweig betreffen. Welche Handels- oder Industriepolitik sollte angewendet werden, um sicherzustellen, dass man langfristig von den Arbeitsplätzen, den Erträgen und den Exporten dieser Branche profitiert? Die Definition einer solchen Industriepolitik setzt ein gutes Verständnis der wirtschaftlichen Rahmenbedingungen voraus, die diesen Industriezweig prägen. Wie für die gesamte Luft- und Raumfahrtindustrie gilt speziell für den Flugzeugbau ein sehr großes technologisches Risiko, enorme vorab zu leistende Entwicklungskosten und ausgeprägte Skalenerträge und Verbundeffekte. Diese grundlegenden Rahmenbedingungen treiben die Branchenstruktur in Richtung eines natürlichen Monopols mit einem einzigen Hersteller, der den globalen Markt beherrscht. Dieses

1 Mit der 787 von Boeing und dem A380 von Airbus zielen beide Hersteller auf sehr unterschiedliche Marktkonzepte bei den Luftfahrtgesellschaften. Während Boeing davon überzeugt ist, dass sich Direktverbindungen auch über die Langstrecke durchsetzen werden, spekuliert Airbus auf einen Ausbau sogenannter Hubs, an denen Passagiere gesammelt werden, bevor man sie mit größeren Maschinen über die Langstrecke weiter transportiert.

2 Quelle: Eigene Darstellung, gebildet aus Daten der Unternehmenswebseiten.

Ergebnis mag zwar aus Sicht der Produktionseffizienz als wünschenswert erscheinen, aber es ist nicht das einzige Kriterium, um eine solchen Industriestruktur zu beurteilen. Ein weiteres Kriterium ist die dynamische Effizienz, also das Ausmaß und die Geschwindigkeit des technologischen Wandels und der Produktdifferenzierung, beides wichtige Elemente für die Fluggesellschaften als Kunden der Flugzeughersteller. Da die Entwicklung eines neuen Flugzeugtyps immer ein finanzielles Risiko birgt und die Kostenvorteile beim Verbleib mit eines bestehenden Flugzeugmodells groß sind, ist es für den etablierten Flugzeughersteller kurzfristig finanziell vorteilhafter, eine Innovation hinauszuzögern. Dies bedeutet, dass die ökonomischen Rahmenbedingungen dieses Industriezweiges zu einem Spannungsfeld zwischen statischen und dynamischen Skalenerträgen auf der einen und der Wohlfahrt des Herstellers und dem seiner Kunden auf der anderen Seite führt[1].

Die europäische Subventionspolitik war seit Anbeginn durch wirtschaftliche Hintergründe getrieben. Dabei wurde diese Form der Unterstützung häufig zusätzlich durch Abstrahleffekte auf andere Industriebereiche gerechtfertigt, wonach die hierdurch entwickelten Technologien sowohl militärischen als auch zivilen Anwendungen zugute kommen würden[2]. Durch die gegebenen wirtschaftlichen Rahmenbedingungen des Industriezweigs hätte Airbus in den letzten 30 Jahren normalerweise keine Chance gehabt, sich ohne massive Entwicklungs-, Produktions- und Marketing-Unterstützung gegen die etablierten amerikanischen Anbieter durchzusetzen. Für einen neuen Marktteilnehmer setzt es jahrelange Verluste voraus, um eine umfassende Flugzeugfamilie zu entwickeln und sie in dem erforderlichen Umfang zu produzieren, um vergleichbare Erträge zu erzielen, wie dies bei den etablierten Unternehmen der Fall ist. Insgesamt bilden die Rahmenbedingungen der Branche unzählige Eintrittbarrieren für potentielle neue Marktteilnehmer, die, wie im Fall des europäischen Airbus, nur durch massive staatliche Unterstützung überwunden werden konnten.

Der Grund, warum Regierungen diese hohen finanziellen Kosten und Risiken in Kauf nehmen, liegt in der „strategischen" Bedeutung des Industriezweigs. So kann nach Meinung der öffentlichen Stellen die zivile Flugzeugproduktion als strategisch wichtig angesehen werden, da Abstrahlwirkungen (spillovers) zwischen der zivilen und militärischen Produktion von Flugzeugen existieren[3]. Skalenerträge und technologische Innovationen beeinflussen sich danach wechselseitig von der einen Seite der Branche zur anderen. Alle zivilen Flugzeugherstel-

1 Vgl. Tyson (1993), S. 156 f.

2 Die europäische Subventionspolitik für den Airbus wurde in der Regel damit gerechtfertigt, dass die zivile Flugzeugindustrie unerlässlich sei, um eine ausreichende technologische Basis für die nationalen Sicherheitsbelange zu erhalten.

3 Kommission der europäischen Gemeinschaften (2003), S. 19.

ler sind gleichzeitig im militärischen Bereich tätig[1] und teilen darüber hinaus ein übergreifendes Netzwerk an Subunternehmen und Teilelieferanten. Insofern ergänzen sich die militärischen Schwerpunkte in Bezug auf Leistung und Flexibilität und die zivilen Schwerpunkte in Bezug auf Kosten und Zuverlässigkeit und treiben sowohl die Innovation als auch die Technologieentwicklung. Ein weiteres Argument für die zivile und militärische Verflechtung im Bereich der Flugzeugproduktion sind die stetig wiederkehrenden und von einander unabhängigen Konjunkturzyklen. Ohne die zivile Flugzeugproduktion als Beschäftigungsgarant wäre eine eigenständige militärische Flugzeugproduktion kaum realisierbar. Insofern ist es kein Zufall, dass Länder, die sich im Bereich der zivilen Flugzeugproduktion engagieren, gleichzeitig unter den größten Rüstungsexporteuren zu finden sind. Allerdings bleibt abzuwarten, inwiefern sich in Zukunft Kürzungen in den Verteidigungsausgaben auf die Geschäftstätigkeit von Konzernen wie Boeing oder EADS auswirken werden, wenn man berücksichtigt, dass der Rüstungsanteil bei Boeing heute eine viel größere Rolle am Gesamtumsatz des Unternehmens spielt, als noch in der Vergangenheit (vgl. hierzu Abbildung III-3).

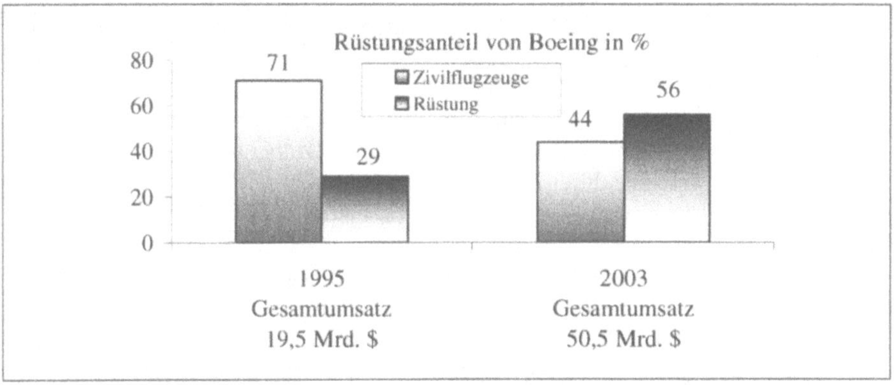

Abbildung III-3: Rüstungsanteil von Boeing am Gesamtumsatz im Jahr 1995 gegenüber 2003[2].

Man kann den Industriezweig für die zivile Flugzeugproduktion aber auch noch aus einem anderen wirtschaftlichen Grund als strategisch bezeichnen. Die Bran-

1 Während bei Boeing historisch gesehen schon seit Anfang an die zivile und militärische Flugzeugproduktion eng mit einander verbunden war, hat man bei Airbus erst später auch die militärischen Anwendungen der eigenen Flugzeuge berücksichtigt. So werden inzwischen der A330-200 MRTT sowie der A310-300 MRTT als Tankerflugzeug-Modifikationen angeboten. Darüber hinaus hat man im Mai 2003 mit der Entwicklung des A400 M begonnen, der als Ersatz für die Transall der Bundeswehr als taktisches Einsatzflugzeug für unterschiedliche Zwecke eingesetzt werden kann.

2 Quelle: Eigene Darstellung, gebildet aus Daten der Unternehmenswebseiten.

che hat einen großen Anteil an hoch spezialisierten Arbeitskräften, Forschungs- und Entwicklungskapazitäten und einen ausgeprägten Exportanteil. Insofern lässt sich belegen, dass dieser Wirtschaftszweig auch als strategisch bezeichnet werden kann, da er zusätzliche Renten oder ein besseres Ergebnis auf die eingesetzten Produktionsfaktoren generiert als dies in anderen Industrien möglich ist[1].

In diesem Sinne wird dieser Industriezweig oft als Paradebeispiel genannt, in der eine strategische beggar-thy-neighbor- und rent-shifting-Politik die inländische Wohlfahrt erhöht. In diesem Zusammenhang wird als Begründung für die Schaffung von Airbus immer wieder argumentiert, dass man unter anderem Boeing daran hindern wollte, langfristig auf globaler Ebene Monopolrenten abzuschöpfen.

Es gibt keine eindeutige theoretische Basis, welche die richtige Anwendung von wirtschaftspolitischen Maßnahmen in einer solch komplexen Industrie vorgibt, wie sie die Branche zur Herstellung von zivilen Verkehrsflugzeugen darstellt. In diesem Industriezweig ergeben sich bei der Entwicklung eines natürlichen Monopols statische Skalenerträge und erhebliche Renten für den Hersteller, aber gleichzeitig auch Gefahren für den Preis, die technologische Weiterentwicklungen, sowie eine fehlende Produktdifferenzierungen für den Verbraucher. Darüber hinaus gilt es die richtige Mischung zu finden zwischen statischen und dynamischen Skalenerträgen und einer länderübergreifenden Abwägung der Interessen zwischen Hersteller und Verbraucher. In einem Szenario mit einem einzigen weltweiten Flugzeughersteller würden die Monopolrenten einseitig auf diesen Hersteller respektive das entsprechende Land entfallen (länderübergreifende Zulieferverträge könnten ggfs. einen Weg für eine breitere Streuung über eine Vielzahl von Ländern darstellen). Aber auch in einer Welt mit nur einem Flugzeughersteller müsste die Regierung dieses herstellenden Landes die Interessen des eigenen Produzenten gegenüber den Interessen seiner Verbraucher abwägen, was an sich schon ein schwieriges Unterfangen wäre. Betrachtet man die globale Wohlfahrt, ist die Herausforderung sogar noch größer, da es hier zusätzlich gilt, die Interessen der Verbraucher aus anderen Ländern ebenfalls mit zu berücksichtigen.

Aufgrund dieser komplexen Zusammenhänge können Aussagen, dass ausländische Subventionen wirtschaftlich schlecht seien ebenso wenig gelten wie die Aussage, dass sie grundsätzlich das nationale Gemeinwohl mindern. Wie die strategische Handelspolitik zeigt (siehe hierzu die folgenden Kapitel), können unter gewissen Umständen Subventionen dazu führen, dass Renten von einem Land in ein anderes verschoben werden. Im Falle der zivilen Flugzeugprodukti-

1 Vgl. Tyson (1993), S. 32 ff.

on, bei Unterstellung der Marktform eines natürlichen Monopols, können Subventionen darüber hinaus die globalen Skalenerträge reduzieren und dadurch Renten sowohl abbauen als auch umleiten. So wurden zwar durch die Airbus-Subventionen einerseits die Renten der amerikanischen Hersteller reduziert, gleichzeitig wurden aber auch die amerikanischen Fluglinien als Verbraucher unterstützt, die viel Wert auf Produktinnovation und -differenzierung und kostengünstigere Flugzeuge legten.

Unter diesen Voraussetzungen kann eine fundierte Antwort bzgl. der Vorteilhaftigkeit ausländische staatlicher Subventionen nur durch eine Abwägung aller gegenläufigen Effekte wie Skalenerträge, Verschiebung von Herstellerrenten, Anpassung nationaler Gehaltsniveaus und Arbeitsplatzmöglichkeiten, nationaler Forschungs- und Entwicklungsaktivitäten und ihre lokalen Abstrahleffekte sowie nationaler Sicherheitsbelange gegenüber den potentiellen positiven Effekten auf die Verbraucher durch verstärkten Wettbewerb im Hinblick auf Preis, Produktdifferenzierung und Produktinnovation erzielt werden. Dies gilt sowohl aus Sicht der USA im Hinblick auf eine Reaktion auf die direkten Subventionen für den Airbus als auch für die Sichtweise der Europäer im Umgang mit den indirekten Subventionen für die eigene Flugzeugindustrie seitens der USA[1].

1 Siehe für eine ausführliche Darstellung der Markthistorie sowie den Rahmenfaktoren in der Branche für die zivile Flugzeugproduktion Tyson (1993), S. 161 ff.

2. Das Konzept der strategischen Handelspolitik

Die im vorangegangenen Kapitel beschriebenen Rahmenfaktoren zeigen die Komplexität und die Besonderheiten im Markt für die zivile Flugzeugproduktion auf und lassen erahnen, wie schwierig es ist, Hinweise auf eine optimale Wettbewerbs- und Industriepolitik für diesen Industriezweig zu bekommen. Die hieraus entstandene wissenschaftliche Diskussion hat in den letzten beiden Jahrzehnten vor allem im Bereich der Außenwirtschaftstheorie neue Ansätze hervorgebracht, die nicht auf dem komparativen Vorteil sondern auf wachsenden Skalenerträgen und Marktstruktur basieren[1]. Die in diesem Zusammenhang zunehmend praktizierte strategische Handels- und Industriepolitik stellt vormals etablierte Konzepte in Frage und gibt Hinweise auf die Notwendigkeit der Anwendung einer sektoral differenzierten Wettbewerbspolitik[2]. Dabei erlaubt nicht nur die normative Beurteilung staatlicher Protektionsmaßnahmen, sondern bietet ein breites Fundament für die Beurteilung der Wettbewerbssituation einzelner Industriezweige und die Beurteilung konkreter politischer Maßnahmen.

Im Gegensatz zur strategischen Handelspolitik umschreibt die traditionelle Außenhandelstheorie Protektion als gleichbedeutend mit Wohlfahrtsverlusten für das protektionierende Land selbst. Demnach ergibt sich kein Zielkonflikt zwischen Wettbewerbs- und Handelspolitik sondern eine liberale Handelspolitik kann als beste Form der Wettbewerbspolitik angesehen werden. Dieser Grundkonsens der Wirtschaftswissenschaften ist seit den achtziger Jahren immer mehr in Frage gestellt worden. Mit Hilfe der hieraus hervorgegangenen Theorie der strategischen Handels- und Industriepolitik, die aus der Verzahnung der traditionellen Außenhandelstheorie mit der modernen Industrieökonomik hervorgegangen ist, werden staatliche Eingriffe in Märkte mit unvollkommener Konkurrenz analysiert und gezeigt, dass diese Eingriffe zu einer Erhöhung der inländischen Wohlfahrt führen können. Da die Anwendung einer solchen Politik direkte Auswirkungen auf die Wettbewerbsintensität eines Sektors haben kann, muss man mögliche Auswirkungen nicht nur im Rahmen der Handelspolitik sondern auch vor dem ganzheitlichen Hintergrund der Wettbewerbspolitik betrachten und analysieren[3].

Ziel ist es nun, im folgenden die strategische Handelspolitik vorzustellen und das Grundmodell von Brander und Spencer zu erläutern. Zuvor wird noch der Übergang von der traditionellen Außenhandelstheorie auf diese „neueren" Theorieansätze beschrieben und die Gründe dargelegt, wie es zu dieser Entwicklung kam.

1 Vgl. Krugman/Obstfeld (2004), S. 15.
2 Vgl. Bletschacher / Klodt (1991), S. 1.
3 Vgl. ebenda, S. 2.

2.1 Neuausrichtung der Außenhandelstheorie

Es gibt zwei wesentliche Gründe, weshalb Länder Außenhandel betreiben und beide sind wohlfahrtssteigernd für die Beteiligten. Erstens handeln Länder miteinander, weil sie sich von einander unterscheiden. Hierbei kann Nutzen aus dieser Verschiedenartigkeit gezogen werden, wenn im Rahmen einer Übereinkunft jeder das tut, was er am besten kann. Zweitens handeln Länder mit einander, um die Kostenvorteile aus der Massenproduktion zu nutzen. Wenn ein Land nur eine beschränkte Auswahl an Gütern herstellt, dann kann es diese jeweils in größerem Maßstab und folglich effizienter produzieren, als wenn es versuchen würde, alles selbst herzustellen[1]. In der traditionellen Außenhandelstheorie gilt somit, dass die Teilnahme am internationalen Handel den teilnehmenden Ländern zu wechselseitigen Gewinnen verhilft[2]. Diese These beruht auf der Theorie des komparativen Vorteils von RICARDO. Hiernach verfügt ein Land bei der Herstellung eines Gutes dann über einen komperativen Vorteil, wenn die Opportunitätskosten für dessen Produktion, ausgedrückt in anderen Gütern, in diesem Land niedriger sind als in anderen Ländern[3]. Somit kann der Handel zwischen zwei Ländern für beide vorteilhaft sein, wenn jedes Land diejenigen Güter exportiert, bei denen es über einen komperativen Vorteil verfügt[4]. In einem Außenhandelsgleichgewicht wird jede Nation diese Güter exportieren, und die Gewinne die aus diesem Handel und der internationalen Arbeitsteilung entstehen, werden sich in erhöhten Konsummöglichkeiten der Wirtschaftssubjekte ausdrücken.

Den größtmöglichen Außenhandelsgewinn erzielt man nach der Lehre der traditionellen Außenhandelstheorie nur bei einem freien, von staatlichen Eingriffen unbehinderten Handelsverkehr. Handelspolitische Maßnahmen führen bezogen

1 Vgl. Krugman/Obstfeld (2004), S. 37.

2 Vgl. Paulsen (1989), S. 7.

3 Um den komperativen Vorteil zu verdeutlichen, beschreibt Krugman das Beispiel von Winterrosen, die aus Südamerika kommend in den USA vertrieben werden. Natürlich könnte man diese Rosen auch in den USA herstellen, allerdings nur wenn die Produktionsmenge anderer Produkte in den USA wie z.B. von Computern reduziert würde. Die Computer können dafür wiederum von den Südamerikanern weniger effizient hergestellt werden. Man nimmt nun an, dass die USA keine Winterrosen mehr ziehen würden und die dadurch frei gewordenen Ressourcen für die Produktion von Computern verwenden, während Südamerika stattdessen Rosen züchtet und die dazu notwendigen Ressourcen aus der Computerindustrie abzieht. Krugman legt dar, dass die Welt in Folge dieser Umstellung genau soviel Rosen produziert wie zuvor, doch es werden nun mehr Computer hergestellt. Durch diese Umorganisation der Produktion vergrößert sich somit der Kuchen der Weltwirtschaft und da die Welt nun insgesamt mehr produziert, kann der Lebensstandard aller Beteiligten erhöht werden.

4 Vgl. Krugman/Obstfeld (2004), S. 39.

auf die Gewinne nicht zu einem Pareto-optimalen Ergebnis[1]. Aber selbst ein eingeschränkter Handel ist immer noch besser als eine Autarkiesituation, bei der sich ein Land vollständig nach außen abschottet[2]. Allerdings ist die beste Außenhandelspolitik die, gar keine Politik auf diesem Feld zu verfolgen[3].

Um in der Praxis zu einem breiteren Anwendungsspektrum zu gelangen, wurde in der traditionellen Außenhandelstheorie das Standardmodell des Handels eingeführt[4]. Dieses Standardmodell des Handels beruht im wesentlichen auf vier Beziehungen:

1. der Beziehung zwischen Transformationskurve und relativer Angebotskurve
2. der Beziehung zwischen relativen Preisen und relativer Nachfrage
3. der Bestimmung des Weltgleichgewichts durch relatives Weltangebot und relative Weltnachfrage
4. den Auswirkungen der Terms of Trade - also des Quotienten aus dem Preis des Gesamtexports und dem Preis des Gesamtimports eines Landes - auf die Wohlfahrt eines Landes[5]

Das Standardmodell des Handels leitet aus den Produktionsmöglichkeiten der Volkswirtschaften der Länder eine relative Weltangebotskurve und aus den Präferenzen der Verbraucher eine relative Weltnachfragekurve ab. Der Quotient aus Export- und Importpreisen, also die Terms of Trade eines Landes, liegt im Schnittpunkt dieser beiden Kurven. Bei ansonsten konstanten Bedingungen führt eine Erhöhung der Terms of Trade zu Wohlfahrtgewinnen wogegen im umgekehrten Fall die Verringerung der Terms of Trade die Lage des Landes verschlechtert.

In der Praxis geben die meisten Länder einen erheblich größeren Anteil ihres Einkommens für einheimische Produkte aus als für die des Auslands. Der Grund hierfür liegt nicht nur in unterschiedlichen Präferenzen, sondern auch in natürlichen und künstlichen Handelsbarrieren, aufgrund derer viele Güter nicht gehandelt werden. Importzölle (auf Importe erhobene Steuern) und Exportsubventionen (Zahlungen an inländische Produzenten, die ein Gut ins Ausland verkaufen) werden nicht unbedingt eingeführt, um die Terms of Trade eines Landes zu verändern, sondern dienen in der Regel eher der Einkommensumverteilung oder der

---

1 Vgl. Niehans (1995), S. 76 f.
2 Vgl. Welzel (1991), S. 22 ff.
3 Vgl. Paulsen (1989), S. 8.
4 Hierbei sind neben dem Ricardo-Modell auch noch das Modell der spezifischen Faktoren und das Heckscher-Ohlin-Modell zu nennen. Siehe hierzu Krugman/Obstfeld (2004), S. 71 ff. und 105 ff.
5 Vgl. Krugman/Obstfeld (2004), S. 138.

Förderung von als unverzichtbar geltenden Industriezweigen[1]. Zölle und Exportsubventionen sind dadurch gekennzeichnet, dass sie eine Preisveränderung bewirken. Der direkte Effekt eines Zolls besteht darin, importierte Güter im Inland teurer zu machen. Eine Exportsubvention bietet dagegen den Produzenten einen Exportanreiz. Der Verkauf soll im Ausland profitabler werden, solange der Preis im Inland nicht steigt. In Folge dessen erhöht sich durch eine solche Subvention der Preis exportierter Güter im Inland. Somit wirken sich die durch Zölle und Subventionen verursachten Preisänderungen sowohl auf das relative Angebot als auch auf die relative Nachfrage aus. Hierdurch verändern sich wiederum die Terms of Trade des betroffenen Landes und seine Handelspolitik wird über die Terms of Trade auf den Rest der Welt übertragen[2].

Im Ergebnis hat die Frage nach Gewinnern und Verlierern im Falle von Zöllen und Exportsubventionen zwei Dimensionen: Erstens die internationale Einkommensverteilung und zweitens die Einkommensverteilung innerhalb des agierenden Landes. Wenn zum Beispiel das Inland einen Zoll erhebt, verbessert es seine Terms of Trade auf Kosten des Auslands. Der Zoll schädigt somit den Rest der Welt. Dagegen sind die Auswirkungen auf die Wohlfahrt des Inlands weniger eindeutig. Die Verbesserung der Terms of Trade begünstigt zwar das Inland, doch der Zoll zieht auch Kosten nach sich, indem er die Produktions- und Konsumanreize im Inland verzerrt. Im Falle einer Exportsubvention verbessern sich die ausländischen Terms of Trade auf Kosten der inländischen, wodurch sich das Ausland besser stellt. Dadurch leidet das Inland nicht nur an verschlechterten Terms of Trade, sondern auch noch zusätzlich an den durch seine eigene Politik erzeugten Verzerrungen. Diese Analyse deutet darauf hin, dass Exportsubventionen unter keinen Umständen sinnvoll sind. Wie wir aber anhand des Modells der strategischen Handelspolitik sehen werden, lassen sich unter gewissen Rahmenbedingungen dennoch Situationen definieren, bei denen Exportsubventionen im nationalen Interesse liegen[3].

Trotz der eindeutigen Erkenntnisse der traditionellen Außenhandelstheorie ist durch die reale Entwicklung und durch zunehmend protektionistische Maßnahmen in den vergangenen Jahrzehnten die theoretische Diskussion über das für und wieder solcher Einflussnahmen neu entbrannt[4]. So hat man aufgrund der Tatsache, dass neben nationalen auch viele internationale Märkte durch Formen der unvollständigen Konkurrenz charakterisiert sind, in den achtziger Jahren damit begonnen, den internationalen Handel unter diesem Blickwinkel neu zu

1 Vgl. Welzel (1991), S. 50 f.
2 Vgl. Krugman/Obstfeld (2004), S. 157.
3 Vgl. ebenda, S. 159 f.
4 Vgl. Paulsen (1989), S. 9 f.

analysieren[1]. Im Zuge dessen wurde nun nicht mehr ausschließlich das Gleichgewichtskonzept der vollständigen Konkurrenz wie in den Modellen der klassischen Außenhandelstheorie angewendet, sondern man ging dazu über andere Gleichgewichtskonzeptionen wie das Monopol, die monopolistische Konkurrenz und das Oligopol auf die Fragen des Außenhandels anzuwenden. Somit wurden zunehmend die Instrumente und Vorgehensweisen der neuen Industrieökonomik in die Außenhandelstheorie übernommen[2]. Hierbei haben vor allem Oligopolmodelle starke Beachtung gefunden, was sich in zahlreichen theoretischen Innovationen auf diesem Gebiet in den achtziger Jahren manifestiert[3]. Aber nicht nur neue Gleichgewichtskonzepte hat man von der modernen Industrieökonomik übernommen, sondern auch neue Dimensionen des Unternehmensverhaltens wie das der strategischen Eintrittsverhinderung und neue Wettbewerbsaspekte wie z.B. der Qualitäts- und F&E-Wettbewerb haben Berücksichtigung in der neuen Außenhandelstheorie gefunden[4].

Dies hat dazu geführt, die traditionellen Ergebnisse der Außenhandelstheorie stärker als zuvor in Frage zu stellen. Hiernach können Eingriffe in den Freihandel unter bestimmten Voraussetzungen tatsächlich wohlfahrtssteigernd sein[5]. Ein Beispiel liefert die Theorie der strategischen Handelspolitik, deren Ziele und begrifflichen Abgrenzung im Folgenden dargestellt wird.

2.2 Ziele der strategischen Handelspolitik

Das Ziel einer strategischen Handelspolitik besteht zusammenfassend darin, die Wohlfahrtsgewinne einer Volkswirtschaft durch wirtschaftspolitische Maßnahmen sektorspezifischer Art zu vergrößern[6]. Strategische handelspolitische Maßnahmen seitens einer Regierung zielen darauf ab, Unternehmen beim Aufbau neuer Aktivitäten zu unterstützen (rent creation) sowie ausländische Anbieter zu schwächen und deren Gewinne ins Inland umzuleiten (rent shifting)[7]. Während die traditionelle Handelstheorie von vollkommener Konkurrenz und vollkommenen Märkten ausgeht, setzt die neue Außenwirtschaftslehre unvollkommen

1 Vgl. Deardorff/Stern (1987), S. 42.
2 Vgl. Stegmann (1988), S. 5.; Bletschacher / Klodt (1991), S. 3; Welzel (1991), S. 34 f.
3 Vgl. Dixit (1984), S. 3.
4 Vgl. Caves (1985), 378 f.; Helpman/Krugman (1985), S. 1.
5 Vgl. Dixit (1984), S. 4. und Bhagwati (1989), S. 19 f.; Vgl. darüber hinaus für eine umfassende Übersicht der Forschung im Rahmen der strategischen Handelspolitik Welzel (1998).
6 Vgl. Siebert (1988), S. 6 und Paulsen (1989), S. 14.
7 Vgl. Winter (1994), S. 38.

Märkte voraus[1]. Strategische Handelspolitik beschäftigt sich somit mit der internationalen Umlenkung von Renten durch staatliche Eingriffe[2]. Unter Rente versteht KRUGMAN: „payment to an input higher than what that input could earn in an alternative use“[3].

DIXIT und NORMAN nennen vier mikroökonomisch orientierte Zielsetzungen der strategischen Handelspolitik:

1. Korrektur von Marktversagen
2. Verbesserung der „terms of trade“
3. Beeinflussung der heimischen Einkommensverteilung
4. Erreichung vorgegebener Zielwerte für Handel, Konsum oder Produktion[4]

Die ersten beiden Ziele decken den Aspekt des Strebens nach Effizienz ab. Ausgangspunkt sind hier die grundlegenden wohlfahrtstheoretischen Aussagen der allgemeinen Gleichgewichtstheorie[5]. Liegt Marktversagen vor, so ist das Marktergebnis ohne wirtschaftspolitische Eingriffe nicht mehr PARETO-optimal und die Volkswirtschaft bleibt unter ihren durch Ressourcen- und Technologieausstattung vorgegebenen Möglichkeiten. So kann strategische Handelspolitik neben anderen Formen der Wirtschaftspolitik eingesetzt werden, um eine PARETO-Verbesserung des Marktergebnisses zu erzielen. Das dritte und vierte Ziel bezieht sich auf den Fall, dass eine Nation, beispielsweise aufgrund demokratischer Entscheidungen, Zielvorgaben an die Wirtschaft richtet. Aufgabe der ökonomischen Analyse ist es dann, ökonomische Effekte, insbesondere mögliche Kosten und andere Nebenwirkungen, herauszuarbeiten und einen bestmöglichen Weg zur Zielerreichung vorzuschlagen. In diesem Sinne kann strategische Handelspolitik innerhalb eines Landes Umverteilungseffekte auslösen, die wiederum die soziale Wohlfahrt erhöhen[6].

Die Theorie der strategischen Handelspolitik erlaubt nicht nur die normative Beurteilung staatlicher Protektionsmaßnahmen, sondern bietet ein breites Fundament für die Beurteilung der Wettbewerbssituation einzelner Industriezweige und die Beurteilung konkreter politischer Maßnahmen. Sie zeigt auf, wie tragfä-

---

1 Vgl. Fuchs (2002), S. 34.

2 Ein weiterer Aspekt aus der industriepolitischen Diskussion, und zwar die stimulierenden Auswirkungen der Hochtechnologie-Produktion, die im Rahmen der „neuen Wachstumstheorie“ einen weiteren Rechtfertigungsgrund für staatliche Eingriffe darstellt, wird an dieser Stelle nicht behandelt. Vgl. hierzu Bletschacher/Klodt (1991) und Klodt (1995).

3 Krugman (1990), S. 12.

4 Vgl. Dixit / Norman (1980), S. 165.

5 Vgl. Laffont (1988), S. 2 ff.

6 Vgl. Welzel (1991), S. 11 f.

hig die in der politischen Diskussion verwendeten ökonomischen Argumente sind und welche wirtschaftlichen Konsequenzen eine strategisch orientierte Industriepolitik hat[1].

2.3 Zum Begriff der strategischen Handelspolitik

Für den Begriff der strategischen Handelspolitik ist in der Literatur kein einheitlicher Gebrauch festzustellen. Häufig wird darunter ein Katalog von Maßnahmen verstanden, mit denen willentlich und direkt in grenzüberschreitende Handelsströme eingegriffen wird. Handelspolitik wird in diesem Zusammenhang häufig nicht explizit definiert, sondern kommt implizit in der Wahl der untersuchten und angewendeten Instrumente zum Ausdruck. In diesem Sinne werden meist tarifäre Maßnahmen wie Zölle[2], mengenmäßige Beschränkungen des Handels und auch nicht-tarifäre Maßnahmen wie technische Standards, Zollformalitäten[3] usw. genannt[4].

Der strategische Aspekt der Handeltheorie erschließt sich am besten, wenn man berücksichtigt, dass in bestimmten Wirtschaftssektoren einer Volkswirtschaft eine strategische Interdependenz zwischen den Unternehmen vorliegt. Hierbei stehen die Unternehmen in einer Art von Interaktion, die man mit dem Instrumentarium der Spieltheorie zu beschreiben versucht. Jeder Akteur und Wettbewerber handelt dabei in dem Bewusstsein, dass seine Aktionen Einfluss auf die Ergebnisse anderer ausüben und die von einem selbst erzielten Ergebnisse wiederum von den Aktionen der anderen beeinflusst sind. Typischerweise ist die Marktstruktur eines Oligopols mit einer solchen Vorstellung von Interdependenz verbunden. Unter strategischer Handelspolitik kann in diesem Sinne eine Handelspolitik zur Beeinflussung der strategischen Interaktion von Unternehmen verstanden werden[5].

Diese Sichtweise liegt auch der Arbeit von BRANDER und SPENCER zugrunde, die den Grundstein für die Weiterentwicklung der strategischen Handelspolitik legte[6]. Strategische Handelspolitik ist aus ihrer Sicht ein strategischer Zug, der in seiner Folge zu einer Änderung des Optimalverhaltens der beteiligten Unternehmen führt. Das Kernelement der strategischen Handelpolitik bildet somit das

1 Vgl. Bletschacher/Klodt (1991), S. 5.
2 Vgl. Dixit/Norman, S. 165.
3 Vgl. Eaton/Grossman (1986), S. 383.
4 Vgl. Welzel (1991), S. 12 f.
5 Vgl. Welzel (1998), S. 2 f.
6 Vgl. Brander/Spencer (1985) S. 85; Spencer/Bander (1983) S. 710; Brander (1995) S. 1399.

Argument, dass durch handelspolitische Eingriffe im weitesten Sinn die Interaktion von in- und ausländischen Unternehmen zugunsten des Inlands beeinflusst werden kann[1]. Die vorliegende Arbeit orientiert sich im folgenden an dieser soeben dargestellten Abgrenzung von BRANDER und SPENCER.

---

1 Vgl. Welzel (1998), S. 3 und Wong (1995).

3. Modelle der strategischen Handelspolitik

Die von BRANDER und SPENCER[1] vor 20 Jahren in die ökonomische Literatur eingeführte Theorie der strategischen Handelspolitik genießt nach wie vor hohe Relevanz in der Diskussion um außenhandels- oder industriepolitisches Eingreifen. Bis heute erscheinen zu diesem Thema regelmäßig Veröffentlichungen, in denen die Argumente der strategischen Handelspolitik auf ihre Tragfähigkeit hin untersucht werden[2]. In den unterschiedlichsten Beiträgen wurde seitdem gezeigt, dass das Argument der strategischen Handelspolitik bis zur Gegenwart einen festen Platz in der außenhandelspolitischen Diskussion und Forschung hat. Auch wenn die Meinungen über die Anwendbarkeit der strategischen Handelspolitik hinsichtlich der Politikempfehlungen, die aus dieser Theorie entwickelt werden können, schon immer weit auseinander gingen, gelang es bis heute nicht, derlei Empfehlungen theoretisch gänzlich zu entkräften[3].

Wie bereits dargestellt, ist nach der traditionellen Handelstheorie Protektion in der Regel gleichbedeutend mit Wohlfahrtsverlusten auch für das protektionierende Land selbst. In der Theorie der strategischen Handelspolitik werden dagegen eine Reihe von Möglichkeiten für wohlfahrtssteigernde Protektionsmaßnahmen aufgezeigt. Während in der traditionellen Theorie aber durchweg von der Annahme der vollkommenen Konkurrenz auf allen Märkten ausgegangen wird, betrachtet die strategische Handelspolitik Staatseingriffe auf Märkten mit unvollkommener Konkurrenz. Dadurch ermöglichen diese „neuen" Handelsmodelle eine Diskussion der Aktionen und Reaktionen auf internationalen oligopolistischen Märkten und damit auch die Einbeziehung des strategischen Verhaltens von Unternehmen und Ländern[4].

3.1 Das Grundmodell von Brander und Spencer

Die Kernaussagen der strategischen Handelspolitik lassen sich am einfachsten an dem von BRANDER und SPENCER 1985 verwendeten Modell darstellen. BRANDER und SPENCER Idee basiert auf der Situation eines internationalen Duopols, bei dem ein Produzent seinen Sitz in Land 1 (Inland) und der andere in Land 2 (Ausland) hat. Dabei stehen die Duopolisten in Cournot-Wettbewerb, d.h. sie entscheiden simultan über ihre Outputmengen und es wird unterstellt, dass jedes Unternehmen seinen gewinnmaximierenden Output unter der Erwar-

1 Vgl. Spencer/Brander (1983) und Brander/Spencer (1985).

2 Welzel verweist im Jahr 1998 auf rund 140 Einträge im Journal of Economic Literature zum Thema der strategischen Handelspolitik. Vgl. Welzel (1998), S. 1.

3 Vgl. ebenda, S. 1 und als Gegenpol Krugman/Obstfeld (2004), S. 371.

4 Vgl. Aruli (2000), S. 79 f.

tung festlegt, das jeweils andere Unternehmen werde mit seiner Output-Menge nicht auf Output-Änderungen des Konkurrenten reagieren[1]. Der gesamte Absatz der beiden Hersteller aus den beiden Ländern fließt in ein drittes Land, so dass keine Konsumeffekte in Land 1 und 2 auftreten[2]. Somit ist sichergestellt, dass mögliche Rückwirkungen von Preisänderungen auf die nationale Konsumentenrente ausgeschlossen sind und somit eine Änderung der inländischen Produzentenrente mit der Änderung der nationalen Wohlfahrt gleichgesetzt werden kann[3]. Mit einem Reaktionskurvenschaubild lässt sich das Duopolgleichgewicht, die ökonomische Rationalität sowie das Verhalten der Akteure beschreiben[4] (vgl. Abbildung III-4).

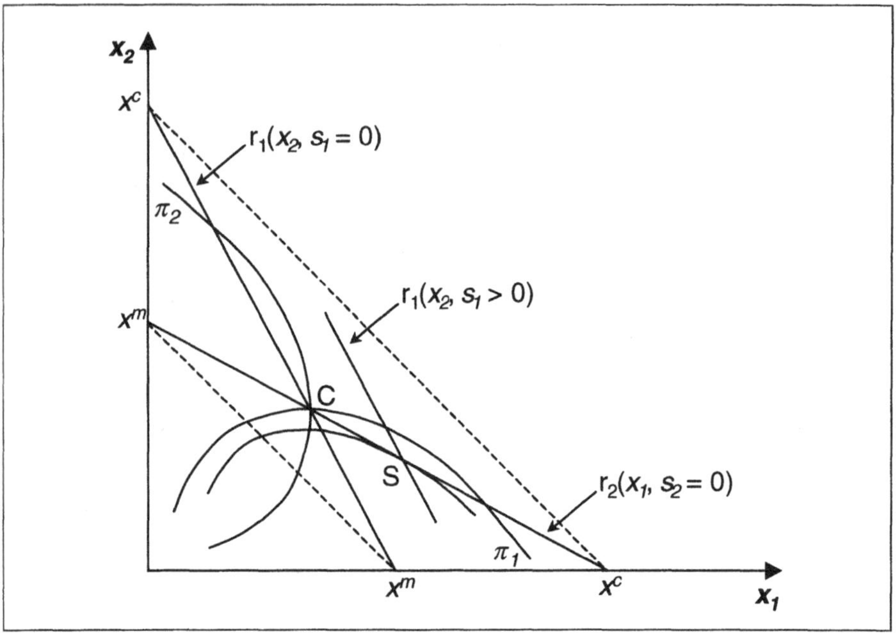

Abbildung III-4: Das Modell der strategischen Handelspolitik von Brander und Spencer[5].

1 Außerdem unterstellen Brander/Spencer implizit, das Faktorangebot des Inlandes sei unendlich elastisch, so dass aus dem erhöhten Faktoreinsatz im Inland keine wohlfahrtsmindernde Verzerrung der gesamtwirtschaftlichen Faktoreinsatzstruktur resultiert.

2 Für eine Einbeziehung inländischen Konsums in das Modell der strategischen Handelspolitik von Brander/Spencer siehe Krugman (1984), Dixit (1984) oder aber auch Eaton/Grossman (1986).

3 Vgl. Klodt (1995), S. 79.

4 Vgl. Brander/Spencer (1985), S. 80 ff.; Welzel (1998), S. 4.

5 Quelle: in Anlehnung an Welzel (1998), S. 4.

Um die Darstellung zu vereinfachen werden konstante Grenzkosten und eine lineare Nachfragefunktion unterstellt. Die beiden Reaktionskurven $r_i(x_j,s_i=0)$, i, $j=1,2$, $i\neq j$, beschreiben die gewinnmaximierende Ausbringungsmenge x_i eines Produzenten i bei gegebener Ausbringung x_j seines Wettbewerbers ohne handelspolitisches Eingreifen der Regierung i. Ohne ein solches handelspolitisches Eingreifen der beiden Regierungen ergibt sich ein COURNOT-NASH-Gleichgewicht[1] im Schnittpunkt C der beiden Reaktionskurven[2]. Die durch C verlaufenden Isogewinnkurven π_1 und π_2 der beiden Produzenten verdeutlichen, welchen Gewinn die Unternehmen im Gleichgewicht realisieren[3].
BRANDER und SPENCER ergänzen das Modell um die Annahme, das die inländische Regierung (Land 1) ex ante, d.h. vor den Outputentscheidungen der Produzenten, ihrem nationalen Hersteller glaubwürdig eine Exportsubvention $s_l>0$ pro Mengeneinheit zusagt, während dies die ausländische Regierung gegenüber ihrem eigenen inländischen Produzenten nicht tut ($s_2=0$)[4]. Eine solche Subvention entspricht in ihrer Wirkung einer Senkung der Grenzkosten des inländischen Unternehmens und führt somit zu einer Verschiebung der Reaktionskurve des Duopolisten 1 nach rechts. Die Rechtsverschiebung der inländischen Reaktionskurve führt zu einem neuen Gleichgewicht, bei dem der Produzent 1 eine tiefer gelegene oder bessere Isogewinnkurve erreicht.

Hinsichtlich der eingezeichneten Isogewinnkurven π_1 und π_2 bleibt festzuhalten, dass diese unter der Annahme handelspolitischer Abstinenz ($s_l=s_2=0$) eingezeichnet wurden. Wird im neuen Gleichgewicht dem inländischen Duopolisten eine Subvention $s_l>0$ je produzierter und exportierter Einheit gewährt, so geben die eingezeichneten Isogewinnkurven die Gewinnsituation des inländischen Produzenten nicht mehr korrekt wieder. Definiert man darüber hinaus die partialanalytische Wohlfahrtfunktion w_1 der inländischen Regierung als Differenz zwischen dem Gewinn π_1 des Duopolisten 1, einschließlich des erhaltenen Subventionsbetrages, und dem von der Regierung gezahlten Subventionsbetrag $x_l s_l$, dann tritt die Subventionszahlung in dieser Zielfunktion sowohl mit positivem als auch mit negativem Vorzeichen auf und kann eliminiert werden. Hieraus ergibt sich, dass die Isogewinnkurven der Situation ohne Subvention identisch sind zu den Isowohlfahrtskurven der Regierung für beliebige Subventionssätze[5].

1 Der Gleichgewichtspunkt in C stellt ein Cournot-Nash-Gleichgewicht dar, da kein Unternehmen die Veranlassung hat, sein Verhalten nach Erreichen von C zu ändern.
2 Vgl. Klodt (1995), S. 79f.
3 Vgl. Welzel (1998), S. 5.
4 Aufgrund der Annahme des vollständigen Absatzes in einem Drittland ist die Exportsubvention äquivalent zu einer Produktionssubvention.
5 Vgl. Welzel (1998), S. 5.

Die Höhe der optimalen Subvention lässt sich ebenfalls anhand von Abbildung III-4 erläutern. Der Subventionssatz der inländischen Regierung ist dann in bezug auf die Zielfunktion w_1 wohlfahrtoptimierend, wenn er eine Verschiebung der Reaktionskurve des Duopolisten 1 in der Form bewirkt, dass sich das neue Marktgleichgewicht im Punkt S ergibt. Im Punkt S ist das höchste inländische Wohlfahrtsniveau erreicht, das mit dem durch die Reaktionskurve des Produzenten 2 beschriebene Optimalverhalten des ausländischen Unternehmens verträglich ist. Bei S handelt es sich um ein Gleichgewicht, in dem der Duopolist 1 die Position eines STACKELBERG-Führers einnimmt[1]. Durch das Eingreifen der inländischen Regierung mit dem Ziel, die strategische Interaktion zwischen den beiden Produzenten zu beeinflussen, veranlasst die inländische Regierung den Duopolisten 1 zu einem Verhalten, als wäre er ein STACKELBERG-Führer in dem betrachteten Markt. Aus diesem Grund spricht man im Zusammenhang mit strategischer Handelspolitik auch von „als-ob-STACKELBERG-Führerschaft“[2]. Aufgabe der strategischen Handelspolitik ist es in diesem Modell, den inländischen Produzenten dazu zu veranlassen, sich wie ein STACKELBERG-Führer zu verhalten, um eine höhere Produzentenrente zu erzielen[3].

Der Aspekt, dass Exportsubventionen für ein Land unter bestimmten Voraussetzungen sinnvoll sein können, stellte Mitte der achtziger Jahre einen völlig neunen Ansatz in der Außenhandelspolitik dar. Zuvor war nach der traditionellen Sicht eine Beeinflussung der Exporte für ein kleines Land immer als schädlich angesehen worden und für ein großen Land nur im Rahmen einer Exportsteuer sinnvoll[4], wonach eine solche Ausfuhrabgabe die Terms of Trade eines großen Landes zu seinen Gunsten verändern konnte. Bei Vorliegen von Marktversagen (wie z.B. auch bei Duopolsituationen) wurden zwar durchaus Subventionen diskutiert, jedoch galt das hauptsächliche Interesse den Auswirkungen von „distortions“ (Verzerrungen) auf die Terms of Trade und nicht auf die Verteilung von Renten in internationalen Oligopolen[5].

Wie in der Sicht der traditionellen Außenhandelstheorie geht auch in dem Szenario mit strategischer Handelspolitik die Expotsubvention mit einer Verschlechterung der Terms of Trade einher, wie sich anhand von Abbildung III-4 darstellen lässt. Die Linie $x^c x^c$ beschreibt die Menge der Outputkombinationen der beiden Duopolisten, die man bei einem Verhalten bei vollkommener Konkurrenz erreichen würde. Der Übergang von Gleichgewicht C zum neuen

1 Zur Erläuterung der Konzepte des Cournot-Verhaltens und des Stackelberg-Verhaltens vgl. z.B. Varain (2004), S. 99 ff.

2 Vgl. Welzel (1998), S. 6.

3 Vgl. Klodt (1995), S. 79.

4 Vgl. Markusen et al. (1995), S. 250 f.

5 Vgl. Bhagwati (1989), S. 17 ff.

Gleichgewicht S ist eine Bewegung in Richtung dieser Linie $x^c x^c$. Hierdurch steigt die aggregierte Menge an Produkten, die gemäß unserer Grundannahmen in das Land 3 exportiert werden, was einen Rückgang des auf dem Markt des Landes 3 erzielten Preises zur Folge hat, vorausgesetzt die Nachfrage in Land 3 ist vollkommen preiselastisch. Dieser Preisrückgang ist aus Sicht der Länder 1 und 2 nichts anderes als eine Verschlechterung ihrer jeweiligen Terms of Trade. Dies entsteht dadurch, dass die beiden Produzenten infolge des handelspolitischen Eingreifens der inländischen Regierung ihre gemeinsame Marktmacht gegenüber den Abnehmern in Land 3 in weniger starkem Maße einsetzen als in der Ausgangssituation. Eigentlich müsste es im gemeinsamen Interesse von Land 1 und 2 liegen, eine Maximierung des aggregierten Gewinns der beiden Produzenten zu erreichen. PARETO-verbessernd wären dabei mögliche Gleichgewichte im schraffierten Bereich links und unterhalb von Punkt C. Wie an der Verschiebung zu Gleichgewichtspunkt S jedoch zu sehen ist, führt der Einsatz der strategischen Handelspolitik genau in die entgegengesetzte Richtung. Dies beschreibt das Dilemma des Einsatzes der strategischen Handelspolitik[1].

Wenn eine solche Exportsubvention einen negativen Terms of Trade-Effekt bewirkt, bleibt die Frage, wie es gleichzeitig zu einer Wohlfahrtsteigerung kommt. Diese ergibt sich dadurch, dass sich durch das Eingreifen der inländischen Regierung nicht nur der Marktpreis verändert, sondern auch eine Marktanteilsverschiebung vom ausländischen hin zum inländischen Unternehmen stattfindet. Solange der Subventionssatz nicht zu hoch angesetzt wird, dominiert dieser positive Rentenumlenkungseffekt den negativen Terms of Trade-Effekt. Im Punkt S ist die bestmögliche Relation zwischen Rentenumlenkungseffekt und Terms of Trade-Effekt erreicht. Hierdurch wird auch deutlich, dass die Anwendung der strategischen Handelspolitik des Landes 1 zu Lasten der Wohlfahrt des Landes 2 geht. In Abbildung III-4 wird dies daran deutlich, dass durch S zwar eine tiefergelegenere, also bessere, Isowohlfahrtskurve des Landes 1 verläuft, die für das Land 2 gültige (jedoch nicht eingezeichnete) Isowohlfahrtskurve jedoch weiter rechts, also schlechter als in der Ausgangssituation liegt[2].

3.2 Voraussetzungen für erfolgreiche Handelspolitik

Durch das Modell der strategischen Handelspolitik von BRANDER und SPENCER und durch die weiterführenden Arbeiten zahlreicher anderer Autoren[3] sind theoretische Möglichkeiten aufgezeigt worden, wie durch staatliche Interventionen

1 Vgl. Welzel (1998), S. 6 f.

2 Vgl. ebenda (1998), S. 7.

3 Vgl. für eine umfassende Darstellung einiger erweiternder Untersuchungen zum Thema der strategischen Handelspolitik Welzel (1998), S. 8 ff.

auf internationalen Oligopolmärkten nationale Wohlfahrtsgewinne erzielt werden können. Somit hat die Schlussfolgerung der traditionellen Außenhandelstheorie, dass Freihandel unter allen Umständen die optimale Politik darstellt, keine uneingeschränkte Gültigkeit mehr. Im Umkehrschluss lässt sich hierbei aber gleichzeitig keine generelle Gültigkeit für stattliche Eingriffe im Rahmen der strategischen Handelspolitik ableiten. Inwiefern strategische Eingriffe in das Marktgeschehen tatsächlich erfolgreich sind, muss im Einzelfall geprüft werden und ist von unterschiedlichen Rahmenfaktoren bzw. Voraussetzungen abhängig.

Spencer (1986) listet sieben grundsätzliche Kriterien auf, um strategische Handelspolitik erfolgreich anzuwenden[1]:

***Kriterium 1** – Der durch die Subvention geförderte Industriezweig muss im Anschluss einen zusätzlichen Ertrag erwirtschaften (in Form von höherem Gewinn oder höheren Gehältern für die Mitarbeiter), der die Gesamtkosten der Subvention übersteigt.*
Damit eine Exportsubvention wohlfahrtsverbessernd wirkt, muss sie sich positiv auf die erwirtschafteten Gewinne aus Exportverkäufen auswirken und zwar in der Höhe, dass die Kosten der Subvention für den Steuerzahler überkompensiert werden. Dies ist nur dann der Fall, wenn Eintrittsbarrieren in dem entsprechenden Industriezweig vorliegen. Erst durch sie kann die Subventionierung gewinnbringend umgesetzt werden und der Ertrag die entstandenen Kosten kompensieren. Solche Eintrittsbarrieren beziehen sich sowohl auf hohe Kapital- bzw. Forschungs- und Entwicklungsanforderungen als auch auf juristische Eintrittsbarrieren wie die Patentgesetzgebung.

***Kriterium 2** – Der inländische Industriezweig muss im Wettbewerb mit ausländischen Industriezweigen stehen. Die Subventionierung des inländischen Industriezweigs sollte die im Wettbewerb stehenden ausländischen Unternehmen dazu veranlassen, ihre geplanten Kapazitäten und ihren Ausstoß an Fertigprodukten zu reduzieren.*
Es ist um so wahrscheinlicher, dass eine Exportsubvention im Inland die Wohlfahrt steigert desto mehr sich die nationale Produktionsausweitung auf Kosten der Vertriebszahlen der ausländischen Wettbewerber auswirkt. Ohne einen Vertriebswegfall bei den ausländischen Unternehmen würden die höheren einheimischen Exporte, die durch die Subvention ausgelöst wurden, zu einem inländischen Preisverfall führen, der den zusätzlichen Vertrieb im Inland unrentabel macht. Eine Reduzierung des ausländischen Outputs verringert den Preisverfall durch die inländische Expansion und ermöglicht so eine Steigerung der einheimischen Gewinne.

---

1 Vgl. Spencer (1986), S. 70 ff.

***Kriterium 3** – Der einheimische und exportierende Industriezweig sollte entweder eine noch stärkere Konzentration oder zumindest eine vergleichbar ausgeprägte Konzentration aufweisen wie der gegnerische ausländische Industriezweig.*

Ein Anstieg des inländischen Outputs tendiert dazu, den ausländischen Output um so stärker zu reduzieren, desto größer die Anzahl an ausländischen Unternehmen ist oder desto geringer der Konzentrationsgrad des ausländischen Industriezweigs ist. Bei einer größeren Anzahl ausländischer Unternehmen könnten die einzelnen Unternehmen dazu tendieren ihre Produktion ein bisschen weniger zurückzuschrauben, welches zu einer geringeren Gesamtreduktion führen würde. DIXIT und EATON/GROSSMAN haben gezeigt, dass der Preisverfall im Zusammenhang mit einer Exportsubvention um so niedriger ausfällt, desto größer der Konzentrationsgrad der einheimischen Industrie im Vergleich zur ausländischen ist[1].

***Kriterium 4** – Als Reaktion auf die nationale sektorale Förderung sollten die Faktorpreise nicht allzu stark steigen. Dies ist am wahrscheinlichsten, wenn der Industriezweig nicht stark gewerkschaftlich organisiert ist.*

Die Renten, die durch Exportverkäufe erzielt werden, bestehen aus Löhnen, welche die Arbeiter erhalten und den Gewinnen der Unternehmen. Die Arbeiter erhalten Renten, wenn sie mehr verdienen als die Opportunitätskosten ihrer Arbeit. Wenn eine Exportsubvention zu einem Anstieg der Beschäftigung oder zu einem Anstieg der Renten in einem Industriezweig führt, wirkt sich dies positiv auf die gesamte Volkswirtschaft und auf die Unternehmensgewinne aus. Die Existenz von Gewerkschaften bringt einen weiteren Spieler in das strategische Spiel zwischen Unternehmen und Regierungen. Dabei haben BRANDER und SPENCER (1984) gezeigt, dass eine Exportsubvention in einem gewerkschaftlich organisierten Industriezweig zu substanziell höheren Gehältern führt, welches den Wirkungsgrad der Subvention verringert[2].

***Kriterium 5** – Der zielgerichtete Einsatz einer Subvention ist um so effektiver, desto größer der Kostenvorteil des einheimischen Industriezweigs in Relation zum ausländischen Wettbewerber ist und desto stärker Lerneffekte und Skalenerträge bei zunehmender Produktion eine Rolle spielen.*

Es stellt sich die Frage, ob man eine Subvention in Richtung solcher Industriezweige lenkt, die bereits einen grundsätzlichen Vorteil durch günstigere Rohstoffe oder besser ausgebildete Arbeiter haben oder ob man durch die Subvention eher versucht, höhere Produktionskosten gegenüber einem ausländischen Industriezweig auszugleichen. Es lässt sich nachweisen, dass der einheimische

1 Vgl. Dixit (1984), S. 5 f.; Eaton/Grossman (1983), S. 3 f.
2 Vgl. Brander/Spencer (1984), S. 3 ff.

Vorteil durch eine Exportsubvention um so größer ist je niedriger die inländischen Kosten in Relation zu den ausländischen sind. Es können durch steigende Gewinne bessere Ergebnisse erzielt werden, wenn der einheimische Industriezweig bereits einen natürlichen Vorteil gegenüber dem ausländischen Wettbewerb hat. In diesem Sinne ist es einleuchtend, dass man davon ausgehen kann, dass es eher sinnvoll ist Industriezweige mit diesen Voraussetzungen zu unterstützen, als andere.

***Kriterium 6** – Ein einheimischer Industriezweig ist für die Anwendung einer Subvention besonders geeignet, wenn nur minimale Spillover-Effekte[1] von neuer einheimischer Technologie auf gegnerische ausländische Unternehmen vorliegen.*
Im Zusammenhang mit der Subventionierung einheimischer F&E ist es wichtig zwischen der Übertragung von Externalitäten auf inländische oder ausländische Unternehmen zu unterscheiden. Falls eine oligopolistische Rivalität zwischen in- und ausländischen Unternehmen vorliegt, führt jede Form von Spillover der nationalen F&E auf die ausländischen Unternehmen zu einer Reduzierung der Renten, die das einheimische Unternehmen auf internationalen Märkten generieren kann. Dieser Effekt kann die einheimische Besserstellung durch F&E-Subventionen reduzieren. Allerdings kann eine entsprechende nationale Politik so gestaltet werde, dass das Ausmaß der Wirkung einheimischer Spillovers an ausländische Unternehmen reduziert werden kann[2].

***Kriterium 7** – Ist ein einheimischer Industriezweig in einem Wettbewerb mit ausländischen Unternehmen verwickelt, ist er ein geeigneterer Kandidat für eine F&E-Subvention, wenn die F&E einen wesentlichen Teil der Kosten des Industriebereiches ausmachen und somit einen wichtigen Faktor im Wettbewerb darstellen.*
Verkündet ein einheimisches Unternehmen, dass es seine F&E-Ausgaben substanziell erhöht, mag dies für ausländische Unternehmen nicht sonderlich überzeugend und glaubwürdig sein, so dass diese entscheiden, ihre eigenen F&E-Programme unverändert weiter zu verfolgen, wodurch der Anstieg der einheimischen F&E durch die Subvention unprofitabel bleiben würde. Auf der anderen Seite können steigende nationale F&E-Ausgaben eine natürliche Reaktion auf

1 Spillover-Effekte sind externe Effekte, die entstehen, wenn in einem Unternehmen oder in einem Projekt Wissen erzeugt oder F&E-Ergebnisse produziert werden, was dazu beiträgt, die Produktivität anderer Unternehmen und Projekte zu steigern. Anders ausgedrückt handelt es sich um (meist unbeabsichtigte) Effekte, die dadurch entstehen, dass das für einen bestimmten Zweck erzeugte Wissen nicht nur von seinem Produzenten genutzt wird sondern auch von anderen Anwendern.

2 So könnte z.B. die Vergabe von Lizenzen erschwert werden, durch die ausländische Firmen Innovationen kopieren dürfen.

nationale F&E-Subventionen darstellen und können somit ausländischen Unternehmen den Hinweis geben, dass sich ihre eigene F&E auf diesem Gebiet mit einer geringeren Wahrscheinlichkeit rentiert. Daraus folgt, dass die Unterstützung F&E-intensiver Industriezweige einen Weg darstellen kann, zu einem späteren Zeitpunkt von zukunftsträchtigen Industriezweigen zu profitieren.

Ein Beispiel für einen Industriezweig der zumindest einige der soeben genannten Kriterien erfüllt, ist die zivile Produktion von Verkehrsflugzeugen. Die staatliche Unterstützung für das Airbus Projekt stellt zumindest einen Fall dar, bei dem es den Anschein hat, als wären Subventionen erfolgreich eingesetzt worden. Die Einzelheiten zu der Subventionspolitik und den daraus resultierenden Ergebnissen werden in Kapitel VI noch ausführlicher beleuchtet. An dieser Stelle kann man aber vorübergehend festhalten, dass es Airbus in den letzten Jahren gelungen ist, sich einen substanziellen Anteil im Markt für zivile Flugzeuge zu sichern und dies eindeutig auf Kosten des Wettbewerbers Boeing. Es scheint, dass die staatliche Subventionierung Airbus ermöglicht hat, schneller einen höheren Marktanteil zu erreichen als dies ohne Unterstützung möglich gewesen wäre. Darüber hinaus scheint es fraglich, ob ein privatwirtschaftlich organisiertes Unternehmen überhaupt in der Lage gewesen wäre, ohne staatliche Unterstützung in den Markt einzudringen[1].

Die Theorie der strategischen Handelspolitik bietet, wie bisher dargestellt wurde, unterschiedliche Varianten für mögliche Staatseingriffe, mit denen die nationale Wohlfahrt erhöht werden kann[2]. Im folgenden soll noch einmal präzisiert werden, wie es überhaupt zur Entstehung von Oligopolrenten kommt, die durch die strategische Handelspolitik umgelenkt werden sollen und welche potentiellen Probleme sich dabei aus dem Modell ergeben können.

3.3 Erweiterung und Kritik

Die Theorie der „contestable markets" besagt, dass Barrieren für einen Markteintritt oder -austritt existieren müssen, damit die Renten nicht durch neu in den Markt eintretende Unternehmen wegkonkurriert werden. Als wirksame Marktschranken gelten in diesem Zusammenhang z.B. hohe „sunk costs", wie sie durch F&E auftreten[3]. In forschungsintensiven Industrien ist es in der Regel

1 Vgl. Spencer (1986), S. 84.

2 Hierzu zählen vor allem Produktions- und Exportsubventionen. Aber auch die Behinderung von Importen z.B. durch einen Importzoll kann die nationale Wohlfahrt erhöhen, wenn die Grenzkosten des inländischen Unternehmens unter denen des ausländischen liegen. Vgl. hierzu Dixit (1984), S. 3 ff.

3 Vgl. Baumol (1982), 1 ff.

nicht möglich, kurzfristig in den Markt einzudringen und im Anschluss kurzfristig wieder ohne Verlust auszuscheiden, da sich die zum Markteintritt nötigen Forschungsinvestitionen meistens nur über einen längeren Produktionszeitraum amortisieren. Hierdurch sind die am Markt etablierten Unternehmen vor der potentiellen Konkurrenz geschützt und können möglicherweise dauerhaft überdurchschnittliche Gewinne erzielen. Die Nutzung derartiger statischer Skalenerträge ist in dem Grundmodell der strategischen Handelspolitik von BRANDER und SPENCER die wesentliche Ursache für das Entstehen von Oligopolrenten[1].

In gleicher Weise wirken dynamische Skalenerträge, die durch Lerneffekte im Produktionsprozess entstehen. Unternehmen, bei denen die technologische Effizienz davon abhängt, welche Erfahrungen sie in der Vergangenheit bei der Produktion eines bestimmten Gutes machen konnten, haben durch ihre Etablierung im Markt einen Kostenvorteil, der von potentiellen Konkurrenten nur schwer oder gar nicht aufzuholen ist. Auch in solchen Industrien sind dauerhafte Oligopolrenten möglich, was dem Staat den Anreiz gibt, die Weltmarktposition dieser nationalen Unternehmen zu stärken. Hierbei gilt, je besser es gelingt, den Output der inländischen Unternehmen durch die Protektionsmaßnahmen zu steigern, desto höher fällt der Anteil an den in diesen Industrien weltweit zu erzielenden Renten aus[2].

In diesem Rahmen diskutiert KRUGMAN die Wirkung eines Importzolls, der inländischen Unternehmen das Realisieren von Lerneffekten auf dem geschützten Inlandsmarkt ermöglicht[3]. Eine solche Politik kann jedoch nur dann das gewünschte Ergebnis erzielen, wenn der Inlandmarkt hinreichend groß ist, um hohe Stückzahlen realisieren zu können. Doch auch sämtliche anderen Politikmaßnahmen, die zu einer positiven Entwicklung auf der Lernkurve der einheimischen Produzenten beitragen, führen zu einer Verlagerung von Oligopolrenten aus dem Ausland ins Inland. Solange die auf den Weltmärkten zu erzielenden Grenzerlöse über den Grenzkosten liegen, erhöht sich auch die gesamtwirtschaftliche Wohlfahrt des Inlandes. Anhand des Lernkurveneffekts lässt sich demnach die Erhebung eines Importzolls genauso rechtfertigen wie die Gewährung von Subventionen für die Produktion, die Forschung oder den Export[4].

Als dritte Art von Marktschranken werden in der Theorie der strategischen Handelspolitik die Auswirkungen von Netzwerk-Externalitäten diskutiert. Hier wir-

1 Vgl. Klodt (1992), S. 6.
2 Vgl. Klodt (1995), S. 82.
3 Hiermit führt er das klassische Erziehungszollargument in die Theorie der strategischen Handelspolitik ein. Vgl. Krugman (1984), S. 182 ff.
4 Vgl. Klodt (1992), S. 7.

ken Skalenerträge auf der Nachfragerseite und nicht auf der Angebotsseite[1]. Wenn der Nutzen eines bestimmten Guts für den Konsumenten davon abhängt, wie viele anderen Konsumenten dieses Gut bereits gekauft haben, können Preisaufschläge über den Grenzkosten um so eher durchgesetzt werden, desto größer der Marktanteil des betreffenden Unternehmens ist[2]. Falls Konkurrenzunternehmen, z.B. durch Patentschutz, nicht in der Lage sind, identische oder kompatible Produkte anzubieten, wird die Erhöhung des Marktanteils inländischer Produzenten durch die damit gleichzeitig verbundene Vergrößerung ihres Netzwerkes zu einem Ansatzpunkt für die strategische Handelspolitik[3]. Selbst die Etablierung und Gestaltung von Netzwerken durch die Durchsetzung technischer Normen und Standards kann zu einem Ziel strategischen Verhaltens sowohl von Unternehmen als auch von Regierungen werden[4].

Es bleibt festzuhalten, dass es aus wirtschaftspolitischer Sicht keinen Unterschied macht, ob die von der Umverteilung betroffenen Oligopolrenten von statischen oder dynamischen Skalenerträgen oder von Netzwerk-Externalitäten herrühren. Für alle drei Fälle kann man Modelle konstruieren, nach denen staatliche Eingriffe die nationale Wohlfahrt erhöhen. Es stellt sich allerdings die Frage, wie praktikabel die Politikempfehlungen dieser Modelle sind, wenn die zugrundegelegten Annahmen verändert werden[5].

Im Modell von BRANDER und SPENCER hängen die wohlfahrtsfördernden Wirkungen der Subvention davon ab, das beide im Markt vertretenen Unternehmen jeweils erwarten, das andere Unternehmen werde mit seiner Outputmenge nicht auf Änderungen des eigenen Output reagieren. Sie schätzen die Absatzmöglichkeiten bei einer Erhöhung des eigenen Output negativ ein und produzieren weniger, als zum Erreichen des Gewinnmaximums erforderlich wäre. Ersetzt man diese COURNOT-Annahme durch die BERTRAND-Annahme, nach der eigene Preisänderungen keinen Einfluss auf die Preisentscheidungen des Konkurrenten haben, dann haben die Unternehmen zu optimistische Erwartungen über ihre Absatzmöglichkeiten und produzieren aus diesem Grund zu viel. Die Empfeh-

1 Der Nutzen eines Telefonnetzes hängt beispielsweise für den einzelnen Teilnehmer entscheidend davon ab, wie viele andere Teilnehmer in dieses Netz eingebunden sind. Wer als zusätzlicher Teilnehmer in ein Netz eintritt, erhöht damit auch den Grenznutzen aller anderen Teilnehmer, ohne diese bei seiner eigenen Entscheidung für den Netzanschluss zu berücksichtigen. Wenn diese Person nun aber nicht für diesen sozialen Nutzen entgolten wird, werden sich aus gesamtwirtschaftlicher Sicht zu wenig Personen für einen Anschluss entscheiden, und das Netz wird insgesamt zu klein ausfallen, d.h. zu wenige Teilnehmer umfassen. Vgl. Klodt (1995), S. 11.
2 Vgl. Katz/Shapiro (1985), S. 424 ff. und (1994), S. 93 ff.
3 Vgl. Krishna (1987), S. 6 ff.
4 Vgl. Besen/Farrell (1994), S. 117 ff.
5 Vgl. Klodt (1995), S. 84 ff.

lung für die Politik dreht sich hierbei in das Gegenteil um. Das inländische Unternehmen muss nun besteuert anstatt subventioniert werden um die nationale Wohlfahrt zu erhöhen. In dem weiteren Fall, dass die erwartete Reaktion der tatsächlichen Reaktion genau entspricht, sich also eine konsistente Erwartung ergibt, ist schließlich gar kein Staatseingriff erforderlich, um das nationale Wohlfahrtsmaximum zu erreichen[1]. Aus diesen Ausführungen folgt: Wenn der Staat nicht in der Lage ist, das Wettbewerbsverhalten der Unternehmen genau vorherzusagen, kann er auch keine optimale strategische Handelspolitik betreiben[2].

Vergeltungsmaßnahmen des Auslandes können ebenfalls die Erfolgsaussichten der strategischen Handelspolitik beeinträchtigen. SPENCER und BRANDER zeigen, dass die Regierungen in ein Gefangenendilemma geraten können, in dem beide die Forschung ihrer inländischen Unternehmen subventionieren und die nationale Wohlfahrt in beiden Ländern trotzdem geringer ist als bei Freihandel[3]. Bei einem einseitigen Verzicht auf Protektionsmaßnahmen rechnet sich jede Regierung Nachteile aus. Dementsprechend könnte nur ein international koordinierter Subventionsabbau diese Dilemma auflösen. Diese Erkenntnisse gelten auch für alle anderen Modelle, in denen zwar einseitige Protektionsmaßnahmen wohlfahrtsteigernd wirken können, aber internationale Subventionswettläufe oder sogar Handelskriege die globale Wohlfahrt beeinträchtigen[4].

Eine weitere Variante ist darüber hinaus, dass auch die Unternehmen ihrerseits versuchen können, die Politik des Staates zu beeinflussen. Wenn ein Staat zu erkennen gibt, dass er prinzipiell zur Anwendung einer strategischen Handelspolitik bereit wäre, können sich die einheimischen Unternehmen dazu veranlasst sehen, so stark in Lobbyarbeit zu investieren, dass die potentiellen gesamtwirtschaftlichen Wohlfahrtsgewinne aufgezehrt oder sogar überkompensiert werden[5].

Ein letzter Aspekt, der im Rahmen der Diskussion über strategische Handelspolitik berücksichtigt werden muss, betrifft die Existenz multinationaler Unternehmen. Wenn die in einem Markt tätigen Unternehmen international verflochten sind, kann man kaum noch kontrollieren, ob die durch strategische Handelspolitik erzielten Oligopolrenten aus der inländischen Produktion tatsächlich im Inland verbleiben und damit zur Erhöhung der nationalen Wohlfahrt beitragen

1 Vgl. Eaton/Grossman (1986), S. 390 f. und Siebert (1988), S. 549 ff.
2 Vgl. Klodt (1992), S. 8 f.
3 Vgl. Spencer/Brander (1983), S. 710 ff., Brander/Spencer (1985), S. 90 ff.; Stegemann (1988), 5 ff.
4 Vgl. Klodt (1992), S. 9.
5 Vgl. Bletschacher (1991), S. 4 f.; Dixit/Kyle (1985), S. 140 f.

oder ob sie ins Ausland transferiert werden[1]. In diesem Fall hat die strategische Handelspolitik nur noch Auswirkungen auf die internationale Verteilung von Produktionskapazitäten und Arbeitsplätzen in den geförderten Industriezweigen, aber ihr eigentliches Ziel, nämlich die Umlenkung von Renten ins Inland, ist nicht mehr realisierbar[2].

1 Vgl. Walz (1992), S. 2 f.; Klodt (1991), S. 3 f. und (1993), S. 197 ff.
2 Vgl. Klodt (1995), S. 90.

4. Zwischenfazit

Anhand der Theorie der strategischen Handelspolitik wurde gezeigt, dass es prinzipiell möglich ist, durch staatliche Eingriffe in internationale Oligopolmärkte die nationale Wohlfahrt zu erhöhen. Es wurde jedoch auch verdeutlicht, dass eine erfolgreiche strategische Handelspolitik an sehr restriktive Bedingungen geknüpft ist, die in der Praxis nur schwer zu erfüllen sind. Vor dem Hintergrund der Gefahren die ein internationaler Subventionswettlauf auslösen kann, scheint es auf den ersten Blick sinnvoller, auf internationale Koordination und Kooperation zu setzen und sich eher an den Vorstellungen des freien Wettbewerbs zu orientieren anstatt auf strategisch motivierte Marktinterventionen. So bemerkte schon Robert Baldwin:

> „The new trade theorists are very much aware of the practical limitations of their arguments, and they believe that, as a rule of thumb, freetrade is the best policy for countries to follow.[1]"

Trotz dieser Aussage ist die Theorie der strategischen Handelspolitik nicht als Irrlehre abzutun. So ist diesem theoretischen Ansatz zu verdanken, dass sich die Außenhandelstheorie in den letzten beiden Jahrzehnten ständig weiterentwickelt hat und es über die Zeit gelungen ist, konsistente Erklärungsmuster für viele in der Realität beobachtete Marktkonstellationen zu liefern, bei denen es um Marktprozesse in internationalen Oligopolmärkten geht. Die Theorie der strategischen Handelspolitik hat aber vor allem die internationale Interdependenz nationaler Industriepolitik sowie die daraus resultierenden Chancen und Risiken deutlich gemacht[2].

Ausgehend von den beiden Konkurrenten auf dem Markt für zivile Verkehrsflugzeuge, Airbus und Boeing, die zu Beginn dieses Abschnitts vorgestellt wurden, soll in Kapitel VI eine Anwendung des theoretischen Modells der strategischen Handelspolitik am Beispiel des Marktes für zivile Verkehrsflugzeuge erfolgen und im Anschluss, anhand dieses theoretischen Rahmens, die Auswirkungen subventionstechnischer Maßnahmen auf die Wohlfahrt in den beteiligten Ländern quantifiziert werden. Anhand dieses praktischen Beispiels wird diskutiert, inwiefern die bisherige Subventionspraxis vor allem für den Airbus vom wissenschaftlichen Standpunkt her als gerechtfertigt anzusehen ist. In einem nächsten Schritt sollen diese Erkenntnisse dann, aufgrund des Übergangs des deutschen Airbusanteils im Rahmen des Unternehmenszusammenschlusses Daimler-Benz/MBB, Rückschlüsse auf die Beurteilung der Fusion zwischen den beiden Unternehmen zulassen. Durch diese Vorgehensweise sollen die Auswir-

1 Baldwin (1992), S. 828.

2 Vgl. Welzel (1991), S. 104 ff.

kungen des Unternehmenszusammenschlusses Daimler-Benz/MBB vor dem Hintergrund der in den Jahren danach eingetretenen tatsächlichen Entwicklung in der deutschen Luft- und Raumfahrtindustrie reflektiert werden.

B) Case Study

IV. Der Zusammenschluss der Daimler-Benz AG mit der Messerschmitt-Bölkow-Blohm GmbH

1. Die am Zusammenschluss beteiligten Unternehmen

Zur Durchführung einer ex-post Analyse des Unternehmenszusammenschlusses Daimler-Benz/MBB ist es vorab notwendig, die beiden Unternehmen in ihrem jeweiligen unternehmerischen Umfeld im Vorfeld des Zusammenschlusses darzustellen. Entsprechend der Aufgabenstellung der Monopolkommission, eine genaue Analyse der am Zusammenschluss beteiligten Unternehmen durchzuführen, werden im folgenden sowohl Daimler-Benz als auch MBB als eigenständige Unternehmen zum Zeitpunkt der Antragstellung dargestellt. So hat die Monopolkommission in ihrem 18. Sondergutachten zu dem Zusammenschlussvorhaben der Daimler-Benz AG mit der Messerschmitt-Bolkow-Blohm GmbH von 1989 die Stellung der beiden Unternehmen und ihrer wirtschaftlichen Situation in der Bundesrepublik Deutschland analysiert[1].Die Darstellung dieser Momentaufnahme der Unternehmen aus dem Jahr 1989 legt die Basis, von der aus in Kapitel V der Zusammenschluss aus heutiger Sicht detaillierter analysiert wird.

1.1 Die Daimler-Benz AG

Der Daimler-Benz-Konzern war Ende der achtziger Jahre nach Wertschöpfung[2] und Umsatz das größte deutsche Unternehmen[3]. Der Konzernumsatz betrug im Geschäftsjahr 1987 67.475 Mio. DM und platzierte das Unternehmen nach Erhebungen der Zeitschrift FORTUNE[4] in der Weltrangliste der größten Industrieunternehmen auf Platz 11 sowie in der Liste mit den größten Unternehmen außerhalb der USA auf Platz 4. In Europa nahm das Unternehmen auf einer Umsatzrangliste Platz 4 ein[5]. Dabei beschäftigte der Konzern im Jahr 1988 268.277 Mitarbeiter[6] und war somit der größte private Arbeitgeber in der Bundesrepublik Deutschland.

---

1 Vgl. Monopolkommission: 18. Sondergutachten (1989b), S. 11 ff.; Sörgel (1986), S. 87 ff.

2 Wertschöpfung ist das Nettoergebnis der Produktionstätigkeiten (Bruttoproduktionswerte minus Vorleistungen minus Abschreibungen) oder die Summe der durch den Produktionsprozess entstandenen Einkommen einer Volkswirtschaft (Nettonationaleinkommen zu Faktorkosten = Volkseinkommen).

3 Die Wertschöpfung des inländischen Konzerns betrug 1986 21.472 Mio. DM, vgl. Monopolkommission: 7. Hauptgutachten (1988), Tabelle 7, S. 110.

4 Vgl. o.V. (1988a), S. 10 ff.

5 Vgl. o.V. (1988b), S. 35 ff..

6 Weltweit beschäftigte der Konzern 1988 338.749 Angestellte.

Ziel der Daimler-Benz AG war es damals, durch den Erwerb bzw. durchFusionierung mit anderen Unternehmen eine systematische Diversifizierungspolitik durchzuführen und sich auf diesem Wege Zugang zu neuen technologischen Zukunftsmärkten zu verschaffen[1]. In diesen Jahren stellte der Erwerb von Anteilen an der AEG Aktiengesellschaft in Höhe von 80%, an der Motoren- und Turbinen-Union München GmbH (MTU) i.H.v. 100% und an der Dornier GmbH i.H.v. 57,6% wichtige Mehrheitsbeteiligungen dar[2].

Zur gleichen Zeit wurde eine Umstrukturierung des Daimler-Benz-Konzerns im Geschäftsjahr 1989 vorgenommen. Dabei wurden der Daimler-Benz AG als geschäftsführende Holding die rechtlich selbständigen Konzerngesellschaften Mercedes-Benz AG, Deutsche Aerospace AG und AEG AG zugeordnet[3]. Zur Bildung der Deutsche Aerospace AG wurde hierbei der Geschäftsbereich Luftfahrt-, Raumfahrt- und Verteidigungstechnik (Telefunken System Technik GmbH) aus der AEG herausgelöst und in das neue Unternehmen eingegliedert. Der Deutschen Aerospace AG wurden außerdem die Tochterunternehmen MTU und Dornier mit dem Ziel zugeordnet, künftig alle Luftfahrt-, Raumfahrt- und Wehrtechnikaktivitäten des Daimler-Benz-Konzerns in einer Konzerngesellschaft zu integrieren (vgl. Abbildung IV-1). Die Hauptgeschäftsfelder der MTU bestanden damals aus den Sparten Luftfahrttriebwerke sowie Hochleistungs-Dieselmotoren und Turbomaschinen. Die Tochtergesellschaft Dornier war dagegen schwerpunktmäßig in den Bereichen Luft- und Raumfahrt sowie Wehr- und Medizintechnik tätig[4].

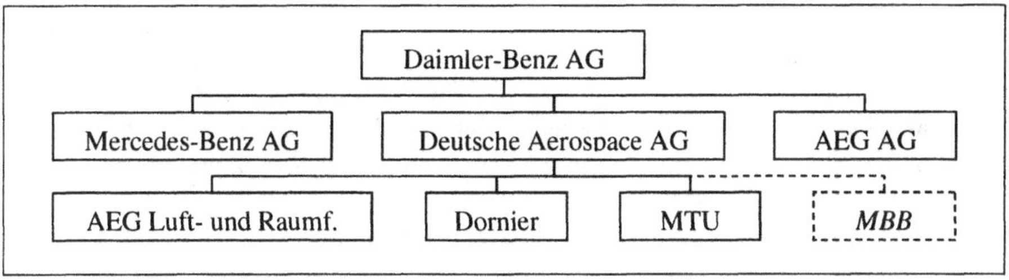

Abbildung IV-1: Die Struktur der Daimler-Benz AG 1989[5].

1 Vgl. Reuter (1998), S. 315 ff.

2 Vgl. Monopolkommission: 18. Sondergutachten (1989b), S. 11.

3 Vgl. Reuter (1998), S. 371 ff.; Anmerkung: Mitte 1990 wurden die internen Dienstleistungen innerhalb des Daimler-Benz-Konzerns ausgegliedert und als vierte rechtlich selbständige Konzerngesellschaft in die Daimler-Benz Interservices AG, genannt debis, eingebracht.

4 Vgl. Monopolkommission: 18. Sondergutachten (1989b), S. 12.

5 Quelle: In Anlehnung an Müller/Wange (1989), S. 1 ff.

Das gezeichnete Kapital der Daimler-Benz AG betrug 1988 2.118 Mio. DM. Größter Einzelaktionär war zu dieser Zeit die Deutsche Bank AG mit einem Kapitalanteil von 28,24%, gefolgt von der Mercedes-Automobil Holding AG mit 25,23% und der Regierung von Kuweit mit einem Anteil von 14%[1].

1.2 Die Messerschmitt-Bölkow-Blohm GmbH

Die Messerschmitt-Bölkow-Blohm GmbH (MBB) entstand 1969 durch die Fusion der Messerschmitt-Bölkow GmbH und der Hamburger-Flugzeugbau GmbH. Das Unternehmen gehörte 1989 zu den 100 größten Industrieunternehmen in der Bundesrepublik Deutschland (Rang 24 hinsichtlich Wertschöpfung, Rang 38 hinsichtlich Umsatz)[2].

Zum Zeitpunkt des angemeldeten Zusammenschlussvorhabens war der Freistaat Bayern größter Gesellschafter an MBB mit einem Anteil von 24,08%, gefolgt von der Freie und Hansestadt Hamburg mit 18,22% sowie der Freie und Hansestadt Bremen mit 10%. Die weiteren Anteile verteilten sich auf mehrere Industrieunternehmen und Banken (insgesamt 39,02%) bzw. waren im Familienbesitz (insgesamt 8,68%). Das Stammkapital von MBB betrug zum damaligen Zeitpunkt 600 Mio. DM[3].

MBB beschäftigte 1987 38.500 Mitarbeiter und erzielte einen konsolidierten Umsatzerlös in Höhe von rund 6 Mio. DM. Dabei hatte der Flugzeugbau mit 54% den größten Anteil am Umsatz neben den Bereichen Wehrtechnik, Raumfahrt und Hubschrauber. Auf Grundlage des besonders in den Bereichen Luft-, Raumfahrt und Wehrtechnik gewonnenen Entwicklungs-Know-hows erschloss das Unternehmen des weiteren Diversifizierungsaktivitäten in ergänzenden Bereichen wie z.B. der Daten-, Industrie-, Verkehrs- und Medizintechnik. Außerdem war man auf den Feldern Energie-, Umwelt-, Automatisierungs- und Kunststofftechnik sowie im Bereich der Kfz-Elektronik aktiv[4].

---

1 Vgl. Monopolkommission: 18. Sondergutachten (1989b), S. 12 f., sowie für eine Darstellung der Aktionärsstruktur der Daimler-Benz AG zum 31. Dezember 1988 Schaubild 1, S. 13.
Für eine Darstellung der wichtigsten Beteiligungen der Daimler-Benz AG zum 31. Dezember 1988 vgl. ebenda Schaubild 2, S. 16 f.

2 Vgl. Monopolkommission: 7. Hauptgutachten (1988), Tabelle 7, S. 111 und zusätzlich Tabelle 1, S. 98.

3 Vgl. Monopolkommission: 18. Sondergutachten (1989b), S. 14.

4 Vgl. ebenda, S. 15 ff.

MBB unterhielt im Geschäftsjahr 1987 vielfältige Konzern- und Beteiligungsgesellschaften. Zu den wichtigsten ist die 100-prozentige Tochtergesellschaft Deutsche Airbus GmbH zu zählen. Diese Gesellschaft stellte den wirtschaftlichen Generalunternehmer für den deutschen Anteil in Höhe von 37,9% des europäischen Airbus-Programmes dar. Die weiteren Teilhaber am Airbus-Programm waren die französische Aérospatiale mit ebenfalls 37,9% sowie die British Aerospace mit 20% und die spanischen CASA (Construcciones Aeronauticas SA) mit 4,2%[1].

1.3 Das Zusammenschlussvorhaben

Seit das Gesetz gegen Wettbewerbsbeschränkungen 1958 in Kraft getreten ist, haben wohl nur wenige Fusionsfälle so viel öffentliche Aufmerksamkeit erregt wie das Zusammenschlussvorhaben von Daimler-Benz und MBB. Dies liegt nicht nur allein an der Dimension des Zusammenschlusses, sondern ist unter anderem auf die Tatsache zurückzuführen, dass die Initiative zu dieser bis dahin größten Fusion in der Geschichte der Bundesrepublik Deutschland vom Staat - konkret vom Bundesministerium für Wirtschaft - ausging[2]. Der Grund hierfür war, dass die Bundesregierung über längere Zeit ein Industrieunternehmen suchte, das sich an MBB beteiligen wollte, um in der Folge die staatlichen Finanzmittel für die Deutsche Airbus GmbH zu reduzieren[3].

Seit 1985/86 hatten Vertreter der Bundesregierung mit verschiedenen Unternehmen Gespräche über eine Beteiligung an MBB geführt[4], die jedoch lange Zeit erfolglos blieben. Zu Daimler-Benz bestanden seit Juni 1987 Kontakte, nachdem die Bundesregierung beschlossen hatte, die Neuentwicklung der Airbustypen A330/A340 mit 3 Mrd. DM zu fördern. Im Gegensatz zur bisherigen Praxis sollte nun aber die Industrie stärker in die Finanzierung der Serienpro-

---

1 Vgl. Monopolkommission: 18. Sondergutachten (1989b), S. 24 ff.; o.V. (1988d und e), S. 2 ff.
Für eine Auflistung der wichtigsten Konzern- und Beteiligungsgesellschaften von MBB (Stand 1989) vgl. ebenda Schaubild 4, S. 26 f. und für eine Übersicht der Entwicklung der wichtigsten Konzerndaten von 1982 bis 1988 ebenda Tabelle 7, S. 28.

2 Vgl. Fischer/Schmitz (1989), S. 124 ff.; Frantzke/Kurz (1991), S. 247; Reuter (1998), S. 357.

3 *„Die Bundesregierung sieht in der Bereitschaft von Daimler-Benz, sich an MBB und mittelbar an der den deutschen Bauanteil am Airbus-Programm abwickelnden Tochtergesellschaft zu beteiligen, eine Chance für eine verstärkte privatwirtschaftliche Führung dieses Unternehmens und einen schrittweisen Abbau der Subventionen.“* [Bundesministerium für Wirtschaft (1989a), S. 20].

4 Genannt wurden u.a. Allianz, Bosch, BMW und Siemens; vgl. Kurzprotokolle des Ausschusses für Wirtschaft des Deutschen Bundestages, vom 28.9.1988.

duktion einbezogen werden. Im März 1989 mündeten die bis zu diesem Zeitpunkt geführten Gespräche in einer Rahmenvereinbarung zwischen dem Bundeswirtschaftsministerium, Daimler-Benz, MBB und der Deutschen Airbus GmbH[1].

Gemäß § 24a GWB hatten die Daimler-Benz AG und die Messerschmitt-Bölkow-Blohm GmbH bereits am 22. Dezember 1988 (ergänzt durch Schreiben vom Januar und März 1989) beim Bundeskartellamt das Zusammenschlussvorhaben angemeldet. Im Rahmen des beabsichtigten Zusammenschlusses wollte Daimler-Benz direkt oder indirekt über mit ihr verbundene Unternehmen eine Mehrheitsbeteiligung (50,01%) am Stammkapital von MBB erwerben. Durch diese Beteiligung von Daimler-Benz an MBB sollte der Gesellschafteranteil der öffentlichen Hand an MBB von 52,3% auf 37,18% sinken (Bayern 17,44%, Hamburg 12,75%, Bremen 6,99%)[2]. 30,07% der Anteile wollte Daimler-Benz dabei durch eine Aufstockung des MBB Stammkapitals um 258 Mio. DM unter Ausschluss des Bezugsrechts der bisherigen Gesellschafter erwerben. Die übrigen 19,94% des erhöhten Stammkapitals sollten von den anderen bereits beteiligten Gesellschaftern erworben werden[3].

Im Mittelpunkt des Interesses stand bei dem angestrebten Zusammenschluss die Umstrukturierung der Deutschen Airbus GmbH. Im Rahmen der Zusammenführung der beiden Unternehmen sollte der Unternehmensbereich Transport- und Verkehrsflugzeuge der MBB GmbH in die Deutsche Airbus GmbH überführt werden. Die Kreditanstalt für Wiederaufbau (KfW)[4] sollte durch eine Kapitalerhöhung mit 20% am Kapital der Deutschen Airbus GmbH beteiligt werden. Dieser Kapitalanteil sollte aber spätestens bis zum 31. Dezember 1999 wieder an MBB abgegeben werden um nicht auf indirekte Weise über die KfW eine Beteiligung des Bundes aufrechtzuerhalten[5].

---

1 Vgl. Emmerich (1989), S. 370; Frantzke/Kurz (1991), 247 f.; Monopolkommission: 18. Sondergutachten (1989b), S. 9; Zu diesem Zeitpunkt war die Ablehnung des Bundeskartellamts den Beteiligten bereits bekannt.

2 Vgl. Spielberger (1996), S. 4 ff.

3 Vgl. Monopolkommission: 18. Sondergutachten (1989b), S. 24 ff.; Insgesamt sollten MBB durch den Zusammenschluss Mittel in Höhe von 1 Mrd. DM zufließen; Frantzke/Kurz (1991), 248; o.V. (1987), S. 14 ff.; o.V. (1988c), S. 83 ff.

4 Die KfW gehört nach der Bilanzsumme zu den zehn größten Kreditinstituten in Deutschland. Sie hat am 2. Januar 1949 ihre Geschäftstätigkeit aufgenommen. Sie ist eine Körperschaft öffentlichen Rechts. Die Mittel, die sie ausleiht, vergibt sie über andere Geschäftsbanken. Sie ist eine Staatsbank, denn Eigentümer ist mit 80% des Grundkapitals der Bund, die restlichen 20% teilen sich die Länder.

5 Vgl. Monopolkommission: 18. Sondergutachten (1989b), S. 30.

Durch den Zusammenschluss sollte gemessen am Umsatz das größte deutsche Industrieunternehmen mit dem größten deutschen LRI-Unternehmen vereint werden[1]. Nachdem die DASA vor dem Zusammenschluss im internationalen Vergleich der Luft- und Raumfahrtunternehmen gemessen am Umsatz den 19. Platz einnahm und MBB den 17. Platz, würde sich diese Positionierung durch die Fusion auf den 8. Rang weltweit verbessern. Somit würde das neue Unternehmen den größten europäischen Hersteller für LR-Produkte darstellen.

1 Gemessen am Umsatz war Daimler-Benz damals das viertgrößte europäische Industrieunternehmen

2. Ablauf des Antrags- und Genehmigungsverfahrens

Das Gesetz gegen Wettbewerbsbeschränkungen (GWB) ist seit 1958 die Zentralnorm des deutschen Kartell- und Wettbewerbsrechts. Ziel des Gesetz ist die Erhaltung eines funktionierenden, ungehinderten und möglichst vielgestaltigen Wettbewerbs. Es reglementiert und bekämpft daher vor allem die Akkumulation und den Missbrauch von Marktmacht sowie die Koordination und Begrenzung des Wettbewerbsverhaltens unabhängiger Marktteilnehmer. In seiner heutigen aktuellen Fassung vom August 1998 enthält das Gesetz vor allem folgende Bestimmungen[1]:

- Verbot und die Kontrolle bestimmter Wettbewerbsbeschränkungen (Kartellverbot)
- Verbot des Missbrauchs marktbeherrschender Stellungen,
- Kontrolle von Unternehmenszusammenschlüssen (Zusammenschlusskontrolle),
- Organisation und Verwaltungsverfahren der Wettbewerbsbehörden, insbesondere des Bundeskartellamtes und der Monopolkommission,
- Vergaberecht

Auf europäischer Ebene wird das GWB durch den EWG-Vertrag §§ 85 ff. mit analogen Formulierungen, z.B. zum Verbot von marktbeherrschenden Stellungen, ergänzt. Dadurch wird das GWB heute vielfach durch europäisches Wettbewerbsrecht beeinflusst und überlagert. Das gilt vor allem insoweit, als heute für Wettbewerbsbeschränkungen, die den Handel zwischen den Mitgliedstaaten der EU beeinträchtigen, das europäische – und nicht das deutsche – Kartellverbot aus Artikel 81 des EG-Vertrags gilt und Unternehmenszusammenschlüsse, sofern sie die entsprechenden Umsatzschwellen erreichen, der europäischen und nicht der deutschen Zusammenschlusskontrolle unterliegen.

Seit seiner Entstehung 1958 sind insgesamt 6 GWB-Novellierungen durchgeführt worden. Mit der aktuellen und 6. Novelle vom Mai 1998 wurde der über 40 Jahre alte Gesetzestext vollständig überarbeitet, gestrafft und verständlicher gefasst. Materiell führte die Reform zu einer maßvollen Harmonisierung des deutschen mit dem europäischen Kartellrecht bei gleichzeitiger Verbesserung des wettbewerblichen Schutzniveaus des Gesetzes im Ganzen.

Zusammenschlüsse sind in Deutschland generell nach Artikel 39 Absatz 1 des GWB anzumelden, wobei die Anmeldepflicht auf Seiten der Unternehmen liegt[2].

---

1 Vgl. GWB (1998).

2 Vgl. GWB (1998), § 39; Die Definition wann ein Zusammenschluss vorliegt, ist in § 37 definiert.

Das Bundeskartellamt ist im Anschluss per Gesetz verpflichtet, innerhalb einer Frist von vier Monaten zu einer Entscheidung zu kommen, ob der Zusammenschluss untersagt oder freigegeben wird, letzteres ggfls. auch unter Auflagen[1]. Wird der Zusammenschluss seitens des Bundeskartellamtes untersagt, haben die antragstellenden Unternehmen die Möglichkeit, innerhalb der Frist von einem Monat eine Ministererlaubnis zu beantragen. Diese Genehmigung kann durch den Bundesminister für Wirtschaft erteilt werden, falls durch den Zusammenschluss zu erwartende Wettbewerbsbeschränkungen durch gesamtwirtschaftliche Vorteile oder überragende Interessen der Allgemeinheit aufgewogen werden[2]. Der Bundeswirtschaftsminister ist im folgenden verpflichtet, in einem Zeitraum von vier Monaten zu einer Entscheidung zu kommen. Dabei hat er, bevor er seine Entscheidung fällt, ein Sondergutachten zu dem angestrebten Zusammenschluss von der Monopolkommission als unabhängige Körperschaft einzuholen[3]. Ob der Bundesminister für Wirtschaft bei seiner finalen Entscheidung den Empfehlungen der Monopolkommission folgt, bleibt aber letztlich ihm überlassen.

2.1 Die Beurteilung und Entscheidung des Bundeskartellamtes

Das Bundeskartellamt (BkartA) untersagte am 17. April 1989 den Zusammenschluss von Daimler-Benz und MBB nach § 24 Abs. 1 und Abs. 2 Satz 1 GWB4. Der Zusammenschluss tangiere nach Auffassung des BkartA drei Bereiche in einer kartellrechtlich relevanten Weise[5]:

1. Wehrtechnik:[6]
Durch den Zusammenschluss würden auf den Märkten für militärische Flugzeuge und Hubschrauber, auf dem Markt für die zugehörigen Triebwerke sowie auf dem Markt für Lenkwaffen bereits bestehende marktbeherrschende Stellungen verstärkt. Zusätzlich würde auf den Märkten für Drohnen (unbemannte Kleinflugkörper) und Wehrelektronik eine marktbeherrschende Stellung entstehen. Der Zusammenschluss Daimler-Benz/MBB würde für Daimler-Benz als Gene-

1 Vgl. GWB (1998), § 40.
2 Vgl. GWB (1998), § 42.
3 Vgl. GWB (1998), § 42-Abs. 4.
4 Zu berücksichtigen ist, dass die im folgenden genannten Paragraphenbezeichnungen sich durchweg auf den Stand des GWB aus dem Jahr des angestrebten Zusammenschlussvorhabens von Daimler-Benz und MBB von 1989 beziehen. Im Vergleich hierzu haben sich die korrespondierenden Paragraphen bis heute durch die zwischenzeitlich durchgeführten Novellierungen zum Teil erheblich verändert.
5 Vgl. Bundeskartellamt (1988), S. 21 ff.; vgl. auch Bundeskartellamt (1991, 1993 und 1995).
6 Vgl. hierzu im einzelnen Bundeskartellamt (1989), S. 26-80 und zusammenfassend Monopolkommission: 18. Sondergutachten (1989b), S. 31-40.

ralunternehmer bzw. Systemführer ca. 50% des Gesamtauftragsvolumens aller laufenden militärischen Beschaffungsprogramme sowie einen Anteil von über 60% der Entwicklungsaufträge auf sich vereinigen. Der Bundesminister für Verteidigung würde hierdurch in eine verstärkte Abhängigkeit bei seiner Beschaffungspolitik geraten, ein Ausweichen auf ausländische Anbieter käme aus verteidigungs- und industriepolitischen Gründen faktisch auf absehbare Zeit nicht in Frage[1]. Außerdem würde die dominierende Stellung des stark differenzierten Daimler-Benz-Konzerns als Systemführer auch erhebliche Beschränkungen des Wettbewerbs auf der Ausrüsterebene befürchten lassen, da durch die zunehmende Fertigungstiefe des Konzerns die Absatzchancen unabhängiger Zulieferer sinken würde[2].

2. Raumfahrttechnik:[3]
Es sei zu erwarten, dass es durch den Zusammenschluss zu einer marktbeherrschenden Stellung der Unternehmensgruppe Daimler-Benz/MBB auf den Märkten für nicht-kommerzielle Orbital- und Trägersysteme sowie bei wissenschaftlichen Satelliten kommen würde. Dabei befürchtete das BkartA vor allem einen Wegfall des Ideen- und Innovationswettbewerbs zwischen MBB und Dornier und somit eine Einschränkung des für den technologisch-wissenschaftlichen Fortschritt dieser Märkte wichtigen Forschungs- und Entwicklungswettbewerb.

3. Lastkraftwagen:[4]
Auf den Märkten für leichte und schwere Lastkraftwagen (über 6 Tonnen zulässiges Gesamtgewicht) würde der Zusammenschluss die überragende Marktstellung von Daimler-Benz absichern und zusätzlich verstärken. Letzteres würde sich vor allem durch die auf den Zusammenschluss folgende Zugriffsmöglichkeit des Daimler-Benz-Konzerns auf das Forschungs- und Entwicklungs-Know-how von MBB ergeben. Das BkartA hielt es für erwiesen, dass das Hochtechnologie-Know-how von MBB aus der Luftfahrt-, Raumfahrt- und Wehrtechnik im gesamten Kraftfahrzeugbereich (als auch bei Nutzfahrzeugen) marktwirksam anwendbar wäre, welches den hier ohnehin bestehenden Vorsprung von Daimler-Benz wesentlich erhöhen würde.

Im Rahmen der Abwägungsklausel des § 24 GWB untersuchte das Bundeskartellamt darüber hinaus, ob die Entstehung bzw. Verstärkung der marktbeherr-

---

1 Das BkartA kommt zu dem Ergebnis, dass es sich beim Rüstungsbereich um einen nationalen Markt handelt; vgl. hierzu Bundeskartellamt (1989), S. 34.

2 Vgl. Frantzke/Kurz (1991), S. 249.

3 Vgl. hierzu im einzelnen Bundeskartellamt (1989), S. 81-106 und zusammenfassend Monopolkommission: 18. Sondergutachten (1989b), S. 40-44.

4 Vgl. hierzu im einzelnen Bundeskartellamt (1989), S. 107-123 und zusammenfassend Monopolkommission: 18. Sondergutachten (1989b), S. 45-46.

schenden Stellung der Unternehmensgruppe Daimler-Benz/MBB auf den genannten Märkten durch eine wesentliche Verbesserung der Wettbewerbsfähigkeit der deutschen Airbus GmbH und damit auch der europäischen Airbus-Industrie auf dem vom amerikanischen Unternehmen Boeing beherrschten Markt für Verkehrsflugzeuge ausgeglichen werden könne. Das BkartA kommt hierbei zu dem Ergebnis, dass die *„in Verbindung mit dem Zusammenschluss vorgesehene Zuführung privaten Kapitals (...) nicht geeignet sei, die staatlichen Subventionen langfristig abzubauen und mithin die Wettbewerbsfähigkeit der Airbus-Industrie zu stärken"*[1].

Nach Auffassung der Kartellbehörde konnten die Unternehmen nicht nachweisen, dass die Nachteile auf den Märkten für Wehrtechnik, Raumfahrttechnik und Lastkraftwagen durch eine Verbesserungen der Wettbewerbsbedingungen in anderen Bereichen zumindest kompensiert werden könnten[2].

2.2 Der Antrag auf Erlaubnis durch den Bundesminister für Wirtschaft

Nachdem das BkartA den Zusammenschluss untersagt hatte, stellten Daimler-Benz und MBB im Mai 1989 einen Antrag auf Erlaubnis des Zusammenschlusses durch den Bundeswirtschaftsminister nach § 24 Abs. 3 GWB[3]. Der Minister hat hiernach die Möglichkeit, einen Zusammenschluss trotz wettbewerbsbeschränkender Wirkungen zu genehmigen, wenn diese durch gesamtwirtschaftliche Vorteile aufgewogen werden oder wenn ein überragendes Interesse der Allgemeinheit besteht.

In der dem Erlaubnisantrag beigefügten Begründung kritisierten die beiden Unternehmen insbesondere die ihrer Auffassung nach fehlerhafte räumliche Marktabgrenzung durch das Kartellamt, da es für die Wehrtechnik und die Raumfahrt von deutschen und nicht von internationalen Märkten ausgegangen war[4]. Außer-

1 Vgl. ebenda, S. 47; BDI (1989), S. 1 f.

2 Vgl. Monopolkommission: 18. Sondergutachten (1989b), S. 48

3 Vgl. Monopolkommission: 18. Sondergutachten (1989b), S. 49; Seit Einführung der Fusionskontrolle 1973 sind bis zum Jahr 2000 16 Anträge auf Erteilung einer Ministererlaubnis gestellt worden. Davon wurden 6 Zusammenschlüsse, zum Teil unter Auflagen, genehmigt. Fünf Anträge fanden nicht die Zustimmung des Ministers und 5 wurden zurückgezogen, weil keine Erfolgsaussichten bestanden. Vgl. hierfür Frantzke/Kurz (1991), S. 250; Haubrock (1994), S.250 f.

4 Bei der räumlichen Marktabgrenzung ging das BkartA von nationalen Märkten und damit hohem Daimler-Benz/MBB-Marktanteil aus, während die beteiligten Unternehmen auf die Internationalität des Marktgeschehens speziell in der LRI hinwiesen. Die Monopolkommission und der Bundeswirtschaftsminister folgten der Argumentation des BkartA. Vgl. hierzu Bauer (1989), S. 25 ff.

dem bestritten sie die Rechtsauffassung der Kartellbehörde, wonach der Zusammenschluss auf bestimmten Lkw-Märkten zu einer Verstärkung der marktbeherrschenden Stellung der Daimler-Benz AG führen würde. Auch der Ablehnung der Behörde bezogen auf die Verbesserung der Wettbewerbsbedingungen bei Verkehrsflugzeugen konnten die antragstellenden Unternehmen nicht folgen. Schließlich sei das Zusammenschlussvorhaben von Daimler-Benz/MBB auf Initiative der Bundesregierung zustande gekommen, die hierbei auch industriepolitische Gesichtspunkte berücksichtigt habe[1].

Den vom BkartA festgestellten Wettbewerbsbeschränkungen kamen nach Einschätzung der Fusionspartner nur geringe Bedeutung zu. Diese Nachteile würden zudem durch erhebliche gesamtwirtschaftliche Vorteile, die ein überwiegendes öffentliches Interesse darstellten, ausgeglichen. In ihrem Antrag auf Erlaubnis des Zusammenschlusses nannten Daimler-Benz und MBB im wesentlichen folgende Gründe[2]:

1. Bei der Luft- und Raumfahrtindustrie handele es sich um einen zukunftsträchtigen Wachstumsmarkt, von dem starke Impulse (Abstrahleffekte) für den technischen Fortschritt anderer Märkte ausgehen.
2. Der Luft- und Raumfahrtindustrie komme wegen ihres europa-, außen- und verteidigungspolitischen Gewichts eine besondere öffentliche Bedeutung zu. Aus dieser internationalen Einbindung resultierten für die Bundesregierung rechtliche und politische Verpflichtungen.
3. In der deutschen Luft- und Raumfahrtindustrie würde der Zusammenschluss dazu führen, dass ineffiziente Unternehmensstrukturen beseitigt werden könnten. Durch eine hiermit gesteigerte Effizienz könne man Einsparungen im wehrtechnischen Bereich für das Verteidigungsressort realisieren, die Zahl der Beschäftigten sichern sowie die Fähigkeit der deutschen Luft- und Raumfahrtindustrie zur internationalen Systemführerschaft verbessern.
4. In Bezug auf die Deutsche Airbus GmbH würde der Zusammenschluss erstens eine Verbesserung der Eigenkapitalausstattung und damit die Sicherung der Serienfinanzierung und zweitens die Schaffung einer Organisation mit voller Managementverantwortung (Vereinigung der Haftungs-, Entwicklungs- und Produktionsfunktionen) mit sich bringen. Hierdurch könne der deutsche Einfluss auf die Airbus-Industrie gestärkt werden.
5. Verbesserung der Wettbewerbsfähigkeit von MBB und der mit Daimler-Benz verbundenen Unternehmen auf den Märkten Luft- und Raumfahrtindustrie, Verkehrsflugzeuge und Wehrtechnik.

---

1 Vgl. Monopolkommission: 18. Sondergutachten (1989b), S. 49.
2 Vgl. ebenda, S. 50 ff.; Behrens/Viehöver (1989), S. 82 ff.

6. Der Zusammenschluss gefährde nicht die marktwirtschaftliche Ordnung, da die durch die Fusion entstehende Unternehmensgröße im internationalen Maßstab relativiert und die durch die Marktstellung mögliche politische Einflussnahme *„durch die besonderen politischen und sozialen Verpflichtungen und durch den Druck der Öffentlichkeit neutralisiert“*[1] würde.

2.3 Das Ergebnis der Monopolkommission zu dem Zusammenschluss

Nach § 24b Abs. 5 Satz 7 GWB erteilt der Bundesminister für Wirtschaft im Mai 1989 der Monopolkommission den Auftrag, eine gutachterliche Stellungnahme zu dem Zusammenschlussvorhaben von Daimler-Benz und MBB abzugeben. Für die Erstellung ihres Votums hatte die Monopolkommission den Ablehnungsbescheid des BkartA gegenüber den industrie- und wachstumspolitischen Argumenten der beteiligten Unternehmen abzuwägen[2].

Die dem Minister zugeleitete Würdigung des Zusammenschlussvorhabens entsprach nicht in allen Teilen einem einstimmigen Votum der Kommission. So wurde die abweichende Meinung des Kommissionsmitgliedes IMMENGA in einem Sondervotum festgehalten, in dem dieser bei der gesamten Würdigung des Vorhabens zu einer gegenüber der Mehrheitsmeinung alternativen und somit fusionsablehnenden Beurteilung kam[3]. Im folgenden wird zuerst die Entscheidung der Mehrheit der Monopolkommission dargestellt, bevor auf das Sondervotum des Kommissionsmitgliedes IMMENGA und schließlich auf die finale Entscheidung durch den Bundesminister für Wirtschaft eingegangen wird.

2.3.1 Abwägung und Empfehlung der Monopolkommission

Nach Auffassung der Mehrheit der Monopolkommission aus dem Jahr 1989 kam dem Mehrheitserwerb von Daimler-Benz an MBB für die deutsche Luft- und Raumfahrtindustrie neben der außen- und verteidigungspolitischen auch *„eine wichtige gesamtwirtschaftliche Bedeutung zu, die weit über ihren heutigen Wertschöpfungsanteil am Sozialprodukt hinausgeht“*[4]. Durch den Zusammenschluss bekomme das Management von Daimler-Benz Zugang zu den in der Luft- und Raumfahrtindustrie entwickelten systemtechnischen Lösungen, die

1 Vgl. Bundesministerium für Wirtschaft (1992), S. 1 ff.; Monopolkommission: 18. Sondergutachten (1989b), S. 54.
2 Vgl. ebenda, S. 57 ff.
3 Vgl. ebenda, S. 55.
4 Ebenda, Tz. 226, S. 125.

eine entscheidende Komponente für die zukünftige internationale Wettbewerbsfähigkeit einer Volkswirtschaft spielen würden[1]. Des weiteren sei es im Interesse der europäischen Volkswirtschaften, sowohl auf dem Markt für zivile Verkehrsflugzeuge als auch dem Bereich der Raumfahrt mit eigenen Anbietern auf den Weltmärkten präsent zu sein, um zu verhindern, dass amerikanische Anbieter über längere Zeit hinweg Monopolgewinne zu Lasten der europäischen Volkswirtschaften erzielen können. Besonders auf dem Markt für Verkehrsflugzeuge sorgt der europäische Airbus für den notwendigen Preis- und Produktwettbewerb, um Monopolgewinne der amerikanischen Anbieter zu verhindern.[2]

Die Mehrheit der Monopolkommission war 1989 der Auffassung, dass der Mehrheitserwerb von Daimler-Benz an MBB geeignet sei, um zur Verfolgung dieser Gemeinwohlziele beizutragen, da durch ihn die Systemführungskompetenz bei Luft- und Raumfahrtprojekten langfristig gesichert sei. Hierdurch würden wiederum die Chancen der deutschen Luft- und Raumfahrtindustrie zunehmen, im Rahmen von internationalen Kooperationen an technologisch interessanten Arbeitsgebieten teilzunehmen.

Dem Argument der Antragsteller, dass der Zusammenschluss geeignet sei, auf lange Sicht die deutsche Beteiligung am europäischen Airbus-Projekt durch die Überführung der Airbus Aktivitäten in die volle industrielle Eigenverantwortung effizienter zu gestalten, stimmte die Kommission im Grundsatz zu. Dieser Gemeinwohlvorteil verringere sich jedoch für den Fall, dass sich der Bund über die Kreditanstalt für Wiederaufbau zunächst an der deutschen Airbus GmbH beteilige. Außerdem würde sich der Gemeinwohlvorteil dadurch verringern, dass der Bund einen hohen Anteil der Sanierungslasten für den deutschen Airbus übernehme.

Ausschlaggebend für die langfristige Sicherung der Wettbewerbsfähigkeit des Airbus gegenüber den amerikanischen Anbietern Boeing und McDonnell Douglas sei vielmehr, dass man das bisher eher politisch geprägte Organisationsmodell von Airbus in eine nach ausschließlich betriebswirtschaftlichen Grundsätzen geführte Aktiengesellschaft überführe[3].

---

1 Die Monopolkommission bemerkte in diesem Zusammenhang, dass die Fähigkeit des Managements, sehr komplexe Entwicklungsvorhaben zu verwirklichen, künftig auch in anderen Sektoren, wie z.B. im Automobilbau, von hoher Wichtigkeit sein würden.

2 Vgl. ebenda, S. 125.

3 Vgl. Monopolkommission: 18. Sondergutachten (1989b), S. 126. Für das Airbus-Konsortium haben die vier Airbus-„Weisen" diese Alternative klar formuliert: Letztlich kann nur die Überführung in eine Aktiengesellschaft die Effizienzprobleme wirklich lösen . Vgl. hierzu Benichou et.al. (1988), S. 10 ff.

Als positiv beurteilte die Mehrheit der Monopolkommission die Entwicklung, dass durch die Verbesserung der Chancen für die Teilnahme an technologisch interessanten Arbeitsgebieten im Rahmen von europäischen Luft- und Raumfahrtprojekten sich für die deutsche Volkswirtschaft bessere Zugangsmöglichkeiten zur Systemtechnik ergeben würden.

In einer zusammenfassenden Wertung kam die Mehrheit der Monopolkommission zu dem Schluss, dass dem Luft- und Raumfahrtbereich eine hohe gesamtwirtschaftliche Bedeutung zukomme:

> „Es scheint aus dieser Sicht richtig, dass sich staatliche Politik dieses Sektors besonders annimmt und seine Entwicklung nicht einfach den Kräften des internationalen Wettbewerbs überlässt. Dies gilt um so mehr, als auch in anderen Ländern genauso verfahren wird.[1]"

Neben den aufgezeigten Gemeinwohlvorteilen würden sich durch einen Zusammenschluss von Daimler-Benz und MBB jedoch auch wettbewerbs- und gesellschaftspolitische Bedenken ergeben. Ein zentraler Einwand der Monopolkommission war hierbei die Beteiligung der Deutsche Bank an Daimler-Benz. Als besonders problematisch für unternehmerische Entscheidungen wurde die Verbindung von Kreditgeschäft, dem industriellen Anteilsbesitz sowie der Wahrnehmung von Aufsichtsratmandaten angesehen[2]. Demnach sah die Kommission die ökonomische Machtballung, die durch die Beteiligung der größten deutschen Bank am größten deutschen Industrieunternehmen zustande käme, äußerst kritisch und kam zu dem Ergebnis, dass der Zusammenschluss deutlich positiver hätte beurteilt werden können, wenn diese Beteiligung nicht bestanden hätte[3].

Weitere wettbewerbs- und gesellschaftspolitische Bedenken ergaben sich laut der Beurteilung der Kommission aus der Tatsache, dass für die meisten militärischen Beschaffungsprojekte künftig nur noch ein Anbieter in Frage komme. Daraus ergaben sich negativ zu wertende gegenseitige politische Abhängigkeiten zwischen Daimler-Benz und dem Bundesministerium für Verteidigung[4]. Im Rahmen der Einzelmarktbetrachtung maß die Mehrheit der Monopolkommissi-

---

1 Ebenda, Tz. 113, S. 68.

2 Vgl. ebenda, S. 114.

3 Die Monopolkommission fordert eine Begrenzung des industriellen Eigenbesitzes der Banken. Die Kommission weist in ihrem Sondergutachten zum Zusammenschluss von Daimler-Benz und MBB auf die in ihrem ersten Hauptgutachten gemachte Empfehlung hin, Kreditinstituten den Eigenerwerb von Anteilen an Nichtbanken zu untersagen, soweit mehr als 5% der Summe der Kapitalanteile erworben werden. Vgl. ebenda, S. 115 f.; Monopolkommission: 2. Hauptgutachten (1976/77) Tz. 568.

4 Vgl. ebenda, S. 127.

on den vom Bundeskartellamt festgestellten Wettbewerbsbeschränkungen in den Bereichen militärische Luftfahrt und Raumfahrt eher geringes Gewicht zu. Negativ beurteilte die Kommission dagegen die Wettbewerbsbeschränkungen bei Lenkwaffen und Drohnen, da hier durch den Zusammenschluss der Wettbewerb zwischen MBB und Dornier wegfallen würde. Auch die Wettbewerbsbeschränkungen bei Triebwerken für militärische Flugzeuge und Hubschrauber wurde als problematisch angesehen[1].

Nach Abwägung der Gemeinwohlvorteile mit den aufgezeigten Wettbewerbsbeschränkungen und den Gemeinwohlnachteilen[2] kam die Mehrheit der Monopolkommission zu dem Ergebnis, den Zusammenschluss in der beantragten Form nicht zu empfehlen[3]. In diesem Zusammenhang kritisierte die Kommission auch die Art und Weise, in der die Bundesregierung den Zusammenschluss zwischen Daimler-Benz und MBB initiiert und gefördert hatte.

Gleichwohl hielt die Mehrheit der Monopolkommission den Zusammenschluss für genehmigungsfähig, *„wenn die mit ihm verbundenen Gemeinwohlvorteile erhöht bzw. Wettbewerbsbeschränkungen und Gemeinwohlnachteile hinreichend vermindert werden. Wettbewerbs- und gesellschaftspolitisch wünschenswert wäre* [hierfür] *eine Trennung der Deutsche Bank von Daimler-Benz"*[4]. Eine solche Bedingung mit der Genehmigung des Zusammenschlusses zu verbinden, war jedoch nicht möglich, da die Deutsche Bank nicht direkt am Zusammenschlussvorhaben beteiligt war und daher nicht Adressat einer solchen Auflage sein konnte.

Im Ergebnis war die Mehrheit der Monopolkommission der Meinung, dass durch die folgenden Auflagen die aus dem Zusammenschluss resultierenden Wettbewerbsbeschränkungen so weit gemindert werden würden, dass die Gemeinwohlvorteile deutlich überwiegten[5]:

---

1 Vgl. ebenda, S. 127 f.

2 Eine Ministererlaubnis kann nur *„bei Vorliegen außerordentlich hoher und gesicherter Gemeinwohlvorteile"* (ebenda, Tz. 208, S. 113) genehmigt werden. Dabei muss geprüft werden, ob der Zusammenschluss ein zur Erreichung der Gemeinwohlvorteile geeignetes und verhältnismäßiges Mittel ist. Die Gemeinwohlvorteile müssen per Saldo größer sein als die Wettbewerbsbeschränkungen und die Gemeinwohlnachteile. Vgl. hierzu Frantzke/Kurz (1991), S. 252; Mestmäcker (1981), Rdnr. 230 f.

3 Vgl. hierzu die abweichenden Auffassungen der Kommissionsmitglieder Haastert und Immenga (Kapitel IV-2.3.2) in Monopolkommission: 18. Sondergutachten (1989b), Tz. 242, S. 131 und S. 133 ff.

4 ebenda, Tz. 237, S. 129.

5 Durch die aufgeführten Einschränkungen würden die Gemeinwohlvorteile aus dem Zusammenschluss die Nachteile so ausreichend überschreiten, dass auch die vom Bundeskar-

- Ausgliederung und Veräußerung des Bereichs militärische Triebwerke oder wesentliche Teile der Wehrtechnik (Lenkwaffen, Drohnen, Wehrelektronik u.a.).
- Möglichst umgehende Übernahme des 20% Anteils der Kreditanstalt für Wiederaufbau an der deutschen Airbus GmbH durch die MBB GmbH[1].

Das Kommissionsmitglied HAASTERT sah durch diese Einschränkungen die Realisierbarkeit des Zusammenschlusses insgesamt als gefährdet an und vertrat aus diesem Grund eine abweichende Auffassung in der Frage der Auflagenerteilung durch den Bundeswirtschaftsminister. Seiner Meinung nach konnte der Zusammenschluss zwischen Daimler-Benz und MBB ohne Auflagen genehmigt werden[2].

2.3.2 Sondervotum des Kommissionsmitglieds Immenga

Der Vorsitzende der Monopolkommission IMMENGA verwies in seinem Sondervotum auf den Konflikt zwischen Industriepolitik und Wettbewerbspolitik, der sich beispielhaft am Zusammenschlussvorhaben von Daimler-Benz/MBB aufzeigen lasse. Dieser Konflikt werde besonders dann deutlich, *„wenn man Wettbewerb nicht nur als ökonomisches Phänomen begreift, sondern seine freiheitssichernde Funktion in der Gesellschaft erkennt“*[3].

Nach der Auffassung des Kommissionsmitgliedes IMMENGA stand der Konzentrationsvorgang zwischen Daimler-Benz und MBB in einem engen Zusammenhang mit der Zielsetzung der Bundesregierung, die deutsche Luft- und Raumfahrtindustrie zu stärken. Eine solche Industriepolitik würde auf Seiten des Staates ein Wissen über wirtschaftliche Vorgänge und Zusammenhänge voraussetzen, das erst durch den Wettbewerb als Prozess entstehe und zu unternehmerischen Entscheidungen führe. Es handele sich demnach um „angemaßtes Wissen“ durch den Staat[4].

Im Fall Daimler-Benz/MBB habe eindeutig die Bundesregierung die Initiative zum Zusammenschluss ergriffen, was nach Meinung IMMENGA‘s das Verfahren belasten müsse. Dies würde sich schon aus der Rolle des Bundeswirtschaftsmi-

tellamt festgestellte Verstärkung einer marktbeherrschenden Stellung im Lkw-Bereich hingenommen werden könnte. Vgl. ebenda, Tz. 240, S. 130.

1 Vgl. ebenda, S. 130.

2 Vgl. Monopolkommission: 18. Sondergutachten (1989b), S. 131 f.; Immenga (1990), S. 209 ff.

3 Monopolkommission: 18. Sondergutachten (1989b), Tz. 246, S. 133.

4 Vgl. Ebenda, Tz. 247, S. 133.

nisters ergeben, der sowohl bei der Unterzeichnung vertraglicher Vereinbarungen im Vorfeld des Zusammenschlusses als auch beim späteren Zustandekommen mitgewirkt hätte, wodurch ein parteibezogenes Verhalten nicht auszuschließen sei. Die Mitwirkung der Bundesregierung gefährde somit die Glaubwürdigkeit der grundsätzlich von ihr verfolgten Wettbewerbspolitik. Hierdurch würde *„der bisherige grundsätzliche wettbewerbspolitische Konsens in der Bundesrepublik zwischen Wirtschaft und Regierung (...) gefährdet“*[1].

Die Vereinbarkeit des Zusammenschlusses mit dem öffentlichen Interesse würde, so IMMENGA, ausschließlich mit industriepolitischen Erwägungen begründet. Ein solches Vorgehen resultiere aus der Vorstellung, dass das öffentliche Interesse durch die gezielte staatliche Förderung einzelner Unternehmen oder Industrien wirksamer verfolgt werden könne als durch den Unternehmenswettbewerb. Das in dem Zusammenschlussvorhaben zwischen Daimler-Benz und MBB angestrebte Ziel der Stärkung der deutschen Luft- und Raumfahrtindustrie solle im wesentlichen durch einzelwirtschaftliche Erfolge der beteiligten Unternehmen verwirklicht werden. Die Realisierung dieser Erfolge setzte aber wiederum den Zusammenschluss zu einem Großunternehmen voraus, welches nach Meinung IMMENGAs jedoch nicht nur wegen der Größe der beteiligten Unternehmen sondern auch wegen ihrer Marktbedeutung kartellrechtlich nicht zu vertreten sei. Dabei machte er klar, dass in einer marktwirtschaftlich verfassten Wirtschaftsordnung die staatliche Förderung industrieller Aktivitäten auf absolute Ausnahmefälle zu beschränken sei. Vielmehr sei es die Aufgabe der Marktteilnehmer, im nationalen und internationalen Wettbewerb die notwendigen Voraussetzungen zu entwickeln, um sich erfolgreich am Markt durchzusetzen[2].

Nach der Meinung IMMENGA‘s ist neben den wirtschaftlichen Belangen, die durch den Zusammenschluss berührt würden auch der Rechtfertigungsgrund eines überragenden Allgemeininteresses kritisch zu betrachten. Seiner Auffassung nach gehöre es zu den Aufgaben der Bundesregierung, *„die Rechtsverhältnisse in der Gesellschaft so zu steuern, dass Unternehmensinteressen in Übereinstimmung mit ihren gesellschaftlichen Funktionen begrenzt werden. Hierin liegt eine Gewaltenteilung im Verhältnis von Staat und Gesellschaft“*[3]. Demnach stehe wirtschaftliche Macht im Widerspruch zu einer dezentral organisierten marktwirtschaftlichen Ordnung der Wirtschaft.

Durch den Zusammenschluss zwischen Daimler-Benz und MBB würde es nach IMMENGA zu einer übermäßigen Ansammlung wirtschaftlicher Macht kommen, wobei die Gefahr nicht auszuschließen sei, dass hierdurch die freiheitliche Ord-

---

1 Ebenda, Tz. 252, S. 135.
2 Vgl. ebenda, S. 148 und auch Köppen (1989), S. 1 ff.; Riedl (1988), S. 599 ff.
3 Monopolkommission: 18. Sondergutachten (1989b), Tz. 272, S. 143.

nung gestört werden könne. Somit müsse der Zusammenschluss und die hierdurch verstärkte wirtschaftliche Macht des Großunternehmens als ordnungspolitischer Störfaktor für das marktwirtschaftliche, demokratisch geordnete Gemeinwesen angesehen werden[1].

Nach Abwägung der nach Meinung IMMENGA'S geringen Gemeinwohlvorteile mit den aufgeführten Nachteilen des Zusammenschlussvorhabens kommt der Vorsitzende der Monopolkommission zu dem Ergebnis, dass die Erteilung der Erlaubnis dem Bundesminister für Wirtschaft nicht empfohlen werden könne[2]. Er schloss auch aus, anstelle der Versagung einer Genehmigung den Zusammenschluss unter Auflagen zu empfehlen[3].

Die Monopolkommission überreichte am 2. August 1989 ihr Sondergutachten zum Zusammenschlussvorhaben Daimler-Benz/MBB inklusive des Sondervotums ihres Vorsitzenden dem Bundesminister für Wirtschaft. Gleichzeitig legte IMMENGA sein Amt als Vorsitzender nieder und beendete seine Tätigkeit in der Kommission. Der Dissens mit den übrigen Mitgliedern der Kommission in der Beurteilung des Zusammenschlusses von Daimler-Benz und MBB hatte zu seinem Rücktritt geführt.

2.4 Die Genehmigung durch den Bundesminister für Wirtschaft

Der Bundeswirtschaftsminister hatte bei seiner Entscheidung nach § 24 Abs. 3 GWB abzuwägen, ob die vom BkartA festgestellten Wettbewerbsbeschränkungen auf den Märkten für Wehrtechnik, Raumfahrttechnik sowie bei Nutzfahrzeugen von gesamtwirtschaftlichen Vorteilen aufgewogen würden oder der Zusammenschluss durch ein überragendes Interesse der Allgemeinheit gerechtfertigt sei.

In seiner Abwägung kam der Minister zu dem Ergebnis, dass die geplante Übernahme der Mehrheitsbeteiligung an MBB durch Daimler-Benz zu erheblichen gesamtwirtschaftlichen Vorteilen führe und gewichtige Interessen der Allgemeinheit hiermit verwirklicht würden:

> „Der Zusammenschluss leistet vor allem einen wichtigen Beitrag dazu, die unternehmerische Führung bei MBB in privatwirtschaftliche Verantwortung zu überführen, das unternehmerische Risiko für den Airbus vom Staat schrittweise auf die Industrie zu übertragen und den Bundeshaushalt längerfristig von Dauersubventionen im Airbus-Bereich zu entlasten. Das Vorhaben erschließt ferner Verbundpotenziale

1 Vgl. ebenda, S. 144; Krakowski (1989), S. 368 ff.
2 Vgl. Monopolkommission: 18. Sondergutachten (1989b), S. 156 f.
3 Vgl. ebenda, S. 158 ff.

in der Luft- und Raumfahrtindustrie und stärkt auf diese Weise die deutschen Unternehmen insbesondere bei ihren Bemühungen, sich im Rahmen internationaler Gemeinschaftsprojekte technologisch anspruchsvolle Arbeitspakete zu sichern.[1]"

In der Verfügung wurde ausführlich dargelegt, warum die bestehende Trennung von Unternehmensführung und finanzieller Verantwortung nicht länger vertretbar sei und damit Entwicklung, Fertigung und Kapitalrisiko unter privater Führung zu vereinigen seien[2].

In der Erlaubnisbegründung argumentierte der Wirtschaftsminister, dass der Zusammenschluss langfristig die internationale Wettbewerbsfähigkeit der Deutschen Airbus GmbH und somit von Airbus Industrie als Gesamtkonzern gegenüber dem dominierenden Anbieter Boeing stärke[3]. Außerdem führe die Fusion zur Erschließung technologisch wichtiger Verbundbeziehungen. Durch die Zusammenführung von technischem Know-how und Systemwissen aus den verschiedenen Bereichen der Luft-, Raumfahrt- und Verteidigungstechnik in einem Unternehmensverbund werde die Fähigkeit gefördert, finanzielle Risiken der Entwicklung und Produktion von großen Gesamtsystemen besser zu tragen und Nachfrageschwankungen auszugleichen. Zusätzlich müsse vor dem Hintergrund, dass auch international eine Konzentration von Luft- und Raumfahrtkapazitäten in Großunternehmen zu beobachten sei, in der Bundesrepublik ein Verbund gefördert werden, der im weltweiten Wettbewerb eine gewichtige Rolle spiele und deutschen Unternehmungen technologisch anspruchsvolle Arbeitspakete sichern könne[4].

Nach Abwägung aller Faktoren kam der Wirtschaftsminister zu dem Schluss, dass im Rüstungsbereich erhebliche Wettbewerbsbeschränkungen vorlägen. Die vom Bundeskartellamt festgestellten Marktbeherrschung im Rüstungsbereich basiere im wesentlichen darauf, dass bei einem einzigen Unternehmen eine umfassende Systemführungskompetenz für alle militärischen Kernbereiche vorhanden sei. In der Bewertung durch den Bundeswirtschaftsminister wurde diese Stellung jedoch zum einen durch die Auflagen und Beschränkungen abgeschwächt und zum anderen durch eine Änderung der Vergaberegeln durch das Bundesministerium für Verteidigung relativiert.

Ähnlich wie im Rüstungsbereich würde sich auch in der Raumfahrt die marktbeherrschende Stellung durch einen einzigen großen Systemführer wettbe-

1 Ebenda, S. 803 und o.V. (1989c), S. 951.
2 Vgl. Haussmann (1989a) u. (1989b).
3 Vgl. Schmitz (1989a), S. 184 f.; Schmitz (1989b), 128 f.; Wieland/Viehöver (1989), S. 46.
4 Vgl. o.V. (1989b), S. 804.

werbspolitisch negativ niederschlagen[1]. Dies könne man nach der Meinung des Ministers aber insofern anders bewerten, als dass aus seiner Sicht die Raumfahrt im wesentlichen eine staatlich gestützte und auch international weitgehend vor Wettbewerb geschützte Institution sei. Daraus leitete er ab, dass wichtige Gründe für die Verstärkung der Systemführerschaft in diesem Bereich für nationale Großunternehmen sprächen[2].

Von eher geringem Gewicht schätzte der Minister die vom BkartA auf dem Markt für schwere Lastwagen festgestellte Verstärkung einer überragenden Marktstellung von Daimler-Benz ein. Er begründete diese Einschätzung damit, dass der Großteil der ausländischen Wettbewerber auf den jeweiligen Inlandsmärkten über einen ähnlichen Zugang zum Technologie- und System-Know-how aus der Luft- und Raumfahrt verfüge wie Daimler-Benz in Deutschland[3].

Am 6. September 1989 genehmigt der damalige Bundeswirtschaftsminister HELMUT HAUSSMANN die geplante Übernahme einer Mehrheitsbeteiligung der Daimler-Benz AG an der Messerschmitt-Bölkow-Blohm GmbH unter folgenden Auflagen:

1. Übernahme des 20%-Anteils der Kreditanstalt für Wiederaufbau an der Deutschen Airbus GmbH durch MBB bereits zum 31. Dezember 1996.
2. Innerhalb von zwei Jahren Veräußerung des ehemaligen AEG-Geschäftsbereichs „Marinetechnik“ sowie der Marine- und Drohnen-Aktivitäten des MBB-Geschäftsbereiches „Marine- und Sondertechnik“.
3. Innerhalb eines Jahres Veräußerung der MBB-Beteiligung an der Krauss-Maffei AG, dem im Panzerbau führenden deutschen Unternehmen.
4. Innerhalb eines Jahres Aufgabe der Daimler-Benz/MBB-Beteiligungen an folgenden so genannten Unterstützungsgesellschaften[4]:
   - Gesellschaft für Flugtechnik mbH, München
   - MTG-Marinetechnik GmbH, Hamburg
   - Materialinformationszentrum Gesellschaft für Logistik mbH, Wilhelmshaven
   - FEG Gesellschaft für Logistik mbH, München
5. Keine Vertretung von Daimler-Benz/MBB in Führungs- oder Aufsichtsorganen anderer Unternehmen, die in nennenswertem Umfang im Rüstungsgeschäft tätig sind[1].

1 Vgl. Schmitz (1989c), S. 167 f.; Schmitz (1989d), S. 160 ff.; Schmitz/Göppert (1989), S. 217 ff.

2 Vgl. o.V. (1989b), S. 805 ff.; Klank (1989), S. 45 ff.

3 Vgl. o.V. (1989c), S. 959 f.

4 Unterstützungsgesellschaften sind Unternehmen, die Beratungs- und Serviceleistungen für öffentliche Auftraggeber im Verteidigungsbereich anbieten.

Abschließend stellte der Bundeswirtschaftsminister fest, dass die Gesamtheit der Bedingungen und Auflagen die mit dem Zusammenschluss verbundenen Wettbewerbsnachteile im Rüstungsbereich deutlich verringere. Dadurch würden die verbleibenden Wettbewerbsnachteile in den Bereichen Rüstung, Raumfahrt und Lkw-Produktion von den festgestellten gesamtwirtschaftlichen Vorteilen des Zusammenschlusses im Airbus-Bereich aufgewogen werden[2].

1 Vgl. Haussmann (1989a) u. (1989b), S. 2 ff.; Frantzke/Kurz (1991), S. 252 f.; o.V. (1989b), S. 803 f.

2 Vgl. Haussmann (1990), S. 9 f.; o.V. (1989b), S. 807; o.V. (1989n), S. 8 ff.; o.V. (1990), S. 26.

3. Zwischenfazit

Die Skizzierung der kontroversen Standpunkte in Wirtschaft, Politik und zwischen den Wettbewerbsbehörden macht deutlich, wie schwierig es ist, in einem intrastaatlichen Interessensgefüge zu einer einhelligen Meinung über staatliche Wirtschafts-, Industrie- und Wettbewerbspolitik zu gelangen, und wie schwer diese teilweise mit existierenden Wettbewerbsrecht in Einklang zu bringen ist. Auch wenn durch das GWB in Deutschland dem Grundsatz nach eine gesetzliche Norm für Unternehmenszusammenschlüsse vorliegt die sowohl Geltungsbereich als auch die Vorgehensweise in solchen Fällen vorschreibt, verbleibt doch noch ein Ermessensspielraum für die Politik. Die Vielzahl der Akteure, die im Rahmen des Antragsverfahrens zu dem Zusammenschluss zwischen Daimler-Benz und MBB beteiligt waren und die Vielfältigkeit der dadurch kollidierenden individuellen Interessen trugen dabei nicht zu einem konsistenten und gänzlich neutralen Entscheidungsverfahren bei. Vor diesem Hintergrund ist besonders die gleichzeitige Initiierung des Zusammenschlussvorhabens und die finale Entscheidung seitens der Bundesregierung respektive des Bundesministers für Wirtschaft zu sehen.

Wie man nun aber gerade diese kontrovers diskutierten Punkte im Rahmen des Zusammenschlusses und die von der Monopolkommission untersuchten Kriterien aus heutiger Sicht beurteilen kann, soll im folgenden Kapitel V dieser Arbeit dargelegt werden. Hierbei wird der im Rahmen eines Ministererlaubnisverfahrens genehmigte Unternehmenszusammenschluss expost aufgegriffen und anhand der im nachhinein tatsächlich eingetretenen Marktsituation und Rahmenbedingungen kritisch analysiert. Die Vorgehensweise orientiert sich dabei an den von der Monopolkommission im Rahmen ihrer Analyse im Vorfeld der Entscheidung herangezogenen Argumente und berücksichtigt die zwischenzeitliche Entwicklung, aktuelle Erfahrungen sowie wissenschaftliche Erkenntnisse.

V. Ex-post Evaluierung der volkswirtschaftlichen Wirkungen des Zusammenschlusses Daimler-Benz/MBB vor dem Hintergrund des Wandels in der deutschen Luft- und Raumfahrtindustrie

1. Die am Zusammenschluss beteiligten Unternehmen heute

Obwohl der Bundesminister für Wirtschaft HELMUT HAUSSMANN den Zusammenschluss von Daimler-Benz und MBB offiziell erst am 6. September 1989 im Rahmen des Ministererlaubnisverfahrens genehmigte, hatten der damalige Vorstandsvorsitzende der Daimler-Benz AG, EDZARD REUTER, und der designierte Chef der neuen Luft- und Raumfahrtsparte des Automobilkonzerns, JÜRGEN E. SCHREMPP, bereits am 19. Mai 1989 die Deutsche Aerospace AG (DASA) gegründet[1]. Die Schaffung der DASA sollte sämtliche Luft-, Raumfahrt- und Verteidigungs-technische Aktivitäten innerhalb des Daimler-Benz Konzerns in einer Unternehmenseinheit bündeln. Die Gründung der DASA konnte als ein weiterer Schritt auf dem Weg zu einem integrierten Technologiekonzern angesehen werden, dessen Schaffung das damalige Ziel des Vorstandsvorsitzenden von Daimler-Benz, EDZARD REUTER, war[2]. Mit der Gründung der DASA wollte Daimler-Benz, neben einer Reform der internen Unternehmensstrukturen, eine Veränderung der deutschen Luft- und Raumfahrtstrukturen initiieren, die insbesondere auch europäische Dimensionen für diesen Industriezweig darstellen sollte[3].

So wurde zunächst Dornier (mehrheitlich), dann MBB vollständig (einschließlich aller Anteile an der Deutschen Airbus GmbH)[4] sowie MTU insgesamt (durch Übernahme der MAN-Beteiligung) in den Daimler-Benz Konzern integriert und nach mehreren internen Reorganisationsschritten, in die auch Teile des ebenfalls von Daimler-Benz akquirierten Elektrokonzerns AEG einbezogen wurden, zur Deutsche Aerospace (DASA) zusammengefasst[5]. Durch die Gründung der DASA entstand eines der größten LRI-Unternehmen in Europa[6], das auch im Weltmaßstab gemessen einen vorderen Rang einnahm[7].

Nach der Gründung der DASA dauerte es noch einmal knapp 10 Jahre, bis der nächste wichtige Schritt im Rahmen der Konsolidierung der europäischen LRI-

1 Vgl. Gliederungspunkt IV-2.1; Die Deutsche Aerospace AG wurde ab dem 1. Januar 1995 in Daimler-Benz Aerospace AG umbenannt, das Kürzel DASA wurde jedoch für beide Namensgebungen verwendet.

2 Vgl. Reuter (1998), S. 315 ff.

3 Vgl. Linden (1989), S. 30 ff.; Müller/Wange (1989), S. 11 ff.; o.V. (1989d), S. 26 ff.; o.V. (1989e), S. 50 ff.

4 MBB kam gegen Ende des ersten Geschäftsjahres zur DASA hinzu.

5 Vgl. Hild/Breitenacher/Pieper (1997), S. 255.

6 Gemessen am Umsatz aus dem Jahr 1990 auf Position zwei hinter British Aerospace.

7 Gemessen am Umsatz von 1990 auf Position fünf in der Rangliste der LRI-Unternehmen aus den OECD-Ländern. Vgl. European Commission (1997), S. 10 ff.

Kapazitäten folgte. So wurden im Jahr 2000 durch die Gründung des europäischen Konzerns EADS erstmalig LRI-Kapazitäten länderübergreifend zusammengelegt.

Bevor auf dieses Unternehmen ausführlicher eingegangen wird, soll vorerst kurz auf die Entwicklung und die aktuelle Situation des heutigen DaimlerChrysler Konzerns (vormals Daimler-Benz) eingegangen werden. Dies ist notwendig, da der Konzern eine wesentliche Rolle in der Entwicklung der deutschen LRI nach dem Zusammenschluss mit MBB bis zur Gründung der EADS im Jahr 2000 gespielt hat.

1.1 Die DaimlerChrysler AG

Der DaimlerChrysler-Konzern war im Jahr 2003 das nach Umsatz größte deutsche Industrieunternehmen[1]. Mit einem Konzernumsatz von 136.437 Mio. Euro im Geschäftsjahr 2003 wird die DaimlerChrysler AG in der Weltrangliste der größten Industrieunternehmen auf Rang 5 geführt[2]. Der Gewinn betrug im Geschäftsjahr 2003 nur 448 Mio. Euro, nach 4.718 Mio. Euro im Jahr zuvor[3]. In der europäischen Umsatzrangliste nahm das Unternehmen im Jahr 2003 Rang 3 ein[4]. Mit 182.739 Beschäftigten Ende 2003 (weltweit 362.063) war der Konzern außerdem nach wie vor der größte private Arbeitgeber Deutschlands (vgl. Abbildung V-1)[5].

Nach der systematisch verfolgten Diversifizierungspolitik des ehemaligen Vorstandsvorsitzenden REUTER hatte dessen Nachfolger SCHREMPP[6] als Vorstandsvorsitzender der DaimlerChrysler AG seit 1995 einen entgegengesetzten Kurs der Fokussierung auf Kernkompetenzen im Konzern angeschlagen. Im Zuge dieser Konzentration auf Kernaktivitäten wurde eine umfassende Umstrukturierung in den einzelnen Geschäftsbereichen in Angriff genommen. Dabei sollte sich das Unternehmen einerseits wieder verstärkt auf das Automobilgeschäft und die damit verbundenen Dienstleistungen konzentrieren, andererseits sollten

---

1 Vgl. o.V. (2004c), „Die hundert größten Unternehmen", Sonderbeilage der FAZ vom 6. Juli 2004, S. U2.
2 Vgl. ebenda, S. U7.
3 Vgl. Geschäftsbericht der DaimlerChrysler AG (2003), S. 2.
4 Vgl. Vgl. o.V. (2004c), „Die hundert größten Unternehmen", Sonderbeilage der FAZ vom 6. Juli 2004, S. U6.
5 Vgl. Geschäftsbericht der DaimlerChrysler AG (2003), S. 60.
6 Vorher Vorstandsvorsitzender der DASA. Neuer DASA Vorstandsvorsitzender wurde nach Schrempp das ehemalige Vorstandsmitglied für Finanzen und Controlling Manfred Bischoff.

die Unternehmensaktivitäten stärker am Shareholder Value-Prinzip ausgerichtet werden[1]. Im Zuge dieser stärkeren Konzentration und Fokussierung auf das Automobilgeschäft fusionierte das Unternehmen Daimler-Benz im Jahr 1998 mit dem amerikanischen Automobilhersteller Chrysler und firmiert seit dem als DaimlerChrysler AG[2].

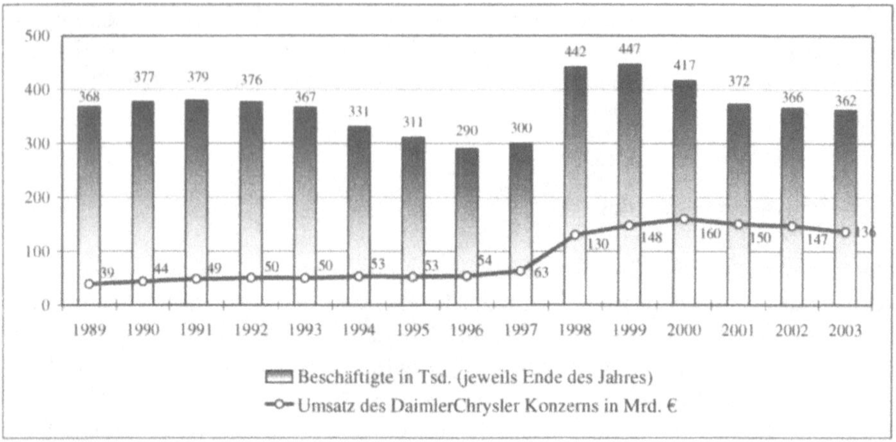

Abbildung V-1: Entwicklung von Umsatz und Beschäftigten des Daimler Chrysler Konzerns (ab 1998 inklusive Chrysler)[3].

Bis zum Jahr 2000 umfasste das Geschäftsfeld Luft- und Raumfahrt[4] des DaimlerChrysler Konzerns, hauptsächlich repräsentiert durch das Unternehmen DASA, folgende LRI-bezogenen Geschäftsbereiche, die im Zuge der Gründung des europäischen Luft- und Raumfahrtkonzerns EADS vollständig in das neue Unternehmen integriert wurden[5]:

- Verkehrsflugzeuge und Hubschrauber
- Verteidigung und zivile Systeme
- Antriebe Luftfahrt
- Militärflugzeuge
- Satelliten
- Raumfahrt Infrastruktur

---

1 Vgl. Geschäftsbericht der Daimler-Benz AG (1996), S. 2 f. und (1997), S. 2 ff; der starke Rückgang des Gewinns war hauptsächlich den Verlusten bei der Konzerntochter Chrysler zuzuschreiben.

2 Vgl. Geschäftsbericht der DaimlerChrysler AG (1998), S. 10f.

3 Quelle: Eigene Darstellung aus Daten der Geschäftsberichte der DaimlerChrysler AG.

4 Die anderen vier Geschäftsfelder waren: Personenwagen, Nutzfahrzeuge, Dienstleistungen und direkt geführte industrielle Beteiligungen.

5 Vgl. Geschäftsbericht der Daimler-Benz AG (1997).

Im Jahr 2003 stellte sich der DaimlerChrysler Konzern nach Geschäftsfeldern gegliedert wie in Abbildung V-2 dargestellt auf. Deutlich wird hierbei die inzwischen umgesetzte stärkere Fokussierung auf das Automobilgeschäft. Dies wird durch das eigenständige Geschäftsfeld des „Executive Automotive Commitee" und seinen geschäftsfeldübergreifenden Funktion besonders in automobilbezogenen Themen deutlich. Ende 2003 hat sich DaimlerChrysler darüber hinaus von seinem letzten, selbständig geführten LRI-Unternehmen getrennt. So wurde die MTU Aero Engines mit Wirkung zum 31. Dezember 2003 an den Finanzinvestor „Kohlberg, Kravis and Roberts & Co. Ltd." (KKR) veräußert[1]. Somit ist der DaimlerChrysler Konzern aktuell nur noch über seinen Anteil von 33% an der EADS im Bereich der LRI aktiv.

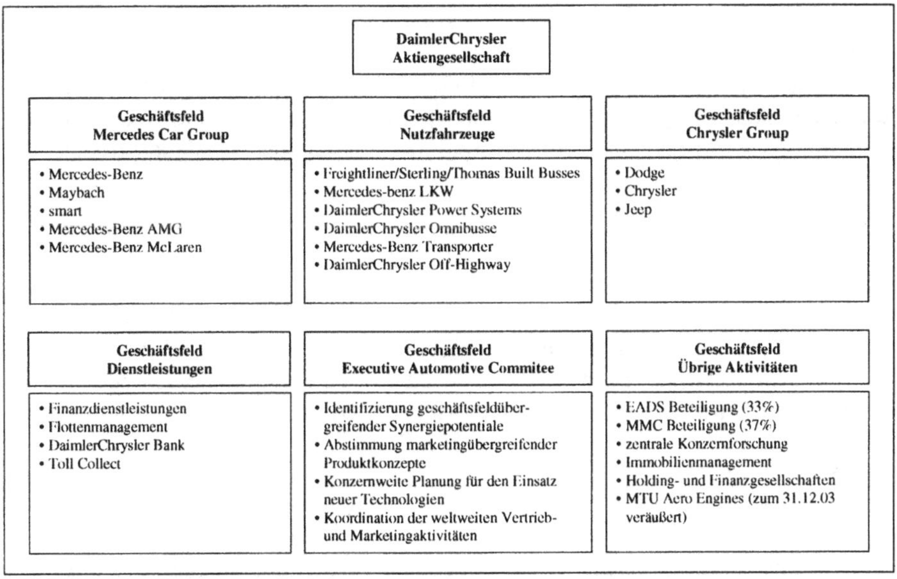

Abbildung V-2: Die Geschäftsfelder und Geschäfts-/Tätigkeitsbereiche der Daimler-Chrysler AG[2].

Das gezeichnete Kapital der Daimler-Benz AG betrug 2003 2.633 Mio. Euro. Im Jahr 2003 war die Deutsche Bank größter Einzelaktionär mit einem Kapitalanteil in Höhe von 12%, gefolgt vom Emirat Kuweit mit 7%. Der restliche Aktienbesitz von 81% befand sich in Streubesitz[3].

1 Vgl. Geschäftsbericht der DaimlerChrysler AG (2003), S. 62.

2 Quelle: Eigene Darstellung gebildet aus Angaben des Geschäftsberichtes der DaimlerChrysler AG (2003), S. 44 ff.

3 Vgl. o.V. (1997c), S. Vk 101/1.

Die Anzahl der Konzern- und Beteiligungsgesellschaften der Daimler-Benz AG hat unter dem Vorstandsvorsitzenden EDZARD REUTER und im Zuge des Ausbaus des Unternehmens zu einem integrierten Technologiekonzern vor allem im Inland stark zugenommen. Während die Monopolkommission in ihrer Evaluierung der Unternehmenssituation noch 84 Inlands- und 189 Auslandstöchter zählte, die 1987 in dem Konzernabschluss einbezogen wurden[1], wurden im Konzernabschluss von Daimler-Benz zum 31. Dezember 1997 jeweils 120 Inlands- und 184 Auslandstöchter aufgeführt[2]. Im Geschäftsbericht von DaimlerChrysler aus dem Jahr 2003 werden dagegen insgesamt 446 konsolidierte Tochterunternehmen aufgeführt, wobei 121 Inlands- und 325 Auslandstöchter gelistet wurden[3]. Dies deutet auf ein in der Zwischenzeit erheblich verstärktes Engagement des DaimlerChrylser Konzerns im Ausland hin, dessen Ursache hauptsächlich durch die Fusion mit Chrysler zu erklären ist.

Zum gegenwärtigen Zeitpunkt scheint der DaimlerChrysler Konzern keine wesentlichen Änderungen bezüglich seiner Beteiligung an Luft- und Raumfahrtaktivitäten anzustreben. So kommentierte der ehemalige Vorstandsvorsitzende JÜRGEN SCHREMPP die Situation im März 2005 mit den Worten:

> „Wenn ich EADS vom Standpunkt des Aktionärs aus betrachte, sehe ich keinen Anlass, dass wir uns trennen. EADS schafft Werte für dieses Unternehmen.[4]"

Insofern scheint der Charakter der strategischen Beteiligung von DaimlerChrysler an EADS mittelfristig bestehen zu bleiben, wenn auch die Argumente für ein Engagement in dieser Branche von vormals visionären Ansichten reinen betriebs- und finanzwissenschaftlichen gewichen sind.

1.2 EADS

Am 10. Juli 2000 schlossen sich die DaimlerChrysler Aerospace AG (DASA), Aerospatiale Matra S. A. und die Construcciones Aeronauticas S. A. (CASA) zur European Aeronautic Defence and Space Company (EADS) zusammen. Nach dem Börsengang in Frankfurt, Paris und Madrid war DaimlerChrysler mit

1 Vgl. Monopolkommission (1989b): 18. Sondergutachten, S. 13.

2 Vgl. Daimler-Benz (1997): Aufstellung des Anteilsbesitzes gemäß § 313 HGB zum 31. Dezember 1997, S.1 ff.

3 Vgl. DaimlerChrysler (2003): Aufstellung des Anteilsbesitzes gemäß § 313 HGB zum 31. Dezember 2003, S.1 ff.

4 Vgl. Reinking, (2005), S. 8. In dem selben Interview äußerte sich Jürgen Schrempp darüber hinaus ablehnend zu einer möglichen Fusion zwischen der EADS und dem französischen Rüstungskonzern Thales.

einem Eigenkapital von rund 33% größter Einzelaktionär der EADS[1]. Die weiteren Anteile an EADS entfielen mit 30,07% auf die französische SOGEADE[2] und mit 5,5% des Grundkapitals auf die spanische Staatsholdinggesellschaft SEPI. Bereits im Mai 2000 wurden die Raumfahrtaktivitäten der DASA mit denen des französisch-britischen Joint Venture Matra Marconi Space zum größten europäischen Raumfahrtunternehmen, Astrium, zusammengefasst, an dem EADS mittelbar mit insgesamt 75% beteiligt war. Lediglich der Geschäftsbereich MTU Aero Engines wurde seitens DaimlerChrysler nicht in das Gemeinschaftsunternehmen EADS eingebracht und verblieb vorerst im Konzern[3].

Mit einem Konzernumsatz von 30,1 Mrd. Euro im Jahr 2003 und 109.135 Mitarbeitern[4] ist die European Aeronautic Defence and Space Company N.V. das führende Luftfahrt-, Raumfahrt- und Verteidigungsunternehmen in Europa und das zweitgrößte weltweit (vgl. Abbildung V-3). Gemessen am Marktanteil gehört EADS zu den beiden größten Herstellern von Verkehrsflugzeugen, zivilen Hubschraubern, kommerziellen Trägerraketensystemen und Flugkörpern und zu den führenden Herstellern von Militärflugzeugen, Satelliten und Verteidigungselektronik. Im Jahr 2003 entfielen rund 76% des Gesamtumsatzes auf den zivilen und 24% auf den militärischen Bereich[5]. In der Rangliste der umsatzstärksten Industrieunternehmen der Welt nimmt EADS Platz 53 ein. Im europäischen Vergleich der größten Unternehmen liegt das Luft- und Raumfahrtunternehmen auf Rang 47[6].

Die EADS N.V. ist eine Gesellschaft niederländischen Rechts. Dabei ist die EADS N.V. als Muttergesellschaft selbst nicht an den Kernbereichen Luftfahrt, Verteidigung und Raumfahrt der EADS-Gruppe beteiligt, koordiniert jedoch damit verbundene Aktivitäten, setzt Ziele fest, überwacht diese und genehmigt wichtige Entscheidungen für die Gruppe. Die EADS N.V. leitet Aktivitäten, die für die Geschäftstätigkeit der Gruppe von wesentlicher Bedeutung sind und die einen wichtigen Bestandteil des Managements der Gruppe insgesamt darstellen. Insbesondere dienen die von der EADS N.V. ausgeführten Finanzaktivitäten der Unterstützung der Geschäftstätigkeit und der Strategie der Gruppe. In diesem Zusammenhang stellt die EADS N.V. für die Tochtergesellschaften der Gruppe Dienstleistungen bereit bzw. sorgt für deren Bereitstellung. Innerhalb des von

1 Dabei unterliegen 2,73% der Aktienbestände spezifischen Bedingungen.
2 SOGEADE ist eine französische Kommanditgesellschaft auf Aktien deren Grundkapital zu 50% SOGEPA (einer französischen Staatsholdinggesellschaft) und zu 50% Désirade gehört. Das Grundkapital von Désirade wird wiederum zu 100% von Lagadère gehalten.
3 Vgl. Geschäftsbericht der DaimlerChrylser AG (2000), S. 40.
4 Mitarbeiter zum 31.12.2003.
5 Vgl. EADS Website.
6 Vgl. o.V. (2004c), S. U6 f.

EADS definierten Rahmens handelt jeder Geschäftsbereich, jede Geschäftseinheit und jede Tochtergesellschaft in voller unternehmerischer Eigenverantwotung[1].

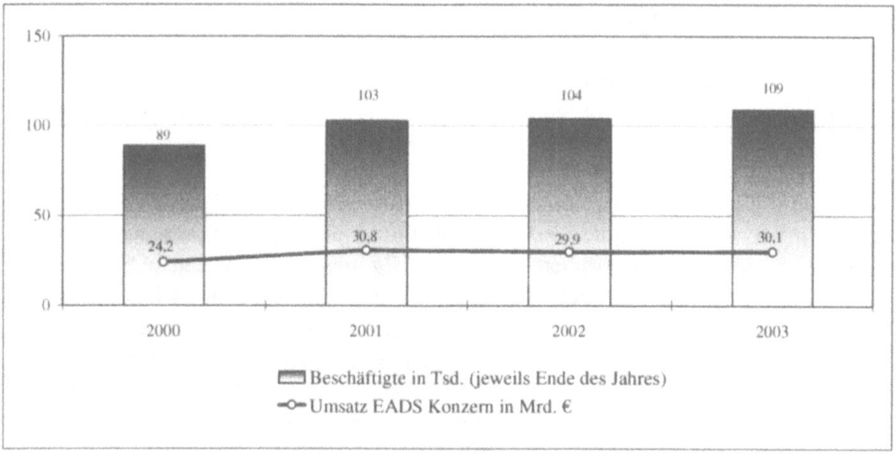

Abbildung V-3: Entwicklung von Umsatz und Beschäftigten des EADS Konzerns[2].

Die Strategie von EADS zielt auf den Aufbau einer starken Wettbewerbsposition in den Bereichen Zivilflugzeuge, Hubschrauber, Lenkflugkörper und kommerzielle Trägersysteme bei gleichzeitigem starken Wachstum im Verteidigungssektor. Daneben beabsichtigt EADS, den weltweiten Einflussbereich durch industrielle Aktivitäten in den USA, Asien und Russland auszudehnen. Es wird ferner angestrebt, die Geschäftstätigkeit zu Gunsten des Sektors Verteidigung auszubauen (vor diesem Hintergrund wurde in der Vergangenheit immer wieder über eine mögliche Fusion zwischen EADS und dem französischen Rüstungskonzern Thales spekuliert)[3]. Diese Verlagerung zielt vor allem auf eine Reduzierung der Auswirkungen von Geschäftszyklen im zivilen Flugzeugmarkt[4]. Ziel ist es, EADS als ein führendes Unternehmen in wichtigen globalen Luft- und Raumfahrt- sowie Verteidigungsmärkten weltweit zu positionieren.

1 Vgl. EADS Website.

2 Quelle: Eigene Darstellung, gebildet aus Daten der Geschäftsberichte von EADS.

3 Vgl. Reinking, (2005), S. 8. Vor allem der neue EADS Co-Chef Noel Forgeard hatte sich in der Vergangenheit für einen Zusammenschluss der EADS mit dem Rüstungshersteller Thales stark gemacht.

4 Der Bau von zivilen Verkehrsflugzeugen ist ein zyklisches und vor allem sehr sensibles Geschäft das schon bei Irritationen wie z.B. durch die Lungenkrankheit SARS oder die Anschläge auf das World Trade Center mit starken Nachfrageschwankungen bzw. Nachfragerückgängen reagiert.

Die folgenden Punkte stellen die vier wesentlichen Grundelemente der Strategie von EADS dar[1]:

- Stärkung der Wettbewerbsfähigkeit von EADS
- Ausweitung des weltweiten Einflusses von EADS
- Nutzung geschäftsübergreifender Synergien durch das Einbringen des breiten Produkt- und Dienstleistungsportfolios von EADS
- Entwicklung der Rolle von EADS als Anbieter von Systemen und Lösungen

Die Tätigkeit von EADS entfällt auf insgesamt fünf Geschäftsbereiche (vgl. Abbildung V-4):

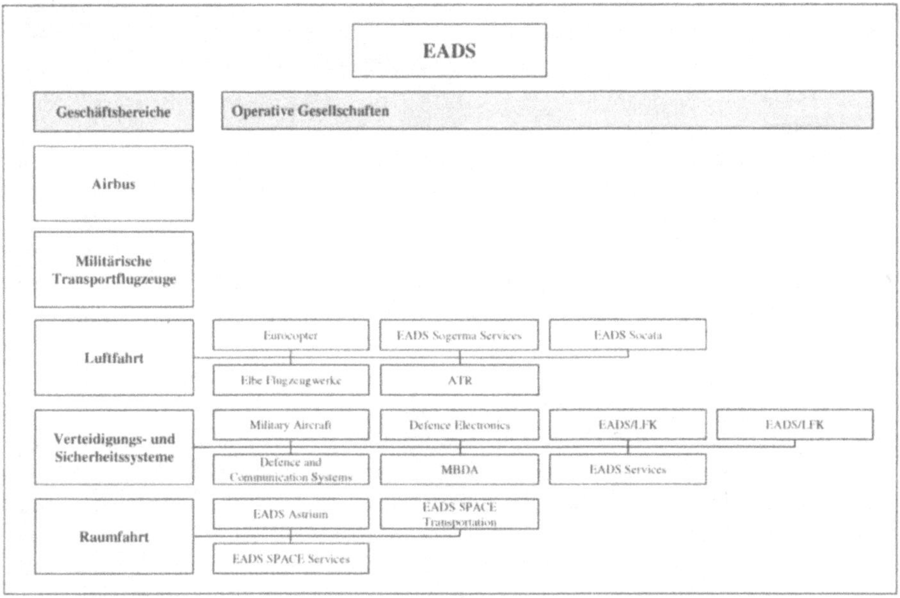

Abbildung V-4: Die Geschäftsbereiche des EADS Konzerns[2].

1. Airbus

Airbus ist einer der beiden weltweit führenden Hersteller von Verkehrsflugzeugen mit mehr als 100 Sitzplätzen. Seit der Gründung der Gesellschaft im Jahr 1970 und bis Ende des Jahres 2003 hat Airbus 4.886 Aufträge für Flugzeuge von 186 Kunden weltweit erhalten. Ihr Marktanteil an den jährlichen Auslieferungen weltweit ist von 15% im Jahr 1990 auf 52% im Jahr 2003 gestiegen. Zum 31. Dezember 2003 belief sich ihr Auftragsbestand mit 1.454 Flugzeugen auf 52%

1 Ebenda.
2 Quelle: Eigene Darstellung, gebildet aus Daten des Geschäftsberichts der EADS (2003).

des gesamten Auftragsbestandes weltweit. Der erzielte Umsatzerlös des Geschäftsbereiches Airbus von EADS belief sich im Jahr 2003 auf 19 Mrd. €, oder 61% des gesamten Umsatzerlöses von EADS[1].

2. Militärische Transportflugzeuge

Der Geschäftsbereich Militärische Transportflugzeuge (MTF) fertigt und vermarktet leichte und mittelschwere militärische Transportflugzeuge und ist für die Entwicklung des schweren, europäischen, militärischen Transportprojekts A400M zuständig. Der Geschäftsbereich entwirft und produziert zudem Flugzeugkomponenten. Im Jahr 2003 erwirtschaftete der Geschäftsbereich MTF einen konsolidierten Umsatz in Höhe von 0,9 Mio. €, also 3% des gesamten Umsatzes von EADS. In Zukunft ist mit einem weit größeren Beitrag dieses Geschäftsbereiches zu rechnen, nachdem im Jahr 2003 ein Vertrag über 19,7 Mrd. € zur Herstellung und Lieferung der A400M unterzeichnet wurde[2].

3. Luftfahrt

Der Geschäftsbereich Luftfahrt umfasst eine Reihe von zivilen und militärischen luftfahrtbezogenen Geschäftseinheiten, u.a. Hubschrauber, Regional- und allgemeine Verkehrsflugzeuge sowie Flugzeugumrüstung und -wartung. Der Geschäftsbereich Luftfahrt ist außerdem an der Fertigung von Flugzeugkomponenten für Airbus beteiligt. Im Jahr 2003 betrugen die konsolidierten Umsatzerlöse des Geschäftsbereiches Luftfahrt 3,8 Mrd. €, also 12% des Gesamtumsatzes von EADS[3].

4. Verteidigungs- und Sicherheitssysteme

Der Geschäftsbereich Verteidigungs- und Sicherheitssysteme ist auf den Gebieten integrierte Systeme einschließlich Lenkflugkörpersysteme, Kampfflugzeuge, Verteidigungselektronik, Militärkommunikation und Dienstleistungen tätig. Gemessen an den im Jahr 2003 erzielten Umsatzerlösen ist die EADS-Tochter MBDA der größte Hersteller taktischer Lenkflugkörpersysteme in Europa und der zweitgrößte weltweit. Der Geschäftsbereich Militärflugzeuge, der im Jahr 2003 aus dem Geschäftsbereich Luftfahrt ausgegliedert wurde, ist ein führender Partner im Eurofighter-Konsortium. EADS ist der drittgrößte Lieferant von Verteidigungselektronik in Europa und spielt eine bedeutende Rolle auf dem Markt für sichere und verschlüsselte militärische Kommunikation. Auf konsolidierter Basis erwirtschaftete der Geschäftsbereich im Jahr 2003 Umsatzerlöse in Höhe von 5,2 Mrd. €, was einem Anteil von 16% an den gesamten Umsatzerlösen von EADS entspricht.

---

1 Vgl. Geschäftsberichts der EADS (2003) - Beschreibung des Geschäftsverlaufs und der rechtlichen Struktur, S. 3 f.

2 Vgl. ebenda, S. 4.

3 Vgl. ebenda, S. 4.

5. Raumfahrt

EADS ist nach Boeing und Lockheed Martin der weltweit drittgrößte Hersteller von Raumfahrtsystemen und der in Europa führende Lieferant von Satelliten, Raumfahrt-Infrastrukturen und Trägerraketen. Der Geschäftsbereich Raumfahrt konstruiert, entwickelt und produziert Satelliten, Raumfahrt-Infrastrukturen und Trägerraketen größtenteils durch seine Tochtergesellschaften EADS Astrium und EADS Space Transportation und bietet Raumfahrtdienstleistungen durch ihre Tochtergesellschaft EADS Space Services an. Der Geschäftsbereich bietet zudem Dienstleistungen im Zusammenhang mit Starts von Trägersystemen über ihre Beteiligung an Arianespace, Starsem und Eurodockot sowie über zweckbestimmte Firmen, wie Paradigm im Zusammenhang mit Telekommunikation und Erdbeobachtungssatelliten an. Die Umsatzerlöse des Geschäftsbereichs EADS Raumfahrt beliefen sich im Jahr 2003 auf 2,4 Mrd. € oder 8% der gesamten konsolidierten Umsatzerlöse von EADS[1].

Zum 31. Dezember 2003 belief sich das gezeichnete Kapital des gesamten EADS Konzerns auf 813 Mio. Euro. Die Bilanz wies zum Jahresende 2003 166 voll konsolidierte Gesellschaften auf, von denen 38 ihren Sitz in Deutschland und 128 im Ausland hatten[2].

EADS respektive Airbus fokussiert sich in den nächsten Jahren auf die Erzielung der vollständigen Serienreife für das neue Großraumflugzeug A380. Dabei soll mehr als die Hälfte des 1,8 Mrd. Euro umfassenden F&E-Budgets in dieses Projekt fließen. Als einer der größten Unsicherheitsfaktoren der kommenden Jahre wird die Entwicklung des US-$ Wechselkurses angesehen, der bei einer starken Abwertung der US-Währung zu einer ernsthaften Bedrohung der Ergebnisziele der EADS werden könnte.

Bevor im Anschluss an die Darstellung der Unternehmen in den folgenden Kapiteln die Analyse des Zusammenschlussvorhabens durch die Monopolkommission unter aktuellen Gesichtspunkten diskutiert wird, sollen zuvor die den Zusammenschluss ablehnenden Kriterien und die Argumentation des Bundeskartellamtes noch einmal zusammengefasst dargestellt werden. Dies ist insbesondere von Bedeutung, da die beiden Institutionen, das Bundeskartellamtes und die Monopolkommission, als Hüter der deutschen Wettbewerbsordnung, wenn auch nicht in allen Details, so aber zumindest im Endergebnis zu einem gegensätzlichen Endergebnis kommen, was die Beurteilung des Unternehmenszusammenschlusse Daimler-Benz/MBB betrifft.

1 Vgl. ebenda, S. 5.
2 Vgl. EADS Geschäftsbericht (2004), S. 74 ff.

2. Die Untersagungsverfügung des Bundeskartellamtes

Zur Beschreibung der Wettbewerbsverhältnisse zum Zeitpunkt des Zusammenschlussantrages von Daimler-Benz und MBB stützte das Bundeskartellamt seine Argumentation unter anderem auf die Art und Weise der Auftragsverteilung zwischen System- und Unterauftragsebene. In diesem Zusammenhang stellte das Bundeskartellamt fest, dass gemäß den Beschaffungsrichtlinien des Bundesverteidigungsministeriums in der Regel ein Generalunternehmer bzw. Systemführer bestimmt wird, der die Verantwortung für die Entwicklung und Herstellung eines Waffensystems und gegebenenfalls der zugehörigen Komponenten trägt. Hierbei könne der Systemführer mehr oder weniger frei über die Vergabe von Unteraufträgen bestimmen. Die Vorgabe eines bestimmten Unterauftragnehmers durch das Bundesamt für Wehrtechnik und Beschaffung (BWB) sei lediglich in Ausnahmefällen denkbar[1].

Im weiteren war das Bundeskartellamt der Auffassung, dass der Wettbewerb auf der Ebene der Unteraufträge stark eingeschränkt sei, soweit der Generalunternehmer selbst entwickeln oder fertigen möchte. Dies begründe sich aus der starken Stellung des Systemführers als Veranstalter des Wettbewerbs, welche ihm durch seine Rolle als Ansprechpartner der Beschaffungsbehörde einen Informationsvorsprung und somit einseitige Wettbewerbsvorteile verschaffe. Hierdurch habe er die Möglichkeit, technologisch anspruchsvolle Arbeitsgebiete selbst zu übernehmen. Das Bundeskartellamt kam daher zu dem Ergebnis, dass der Generalunternehmer maßgeblichen Einfluss auf die Verteilung der Wertschöpfungsanteile eines Beschaffungsprojektes nehmen könne.

An der starken Stellung des Generalunternehmers hat sich bis heute nichts geändert. Es lässt sich nicht belegen, ob der Zusammenschluss zwischen Daimler-Benz und MBB den Wettbewerb auf der Unterauftragsebene zusätzlich negativ beeinflusst hat. Die Problematik erwächst wohl eher aus der generellen Natur der wehrtechnischen Beschaffung. So ist der hohe finanzielle Aufwand von Rüstungsgeschäften der Grund, warum in der Regel nur Großunternehmen eine gewisse Vorfinanzierung und somit das Risiko (z.B. im Fall von Forschung und Entwicklung) übernehmen können. Dass man für dieses eingegangene Risiko später am Markt versucht, seine Stellung möglichst nach den eigenen Interessen einzusetzen, entspricht einem regulären Verhalten. Außerdem hat auch ein systemführendes Unternehmen Interesse an einer gewissen Unternehmensvielfalt auf Unterauftragsebene, da es sich nur ungern in die Abhängigkeit von wenigen Unternehmen begibt, die wiederum stärkeren Einfluss ausüben könnten. Inso-

1 Vgl. Bundeskartellamt (1989), S. 633 ff.

fern werden auch diese systemführenden Unternehmen den Wettbewerb auf Unterauftragsebene wenigstens in gewisser Weise aufrecht erhalten wollen.

2.1 Wehrtechnik

2.1.1 Marktabgrenzung

Durch die Untersuchung über das Beschaffungsverfahren bei Verteidigungsgütern sowie über die Bedeutung der Systemführerschaft kommt das Bundeskartellamt 1989 zu dem Ergebnis, dass es sich beim Rüstungsbereich um einen nationalen Markt handelt. Soweit ein benötigtes Waffensystem im Ausland noch nicht vorhanden und eine internationale Kooperation nicht erforderlich sei, könne ein internationaler Wettbewerb auf System- und Teilsystemebene in der Regel ausgeschlossen werden[1].

Aber auch wenn ein noch nicht existierendes Waffensystem im Rahmen einer internationalen Kooperation beschafft wird, würde nach Auffassung des Bundeskartellamtes auf der Systemebene kein und auf Komponentenebene nur ein eingeschränkter Wettbewerb durch ausländische Anbieter stattfinden. Das nationale Auftragsvolumen sei lediglich das Ergebnis politischer Verhandlungen zwischen den beteiligten Regierungen und nicht das Ergebnis von Wettbewerb. Falls das benötigte Waffensystem im Ausland bereits verfügbar sei, bestehe grundsätzlich die Wahl zwischen den Alternativen Beschaffung im Ausland, Lizenznachbau und Eigenentwicklung. Diese Entscheidung werde jedoch in der Regel nicht nach wettbewerbs-, sondern nach politischen Gesichtspunkten getroffen. Hieraus könne man nach Meinung des Bundeskartellamtes nicht die Existenz eines internationalen Marktes für Rüstungsgüter ableiten[2].

Auch wenn man aus heutiger Sicht immer noch von einem mehr oder weniger nationalen Markt für Rüstungsgüter ausgehen muss, so schreitet die Öffnung dieser Märkte im Rahmen des europäischen Einigungsprozesses immer weiter voran. Beschaffungsprojekte wie der Eurofighter sind in diesem Zusammenhang aktuelle Beispiele. Hinzu kommt die Tendenz zu grenzüberschreitenden Unternehmenszusammenschlüssen in der Rüstungsindustrie, welche diese Entwicklung noch beschleunigen werden. Es ist jedoch davon auszugehen, das die Politik im Rahmen von Beschaffungsentscheidungen und Auftragsvergabe weiterhin eine große Rolle spielen wird und insofern auch nach wie vor das Interesse bestehen wird, nationale Beschaffungsvorhaben auch im Inland an entsprechende Unternehmen zu vergeben.

1 Vgl. Bundeskartellamt (1989), S. 635 ff.
2 Vgl. Bundeskartellamt (1989), S. 640 ff.

2.1.2 Beurteilung der Entscheidung des Bundeskartellamtes

Bei der Beurteilung der Marktstellung der beteiligten Unternehmen innerhalb des Rüstungsbereiches stellte das Bundeskartellamt 1989 auf marktübergreifende Aspekte ab. Der Grund hierfür war, dass die beteiligten Unternehmen MBB, Dornier, MTU und AEG zu der damaligen Zeit auf weiten Gebieten Systemfähigkeit besaßen und dies marktübergreifend wirkte. Der Vorsprung der Unternehmensgruppe Daimler-Benz/MBB wurde anhand ihres Anteils am Gesamtauftragsvolumens aller laufenden Beschaffungsvorhaben für die Bedarfsdeckung der Bundeswehr verdeutlicht. In der Darstellung des Bundeskartellamtes wurde der Anteil von Daimler-Benz und MBB am gesamten Auftragsvolumen aller laufenden Vorhaben mit 50,5% angegeben[1]. Des weiteren wurde die Tatsache, dass die am Zusammenschluss beteiligten Unternehmen einen Anteil von 30% an den Ausgaben des Beschaffungshaushaltes der Bundesrepublik Deutschland hatten, als weiteres Indiz für ihre Marktstellung herangezogen[2].

In seiner Entscheidung kam das Bundeskartellamt hinsichtlich des wehrtechnischen Bereiches zu dem Ergebnis, den Zusammenschluss zu untersagen. Nach Meinung des Amtes würde durch den Zusammenschluss einerseits auf den Märkten für Drohnen und Wehrelektronik eine marktbeherrschende Stellung der Gruppe Daimler-Benz/MBB entstehen und es andererseits zu einer Verstärkung der bereits bestehenden marktbeherrschenden Stellung von Daimler-Benz und MBB auf den Märkten für militärische Flugzeuge und Hubschrauber sowie auf dem Markt für die zugehörigen Triebwerke und auf dem Markt für Lenkwaffen kommen[3].

Aktuelle Zahlen des Bundesamtes für Wehrtechnik und Beschaffung (BWB)[4] belegen, dass es im Bereich Wehrtechnik trotz des Zusammenschlusses von Daimler-Benz und MBB nicht zur Verstärkung einer marktbeherrschenden Stel-

---

1 Vgl. Darstellung in der Untersagungsverfügung des Bundeskartellamtes: Bundeskartellamt (1989), S. 642.

2 Ebenda, S. 642.

3 Ebenda, S. 645.

4 Um die Zahlen des BWB richtig zu interpretieren, müssen an dieser Stelle folgende Punkte festgehalten werden: 1. Der Beschaffungsumfang des BWB umfaßt nicht nur Rüstungsgüter, sondern auch andere Waren des täglichen Bedarfes. Eine Trennung in rüstungsbezogene und „nicht rüstungsbezogene" Ausgaben ist nicht möglich. 2. Der BWB erfaßt monetäre Ströme in vollem Umfang zu dem Zeitpunkt, in dem ein Vertrag mit dem liefernden Unternehmen zu Stande kommt. Aus diesem Grund unterscheiden sich die Statistiken des BWB häufig von denen anderer Institutionen wie dem BDLI und einzelnen Rüstungsunternehmen. 3. Aufwendungen für den Eurofighter 2000 sind in den hier angeführten Zahlen nicht enthalten. 4. Umsätze, die mit Unternehmen getätigt wurden, an denen die DASA eine Minderheitsbeteiligung hält, wurden nicht berücksichtigt.

lung gekommen ist, sondern der Anteil des Konzerns am gesamten Beschaffungsvolumen der Bundesrepublik seit 1989 kontinuierlich abgenommen hat (vgl. Tabelle V-1). Aus den hier aufgeführten Zahlen wird des weiteren deutlich, dass, auch wenn die Anteile ausländischer Unternehmen am gesamten Beschaffungsvolumen starken Schwankungen unterliegen, ein immer größerer Anteil der Aufträge an Unternehmen im Ausland vergeben wurde. Insofern sind die Befürchtungen des Bundeskartellamtes nicht eingetreten. Stattdessen kann eine zunehmende Öffnung der Rüstungsmärkte für ausländische Unternehmen festgestellt werden.

	Gesamtvolumen in TDM	Anteil der DASA in%	Anteil ausländischer Unternehmen in%
1989	14.812.000	16	3
1990	9.683.000	10	2
1991	6.255.000	6	12
1992	7.222.000	9	8
1993	4.737.000	14	11
1994	6.348.000	21	12
1995	4.737.000	7	7
1996	6.348.000	11	8
1997	8.336.000	10	8
1998	7.863.000	11	22
1999	7.416.450	6	8

Tabelle V-1: Auftragsvergabe des Bundesamtes für Wehrtechnik und Beschaffung[1].

Insofern ist aus heutiger Sicht die Meinung des Bundeskartellamtes, es handle sich im Rüstungsbereich um einen nationalen Markt, nicht mehr uneingeschränkt gültig, wenn auch noch keine vollständige Öffnung der Märkte erreicht wurde. Die Europäische Kommission bestätigt diese Sichtweise. Hiernach sind die Rüstungsmärkte in den Staaten der europäischen Gemeinschaft zum Ende der neunziger Jahre weiterhin national ausgerichtet, soweit für die entsprechenden Produkte und Dienstleistungen nationale Anbieter vorhanden sind. Dies gilt entsprechend für die deutschen Rüstungsmärkte. Allerdings ist die zunehmend auf dem Wege des internationalen Beteiligungserwerbs stattfindende Integration von Unternehmen nicht ohne Bedeutung und es finden in wachsendem Maße grenzüberschreitende Zulieferungen an die am inländischen Markt tätigen Toch-

1 Quelle: jeweilige Jahreshefte „Statistische Info BWB“ des BWB vom 14.01.2000.

tergesellschaften statt. Direkte Auswirkungen hat dies aber auf die bisherigen Marktverhältnisse nicht gehabt, da die öffentlichen Auftraggeber der beteiligten Mitgliedstaaten davon unbeeinflusst an ihrer üblichen Beschaffungspraxis festgehalten hätten[1].

2.2 Raumfahrttechnik

2.2.1 Marktabgrenzung

Im Rahmen der sachlichen Marktabgrenzung unterschied das Bundeskartellamt in seiner Beurteilung 1989 im Bereich Raumfahrttechnik zwischen den Märkten für Trägersysteme, Orbitalsysteme und Satelliten. Die Begründung hierfür war, dass diese Produktgruppen einen typisierten Bedarf decken und für ihre Entwicklung ein vergleichbares Forschungs-, Entwicklungs- und Fertigungs-Know-how sowie vergleichbare Produktionseinrichtungen notwendig sind.

Das Bundeskartellamt nahm außerdem eine Untergliederung dieser Produktgruppen nach kommerziellen und nicht-kommerziellen Raumfahrtprojekten vor. Man beschränkte sich jedoch in der kartellrechtlichen Prüfung auf die Betrachtung des nicht-kommerziellen Bereichs, da im kommerziellen Bereich auch nach dem Zusammenschluss von einem wirksamen Wettbewerb durch ausländische Anbieter ausgegangen werden könne[2]. Nicht-kommerzielle Projekte der Raumfahrttechnik sind dadurch gekennzeichnet, dass sie die Serienreife noch nicht erreicht haben und ihre Durchführung eine sehr kostenintensive Grundlagenforschung sowie produktorientierte Leistungen umfasst, deren Erfolg nicht prognostizierbar sei. Nachfrager nach nicht-kommerziellen Projekten der Raumfahrttechnik auf dem Inlandsmarkt seien das Bundesministerium für Forschung und Technologie (BMFT) und die europäische Weltraumagentur European Space Agency (ESA). Ihre Förderungstätigkeit endet mit dem Eintritt eines Projektes in die Phase der kommerziellen Nutzbarkeit[3].

Nach Ansicht des Bundeskartellamtes sind die Märkte für nicht-kommerzielle Trägersysteme, Orbitalsysteme und wissenschaftliche Satelliten national abzugrenzen. Dies wird damit begründet, dass auf den Inlandmärkten sowohl bei der Vergabe von Aufträgen durch das BMFT als auch durch die ESA kein Wettbewerb ausländischer Anbieter wirksam werde. Demnach findet der Wettbewerb auf System- und Subsystemebene ausschließlich zwischen inländischen Unternehmen statt, soweit das BMFT Aufträge im Rahmen nationaler Raumfahrtpro-

---

1 Vgl. Europäische Kommission (1997), S. 6 f.

2 Dieser Wettbewerb im kommerziellen Bereich hat sich vor allem durch wirtschaftliche Öffnung gegenüber den osteuropäischen Staaten eher noch verschärft.

3 Vgl. Bundeskartellamt (1989), S. 650 ff.

gramme vergibt. Dies ergibt sich insbesondere aus der Förderung der inländischen Raumfahrtindustrie als Ziel staatlicher Raumfahrtpolitik[1].

Auch Aufträge aus fakultativen ESA-Programmen werden lediglich an inländische Unternehmen auf System- oder Teilsystemebene vergeben und nicht durch ausländische Wettbewerber tangiert. Auch hier ist, wie im wehrtechnischen Bereich, die Verteilung der nationale Arbeitspakete das Ergebnis technologie-, industrie- oder auch außenpolitischer Erwägungen. Aufgrund dieser bilateral ausgehandelten Arbeitspakete, die einen genauen nationalen Beitrag definieren, ist die Beteiligung ausländischer Unternehmen an Systemaufgaben ausgeschlossen.

2.2.2 Beurteilung der Entscheidung des Bundeskartellamtes

In seiner Beurteilung kam das Bundeskartellamt zu dem Ergebnis, dass durch den Zusammenschluss eine marktbeherrschende Stellung der Unternehmensgruppe Daimler-Benz/MBB auf den Märkten für nicht-kommerzielle Orbital- und Trägersysteme sowie wissenschaftlichen Satelliten entstehen würde[2].

In seiner Begründung führte das Amt an, dass auf den inländischen Märkten für nicht-kommerzielle Träger- und Orbitalsysteme und Satelliten nur MBB (über eine Tochtergesellschaft) die Fähigkeit zur Gesamtsystemführerschaft habe. Lediglich Dornier habe 1989 über gewisse Anteile am Projekt „Columbus" Erfahrungswerte als Teilsystemführer erlangt und sei somit als einziger potentieller Konkurrent anzusehen. Ferner verwies das Bundeskartellamt in seiner Beurteilung auf die hohen Marktzutrittsschranken bei Träger- und Orbitalsystemen. So würde der Unternehmenszusammenschluss den Marktzutritt zusätzlich erschweren und insbesondere zu einem Wegfall des von Dornier ausgehenden potentiellen Wettbewerbs führen.

Bis ins Jahr 2000 wurden in Deutschland Raumfahrtaktivitäten nur von wenigen Unternehmen in größerem Umfang betrieben. Hierbei war die DASA das Unternehmen, welches federführend bei vielen deutschen Raumfahrtprojekten tätig war. Darüber hinaus war als zweites Unternehmen MAN Technologie vor allem im Trägerbereich (Raketentechnik) tätig und verfügte hier über Systemwissen. Daneben gab es Unternehmen, die im Bereich Raumfahrt unterschiedliche Spezialisierungen aufwiesen wie z.B. Bosch Telecom, IABG, Kayser Threde, OHB und Teldix[3].

1 Vgl. Monopolkommission (1989b), S. 42.
2 Vgl. Bundeskartellamt (1989), S. 652 ff.
3 Vgl. Hornschild/Wieland (1997), S. 2.

Die Aufgabe als Systemführer im Bereich Raumfahrt erfordert jedoch ein breites technisches Know-how und langjährige Erfahrung. Mitte der neunziger Jahre wurde nur zwei Unternehmen in Deutschland die Fähigkeit zur Systemführerschaft zugesprochen, nämlich der DASA bei Großprojekten und MAN Technologie bei Subsystemen. Allerdings bestand die Systemführerschaft bei der DASA im Bereich der kommerziellen Satelliten damals schon nur noch im Rahmen europäischer Partnerschaften[1].

Diese Tendenz fand ihre Fortsetzung in der Gründung von Astrium, dem Geschäftsbereich der EADS in dem sämtliche Raumfahrtaktivitäten gebündelt wurden (vgl. hierzu Kapitel V-1.2). Die in Astrium zusammengefassten Raumfahrtbereiche der DASA und Matra Marconi Space bilden seit dem Jahr 2000 das größte Raumfahrtunternehmen in Europa und verdeutlichen die Lösung von den vormals einzelstaatlichen Strukturen in diesem Industriebereich und die Überführung auf europäische und Staaten-übergreifende Lösungen zur Erhaltung internationaler Wettbewerbsfähigkeit.

Somit kann festgehalten werden, dass die Befürchtungen des Bundeskartellamtes hinsichtlich einer marktbeherrschenden Stellung in der deutschen Raumfahrt insofern nicht eingetreten sind, als dass sich die Strukturen inzwischen von einer rein nationalen Betrachtung auf eine eher europäische bzw. internationale verschoben haben. Des weiteren hat sich die Fähigkeit zur Systemführerschaft in der deutschen Raumfahrt, welche durch den Zusammenschluss von Daimler-Benz und MBB gestärkt und weiter entwickelt werden sollte, aus Sicht der deutschen Unternehmen eher rückläufig entwickelt und ist in diesem Bereich heute kaum noch vorhanden. So konnte im Zuge der Fusion zwar der DASA zwischenzeitlich die Fähigkeit zur Systemführerschaft bei Großprojekten verstärkt zugesprochen werden, jedoch besteht sie heute nur noch auf europäischer Ebene respektive im Rahmen von europäischen Partnerschaften.

2.3 Lastkraftwagen

2.3.1 Marktabgrenzung

In seiner Entscheidung unterschied das Bundeskartellamt den Markt für leichte Lastkraftwagen (6t bis 16t zulässiges Gesamtgewicht) vom Markt für schwere Lastkraftwagen (ab 16t zulässiges Gesamtgewicht). Leichte Nutzfahrzeuge geringerer Gewichtsklassen wurden aufgrund anderer Abnehmerkreise, Vertriebs- und Systemnetze sowie abweichendem Verwendungszweck nicht in den relevanten Markt einbezogen. Das Bundeskartellamt ging jedoch davon aus, dass

1 Vgl. Wieland/Mahmood/Röller (1998), S. 50.

auch eine von dieser Marktabgrenzung abweichende Definition des relevanten Marktes zum gleichen Prüfungsergebnis geführt hätte[1].

2.3.2 Beurteilung der Entscheidung des Bundeskartellamtes

In seiner Beurteilung aus dem Jahr 1989 stellte das Bundeskartellamt auf den Märkten für leichte und schwere Lastkraftwagen trotz des vorhandenen Wettbewerbes eine dauerhaft überragende Marktstellung der Daimler-Benz AG fest. Dies wurde aus verschiedenen Marktstruktur- und Marktverhaltensmerkmalen abgeleitet. Das Amt stellte damals für Daimler-Benz auf den Märkten für leichte und schwere Lastkraftwagen Marktanteile fest, welche die Voraussetzungen einer Einzelmarktbeherrschungsvermutung erfüllten. Dabei wurde auch ein erheblicher Marktanteilsvorsprung vor den Wettbewerbern festgestellt (vgl. in Tabelle V-2 die Angaben der Jahre 1984-1987)[2].

Das Bundeskartellamt bemerkte in seiner Beurteilung außerdem, dass Daimler-Benz infolge der Dichte des Vertriebs- und Servicenetzes und wegen des Angebots zusätzlicher Dienstleistungen über bedeutende Wettbewerbsvorteile und dadurch über einen besseren Zugang zu den Absatzmärkten verfüge. Außerdem sei infolge von Nachfragepräferenzen zugunsten inländischer Hersteller von Marktzutrittsschranken für Wettbewerber aus anderen europäischen Ländern auszugehen. Zusätzlich wurde die überragende Finanzkraft des Daimler-Benz Konzerns angeführt und insbesondere dessen Zugangsmöglichkeiten zu Forschungs- und Entwicklungsergebnissen in Hochtechnologiebereichen[3].

Das Bundeskartellamt kam in seinem Urteil 1989 zu dem Ergebnis, dass der geplante Zusammenschluss die marktbeherrschende Stellung der Daimler-Benz AG auf den Märkten für leichte und schwere Lastkraftwagen verstärken würde. Dabei würde die Mehrheitsbeteiligung an MBB dem Daimler-Benz-Konzern Zugriffsmöglichkeiten auf deren Forschungs- und Entwicklungs-Know-how in den Bereichen Wehrtechnik sowie Luft- und Raumfahrt ermöglichen. Hierdurch würde sich der Vorsprung von Daimler-Benz noch mehr erhöhen. Das ergebe sich daraus, dass das Hochtechnologie-Know-how aus Luftfahrt-, Raumfahrt- und Wehrtechnik im gesamten Kraftfahrzeugbereich marktwirksam anwendbar sei[4].

1 Vgl. Bundeskartellamt (1989), S. 655 f.
2 Vgl. ebenda, S. 656.
3 Vgl. Bundeskartellamt (1989), S. 656.
4 Vgl. Bundeskartellamt (1989), S. 657 f.

Wie aus den Werten in Tabelle V-2 hervorgeht, ist die Argumentation des Bundeskartellamtes unter heutigen Gesichtspunkten nicht haltbar. Die Marktanteile des Daimler-Benz Konzerns auf den Märkten für leichte und schwere Lastkraftwagen haben sich trotz des Zusammenschlusses mit MBB seit den achtziger Jahren um ca. 10% verringert. Insofern hat auch der entsprechende Marktanteilvorsprung vor den Wettbewerbern abgenommen. Zwar ist der Daimler-Benz Konzern auf den inländischen Märkten immer noch mit ungefähr 50% Marktanteil vertreten, aber es bleibt festzuhalten, dass sich der Zusammenschluss mit MBB, jedenfalls im Hinblick auf die Marktanteilswerte in den neunziger Jahren, nicht steigernd auf die Entwicklung der Marktmacht des Daimler-Benz Konzerns ausgewirkt hat.

Markt (Neuzulassungen)	Jahr	Gesamtmarkt-volumen (Stück)	Daimler-Benz AG (%)	IVECO Fiat (%)	MAN (%)	SCANIA (%)	Andere (Volvo, Renault, u.a.) (%)
LKW mit Normalaufbau 6-16 t zulässiges Gesamtgewicht	1984	24.448	62,2	15,8	15,5	1,3	5,4
	1985	24.285	64,3	15,5	14,8	1,1	4,3
	1986	22.835	63,1	15,7	15,3	0,8	5,1
	1987	20.860	64,1	18,3	13,3	0,3	4,0
	:	:	:	:	:	:	:
	1995	26.345	51,2	16,3	25,4	0,1	7,1
	1996	23.833	52,1	21,4	20,2	0,1	6,2
	1997	23.729	54,2	16,6	21,8	0,1	7,3
	1998	28.673	52,1	15,7	23,3	0,1	8,9
LKW mit Normalaufbau ab 16 t zulässiges Gesamtgewicht	1984	3.426	54,5	10,4	26,2	4,3	4,6
	1985	3.307	57,7	7,6	26,3	4,4	4,0
	1986	5.470	53,9	7,5	29,0	4,6	5,0
	1987	9.621	52,6	8,5	29,1	5,6	4,2
	:	:	:	:	:	:	:
	1995	11.416	48,5	8,3	31,0	6,0	6,2
	1996	9.877	46,6	7,0	34,1	5,3	7,1
	1997	9.369	48,6	7,7	30,7	6,1	6,9
	1998	10.651	50,9	5,7	29,8	7,1	6,6

Tabelle V-2: Marktanteile der Anbieter auf den deutschen Märkten für leichte und schwere Lastkraftwagen mit Normalaufbau[1].

Obwohl Daimler-Benz sicherlich immer noch über gewisse nationale Vorteile gegenüber anderen Konkurrenten verfügt, haben es inzwischen die ausländischen Anbieter geschafft, stärker auf dem deutschen Markt Fuß zu fassen. Dies wird insbesondere in Abbildung V-5 deutlich. So haben die Anteile ausländischer LKW in Deutschland von 1991 bis 2003 von ca. 20% auf 30% zugenommen.

1 Quelle: Statistische Mitteilungen des Kraftfahrt- Bundesamtes; jeweilige Jahreshefte.

Es kann ebenfalls festgehalten werden, dass der Hinweis auf zusätzliche Vorteile von Daimler-Benz in Folge des Zugriffs auf das Forschungs- und Entwicklungs-Know-how von MBB keine übermäßigen Vorteile generiert zu haben scheint (vgl. hierzu auch Kapitel V-3.1.3[1]). Speziell die Befürchtung, dass die MAN Nutzfahrzeug GmbH negativ von diesem Zusammenschluss beeinflusst werden würde, hat sich bis heute nicht bestätigt. So hat dieses deutsche Konkurrenzunternehmen in den neunziger Jahren fast den gesamten Marktanteil den der Daimler-Benz Konzern auf den beschriebenen Märkten für leichte und schwere Lastkraftwagen abgegeben hat, für sich selbst hinzugewonnen (vgl. Tabelle V-2).

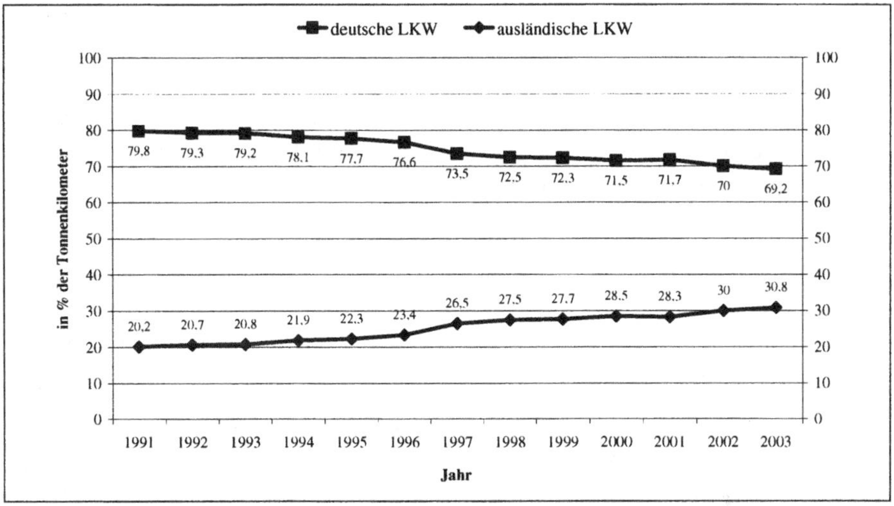

Abbildung V-5: Marktanteile deutscher und ausländischer LKW in Deutschland 1991-2003 in %[2].

Somit bleibt festzuhalten, dass sich der Zusammenschluss entgegen der Befürchtungen des Bundeskartellamtes nicht nachhaltig negativ auf die Wettbewerbsverhältnisse im Markt für leichte und schwere Lastkraftwagen ausgewirkt hat.

1 Kapitel V-3.1.3 befasst sich mit dem Thema „Spin-off" und kommt zu dem Ergebnis, dass dieses Argument, das in vergleichbaren Diskussionen immer wieder herangezogen wird, nach dem aktuellen Stand der Wissenschaft nicht haltbar ist, da „Spin-off" Effekte bis heute nicht eindeutig nachgewiesen werden konnten.

2 Quelle: DIW, Berlin; ifo, München, BGL.

3. Beurteilung der prognostizierten Gemeinwohlvorteile des Zusammenschlusses

3.1 Die öffentliche Bedeutung der deutschen Luft- und Raumfahrtindustrie

In ihrem Antrag auf Ministererlaubnis stellten die beteiligten Unternehmen Daimler-Benz und MBB auf die besondere Bedeutung der Luft- und Raumfahrtindustrie und das darin begründete Gemeinwohl ab, welches die Monopolkommission daraufhin in ihrem Sondergutachten zu dem Zusammenschluss beurteilte[1]. In ihrer Evaluierung orientierte sich die Monopolkommission, wie auch in anderen Sondergutachten zuvor, primär anhand der von den zuständigen Verfassungsorganen formulierten Grundsätze der Wirtschaftspolitik[2]. Um den Zusammenschluss der beiden Unternehmen heute, über 15 Jahre später, zu analysieren, werden im folgenden versucht, die damals kritisch diskutierte Gründe für den Zusammenschluss erneut aufzugreifen und sowohl die Entwicklung als auch die aktuelle Situation der Luft- und Raumfahrtindustrie im Hinblick auf Veränderungen in der Wirtschaftspolitik gewürdigt.

In diesem Zusammenhang ist darauf hinzuweisen, dass die Bundesregierung im Jahr 1974 per Organisationserlass die Berufung eines Koordinators für die deutsche Luft- und Raumfahrtindustrie beschloss, um der sich anbahnenden Konsolidierung und Neustrukturierung der Branche Rechnung zu tragen. Seine Aufgabe ist es, durch regelmäßig der Bundesregierung vorzulegende Berichte eine Zusammenfassung zu den politischen Handlungsfeldern abzugeben. Dabei beobachtet er die Entwicklung der deutschen LRI und ihr weltwirtschaftliches Umfeld, zeichnet die Marktperspektiven und die industriellen Anpassungserfordernisse auf, verdeutlicht die relevanten politischen Handlungsfelder und erläutert den Handlungsrahmen der Luft- und Raumfahrtpolitik der Bundesregierung[3].

Im folgenden sollen nun unter aktuellen wettbewerbspolitischen Gesichtspunkten und in Anlehnung an die Vorgehensweise der Monopolkommission bei der Erstellung ihres Sondergutachtens 1989 folgende Gründe, die für die öffentliche Bedeutung der deutschen Luft- und Raumfahrtindustrie als relevant erachtet wurden, betrachtet werden:

---

1 Vgl. Monopolkommission: 18. Sondergutachten (1989b), S. 57 ff.; Dabei geht es speziell um die Frage, welche Ziele der Wirtschaftspolitik als gesamtwirtschaftliche Vorteile anzuerkennen sind und ob ein überragendes Interesse der Allgemeinheit vorliegt.

2 Vgl. Monopolkommission: 2. Sondergutachten (1975), Tz.25.

3 Vgl. Bundesministerium für Wirtschaft (1996b), S. 4 ff.; In seinem vierten Bericht geht der Koordinator für die deutsche Luft- und Raumfahrt auch positiv auf den Zusammenschluss zwischen Daimler-Benz und MBB ein. Vgl. Bundesministerium für Wirtschaft (1989a), S. 19 ff.

- Entwicklung von Wachstum und Beschäftigung der Luft- und Raumfahrtmärkte
- Die volkswirtschaftlich-technologische Bedeutung der LRI
- Die Realisierung von Abstrahleffekten
- Die Bedeutung außerökonomischer Faktoren

3.1.1 Die Entwicklung von Wachstum und Beschäftigung in der deutschen Luft- und Raumfahrtindustrie

3.1.1.1 Statistische Datenlage und Abgrenzungsunterschiede

Für die Darstellung der Entwicklung der deutschen Luft- und Raumfahrtindustrie besteht die Möglichkeit, auf zwei separat voneinander erhobene Datenquellen zurückzugreifen, nämlich:

1. die Industriestatistik des Statistischen Bundesamtes und
2. die Verbandsstatistik des Bundesverbandes der Deutschen Luft- und Raumfahrtindustrie (BDLI)

Die Industriestatistik des Statistischen Bundesamtes basiert auf gesetzlicher Grundlage und bietet stabile Grundgesamtheiten. Dabei bildete die Luft- und Raumfahrtindustrie bisher eine eigenständige Wirtschaftsgruppe. Eine weitere Untergliederung des Sektors liegt dabei allerdings nicht vor[1].

Die Statistik des BDLI wird primär aus den Meldungen der Mitgliedsfirmen erstellt. Hierzu werden, soweit möglich, ergänzend die Daten anderer Sektorunternehmen einbezogen. Nach der BDLI-Abgrenzung werden somit schätzungsweise etwa 85% des Sektors erfasst. Der Berichtskreis ist bei dieser Statistik allerdings weniger stabil, und die Daten sind nicht immer frei von Zuordnungsproblemen. Die Verbandsstatistik hat allerdings den Vorteil, dass sie den Sektor weiter differenziert. Zum einen wird unterschieden nach System-, Triebwerk-, Ausrüstungs- und Werkstoffindustrie und zum anderen nach zivilen Luftfahrt-, militärischen Luftfahrt- und Raumfahrterzeugnissen. Dies ist vor allem auch deshalb von Relevanz, da die Verbandsdaten in die statistische Zusammenstellung der Europäischen Kommission auf Gemeinschaftsebene eingehen[2] und somit unmittelbar in den internationalen Vergleich einbezogen werden[3].

1 In der neu nach dem Jahr 2002 festgelegten Klassifikation der Wirtschaftszweige des Statistischen Bundesamtes bildet Luft- und Raumfahrzeugbau (Gruppe 35.3) eine Untergruppe des Bereiches „Sonstiger Fahrzeugbau“ (Abteilung 35).

2 Vgl. European Commission (1997), Directorate-General III: The European Aerospace Industry-Trading Position and Figures sowie ASD (2004) Facts and Figures - Civil and Defence Aerospace, Brussels 2004.

3 Vgl. Jahresberichte des BDLI (1989-2003).

Im folgenden wird aufgrund der stabileren Grundgesamtheit soweit wie möglich auf die amtliche Statistik zurückgegriffen. Die Verbandsstatistik des BDLI wird darüber hinaus ergänzend hinzugezogen.

3.1.1.2 Outputentwicklung

Auf der Grundlage der volkswirtschaftlichen Gesamtrechnung bemisst sich die Leistung einer Branche an der Bruttowertschöpfung zu konstanten Preisen. Auf Basis der Bruttowertschöpfung betrug der Anteil der deutschen Luft- und Raumfahrtindustrie am gesamten „Verarbeitenden Gewerbe" im Jahr 2002 1,5%[1]. Festzustellen ist, dass der Anteil der Bruttowertschöpfung der Branche am gesamten verarbeitenden Gewerbe von 1989 bis zum Ende des Jahrtausends zwar kontinuierlich zunahm, aber rein quantitativ von geringer gesamtwirtschaftlicher Bedeutung ist[2].

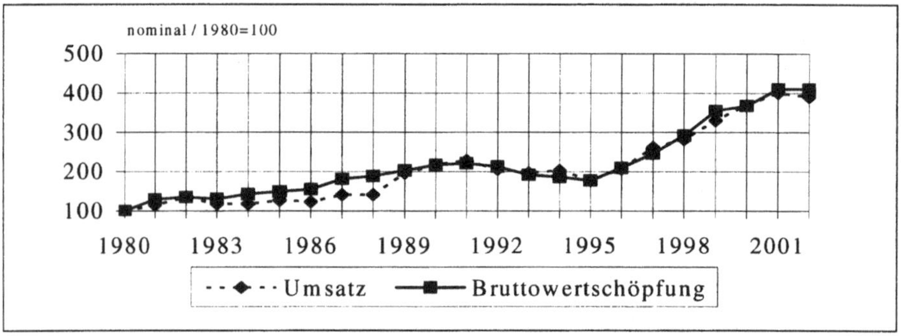

Abbildung V-6: Umsatz und Bruttowertschöpfung in der Luft- und Raumfahrtindustrie[3].

Bei einer langfristigen Analyse ist festzustellen, dass sowohl der Umsatz als auch die Wertschöpfung der deutschen Luft- und Raumfahrtindustrie seit den achtziger Jahren, abgesehen von einem vorübergehenden Rückgang Anfang der neunziger Jahre, deutlich zugenommen haben (vgl. Abbildung V-6). Der An-

1 Vgl. Statistisches Bundesamt (2005); Hierbei ist zu beachten, dass die Zuordnung der Unternehmen zu den einzelnen Branchen nach deren wirtschaftlichem Schwerpunkt erfolgt.

2 Vgl. Statistisches Bundesamt (2005); Für die genaue Entwicklung der Anteile der deutschen Luft- und Raumfahrtindustrie am verarbeitenden Gewerbe seit 1980 vgl. Tabelle A-1 im Anhang.

3 Quelle: Statistisches Bundesamtes (2005); Die Werte aus den Jahren 1991 bis 2004 sind im Nachgang im Jahr 2005 durch das statistische Bundesamt bereinigt und auf Euro umgestellt worden.

stieg war hierbei in der Luft- und Raumfahrtindustrie um einiges stärker ausgeprägt als im gesamten verarbeitenden Gewerbe[1]. Seinen bisher höchsten Wert erreichte die Bruttowertschöpfung der Luft- und Raumfahrtindustrie im Jahr 2002 mit einem Wert von 6,5 Milliarden Euro und sank im darauf folgenden Jahr deutlich auf 5,7 Mrd. €[2]. Dieser Rückgang ist vor allem mit einem Nachfragerückgang nach zivilen Luftfahrterzeugnissen zu erklären, deren Ursachen unter anderem in den Auswirkungen der Terroranschläge des 11. September 2001 und der SARS Epidemie in Asien zu sehen sind. Die zeitliche Spanne zwischen Ursache und Auswirkung kann darauf zurückgeführt werden, dass sich externe Effekte in der LRI erst mit einer gewissen Zeitverzögerung auswirken.

Das seit 1980 lang anhaltende überdurchschnittliche Wachstum in diesem Industriezweig kann vor allem mit der starken Expansion der Nachfrage nach zivilen Luftfahrt- und Raumfahrterzeugnissen erklärt werden. Durch die erhebliche Zunahme des Luftverkehrs wurden die Fluggesellschaften gezwungen, ihre Flotten zu modernisieren und auszubauen. Dagegen profitierte der Raumfahrtsektor in den achtziger Jahren vor allem von seiner Funktion als typischer Hochtechnologiesektor, dem positive Auswirkungen auf andere Wirtschaftsbereiche zugeschrieben wurden (vgl. Kapitel V-2.2). Dabei wurde speziell dieser Bereich von staatlicher Seite durch umfangreiche Mittel für Forschung und Technologieentwicklung gefördert[3].

In der ersten Hälfte der achtziger Jahre stiegen die Ausgaben für Entwicklung und Beschaffung im Bereich der militärischen Luftfahrzeuge zwar noch an, sie wurden aber mit dem Auslaufen der Nachrüstungsprogramme und der Entspannung im Ost-West-Konflikt nicht mehr weiter erhöht. Im Zuge dieser Entwicklung ging der Anteil der militärischen Luftfahrterzeugnisse am gesamten Umsatz der LRI in den achtziger Jahren von 63% auf 46% zurück (vgl. hierzu Tabelle V-3)[4].

Seit 1992 musste die gesamte LRI einen merklichen Outputeinbruch hinnehmen. Dabei war der Bereich der militärischen Luftfahrterzeugnisse am stärksten betroffen. Dies ist im wesentlichen auf zwei Entwicklungen zurückzuführen. So kam es zum einen zu einer weitgehenden Entspannung im Zuge der Veränderungen im ehemaligen Ostblock und zum anderen zu zunehmenden finanziellen Engpässen in den öffentlichen Haushalten, vor allem bedingt durch die deutsche

1 Im Zeitraum von 1992 bis 2002 nahm die Bruttowertschöpfung in der Luft- und Raumfahrtindustrie im Schnitt um 3,2% zu, im gesamten verarbeitenden Gewerbe dagegen nur um 0,3%.

2 Vgl. Statistisches Bundesamt (2005), S. 44.

3 Vgl. Hild/Breitenacher/Pieper (1997), S. 59; Müller (1997), S. 25 ff.

4 Vgl. Hild/Breitenacher/Pieper (1997), S. 59 f.

Wiedervereinigung, und somit zu erheblichen Kürzungen in den Beschaffungsbudgets der Bundesregierung speziell für militärische Erzeugnisse der LRI. Hierdurch ging der Anteil dieser Erzeugnisgruppe am Umsatz der gesamten LRI auf 22% im Jahr 2000 zurück[1].

Variable/Bereich	Einheit	1980	1990	2000	1990/00 VR in%[a)]
Daten für Betriebe (nach Angaben des Statistischen Bundesamtes)					
Umsatz	Mrd. €	3,98	8,67	14,68	6,9
Bruttowertschöpfung	Mrd. €	1,58	3,43	5,81	6,9
Wertschöpfungsquote[b)]	%	39,7	39,6	39,6	+/- 0
Umsatzanteile (nach Angaben der Verbandsstatistik des BDLI)					
Nach Erzeugnisgruppen					
Zivile Luftfahrterzeugnisse	%	31,5	43,2	68,6	25,5
Militärische LF-Erzeugnisse	%	64,4	45,6	21,7	-23,8
Raumfahrterzeugnisse	%	5,1	11,2	9,7	-1,5
Nach Herstellergruppen					
Systemhersteller	%	67,0	60,0	58,0	-2,0
Triebwerkhersteller	%	10,1	8,1	16,0	7,9
Ausrüstungshersteller	%	19,5	28,5	23,0	-5,5
Werkstoffhersteller	%	3,5	3,4	3,0	-0,4
Insgesamt	Mrd. €	4,62	12,97	14,80	1,4
a) Für absolute Werte: Durchschnittliche jährliche Veränderungsraten (VR); für Anteilswerte: Differenz in % im angegebenen Zeitraum. - b) Anteil der Bruttowertschöpfung am Umsatz.					

Tabelle V-3: Outputentwicklung der deutschen Luft- und Raumfahrtindustrie[2].

In vergleichbarer Weise war auch der Raumfahrtzeugbau von diesen Entwicklungen betroffen. Der zivile Luftfahrzeugbau musste sich in der ersten Hälfte der neunziger Jahre ebenfalls durch einen Einbruch bei den Neubestellungen und Auslieferungen auf veränderte Marktbedingungen einstellen. Durch eine kräftige Erholung dieses Segmentes in der zweiten Hälfte der neunziger Jahre konnte es seinen Umsatzanteil an der gesamten deutschen LRI aber insgesamt auf 69% im Jahr 2000 steigern.

1 Vgl. ebenda, S. 61.

2 Quelle: Angaben des Statistischen Bundesamtes und des BDLI.

Der Absatzrückgang bei militärischen Erzeugnissen traf vor allem die Ausrüstungsindustrie, deren Umsatzanteil an der gesamten LRI zwischen 1990 und 2000 um 5,5% abnahm. Dieser Bereich ist von Nachfragerückschlägen stärker betroffen als die Systemhersteller, da letztere einen größeren Spielraum bei der Gestaltung des Verhältnisses zwischen Eigen- und Fremdfertigung haben. Gewinner der stark gestiegenen Nachfrage nach zivilen Flugzeugen waren letztlich die Triebwerkhersteller, die ihren Anteil am Umsatz der Luft- und Raumfahrtindustrie auf 16% im Jahr 2000 steigern konnten.

3.1.1.3 Absatzstruktur

Initiiert durch die Entspannung im Ost-West-Konflikt, setzte sich ein Prozess in Gang, bei dem es zu einer Verschiebung in der Umsatzstruktur in der deutschen LRI zugunsten des privaten und zu Lasten des militärischen Bereiches kam. Im Rahmen dieser Entwicklung hat sich der Anteil des militärischen Sektors innerhalb von 20 Jahren von 43% auf 22% quasi halbiert (vgl. Tabelle V-4)[1]. Die abnehmende Bedeutung militärischer Erzeugnisse im Rahmen der deutschen LRI in den letzten Jahrzehnten stellt hierbei eine Entwicklung dar, die sich auch in den LRI der USA und den anderen Mitgliedsländern der EU beobachten lässt. Im Vergleich ist jedoch der in Deutschland staatlicherseits bezuschusste Teil des Luft- und Raumfahrtzeugbaus wesentlich stärker zurückgefahren worden als in anderen Ländern[2].

So hat sich die Struktur bei den Verkäufen der LRI nach Abnehmern verändert. Seit Anfang der neunziger Jahre haben die Lieferungen an staatliche Stellen, durch den rückläufigen Anteil der militärischen Erzeugnisse am Umsatz, an Gewicht verloren (vgl. Tabelle V-4). Dagegen haben jedoch die Lieferungen an andere LRI Unternehmen speziell in Deutschland deutlich zugenommen, welches insbesondere auf die Zulieferungen für die Endmontage des Airbus zurückzuführen ist. Auf europäischer Ebene spielt der Verkauf an Endabnehmer eine größere Rolle, da hier der Verkauf der fertig gestellten Airbus Maschinen an die Fluglinien stärker ins Gewicht fällt.

Gleichzeitig waren die dargelegten Verschiebungen in der Abnehmerstruktur begleitet von einer zunehmenden Einbindung der deutschen LRI in die internationale Arbeitsteilung. Dies gilt insbesondere für die vielfältigen Kooperationsprojekte des europäischen Luft- und Raumfahrzeugbaus. Dabei hat sich die Ex-

---

1 Für das Jahr 2003 liegt der militärische Anteil am Gesamtumsatz der deutschen LRI laut BDLI bei 31,3%.

2 Vgl. Hild/Breitenacher/Pieper (1997), S. 64.

portquote (Anteil des Auslandsumsatzes am Gesamtumsatz) der deutschen LRI in den Jahren 1980 bis 2003 von 34% auf 61% nahezu verdoppelt[1].

Variable	1980	1990	2000	1990/00 Differenz in %
Umsatzanteile am gesamten LRI-Umsatz des jeweiligen Landes				
Militärische Erzeugnisse				
Deutschland	43,2	40,0	21,8	-18,2
EU gesamt	67,5	49,2	29,2	-20,0
USA	61,0	53,3	40,3	-13,0
Umsatzanteile nach Abnehmern				
Deutschland				
Verkäufe an den Staat	36,7	34,7	11,0	-23,7
Verkäufe an die LRI	51,0	54,5	76,6	+22,1
Verkäufe an Endabnehmer	12,3	10,8	12,4	+1,6
EU				
Verkäufe an den Staat	27,7	28,7	23,8	-4,9
Verkäufe an die LRI	35,3	34,0	20,2	-13,8
Verkäufe an Endabnehmer	37,1	37,4	56,0	+18,6

Tabelle V-4: Absatzstruktur der Luft- und Raumfahrtindustrie[2].

3.1.1.4 Beschäftigungsentwicklung

In der deutschen Luft- und Raumfahrtindustrie hat sich die Zahl der Beschäftigten von 1980 bis 2003, abgesehen von Rückgängen im Jahr 1984 und in dem Zeitraum von 1991-1997, entsprechend dem wachsenden Geschäftsvolumen deutlich erhöht, und zwar um 23%. Hiermit hat sich die Branche deutlich vom gesamten verarbeitenden Gewerbe abgehoben, bei dem zwar zwischen 1985 und 1991 die Zahl der Beschäftigten ebenfalls stieg, die Arbeitsplatzverluste der Jahre 1981/84 aber nicht mehr aufgeholt werden konnten (vgl. Abbildung V-7). Der Anteil der LRI an den Beschäftigten des gesamten verarbeitenden Gewerbes hat sich daher von Anfang der achtziger bis zum Jahr 2003 von 0,8% auf knapp 1% erhöht[3].

---

1 Vgl. Hild/Breitenacher/Pieper (1997), S. 65 f.; Mit 63% war die Exportquote nach Angaben des Statistischen Bundesamtes 1994 mehr als doppelt so hoch wie die durchschnittliche Exportquote des verarbeitenden Gewerbes; vgl. hierzu auch Mehdorn (1992), S. 35 ff.

2 Quelle: ASD (2004) ; BDLI (2005).

3 Vgl. Tabelle A-2 im Anhang.

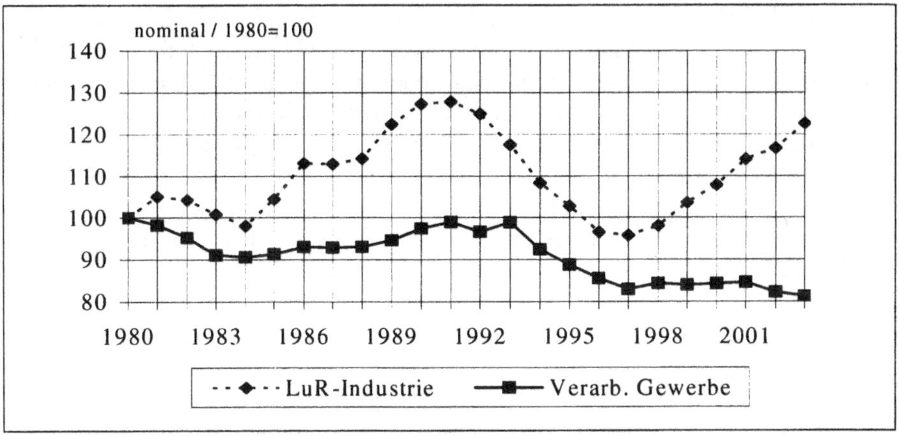

Abbildung V-7: Beschäftigungsentwicklung in der deutschen LRI im Vergleich zum verarbeitenden Gewerbe[1].

Als Folge des Produktionsrückgangs, der die deutsche LRI ab 1992 erschütterte, wurde in den darauf folgenden Jahren die Zahl der Arbeitsplätze zunächst überdurchschnittlich stark abgebaut, bevor ab 1998 wieder vermehrt Einstellungen erfolgten. So wurden allein zwischen 1992 und 1994 fast 12.000 Stellen abgebaut, wobei dieser Trend noch drei weitere Jahre andauerte. Allerdings war der prozentuale Stellenabbau seit Anfang der neunziger Jahre geringer als der prozentuale Rückgang des realen Outputs. Dies ist damit zu begründen, dass einer schnelleren Anpassung der Beschäftigtenzahl an die Produktionsentwicklung mehrere Faktoren entgegenstehen, insbesondere die Vorschriften des Kündigungsschutzes sowie das Vorhalten von Beschäftigtenkapazitäten für Zeiten, in denen die Auftragslage wieder steigt. Aus diesem Grund haben die Unternehmen der LRI in der ersten Hälfte der neunziger Jahre als zusätzlichen Anpassungsparameter die Zahl der Jahresarbeitsstunden je Beschäftigten reduziert, so dass die Zahl der Beschäftigtenstunden deutlicher abnahm als jene der Beschäftigten. So wurden von 1990-1994 die Beschäftigtenstunden um 23% reduziert während die Beschäftigten im gleichen Zeitraum lediglich um 15% abgebaut wurden[2].

In der Bundesrepublik hat sich die Struktur der Beschäftigten nach Erzeugnisgruppen in den vergangenen Jahren tendenziell nach ähnlich entwickelt wie die Outputstruktur, d.h., der zivile Sektor hat zu Lasten des militärischen Bereichs an Bedeutung als Arbeitgeber gewonnen. Dabei fällt jedoch auf, dass seit An-

1 Quelle: Statistisches Bundesamt (2004).
2 Vgl. hierzu Tabelle A-2 im Anhang.

fang der neunziger Jahre der Beschäftigtenanteil des zivilen Luftfahrzeugbaus weniger stark zugenommen hat als der entsprechende Umsatzanteil (vgl. Tabelle V-3 und V-5). Dies lässt sich damit begründen, dass man auch in der deutschen LRI bemüht war, in der Produktion durch effizientere Produktionsmethoden und Rationalisierung die Rentabilität in diesem Industriezweig zu steigern. Dies gelang bei gleichzeitigem Ausbau der Stellen im zivilen Bereich. Im Gegensatz dazu wurde im gleichen Zeitraum aufgrund der langfristig ungünstig eingeschätzten Absatzchancen bei der Herstellung militärischer Luftfahrterzeugnisse die Beschäftigtenzahl nachhaltig reduziert.

Variable/Bereich	Einheit	1980	1990	2000	1990/00 VR in %[a)]
Daten für Betriebe (nach Angaben des Statistischen Bundesamtes)					
Beschäftigte	1.000	61,1	77,8	65,9	-1,5
Beschäftigtenstunden	Std.	100,8	116,8	96,2	-1,7
Durchschnittliche Jahresarbeitszeit[b)]	Std.	1.649	1.502	1.461	-0,3
Angestelltenanteil[c)]	%	51,9	56,6	52,7	-3,9
Durchschnittsverdienst je Beschäftigten	1.000 €	21,5	32,8	45,8	+4,0
Stundenverdienst	€	13,04	21,84	31,35	+4,4
Beschäftigtenanteile (nach Angaben der Verbandsstatistik des BDLI)					
Nach Erzeugnisgruppen					
Zivile Luftfahrterzeugnisse	%	30,8	43,5	51,8	+8,3
Militärische LF-Erzeugnisse	%	65,0	48,8	25,4	-23,4
Raumfahrterzeugnisse	%	4,1	7,7	9,6	+1,9
Nach Herstellergruppen					
Systemhersteller	%	64,9	59,0	58,6	-0,4
Komponenten- u. Teilehersteller	%	35,1	41,0	41,4	+0,4
Beschäftigte insgesamt	1.000	72,9	95,0	69,1[d)]	-2,7

a) Für absolute Werte: Durchschnittliche jährliche Veränderungsraten (VR); für Anteilswerte: Differenz in % im angegebenen Zeitraum. - b) je Beschäftigten. - c) Anteil an sämtlichen Beschäftigten. - d) inkl. Schätzung der nicht im BDLI organisierten deutschen Luft- und Raumfahrtunternehmen.

Tabelle V-5: Beschäftigungsentwicklung in der Luft- und Raumfahrtindustrie[1].

Bei der Struktur und Entwicklung der Beschäftigten nach Herstellergruppen haben sich in den neunziger Jahren keine wesentlichen Veränderungen ergeben.

1 Quelle: Tabellen A2, A3, B1 und B2 im Anhang.

An dieser Stelle bestätigt sich aber, dass seitens der Systemhersteller in den neunziger Jahren nicht nur der Umsatz, sondern auch die Anzahl der Beschäftigten tendenziell eher ab- als zugenommen hat. Somit hat eher eine Verschiebung innerhalb der Wertschöpfungskette der LRI hin zu Komponenten- und Teileherstellern stattgefunden, als das die Systemhersteller signifikant an Personal- und Umsatzkomponenten hinzugewonnen hätten.

Festzuhalten bleibt, dass die Qualität des Faktors Arbeit in der LRI als relativ hoch anzusetzen ist. So liegt in dieser Sparte eine vergleichsweise hoher Bruttolohn- bzw. eine Bruttogehaltssumme vor. Außerdem lässt der Angestelltenanteil von über 50% auf ein relativ hohes Qualifikationsniveau schließen. Ein weiteres Indiz für die hohe Qualifikation ist die Tatsache, dass rund ein Viertel des Personals in der Forschung und Entwicklung tätig ist, wovon wiederum gut die Hälfte auf Wissenschaftler und Ingenieure entfällt[1]. Ferner waren laut einer Studie aus dem Jahr 1993 56% des Personals in der Produktion und 18% in Vertrieb und Verwaltung beschäftigt. Diese Beschäftigungsstrukturen der deutschen LRI entsprechen weitgehend derjenigen der LRI der anderen europäischen Mitgliedsländer[2].

3.1.2 Die volkswirtschaftlich-technologische Bedeutung der Luft- und Raumfahrtindustrie

In der Bundesrepublik Deutschland besteht seitens der Politik der Konsens, dass man sich als Land mit hohem Lohnniveau, großer Rohstoff- und Energieabhängigkeit sowie starker Außenhandelsverflechtung auf zukunftsweisende Hochtechnologiefelder auszurichten habe[3]. So nimmt auch der Koordinator für die deutsche Luft- und Raumfahrt in seinem vierten Bericht Bezug auf die Wachstumsperspektiven der Luft- und Raumfahrtmärkte:

> „Wegen der Wachstumschancen der Luft- und Raumfahrtmärkte ist es wichtig, dass deutsche Unternehmen - allein und in Kooperation mit anderen - auf diesen Märkten präsent sind. Dadurch werden auch potentielle Monopolstellungen verhindert, und der technologische Anschluss insgesamt geht nicht verloren.[4]"

Obwohl die deutsche LRI, bezogen auf Beschäftigte, Umsatz und Bruttowertschöpfung, eine quantitativ eher kleine Branche darstellt, besitzt sie laut Aussa-

1 Relationen für 1993 auf der Grundlage von Erhebungen der Gemeinnützigen Gesellschaft für Wissenschaftsstatistik mbH im Stifterverband für die Deutsche Wissenschaft.
2 Vgl. Hild/Breitenacher/Pieper (1997), S. 74 f.
3 Vgl. Bundesministerium für Wirtschaft (1989a), S. 7 ff.; Klodt (1989), S. 7 ff.; Monopolkommission: 18. Sondergutachten, (1989b), S. 59.
4 Bundesministerium für Wirtschaft (1989a), S. 9.

gen öffentlicher Stellen eine überproportionale Bedeutung für die wirtschaftliche und politische Position des Staates. Aus diesem Grund unterstützt die Bundesregierung die deutsche LRI in einer Vielzahl von Handlungsfeldern. Ziel ist es, sich in Deutschland verstärkt auf eine Industriestruktur mit technologisch hochwertigen Produkten und hoher Wertschöpfung auszurichten. In der LRI kommen dabei Technologien mit breiter Ausstrahlung auf andere Industriezweige zum Einsatz. Speziell in der Verzahnung dieser Technologiefelder innerhalb eines einzigen Industriezweiges liegt ein großes Potenzial. Aus diesem Grund kann dieser Industriezweig nach Aussage des Bundesministeriums für Wirtschaft einen weit über den eigenen Sektor hinausgehenden Beitrag zur Beschäftigungs- und Wohlstandssicherung leisten[1].

Um dieses Potenzial längerfristig zu sichern, kommt der Vermeidung potentieller ausländischer Monopolstellungen (vor allem durch amerikanische Anbieter) insbesondere bei zivilen Verkehrsflugzeugen, aber auch im Bereich der kommerziellen Raumfahrt, eine erhebliche Bedeutung zu, da diese Hochtechnologie-Märkte der durch wenige weltweite Wettbewerber gekennzeichnet sind. Für die Bereiche der militärischen Luftfahrt und der nicht-kommerziellen Raumfahrt kann man davon ausgehen, dass es für die Bundesregierung oder die an Kooperationen beteiligten Staaten als vorrangige Nachfrager keinen Markt gibt, der sich auf das Gesamtprodukt bezieht[2]. Inwiefern deutsche Unternehmen auf einzelnen Technologiefeldern bzw. Marktsegmenten in der LRI tätig sind, ist nach dieser Logik nicht in erster Linie eine Frage der Wettbewerbsfähigkeit der Industrie, sondern des industriepolitischen Engagements der politischen Entscheidungsträger. Ob die deutsche LRI in diesen Bereichen den technologischen Anschluss behält, hängt somit der öffentlichen Meinung nach im wesentlichen von der Art und dem Umfang der öffentlichen Aufträge ab[3].

Auf dem Markt für zivile Verkehrsflugzeuge spielt die Präsenz eines europäischen Anbieters laut Monopolkommission eine besondere Rolle. Angesichts der oligopolistisch geprägten Marktstruktur ergeben sich für die europäischen Volkswirtschaften wesentliche Vorteile durch die Existenz eines europäischen Anbieters in der Form von Airbus Industrie. Ohne Airbus Industrie wären die europäischen Luftfahrtgesellschaften laut Meinung der Kommission dem amerikanischen Preisdiktat ausgeliefert. Ohne den Willen der europäischen Regierungen zur Stützung des Airbus hätten die Amerikaner unter der Führung von Boeing die Möglichkeit, den Markteintritt eines weiteren Anbieters angesichts der langen Vorlaufzeiten im Flugzeugbau durch entsprechende Markt- und Preisstrategien zu verhindern. Die europäischen Volkswirtschaften wären in einer

1 Vgl. Bundesministerium für Wirtschaft (1996b), S. 36 f.
2 Vgl. Untersagungsverfügung des Bundeskartellamtes (1989), S. 26 ff.
3 Vgl. Monopolkommisssion: 18. Sondergutachten (1989b), 59 f.

solchen Situation gezwungen, Monopolgewinne für Verkehrsflugzeuge in die USA zu transferieren. Der Airbus sorge somit für einen Preis- und Produktwettbewerb, der die Monopolgewinne der amerikanischen Anbieter wesentlich reduziere. Aus diesem intensiven Wettbewerb ziehe aber nicht nur Airbus Industrie einen Nutzen, sondern vielmehr die europäische Volkswirtschaft insgesamt. Problematisch ist in diesem Zusammenhang allerdings die genaue Abwägung von Kosten und generiertem Nutzen. Vergleichbares gilt auch für den Bereich der kommerziellen Raumfahrt[1].

Im folgenden soll nun die Stellung der deutschen LRI anhand einiger weiterer Merkmale beschrieben werden, um so die volkswirtschaftlich-technologische Bedeutung dieser Branche zu verdeutlichen und die eben dargelegten Argumente besser analysieren zu können.

3.1.2.1 Stellung der Luft- und Raumfahrtindustrie im verarbeitenden Gewerbe

Die Luft- und Raumfahrtindustrie zählt in Deutschland zu den kleineren Industriegruppen. Ihr Umsatzanteil am gesamten verarbeitenden Gewerbe in der Bundesrepublik lag im Jahr 2000 bei 1,12%. Die Anteile der LRI an der Beschäftigtenzahl und an der Bruttowertschöpfung des verarbeitenden Gewerbes weichen hiervon mit 1,01% bzw. 1,36% im Jahr 2000 nur geringfügig ab[2]. Nach dem Schiffbau ist die LRI damit zweitkleinster Sektor der Investitionsgüterindustrie in Deutschland[3].

In anderen Industrieländern spielt die Luft- und Raumfahrtindustrie im Rahmen des gesamtindustriellen Leistungsprozesses eine bei weitem größere Rolle (vgl. Tabelle V-7). Innerhalb der OECD-Länder ist die Position des Sektors in den USA am stärksten, die hierdurch als klarer Weltmarktführer in diesem Industriezweig bezeichnet werden können. In den USA bildet die LRI einen mittelgroßen Sektor des verarbeitenden Gewerbes, in dem im Jahr 2000 rund 2,8% aller Industriebeschäftigten tätig waren. Mit 39,9 Mrd. Euro war die gesamte Wertschöpfung[4] der LRI in den USA im Jahr 2000 fast doppelt so groß wie in den

1 Vgl. ebenda, S. 60 f.

2 Vgl. Tabellen A1 und A2 im Anhang.

3 Vgl. Statistisches Bundesamt (2004); Statistisches Bundesamt (2005); Hild/Breitenacher/Pieper (1994), S. 10.

4 Wertschöpfung ist das Nettoergebnis der Produktionstätigkeiten (Bruttoproduktionswerte minus Vorleistungen minus Abschreibungen) oder die Summe der durch den Produktionsprozess entstandenen Einkommen einer Volkswirtschaft (Nettonationaleinkommen zu Faktorkosten = Volkseinkommen).

EU-Ländern zusammen (21,8 Mrd. Euro). Die deutsche Wertschöpfung in der LRI macht mit umgerechnet 5,8 Mrd. Euro gerade einmal 14,5% der US-amerikanischen aus[1].

Land	Wertschöpfung			Beschäftigte		
	1980	1990	2000	1980	1990	2000
Deutschland	0,88	0,88	1,36	0,82	1,07	1,01
Frankreich	1,40	1,48	2,58	1,54	2,11	1,80
Großbritannien	2,95	3,95	3,51	3,10	3,32	3,18
Italien	0,77	1,16	1,15	0,43	0,86	0,65
USA	3,43	4,90	3,34	3,66	4,63	2,79
Kanada	2,04	2,80	3,35	1,79	2,24	2,43
Japan	0,23	0,22	0,32	0,24	0,23	0,31

Tabelle V-7: Anteile der Luft- und Raumfahrtindustrie am verarbeitenden Gewerbe in ausgewählten Ländern (Angaben in %)[2].

Auch in Großbritannien und Frankreich ist die Luft- und Raumfahrtindustrie von erheblich größerem Gewicht als in Deutschland. Der Anteil am der Wertschöpfung des verarbeitenden Gewerbes war in diesen beiden Ländern im Jahr 2000 mehr als doppelt so groß (vgl. Tabelle V-7). Vor allem in Großbritannien ist der Sektor von größerer beschäftigungspolitischer Bedeutung. Im Vergleich zu den in dieser Branche führenden Industrieländern ist die LRI in Deutschland innerhalb des verarbeitenden Gewerbes somit eindeutig unterrepräsentiert[3]. Der heute relativ geringe Anteil der Luft- und Raumfahrtindustrie am gesamten verarbeitenden Gewerbe in Deutschland ist zu einem erheblichen Teil auf die Folgen des zweiten Weltkrieges zurückzuführen. Anfang der fünfziger Jahre waren Aktivitäten in diesem Sektor durch die Siegermächte untersagt und konnten erst in den siebziger Jahren in begrenztem Rahmen wieder aufgenommen werden (vgl. Kapitel II-3.4.1). In der Zwischenzeit hatte sich die Branche vor allem in den USA, aber auch in Großbritannien und Frankreich, bereits zügig entwickelt. Somit stieß das entstehende deutsche Engagement auf bereits besetzte Märkte und konnte bis zur Einbindung in die europäischen Kooperationsprojekte Airbus und Tornado nur sehr schwierig in einigen Teilbereichen eine Reaktivierung bewirken. In einer ähnlichen Position befand sich diesbezüglich auch Japan, das Mühe hatte, in den siebziger Jahren den Anschluss zu finden[4].

1 Vgl. Groningen Growth and Development Centre, 60-Industry Database, February 2005.

2 Quelle: Groningen Growth and Development Centre, 60-Industry Database, February 2005, http://www.ggdc.net, sowie Tabelle A-2 im Anhang.

3 Vgl. Hild/Breitenacher/Pieper (1994), S. 11.

4 Vgl. Hild/Breitenacher/Pieper (1994), S. 11 f.

3.1.2.2 Die Luft- und Raumfahrtindustrie als Hochtechnologiebranche mit hoher F&E-Intensität

Zur Einordnung der LRI in einer sektoralen Klassifikation können unterschiedliche Schemata verwendet werden. An dieser Stelle soll hierzu zum einen eine Studie des ifo-Instituts über den Außenhandel mit Hochtechnologieprodukten[1] herangezogen werden und zum anderen das Klassifikationsschema für Technologieindikatoren der OECD[2]. Nach der Einstufung der OECD ist die LRI nach dem Technologieniveau der Gruppe der „high technology industries" zuzuordnen. Außerdem gehört sie laut OECD nach dem Kriterium „orientation" zu dem Bereich „science based industries" sowie nach dem Lohnniveau zu der Gruppe der „high wage industries"[3].

Anhand einer Studie des ifo-Instituts wird die besondere Stellung der Luft- und Raumfahrtindustrie im Hochtechnologiebereich deutlich[4]. Hierzu wurden 110 Produktgruppen als Hochtechnologieerzeugnisse klassifiziert[5]. Die Produktgruppen wurden anschließend in drei Bereiche unterteilt, und zwar in solche mit höchstem (A), mittlerem (B) und niedrigem (C) Technologieniveau innerhalb der Gruppe der Hochtechnologieerzeugnisse. In dieser Einteilung ist die LRI mit 16 Produktgruppen vertreten, die sich wie folgt verteilen:

	LRI	Insgesamt
Technologieniveau A	10	22
Technologieniveau B	4	31
Technologieniveau C	2	57
Insgesamt	16	110

Der Hochtechnologiecharakter der Branche zeigt sich vor allem dadurch, dass die LRI fast die Hälfte aller Produkte mit dem Technologieniveau A ausmacht. Dabei lässt sich die hoch-technologische Ausrichtung der Branche auf die speziellen Funktionen und Aufgabenstellungen der Luft- und Raumfahrzeuge zurückführen, die dieser Sektor produziert.

---

1 Vgl. Sterck (1995), S. 5 ff.

2 Vgl. OECD (1986), S. 2 ff.

3 Vgl. OECD (1994), S. 2 ff.

4 In der Studie werden nicht die Handelsströme von ganzen Industriegruppen, sondern die von einzelnen Produktgruppen untersucht. Dabei werden sie entsprechend der europäischen Außenhandelsstatistik den einzelnen Industriesektoren zugeordnet. Die Sektoraussagen beziehen sich nur auf die dem Sektor zugeordneten Hochtechnologieprodukte und nicht auf die gesamten Handelsströme des Sektors.

5 Dabei sind nur solche Erzeugnisse einbezogen, die bereits auf den Märkten etabliert sind und messbare Handelsströme aufweisen.

Luft- und Raumfahrzeuge sind Gerätschaften, mit denen Menschen und/oder Lasten im Luft- bzw. Weltraum transportiert werden können. Dabei bewegen sie sich im Gegensatz zu anderen Verkehrsmitteln nicht nur im zwei-, sondern auch im dreidimensionalen Raum und in einem zum Teil praktisch nicht selbsttragenden Medium[1]. Dies stellt eine hohe physikalische Anforderung an die einzelnen Produkte[2]. Schon die kleinsten Ungenauigkeiten bei der Steuerung, Fehlfunktionen oder ein Ausfall von Aggregaten kann schnell zur totalen Zerstörung bzw. zum Verlust der Geräte führen[3].

Die wichtigste Rahmenbedingung für die Nutzung von Luft- und Raumfahrzeugen ist die Betriebssicherheit in einem schwierigen physikalischen Umfeld. Da es sich hierbei oft um den Transport von Menschen handelt (Luftfahrt und bemannte Raumfahrt), sind extreme Anforderungen an die Produkte gestellt. Aber auch in der unbemannten Raumfahrt ist eine hohe Betriebssicherheit sehr wichtig, da es sich bei den zu transportierenden Geräten meist um komplexe Erzeugnisse handelt und Fehlfunktionen zu hohen finanziellen Verlusten führen. Eine weitere wichtige Rahmenbedingung, insbesondere bei kommerziell genutzten Luft- und Raumfahrzeugen, ist die energetische Effizienz. Da der Betrieb solcher Fahrzeuge große Treibstoffmengen erfordert, sind der Kraftstoffverbrauch in der Luftfahrt und die Startkosten in der Raumfahrt ein wichtiges Wettbewerbselement auf diesen Märkten. Als letzte wichtige Rahmenbedingung kann die immer wichtiger werdende Forderung nach umweltschonendem Betrieb der Geräte, speziell in bezug auf Schadstoffausstoß und Lärm, gesehen werden. Beide Kriterien liefern immer wieder neue Impulse für die permanente Verbesserung der Antriebstechnologien in der Luft- und Raumfahrt[4]. Neben der Aufgabe der zivilen Luftfahrzeuge, für einen schnellen, sicheren, kostengünstigen und umweltschonenden Luftverkehr zu sorgen, ist im Bereich der Rüstungsgüter extreme Leistungsfähigkeit und Funktionssicherheit im militärischen Einsatz gefordert. Aus dieser Aufgabenstellung heraus werden hier häufig Pionierlösungen gesucht und entwickelt. Das gesamte Leistungsspektrum der LRI ist somit durch die Entwicklung und Produktion komplexer Hochleistungssysteme gekennzeichnet. Daraus folgt, dass sie äußerst anwendungsorientiert ist und sich nicht

---

1 Landfahrzeuge bewegen sich über Steigungen und Senken in vertikaler Richtung und arbeiten dementsprechend mit einem zweidimensionalen Steuerungsprinzip. Tauchfähige Wasserfahrzeuge benötigen dagegen schon eine dreidimensionale Steuerungseinrichtung.

2 Luftfahrzeuge müssen für sehr hohe Geschwindigkeiten ausgelegt werden, und Raumfahrzeuge müssen eine starke Anpassungsfähigkeit für die speziellen Bedingungen im Weltraum aufweisen, wie extreme Temperaturen, kosmische Strahlungen, große Entfernungen, Mikrogravitation sowie eigenständige Energieversorgung.

3 z.B. Absturzrisiko bei Luftfahrzeugen oder Verlust- und Zerstörungsrisiko bei Raumfahrzeugen.

4 Vgl. Hild/Breitenacher/Pieper (1994), S. 14.

auf die Entwicklung eines einzelnen Technologiefeldes beschränkt, sondern verschiedene Technologien zu Systemen für konkrete Einsätze integriert. Bei der Luft- und Raumfahrtindustrie handelt es sich demnach um einen Bereich der angewandten Forschung und Technologieentwicklung bzw. um Technologieintegration im Hochtechnologiebereich.

Die Fertigung von Erzeugnissen mit dem beschriebenen Anforderungsprofil erfordert einen hohen F&E-Aufwand, weshalb der Sektor durch eine dementsprechend hohen F&E-Intensität gekennzeichnet ist. Dies gilt neben Deutschland auch für alle anderen Länder mit größeren LRI-Kapazitäten. In Deutschland wurden im Jahr 2000 für Forschung und Entwicklung im Bereich des Luft- und Raumfahrzeugbaus rund 2 Mrd. Euro aufgewendet. Diese entspricht ca. 13% des Umsatzes und ist der höchste Anteil aller Sektoren des verarbeitenden Gewerbes[1]. Den Angaben des Stifterverbandes für die deutsche Wissenschaft zufolge lagen in den neunziger Jahren die gesamten F&E-Aufwendungen je Beschäftigten im Bereich der LRI bei 36.000 Euro, im Durchschnitt des verarbeitenden Gewerbes dagegen nur bei 6.850 Euro. Der Anteil des F&E-Personals an den Beschäftigten des gesamten Sektors ist dabei mit 23% relativ hoch. Außerdem ist in der deutschen LRI das Ausmaß der Investitionen im F&E-Bereich überdurchschnittlich hoch. Ihr Anteil am Gesamtumsatz betrug 1993 etwa 1,3%, wogegen der Anteil im Mittel der Gesamtindustrie bei 0,3% lag[2]. Eine Besonderheit in der LRI ist, dass der größte Teil der F&E-Aufwendungen nicht vom Sektor selbst, sondern von öffentlichen Institutionen finanziert wird. So wurden z.B. 1993 ca. 30% der Aufwendungen für F&E aus eigenen Mitteln aufgebracht. Der Rest waren Auftrags-Forschungs- und Entwicklungsarbeiten und Mittelzuflüsse aus der Forschungsförderung. Dabei ist wichtig zu erkennen, dass die vom Sektor selbst aufgebrachten Mittel zur Finanzierung der F&E relativ gesehen in der LRI wesentlich höher sind als in anderen Sektoren. So betrug in der LRI ihr Anteil am Umsatz 1991 9,7%. In der Elektrotechnik lag diese Quote dagegen nur bei 6,7%, in der chemischen Industrie bei 6,5% und im Durchschnitt des verarbeitenden Gewerbes bei 4,4%[3].

Innerhalb der OECD gehört die LRI zu den beiden Industriesektoren mit der höchsten F&E-Intensität[4]. Dabei sank der Anteil der F&E-Ausgaben an der Pro-

---

1 Die pharmazeutische Industrie, der Sektor mit den zweithöchsten F&E-Aufwendungen in Relation zum Umsatz, folgt mit 9,8% mit großem Abstand.

2 Vgl. Stifterverband für die deutsche Wissenschaft (1996), S. 8 ff.

3 Vgl. Hild/Breitenacher/Pieper (1994), S. 18; Rotering (1990), S. 38 ff.

4 Die pharmazeutische Industrie ist der zweite Industriesektor mit wesentlichen F&E-Aufwendung; die Angaben basieren auf den Erhebungen in acht OECD-Ländern (USA, Kanada, Japan, Deutschland, Frankreich, Großbritannien, Italien, Spanien). Sie sind mit den vorher genannten Zahlen des Stifterverbandes für die deutsche Wissenschaft nicht un-

duktion innerhalb der LRI der für diesen Industriezweig wichtigsten OECD Länder von 15,2% im Jahr 1990 auf 8,1% im Jahr 2000[1]. Dieser Rückgang ergibt sich vor allem aus den drastischen Kürzungen für diesen Sektor in den U-SA, wo die F&E-Intensität der LRI von 16,3% im Jahr 1990 auf 8,5% im Jahr 2000 sank[2]. Dabei rutschte die LRI in den USA nach der F&E-Intensität von Platz 1 in der Rangfolge aller Industriegruppen auf Position 4 (vgl. Tabelle V-8).

Land	Gesamt-industrie	Hochtechno-logiebereich[b)]	LRI	
			Betrag	Rang[c)]
1990				
Deutschland	2,6	6,9	21,8	1
Frankreich	2,3	10,9	18,5	1
Großbritannien	2,2	9,1	11,0	2
Italien	1,0	4,1	10,8	1
USA	3,1	11,6	16,3	2
Kanada	1,1	9,9	10,1	3
Japan	2,7	6,9	11,2	1
2000				
Deutschland	2,6	8,2	12,9	1
Frankreich	2,0	6,7	5,5	4
Großbritannien	2,2	7,5	7,0	3
Italien	0,7	4,4	12,4	1
USA	3,0	9,6	8,5	4
Kanada	1,4	10,1	6,0	4
Japan	3,4	8,5	9,6	4

a) Verhältnis F&E-Ausgaben zur Produktion (R&D intensity = BERD / production; BERD = Business Sector Expenditures on R&D). – b) „high technology industries" gemäß der OECD-Klassifikation. – c) Position der LRI in der Rangfolge der jeweils nationalen Industriegruppen nach F&E-Intensität

Tabelle V-8: F&E-Intensität[a)] der Luft- und Raumfahrtindustrie im Vergleich zur Gesamtindustrie und zum industriellen Hochtechnologiebereich[3].

mittelbar vergleichbar, da den OECD-Daten nur die internen F&E-Aufwendungen der Industrieunternehmen zugrunde liegen und diese auf die gesamte Sektorproduktion bezogen sind.

1 Eigene Berechnung; im gleichen Zeitraum nahmen die F&E-Aufwendungen in der pharmazeutischen Industrie von 9% auf 11% zu.

2 Ein wesentlicher Grund für den Rückgang der F&E-Aufwendungen im LRI-Bereich der USA dürfte im Auslaufen des SDI-Programmes Mitte der neunziger Jahre zu sehen sein.

3 Quelle: OECD (2003a); OECD (2003b), OECD (2005).

Innerhalb der OECD-Länder ist die F&E-Intensität der LRI mit knapp 13% in Deutschland nach wie vor am höchsten (vgl. Tabelle V-8). Außer in Deutschland nahm die LRI im Jahr 2000 aber nur noch in Spanien den ersten Platz in der Rangfolge der Industriesektoren nach der F&E-Intensität ein (anders als noch im Jahr 1990). Insgesamt ist zu erkennen, dass die F&E-Aufwendungen seit Anfang der neunziger Jahre stärker in andere Industriebereiche verlagert wurden[1]. Außerdem hat sich die F&E-Intensität in der LRI der in Tabelle V-8 aufgeführten OECD-Länder im Vergleich zum jeweiligen Hochtechnologiebereich verändert. Abgesehen von Deutschland, Spanien und Japan liegt die F&E-Intensität der LRI in diesen Ländern unter der des Durchschnitts für den Hochtechnologiebereich insgesamt[2].

3.1.2.3 Internationaler Kooperationsbedarf

Ein besonderes Kennzeichen der Luft- und Raumfahrtindustrie stellen die hohen Entwicklungskosten und die Vermarktung von kleinen Stückzahlen besonders hochwertiger Industrieprodukte dar. Aus der oligopolistisch geprägten Angebotsstruktur resultiert ein sehr intensiver Wettbewerb, vor allem auf den zivilen Teilmärkten. Aus diesem Grund bilden Kooperationen und Zusammenschlüsse aus Unternehmenssicht ein wichtiges Instrument, um die Stückzahlen in der Fertigung anzuheben, um damit die Kostenstrukturen zu verbessern sowie die F&E- und Produktionskapazitäten im Hinblick auf günstigere Stückkostenniveaus und Synergieeffekte zu bündeln.

Bis zur Gründung der EADS (vgl. hierzu Kapitel V-1.2) wurden keine umfassenden multinationalen Unternehmensstrukturen von globaler Dimension gebildet. Konzentrationsvorgänge liefen bis zum Ende des Jahrtausends fast ausschließlich im nationalen Rahmen ab. Dies gilt nicht nur für die europäischen Staaten, sondern auch für die USA. In Europa sind die großen Branchenunternehmen British Aerospace, Aérospatiale, Daimler-Benz Aerospace und Aleana aus Zusammenschlüssen nationaler Kapazitäten hervorgegangen. Nur in Teilbereichen gab es allerdings auch schon vor der Gründung der EADS innerhalb der europäischen Union erste grenzüberschreitende Fusionsvorgänge[3].

---

1 Bei diesen anderen Industriebereichen handelt es sich vor allem um die pharmazeutische Industrie, sowie die Industrien für „Computer und Büro-Maschinen“, für „Radio, TV & Kommunikation“ und für „medizinische Präzisionsinstrumente“.

2 Als ein weiteres Kriterium für die F&E-Intensität der LRI kann man auch die Patentanmeldungen in den jeweiligen Technologiefeldern heranziehen. Auch in dieser Analyse nimmt Deutschland innerhalb von Europa den Spitzenplatz ein.

3 Vgl. Bischoff (1996b), S. 2 ff.; Hild/Breitenacher/Pieper (1994), S. 34.

Die Mehrheit der internationalen Kooperationsbeziehungen bestand lange Zeit eher aus einer organisierten Zusammenarbeit unterschiedlicher Intensität als in Form von wirklichen unternehmerischen Verflechtungen. Die größte Anzahl solcher Beziehungen entfiel hierbei auf europäische Unternehmen. Dies resultierte aus der Fragmentierung der Märkte innerhalb des europäischen Staatenverbundes, welches insbesondere im militärischen Bereich zu Kooperationen führte. Ein Beispiel für eine weltweite Zusammenarbeit war dagegen der Triebwerksbau, in dem europäische, amerikanische und andere Unternehmen auf vielfältige Weise kooperierten. Aber auch eine transatlantische Kooperation im Raumfahrtbereich bzw. im Satellitenbau, an der von amerikanischer Seite die Loral Corporation und von europäischer Seite u.a. die Daimler-Benz Aerospace beteiligt war[1], bildete in diesem Zusammenhang den ersten Schritt zu weiterreichenden multinationalen Strukturen[2]. Ebenso existierte eine Kooperation zwischen Daimler-Benz und Rockwell International im militärischen Flugzeugbau (X-31, Ranger 2000) sowie eine partielle Zusammenarbeit von British Aerospace mit McDonnell Douglas (Harrier II). Darüber hinaus bestanden und bestehen nach wie vor Bestrebungen, Kooperationsbeziehungen mit Rußland[3] und für die Zukunft möglicherweise noch bedeutsamer mit China[4] einzugehen[5]. Vielfältige und zum Teil auch enge Kooperationsbeziehungen gelten darüber hinaus bis heute u.a. zwischen US-amerikanischen und japanischen Unternehmen und Institutionen[6].

Neben diesen Kooperationen gab es eine große Anzahl integrierter Teilzusammenschlüsse auf europäischer Ebene[7]. Erwähnenswert ist das Zusammenlegen der Satellitenbauaktivitäten von Matra, GEC und British Aerospace zu Matra Marconi Space (MMS), die gemeinsame Triebwerksfirma von Rolls-Royce und BMW, das Hubschrauber Joint-Venture Eurocopter zwischen Aérospatiale und der DASA sowie die geplante Integration der Aktivitäten von Aérospatiale und der DASA im Satellitenbau (ESI = European Satellite Industry) und in der Herstellung von militärischen Flugkörpern[8].

---

1 Space Systems Loral: SS/L.

2 Weitere Partner sind Aérospatiale, Alcatel und Aliana. Im Mittelpunkt der Kooperation steht die Entwicklung eines Systems von Telekommunikationssatelliten für niedrige Umlaufbahnen (Globalstar).

3 In den Bereichen Raumfahrtaktivitäten, Antriebstechnik wie z.B. Wasserstofftriebwerke.

4 In den Bereichen Regionalflugzeuge und Raumfahrtaktivitäten.

5 Weitere Kooperationen sind: CASA (Spanien) mit IPTN (Indonesien) im Bereich der Regionalflugzeuge und die von Aliana (Italien) mit Embraer (Brasilien) bei der Entwicklung eines Kampfflugzeuges.

6 Vgl. Hild/Breitenacher/Pieper (1994), S. 35.

7 Vgl. o.V. (1993), S. 32 ff.; Heinzmann (1994), 2 ff.

8 Inzwischen gibt es neue Gruppierungsansätze in den Bereichen Raumfahrterzeugnisse/Satellitenbau und Flugkörpersystem im Rahmen der EADS Konzernstrukturen. Ein

Im Gegensatz dazu wurden die europäischen Großprojekte in der Zeit vor der EADS Gründung in der Form multinationaler Konsortien betrieben. Hier sind im zivilen Bereich die Airbus Industrie sowie das italienisch-französische Gemeinschaftsprojekt ATR von Aérospatiale und Aliana und dessen Erweiterung zur AIR unter der Beteiligung von British Aerospace von besonderer Bedeutung. Im militärischen Bereich gelten die Panavia[1], die Eurofighter GmbH[2], die NH-Industrie[3] und die EHI[4] als wichtige Kooperationsprojekte. Dazu kommen im Triebwerksbereich die Turbo-Union[5] und die Eurojet-Gruppe[6]. Schließlich ist noch die Euromissile-Kooperation[7] und die Euromissile Dynamics Group[8] zu erwähnen.

Die Vielzahl der eben aufgezählten Vorgänge verdeutlicht, dass der Strukturanpassungsprozeß in der europäischen LRI schon längere Zeit in vollem Gange ist und mit der Gründung des europäischen Luft- und Raumfahrtkonzerns EADS im Jahr 2000 seinen vorläufigen Höhepunkt fand. Aktuelle Geschehnisse wie der Verkauf der ATLAS Elektronik GmbH oder Spekulationen über die Zukunft des französischen Rüstungsunternehmens Thales zeigen jedoch auch, dass ein Ende dieser Entwicklung, vor allem in Europa, offenbar noch nicht erreicht ist. Durch das gegenwärtige Interesse von BAE Systems, sich stärker auf den amerikanischen Markt für Rüstungsgüter zu konzentrieren, wird gleichzeitig deutlich, dass auch die Gründung der EADS nicht zu einer reinen Isolation von europäischen Unternehmen auf der einen und amerikanischen Unternehmen auf der anderen Seite führt, sondern im Gegenteil nach wie vor auch transatlantische Geschäftspotentiale von den Unternehmen eruiert werden.

3.1.2.4 Zusammenfassung

Die Luft- und Raumfahrtindustrie in der Bundesrepublik Deutschland hat vor allem in den vergangenen Jahren eine Zeit der strukturellen Veränderung und der nationalen/europäischen Konsolidierung durchlebt. Im Vergleich zählt sie zu

weiterer grenzüberschreitender Unternehmenszusammenschluss, die Mehrheitsbeteiligung der DASA an dem niederländischen Regionalflugzeughersteller Fokker von 1993, ist Anfang 1996 gescheitert (vgl. Kapitel V-1.2). Vgl. Rüdiger (1998), S. 25 ff.

1 Kooperation von Daimler-Benz Aerospace, British Aerospace und Aliana; Projekt: Tornado.

2 Kooperation von Panavia Konsortium plus CASA.

3 Kooperation von Eurocopter, Agusta und Fokker; Projekt: NH-90-Hubschrauber.

4 Kooperation von Agusta und Westland; Projekt: Groß-Hubschrauber.

5 Kooperation von Daimler-Benz Aerospace MTU, Rolls-Royce und Fiat Avio.

6 Kooperation von Turbo-Union und ITP (Spanien).

7 Kooperation von Aérospatiale und Daimler-Benz Aerospace.

8 Kooperation von den Unternehmen der Euromissile-Kooperation und British Aerospace.

den eher kleineren Industriegruppen mit einem geringen Umsatzanteil am verarbeitenden Gewerbe. Isoliert betrachtet ist die Wettbewerbsfähigkeit der deutschen LRI im internationalen Vergleich dadurch gefährdet, dass die LRI in anderen Ländern ein wesentlich stärkeres Gewicht innehat. Gleichzeitig sind Wachstumsimpulse aufgrund des staatlichen Einfluss stark von dessen Engagement abhängig. Dies hat, in einer Situation leerer Haushaltskassen, langfristig potentiell negative Auswirkungen auf das Entwicklungspotential dieses Industriezweigs.

Es gibt unterschiedliche ökonomische uns außer-ökonomische Gründe für die Interpretation der LRI als Hochtechnologiebranche und förderungswürdigem Industriezweig. So werden ihr unter anderem positive Auswirkungen auf das nationale Prestige eines Landes zugeschrieben. Dies ergibt sich zum einen durch die hohe F&E-Intensität dieses Sektors und der dadurch besonders großen Zahl an gut ausgebildeten Arbeitskräften. Des weiteren stellen die in diesem Hochtechnologiebereich entwickelten Verfahren und Produkte das entwicklungstechnische Niveau eines Landes dar, durch das es zeigen kann, inwiefern es in der Lage ist, den technischen Anforderungen einer hochkomplexen Industrie gerecht zu werden.

Die Vielzahl der Kooperationsvorgänge vor der Gründung der EADS machen deutlich, dass in diesem Sektor und insbesondere in Europa ein erheblicher Strukturanpassungsbedarf bestand und zum Teil noch besteht. Lockere Kooperationen sind jedoch mit straff geführten unternehmerischen Einheiten nicht zu vergleichen und können diese somit auch nicht voll ersetzen. Selbst nach Gründung der EADS ist eine rein privatwirtschaftliche Führung in diesem Unternehmen in Frage zu stellen, wenn man betrachtet, welchen Einfluss die nationale Politik der Gründungsmitglieder zum Teil noch hat[1]. Hinzu kommt, dass Kooperationen auch nur dann sinnvoll sind, wenn die jeweiligen Kompetenzen und Potenziale so gebündelt werden können, dass sie das Team stärker machen als die Summe der Einzelunternehmen.

Aus diesen Gründen sind potentielle Partner für eine Zusammenarbeit nur dann attraktiv, wenn sie besondere Fähigkeiten oder Finanzmittel einbringen können. Daraus folgt, dass in der LRI, der öffentliche Finanzmitteltransfer auch für deren Fusions- respektive Kooperationsfähigkeit und -attraktivität sowie für die Rolle, die sie innerhalb solcher Strukturen spielen kann, von erheblicher Relevanz ist. Aus diesen genannten Gründen kommt man zu dem Schluss, dass Fusionen und Kooperationen, insbesondere auch internationale, immer auch einen Standortas-

1 Dies wird bspw. bei der Besetzung von Führungspositionen im EADS-Konzern deutlich.

pekt beinhalten und somit von großer industrieökonomischer Dimension für die nationalen Volkswirtschaften sind[1].

3.1.3 Die Realisierung von Abstrahleffekten

Bei der Beurteilung des Zusammenschlusses von Daimler-Benz und MBB durch das Bundeskartellamt, die Monopolkommission und den Bundeswirtschaftsminister nahmen die so genannten Abstrahleffekte oder „Spin-off"s eine wichtige Rolle ein[2]. In ihrem Gesuch auf Erlaubnis des Unternehmenszusammenschlusses von Daimler-Benz und MBB verweisen die Antragsteller auf die besonderen Anforderungen, denen Luft- und Raumfahrtsysteme genügen müssen und auf die sich daraus ergebenden technologischen Abstrahleffekte auf andere Branchen[3].

Das Bundeskartellamt sah es als problematisch an, dass Daimler-Benz durch den Zusammenschluss mit MBB einen noch größerer Vorteil beim Zugang zu Entwicklungs- und Forschungsergebnissen aus der Luft- und Raumfahrtindustrie sowie aus der Wehrtechnik erlangen könnte. Dies käme hauptsächlich dem Bereich Automobile und insbesondere der Herstellung von Lastkraftwagen zugute. Die Monopolkommission stellte darüber hinaus zwischen der Rolle der Systemführerschaft und möglichen Abstrahleffekten einen Zusammenhang her. Da Großprojekte in der LRI durch erhebliche Komplexität gekennzeichnet seien, würden besondere systemtechnische Methoden benötigt, um diese zu bewältigen. Hierfür benötige man auf Seiten des Managements Fähigkeiten, solche komplexen Entwicklungsvorhaben zu realisieren. Diese Fähigkeiten könne man dann auch auf andere Sektoren, wie z.B. den Automobilbau übertragen und dort anwenden[4]. Dieser Meinung schloss sich auch der Bundeswirtschaftsminister in seiner abschließenden Beurteilung an[5].

Wie im folgenden gezeigt werden soll, basieren diese Aussagen jedoch auf einem höchst umstrittenen und sowohl theoretisch als auch empirisch nicht hinlänglich fundiertem Konzept[6]. Aus diesem Grund werden im folgenden technologischen Abstrahleffekte aus der LRI auf andere Branchen unter aktuellen Ge-

---

1 Dies wird unter anderem durch die Verhandlungen über die Standortentscheidungen bei der Aufteilung der Arbeitpakete zur Herstellung des Airbus A380 deutlich, um die heftig gerungen wurde.
2 Vgl. Monopolkommission: 18. Sondergutachten, (1989b), S. 62 ff.
3 Vgl. Monopolkommission: 18. Sondergutachten, (1989b), S. 62 ff.
4 Vgl. Monopolkommission: 18. Sondergutachten, (1989b), S. 63.
5 Vgl. Hausmann (1989a), S. 5.
6 Vgl. Alic (1992), S. 4 ff.; Griliches (1992), S. 126 ff.; Krück (1993), S. 285 ff.

sichtspunkten und im Hinblick auf neuere empirische Forschungsergebnisse kritisch betrachtet und die Ergebnisse einander gegenübergestellt.

3.1.3.1 Definition des „Spin-off" Begriffs

Die staatliche Förderung der nationalen Luft- und Raumfahrtindustrie ist immer wieder ein kritisch diskutiertes Thema. Vor allem auf Seiten der Raumfahrt wird häufig ihr Anwendungsnutzen betont, wonach sie sich z.B. für die Nachrichtenübertragung, für die Meteorologie, die Geodäsie, die Navigation u.ä. positiv auswirken würde. Außerdem liege ein direkter wirtschaftlicher Nutzen durch die Schaffung von Arbeitsplätzen, Generierung von Umsatz und einem höheren Bruttosozialprodukt vor. Des weiteren nütze die Luft- und Raumfahrt der Landesverteidigung und symbolisiere mit ihrem politischen Prestige die Leistungsfähigkeit eines modernen Industriestaates[1]. Da aber vor allem bei Projekten der Raumfahrt der Symbolwert der Raumfahrtprogramme ihren unmittelbaren Ertrag sichtlich übersteigt[2], wird häufig argumentiert, dass es neben dem geringen direkten Ertrag auch noch einen indirekten, technischen Nutzen, den sogenannten „Spin-off" geben würde, der eine Förderung rechtfertige[3].

„Spin-off" wird in der Literatur nicht einheitlich definiert[4]. Der Begriff entstand dadurch, dass die LRI hohe, zum Teil extreme und oft neue Anforderungen an die Funktionalität und Qualität der von ihr benötigten Komponenten stellt (Materialien, Elektronik, Mess-, Steuerungs- und Regelungstechnik, Software, Energietechnik) und hierdurch Impulse für Neuentwicklungen liefert. Spezielle Anforderungen sind dabei eine leichte und kleindimensionierte Bauweise, höchstmögliche Zuverlässigkeit (Ausfallsicherheit) und extreme Leistungsfähigkeit (Funktionalität, Präzision, Belastbarkeit). Diese Ergebnisse werden zum Teil an andere Industriebereiche weitergegeben und führen dort zu entsprechenden Lerneffekten[5]. Das hierdurch gebildete technologische Know-how kann somit auch anderweitig genutzt werden[6].

---

1 Vgl. als aktuellen Überblick über die Argumente für und wider die Raumfahrt o.V. (1992), S. 5 ff.

2 Als aktuelles Beispiel mag hier das Space-Shuttel-Programm der NASA dienen, dass aus rein wirtschaftlichen Gründen eigentlich schon längst hätte eingestellt werden müssen.

3 Vgl. Krück (1993), S. 285 f.

4 Vgl. Albrecht (1989), S. 22 ff.; Wieandt (1994), S. 126 ff.

5 z.B. Elektrotechnik, Werkstoffindustrie, Präzisionsmaschinenbau, Feinmechanik und Optik, EDV- und Softwarebranche.

6 Vgl. Hild/Breitenacher/Pieper (1994), S. 15 f.; Huemer (1991), S. 194 ff.

Als „Spin-off" werden die Ergebnisse der Luft- und Raumfahrtforschung und -technik bezeichnet, die in anderen Bereichen der Technik und Wirtschaft mehr oder weniger direkt übernommen werden. Dabei ist mit „Spin-off" nicht nur das Produkt, sondern auch der Prozess des Transfers gemeint[1]. „Spin-off" umfasst verschiedene Arten des Technologietransfers, die terminologisch von einander zu trennen sind. Dabei kann man unterscheiden zwischen wissenschaftlich-technischem Wissen und spezifischen technischen Produkten, Systemen, Materialien und Verfahren. Oft kann Wissen aus seinem Entstehungskontext relativ leicht gelöst und in einen anderen Anwendungskontext übertragen werden[2]. Solcher Wissenstransfer aus dem technologischen Vorfeld wird als *intangibler* bzw. *indirekter „Spin-off"* bezeichnet. Durch den vielfältigen kontinuierlich durchgeführten Informationsaustausch während des Forschungsprozesses stellt Wissenstransfer den unmittelbarsten Nutzen der Luft- und Raumfahrtforschung dar. Er ist allerdings nur sehr schwer zu quantifizieren und kann am ehesten unter industriellen und staatlichen Geheimhaltungsmaßnahmen leiden.

Ferner subsummiert man unter „Spin-off" betriebliche und bracheninterne Lern- und Kostendämpfungseffekte. Sie entstehen bspw. wenn Unternehmen gleichzeitig für staatliche und kommerzielle Auftraggeber ähnliche Erzeugnisse produzieren. Hierdurch können z.B. staatliche Forschungs-, Erprobungs- und Dokumentationseinrichtungen mitbenutzt, Personal ausgebildet sowie aus den Erfahrungen in Entwicklung, Produktion und beim Betrieb der Technik gelernt werden. Diese in der Literatur häufig den „economies of scale" zugerechneten Effekte werden auch mit dem Begriff *„Spillover"* umschrieben[3].

Von dem Wissenstransfer und den Lerneffekten ist drittens noch der „Spin-off" im eigentlichen Sinne zu unterscheiden. Also das konkrete Übertragen direkt nutzbarer Forschungsergebnisse in Form von marktfähigen Wirtschaftsgütern. Ein solcher Produkttransfer wird auch als *tangibler* oder *direkter „Spin-off"* bezeichnet [4].

---

1 Vgl. für die unterschiedlichen „Spin-off"-Definitionen Enßlin (1989), S. 13 ff.

2 Als Beispiel kann der sog. Nierenlithotripter, ein Gerät zur nichtoperativen Zertrümmerung von Nierensteinen, dies verdeutlichen. Ausgangspunkt war hierbei ein langwieriger und vielstufiger Entwicklungsprozess, der auf einer sehr vagen Idee zunächst beruhte. Beobachtungen zur Ausbreitung von Stoßwellen bei ballistischen Versuchen führten schließlich zur Anwendung in der Medizin.

3 Vgl. Katsoulacos/Ulph (1996), S. 3 ff.

4 Vgl. Krück (1993), S. 288f.
„Spin-off" wird außerdem auch im institutionellen Sinne, in bezug auf Firmengründungen verwendet. Vgl. hierzu Enßlin (1989), S. 25 ff.; Maselli (1997), S. 1 ff.; Siemer (1991), S. 179 ff.

Technologische Abstrahleffekte der Luft- und Raumfahrt betreffen im wesentlichen die Bereiche Materialforschung (Werkstofftechnik), Verfahrenstechnik und Produktentwicklung. Ferner können sich Abstrahleffekte aber auch dadurch ergeben, dass die bei Großprojekten der Luft- und Raumfahrt bedeutsame Systemführungskompetenz auf andere Wirtschaftsbereiche übertragen wird, also die Fähigkeit, für komplexe Systeme produktübergreifend Konzeptionen zu Inhalt und Vorgehen zu entwickeln, Leistungen auszuschreiben, diese technisch und organisatorisch zu integrieren sowie das Projektmanagement zu übernehmen[1].

3.1.3.2 Ausländische Studien und Ergebnisse zum „Spin-off"

Die ersten Arbeiten zur „Spin-off" Forschung in der LRI wurden in den USA vorgelegt. Die NASA[2] hat von 1961 bis heute sieben größere Erhebungen zum „Spin-off" in Auftrag gegeben, die aufgrund der Methodik in ihrer Vorgehensweise in zwei Kategorien aufzuteilen sind. Drei der Studien gingen eher qualitativ vor und konzentrierten sich darauf, eine Übersicht über „Spin-off" Beispiele zu erstellen[3]. Dazu befragte man amerikanische Firmen, ob und in welcher Form sie von „Spin-off" Effekten Kenntnis hätten. Das Resultat dieser Untersuchung waren Fallsammlungen, die wichtige Einblicke in die Prozesse des Technologietransfers erlauben, deren systematischer Wert jedoch begrenzt ist[4]. Vier weitere NASA-Studien versuchten, möglichst quantitativ vorzugehen und wählten dazu umfangreiche ökonometrische Methoden. Dabei wurde die Aufgabenstellung zusätzlich erweitert, indem man versuchte, den gesamten volkswirtschaftlichen Nutzen der NASA-Forschung[5] anhand von Kosten-Nutzen Analysen zu berechnen[6]. Wirtschaftswissenschaftliche Experten wiesen in den folgenden Jahren auf

---

1 Vgl. Monopolkommission: 18. Sondergutachten (1989b), S. 62 f.; die Monopolkommission weist in ihrem Sondergutachten auf die bis dahin geringe Berücksichtigung dieser Form von Abstrahleffekten hin und äußert ihre Meinung, daß diese Art von Fähigkeiten in Zukunft bedeutender sein wird als die Übertragung von technologischen Impulsen oder Entwicklungen auf andere Branchen.

2 Für weitere Untersuchungen der NASA zum Thema „Spin-off" vgl. Gilbert/Lehrmann (1989), S. 1 ff.; Rouse (1989), S. 1 ff.

3 Vgl. hierzu die Studien des Denver Research Institute (DRI) in den Jahren 1963, 1972, 1981.

4 Vgl. Krück (1993), S. 298.

5 So kam die CEA Studie zu dem Ergebnis, dass eine Erhöhung der NASA-F&E um 1 Mrd. Dollar im Zeitraum von 1975-84 das amerikanische Bruttosozialprodukt um 2% erhöhen, die Inflationsrate um 2% reduzieren, die Arbeitslosenquote um 4% senken und die Produktivitätsrate der Industrie um 2% steigern werde. Vgl. hierzu Chase Economic Associates (1976).

6 Vgl. hierzu folgende Studien: Midwest Research Institute (MRI) 1971; Mathematica 1976; Chase Economic Associates (CEA) 1976, sowie Mathematica 1977.

gravierende Mängel in der Vorgehensweise hin, so dass die Studien letztlich ihrem Anspruch nicht gerecht wurden[1]. Der Ertrag der NASA-Studien ist insgesamt als gering anzusehen. Sie zeigen lediglich auf, dass es durchaus einen breitgefächerten Nutzen aus der Luft- und Raumfahrt gibt, konnten dabei aber nicht untermauern, dass der Rückfluss aus der Luft- und Raumfahrt überdurchschnittlich oder unverzichtbar ist[2].

Die erste „Spin-off“ Studie zur LRI in Europa wurde erst Ende der 70er Jahre von der European Space Agency (ESA) in Auftrag gegeben. Mit einer weitgehend identischen Vorgehensweise wurde die gleiche Erhebung Mitte der 80er Jahre wiederholt. Das Problem ist bei beiden Studien, dass sie ähnlich angelegt sind wie die der NASA, d.h., es wurde eine Unternehmensbefragung zu Nutzenfällen durchgeführt, die Angaben wurden aber nicht näher überprüft und es wurden aus dieser Datenbasis keine Kosten-Nutzen-Koeffizienten extrahiert[3]. Aus diesem Grund muss man im Ergebnis festhalten, dass die ESA-Studien genau wie die amerikanischen Untersuchungen durch breit angelegte Unternehmensbefragungen zwar interessante Einblicke in die Wirkungskette von Abstrahleffekten geben, aber in bezug auf die quantitative Auswertung Mängel aufweisen[4].

Ende der achtziger Jahre befasste sich das BETA-Institut an der Universität Straßburg mit „Spin-off“, der aus den Programmen der ESA resultierte[5]. An die Stelle der rein numerischen Identifikation von erfolgreichen Transferfällen trat hier eine Analyse von Wertgrößen. BETA verglich das monetäre Volumen der insgesamt von der ESA vergebenen Kontrakte mit dem monetären Wert der dadurch realisierten kommerziellen Anwendungen und ermittelte einen Faktor von 2,3. Darüber hinaus kommt die BETA-Studie zu dem Ergebnis, dass zwei Drittel aller „Spin-offs“ innerhalb der gleichen Unternehmen erfolgen. Das bedeutet, dass von den meisten „Spin-offs“ wiederum die eigenen Branche profitiert. Dies spricht für eine geringe Diffusion in den Rest der Volkswirtschaft[6].

---

1 Vgl. Industrieanlagen-Betriebsgesellschaft (1985); Krück (1993), S. 299 f.; Schrader (1993), S. 237 ff.; Wieland (1998), S. 109.

2 Vgl. Wieland (1998), S. 109; Schulte-Hillen (1989), S. 14 f.; Weitere Untersuchungen findet man bei: Jong-Tsong (1991) S. 31 ff.; Kemp/Stroke (1989); Ault/Cleland (1989); Bescond (1989); Aktuelle „Spin-off“s der NASA findet man im Internet unter der Adresse: http://www.sti.nasa.gov/tto/.

3 Vgl. hierzu die Studie des Straßburger Forschungsinstitutes Bureau d'économie théorique et appliquée (BETA) von 1980 sowie die von Cohendet et al. 1988a, 1988b und 1989.

4 Krück (1993), S. 300 f.; Auch in anderen Ländern haben kleinere Untersuchungen zum „Spin-off“ stattgefunden, so z.B. in China. Vgl. hierzu Yilin/Guirong (1992); Jiachi/Fangwen/Peijian (1989).

5 Bach/Lambert/Sachar (1989), S.5 ff.

6 Vgl. Wieland (1998), S. 122.

3.1.3.3 Deutsche Studien und Ergebnisse zum „Spin-off"

Bis Mitte der 80er Jahre gab es in der Bundesrepublik keine systematischen Erhebungen zum Thema „Spin-off", obwohl es als Argument in der Diskussion um den Stellenwert der Luft- und Raumfahrtindustrie einen zentralen Stellenwert hatte[1]. Erst durch das Thema SDI[2] wurde die These des „Spin-off" so offensiv vertreten, dass sowohl unter Experten als auch in der Öffentlichkeit Nachfragen provoziert wurden. Hierdurch wurden zunächst Sekundärstudien in Auftrag gegeben, die den Stand der Literatur sichten sollten, dabei jedoch vor allem Forschungslücken aufdeckten[3]. Daraufhin vergaben deutsche Behörden mehrere Forschungsaufträge, um eigene Erhebungen durchführen zu lassen[4].

Es entstanden drei Studien, die das Wissen über „Spin-off" deutlich vertieft haben, da sie viel methodischer und selbstkritischer angelegt wurden als ihre Vorgänger. Dabei wurde das Thema „Spin-off" aus unterschiedlichen methodischen Blickwinkeln beleuchtet und trotzdem kamen alle drei Untersuchungen zu kompatiblen Ergebnissen, die sich wechselseitig validierten und ergänzen. Es handelt sich hierbei um folgende Studien:

1. Das Bundeswirtschaftsministerium gab eine Studie in Auftrag, die u.a. in einem historischen Längsschnitt untersuchen sollte, wie sich die „Spin-off" Ausbeute in verschiedenen Gebieten der Technik im Verlauf der Zeit entwickelt hatte[5].
2. Die Unternehmensberatung Scientific Consulting erstellte 1989 für den Koordinator für die deutsche Luft- und Raumfahrt eine Studie, die den Prozess des Technologietransfers untersuchte. Zu diesem Zweck wurden Industrievertreter nach ihnen bekannten „Spin-off" Produkten befragt und anschließend durch Recherchen überprüft, ob diese tatsächlich aus der Luft- und Raumfahrt stammten. Daraufhin wurden die Empfängerun-

---

1 Eine Ausnahme bildet die Studie des Berliner Instituts für Raumfahrttechnik, die jedoch die gleichen Defizite wie die US-amerikanischen Untersuchungen aufweist; vgl. hierzu Koelle et al. (1970, 1971); Schulte-Hillen (1975), S. 107.; Außerdem von Kries (1989).

2 SDI = strategic defence initiative bezeichnet Maßnahmen der US-Regierung um sich gegen feindliche Angriffe auf die USA zu wappnen.

3 Vgl. hierzu die Studie der IABG (1985), die im Auftrag des Bundesforschungsministeriums erstellt wurde.

4 Diese neuen Untersuchungen wurden unter objektiveren Voraussetzungen durchgeführt, denn es wurden Institute beauftragt, die von der Luft- und Raumfahrt nicht existentiell abhängig waren und es sich somit leisten konnten, auch eher unbequeme Urteile zu fällen. Zusätzlich wurden die Gutachten von verschiedenen staatlichen Stellen vergeben, welches unterschiedliche, kritische Perspektiven ermöglichte. Schließlich vollzogen sich die Untersuchungen unter den Augen der aufmerksam gewordenen Wirtschaftsforschung, die beschönte Gutachten nicht unwidersprochen hingenommen hätte.

5 Vgl. Gerybadze/Arthur D. Little Internatonal (1988), S. 9 ff.

ternehmen interviewt, um festzustellen, wie stark sie von den Transfers profitiert hatten und auf welche Probleme sie bei der Nutzbarmachung gestoßen waren[1].

3. Die Frauenhofer Gesellschaft-Institut für Systemtechnik und Innovationsforschung (FhG-ISI) führte im Auftrag der Deutschen Agentur für Raumfahrtangelegenheiten (DARA) eine Patentanalyse durch. Dabei wurden internationale Patent-Datenbanken nach Fällen durchsucht, in denen eine Erfindung auf Vorarbeiten aus der Raumfahrt zurückgegriffen hatte[2].

Da alle drei Studien sehr umfangreich sind, soll an dieser Stelle nur auf die zentralen empirischen Befunde eingegangen werden.

Die vom Bundeswirtschaftsministerium in Auftrag gegebene Studie kam zu dem Ergebnis, dass das Ausmaß des „Spin-off" entscheidend von der Phase des Lebenszyklus der empfangenen Technologie abhängt[3]. Dies lässt sich am Beispiel der Mikroelektronik gut verdeutlichen. Während in den 60er Jahren die Raumfahrt die Mikroelektronik (damals in ihrer Anfangsphase) positiv beeinflusste, ist sie heute eher ein Empfänger der in der Mikroelektronik entwickelten Technologie (aufgrund des höheren Reifegrades)[4]. Der Weg des Technologietransfers nahm dabei immer einen ähnlichen Verlauf: Entdeckt wurden die Neuerungen nicht im Rahmen von LRI-Projekten, sondern in den Forschungsabteilungen der Industrie oder in industrienahen Forschungsinstituten. Der Verdienst von Organisationen wie der NASA bestand lediglich darin, dass sie diese Vorleistungen in vielen Fällen aufgriffen und durch ihre kapitalkräftige Nachfrage die Verbesserungs- und Diffusionsphase der Innovation in Gang setzten bzw. beschleunigten. Dadurch schafften sie es in vielen Fällen, eine Neuerung weit früher rentabel und marktfähig zu machen, als dies auf privatwirtschaftlichem Wege hätte geschehen können[5].

Im Rahmen einer Untersuchung in Deutschland Ende der neunziger Jahre erhob Scientific Consulting per Befragung insgesamt 43 Fälle von „Spin-off"[6], wogegen das FhG-ISI 69 Fälle feststellte[7]. Ergänzend hierzu kann man die ESA-

1 Vgl. Schulte-Hillen (1989), S. 4 ff.; Behrens/Merkel (1990), S. 124.
2 Vgl. Schmoch et al. (1990), Schmoch/Kirsch (1992), Schmoch (1993), S. 255 ff.
3 Vgl. Wieland (1998), S. 122.
4 Vgl. Cohendet et al. (1989), S. 34; Krück (1993), S. 303 f.; Schmoch/Kirsch (1992), S. 99 ff.
5 Davon haben besonders die Werkstoffforschung sowie die Mikroelektronik und dabei speziell der Transistor und der integrierte Schaltkreis profitiert.
6 Vgl. Schulte-Hillen (1989), S. 6 f.
7 Vgl. Phäler/Bönte (1996), S. 59 ff.; Schmoch/Kirsch (1992), S. 93

Studie heranziehen, die auf ein Ergebnis mit 133 Fällen für ganz Europa kam[1]. Bei dem Versuch, den wirtschaftlichen Nutzen der 43 „Spin-off" Fälle grob zu beziffern, errechnete Scientific Consulting, dass der „Spin-off" etwa 2.700 Arbeitsplätze und 275 Mio. Euro Jahresumsatz berühren würden. Dabei wären durch den „Spin-off" 650 neue Arbeitsplätze und ca. 65 Mio. Euro Umsatz neu entstanden. Da diese Werte als Obergrenze betrachtet wurden, hielt Scientific Consulting das Ergebnis gesamtwirtschaftlich nicht für sehr bedeutend[2]. Das FhG-ISI war mit seinen Schlussfolgerungen ebenso zurückhaltend und bemerkte in seinem Gutachten, dass angesichts einer öffentlichen Fördersumme in der LRI von rund 4 Mrd. Euro in der Zeit von 1976 bis 1985 die Zahl der ermittelten Beispiele relativ niedrig erschienen[3].

Der Ansatz der Patentstudie des Frauenhofer-Instituts aus dem Jahr 1990 ist speziell interessant, da er versuchte, die technische Ausstrahlung der Raumfahrt mit der einer anderen Technik zu vergleichen[4]. Als Referenz diente die Robotik, da sie wie die Raumfahrt eine forschungsintensive Mischtechnologie darstellt. Für beide Bereiche wurde untersucht, wie sie sich auf die Mess- und Regeltechnik ausgewirkt hatten. Beim Vergleich der technischen Ausstrahlung zeigte sich, dass die Quoten der Robotik im gleichen Zeitraum um den Faktor 2,5 bis 3,5 über denjenigen der Raumfahrt lagen. Hierdurch wurden zum ersten Mal konkrete Aussagen darüber möglich, ob die Förderung der Luft- und Raumfahrt im Vergleich zur Förderung anderer Gebiete eine effiziente Forschungspolitik darstellt oder nicht. Als Fazit dieser Untersuchung wurde festgehalten: *„Auch wenn sich bei der Auswahl eines anderen Referenzbeispiels möglicherweise abweichende Verhältnisse eingestellt hätten, lässt sich folgern, dass die Raumfahrtforschung, zumindest für den aktuellen Zeitraum ab 1975, im Vergleich zu anderen forschungsintensiven Gebieten allenfalls durchschnittliche, eher unterproportionale Werte aufweist und keine bevorzugte Stellung einnimmt.*[5]*"*

Aufgrund der Tatsache, dass die Wirkung von „Spin-off"s häufig nicht in ihrem vollen Umfang genutzt wird, kam man zu zwei weiteren Schlussfolgerungen. Zum einen zeigte sich, dass die herkömmlich institutionalisierten Maßnahmen zur „Spin-off" Förderung bisher anscheinend kaum Wirkung erzielten[6]. Dies führte man darauf zurück, dass sich „Spin-off"s meist auf informellem Wege verbreiten, d.h., die Auslöser waren fast ausschließlich persönliche Kontakte zwischen Forschern und Managern und das Engagement von Einzelpersonen,

1 Vgl. Cohendet et al. (1988), S. 29 f.
2 Vgl. Schulte-Hillen (1989), S. 10 f.
3 Vgl. Krück (1993), S. 305; Schmoch/Kirsch (1992), S. 102.
4 An diesem Ansatz wurde aber auch Kritik geübt. Vgl. hierzu Prem (1992), S. 2 ff.
5 Vgl. ebenda, S. 105; Krück (1993), S. 306
6 Vgl. ebenda, S. 126; Schulte-Hillen (1989), S. 7.

die eine „Spin-off" Idee forcierten. Technologietransfer-Einrichtungen, Datenbanken, Informationsschriften u.ä. wurden von Unternehmen außerhalb der Raumfahrt kaum in Anspruch genommen. Der zweite auffallende Punkt war, dass sich Technologietransfers überwiegend innerhalb des Luft- und Raumfahrtsektors abspielten, bzw. dass ein Produkt oftmals nur innerhalb einer Unternehmensgruppe weiterverwendet wurde[1]. In Bereiche außerhalb dieser Sektoren drangen die Raumfahrtinnovationen dagegen nur selten vor. Dies bestätigte auch, wie bereits erwähnt, die BETA-Studie, bei der man zu dem Ergebnis kam, dass zwei Drittel der Transferfälle zu etwa gleichen Teilen in die Bereiche Luftfahrt (31%) und Verteidigung (29%) entfielen[2]. Außerdem erfolgten 85% aller Transfers unternehmensintern, d.h., sie flossen fast immer in die Luftfahrt- und Rüstungsabteilungen desselben Aerospace-Unternehmens[3].

3.1.3.4 Fazit zu den „Spin-off" Studien

Die vielfältigen Ergebnisse der bis heute durchgeführten Studien zum Thema „Spin-off" lassen nur schwer allgemeingültige Aussagen zu. Als Fazit kann man jedoch festhalten, dass die Luft- und Raumfahrt in den 60er Jahren eine erhebliche Bedeutung für die Verbesserung und Diffusion einiger Schlüsseltechnologien hatte, auch wenn dies durch eine Reihe äußerer Umstände begünstigt wurde. Aktuelle Studien können allerdings nur noch einen begrenzten „Spin-off"-Effekt aus der Luft- und Raumfahrt feststellen[4]. So kann den staatlichen Aktivitäten in der Luft- und Raumfahrt aufgrund der Analyse der vorliegenden Literatur kein entscheidender Einfluss auf die Steigerung des technischen Fortschritts zugerechnet werden. Sicher erscheint lediglich, dass die Wahrscheinlichkeit des Auftretens von „Spin-off" im Laufe der Zeit abgenommen hat. Erklärt wird diese Entwicklung dadurch, dass:

- eine wachsende Divergenz zwischen ziviler und militärischer Nutzung bei einer Vielzahl von Technologien zu beobachten ist, wodurch die immer spezifischer werdenden militärischen Anforderungen an eine Technologie zu Entwicklungen führen, die kommerziell nicht nutzbar sind,
- der Luft- und Raumfahrtbereich auf einigen Technologiegebieten einen technologischen Rückstand aufholen muss, so dass sich die Fließrichtung der „Spin-off"s umkehrt, d.h., zivile Technologie wird verstärkt militärisch genutzt[5].

1 Vgl. ebenda, S. 6 und S. 106; Schulte-Hillen (1989), S. 7.
2 Vgl. Cohendet (1988a), S. 44.
3 Vgl. Cohendet (1989), S. 36; Krück (1993), S. 306 f.
4 Vgl. Glismann/Horn/Schrader (1993), S. 97 f., Simons (1997), S. 129 ff.
5 Vgl. Glismann/Horn/Schrader (1993), S. 97; Die Autoren bemängeln in diesem Zusammenhang die Vorgehensweise der Monopolkommission in bezug auf den Unternehmens-

Im Vergleich zu anderen High-Tech-Branchen ist die technische Ausbeute der LRI nicht überdurchschnittlich und somit auch nicht unverzichtbar. Der Begriff „Schrittmachertechnik“ für den Luft- und Raumfahrtsektor muss demnach kritisch beurteilt werden, genauso wie es kaum Anzeichen dafür gibt, dass sie als Instrument der Innovationsförderung einen besonderen Beitrag leistet[1]. Um das dennoch vorhandene Transferpotenzial[2] der LRI besser zu mobilisieren, müsste man dazu übergehen, „Spin-off“ nicht mehr als passiven, zufälligen Prozess zu verstehen, sondern gezielt adäquate Strategien zu entwickeln, um den Technologietransfer zu fördern[3].

Abschließend kommen somit mehrere Studien zum Thema „Spin-off“ zu dem Ergebnis, das „Spin-off“-Effekte keine eigenständige Begründung zur Förderung der Luft- und Raumfahrt liefern[4] und Investitionen nicht ökonomisch rechtfertigen. „Spin-off“ kann nur ein Zusatznutzen sein[5], denn kein privatwirtschaftliches Unternehmen würde eine Investition in der Hoffnung tätigen, dass sich dadurch vielleicht zusätzliche lukrative Nebeneffekte ergeben könnten. Die Begründung der Investition muss also immer in ihrem wirtschaftlichen Hauptzweck liegen und diese Investitionsregel muss genauso für den Staat und seine Föderungspolitik gelten[6].

Angesichts dieser ungenauen Kenntnisse über „Spin-off“-Effekte, auf der die Prognosen der öffentlichen Stellen im Zusammenschlussverfahren 1989 basierten, ist es kaum überraschend, dass die Vorhersagen nicht eingetroffen sind. Der Unternehmensbereich Luft- und Raumfahrt des Daimler-Benz Konzerns, von dem die entsprechenden Effekte ausgehen sollten, hat die mit seinem Ausbau

---

zusammenschluss von Daimler-Benz und MBB. So wurde kritisiert, dass die Kernargumente der Monopolkommission durchweg empirisch nicht abgesichert waren. Weder die Vorteile des Systemführerprinzips bei der Konzeption, Erteilung und Durchführung von Projekten in der LRI noch die Vorteile des Aufbrechens einer Monopolposition nordamerikanischer Flugzeuganbieter oder die bestehenden positiven Nebenwirkungen von „Spin-off“ auf den zivilen Sektor wurden belegt.

1 Vgl. Rosenthal (1993), S. 49 ff.; vgl. außerdem die abweichende Meinung des ehemaligen Mitgliedes der Monopolkommission Immenga, Monopolkommission: 18. Sondergutachten (1989), S. 153.

2 Vgl. hierzu die Auswirkungen der F&E-Bemühungen auf europäischer Ebene in European Commission (2000), S. 6 ff.

3 Vgl. ebenda, S. 307 und S. 309 f.; Aktuellere Untersuchungen untersuchen, wie „Spin-off“ unter heute globalen wirtschaftlichen Strukturen gefördert werden können. Vgl. hierzu Leahy/Neary (1997); Bayoumi/Coe/Helpman (1996).

4 Zu diesem Ergebnis kommt auch eine aktuelle Studie, die sich mit „Spin-off“ Effekten aus Rüstungsinvestitionen beschäftigt. Vgl. hierzu Kelly/Rischi (2003), S. 1 ff.

5 Vgl. Dubermann (1994b), S. 263 f.; Geyerbadze (1988), S. 24; Euroconsult (1996); Hornschild/Neckermann (1988).

6 Vgl. Wieland (1998), S. 120.

verbundenen Erwartungen nicht erfüllen können. Der erhoffte Transfer von Forschungs- und Technologie-Know-How in den Automobilsektor fand nicht statt. So hatte es Daimler-Benz zwar geschafft, innerhalb kürzester Zeit zum drittgrößten Unternehmen in der LRI aufzusteigen, allerdings blieben positive Umsatzkomponenten aus dieser Sparte für den Gesamtkonzern aus. Im Gegensatz musste die DASA vielmehr in den ersten Jahren nach ihrer Gründung beträchtliche Verluste hinnehmen.

Die Ziele, die Daimler-Benz mit seiner Strategie eines integrierten Technologiekonzerns zu schmieden verfolgt hatte, wurden auf kurze, und auch auf mittlere Sicht verfehlt. Es gelang weder die Stellung der Daimler-Benz AG auf den Märkten für Personenkraftwagen und Nutzfahrzeuge durch das Engagement an den Unternehmen Dornier, MBB, AEG und Fokker zu stärken, noch konnten außerhalb dieser Bereiche neue gewinnträchtige Wachstumspotentiale über das Automobilgeschäft hinaus erschlossen werden[1].

3.1.4 Die Bedeutung außerökonomischer Faktoren

Neben den ökonomischen Argumenten gaben 1989 Daimler-Benz und MBB in ihrem Antrag auf einen Zusammenschluss drei weitere Aspekte an, welche die besondere Stellung der Luft- und Raumfahrtindustrie und die politische Bedeutung dieses Sektors hervorheben sollten und nun im folgenden vor einem aktuellen Hintergrund betrachtet werden. Es handelte sich hierbei um:

- die außen- und europapolitische Bedeutung,
- das verteidigungspolitisches Gewicht,
- die rechtliche und politische Verpflichtungen aus der Einbeziehung in internationale Regierungsabkommen[2].

Die heutige *europa- und außenpolitische Bedeutung* der Luft- und Raumfahrtindustrie wurde maßgeblich durch die Veränderungsdynamik dieses Sektors im letzten Jahrzehnt beeinflusst. So ist der weltweite Umstrukturierungsprozess mit der großen Konzentration von Kompetenzen und Kapazitäten in den USA und Europa von erheblicher Bedeutung für die künftigen globalen Wettbewerbsbedingungen der deutschen LRI[3]. Mit dem im Juli 1997 im Kabinett beratenen Bericht des Koordinators für die deutsche Luft- und Raumfahrt „Für eine integrierte europäische Luft- und Raumfahrtindustrie" hatte die Bundesregierung die politische Initiative ergriffen, die darauf ausgerichtet war, mit den europäischen

1 Vgl. für eine ausführlichere Darstellung der Argumente Günther (2004), S. 175 ff.
2 Vgl. Monopolkommission: 18. Sondergutachten (1989), S. 67.
3 Vgl. Piller (1994), S. 8 ff.

Partnerregierungen die politische Flankierung des notwendigen industriellen Umstrukturierungsprozesses einzuleiten[1]. Durch diese geplante technologische und industrielle Integrationswirkung der LRI ergab sich nach Meinung der öffentlichen Hand die insbesondere auf europäischer Ebene herausragende Bedeutung dieser Branche[2].

Im Zuge dieses umfassenden Integrationsprozesses war es für die deutsche LRI von Bedeutung, sich durch wesentliche Beteiligungen an strategischen Projekten Systemfähigkeit und Kernkompetenzen zu sichern[3]. Dem hat die Bundesregierung durch die in den vergangenen Jahren getroffenen Programmentscheidungen Rechnung getragen. So wurde z.B. durch die Zusagen zur „internationalen Raumstation“, zum „Eurofighter“ und zum „Tiger“ der Industrie eine gute Ausgangsposition geschaffen. Die Bundesregierung misst der länderübergreifenden Zusammenarbeit im Rahmen internationaler Rüstungs-, Luft- und Raumfahrtprojekte und den dabei zugrundeliegenden völkerrechtlichen Verträgen somit nach wie vor eine integrationspolitische Wirkung bei und sieht darin ein wichtiges Element für die außenpolitischen Beziehungen[4].

Als zweiten Grundpfeiler lässt sich einer europäisch integrierten Luft- und Raumfahrtindustrie auch ein *verteidigungspolitisches Gewicht* zuschreiben. In diesem Zusammenhang verbindet die Bundesregierung mit der deutschen Luft- und Raumfahrtindustrie insoweit ein verteidigungspolitisches Interesse, als diese den Funktionskreislauf von Entwicklung, Fertigung und Betreuung fliegender Waffensysteme erhalten bzw. gewährleisten soll[5].

Durch die deutsche Teilnahme am Airbus-Programm entstehen durch die Einbindung in internationale Regierungsabkommen für die Bundesrepublik *rechtliche und politische Verpflichtungen.* In den vergangenen Jahren wurde die Umstrukturierung von Airbus-Industrie mit dem Ziel betrieben, international wettbewerbsfähige Unternehmensstrukturen zu schaffen. Dies ist gleichbedeutend mit einer Reduzierung des staatlichen Einflusses der beteiligten Regierungen und hat mit der Gründung der EADS zur Errichtung einer europäischen Kapitalgesellschaft geführt[6].

---

1 Vgl. BDLI: Jahresbericht 1996/1997 (1997), S. 6 f.

2 Mehdorn (1994a), S. 68 ff.; ebenda (1994b).

3 Vgl. BDLI: Jahresbericht 1996/1997 (1997), S. 7.

4 Vgl. Bundesministerium für Wirtschaft (1996b), S. 6 ff.; Bundesministerium für Wirtschaft (1997), S. II ff.; Monopolkommission: 18. Sondergutachten (1989), S. 67.

5 Vgl. Bundesministerium für Wirtschaft (1997), S. II f.; Bundestagsdrucksache 11/3398 (1988), S. 7.; Monopolkommission: 18. Sondergutachten (1989), S. 68.

6 Vgl. Bundesministerium für Wirtschaft (1997), S. 13.

Obwohl die Umsetzung dieser Beschlüsse noch nicht so weit gediehen ist, wie dies wünschenswert wäre, ist davon auszugehen, dass die zwischenstaatlichen Verpflichtungen durch die Schaffung eines Unternehmens wie der EADS und durch die anhaltende Privatisierung in der europäischen LRI abgenommen haben und auch weiter abnehmen werden[1]. Allerdings sind nationale Rationalitäten und Befindlichkeiten nach wie vor stark ausgeprägt. Dies wird alleine schon dadurch deutlich, wie vehement die Verhandlungen auf politischer und wirtschaftlicher Ebene geführt werden, wenn es z.B. um die Vergabe von Arbeitspaketen im Rahmen der Fertigung für den A380 geht. Insofern werden im Bereich der LRI kaum rein privatwirtschaftliche Strukturen realisiert werden können.

3.1.5 Ergebnis

In seiner Beurteilung kommt die Mehrheit der Monopolkommission bezüglich der öffentlichen Bedeutung der LRI zu dem Schluss, dass dieser Industriebereich eine gesamtwirtschaftliche, aber auch eine außen- und verteidigungspolitische Bedeutung hat, die weit über seinen Wertschöpfungsanteil am Sozialprodukt hinausgeht. Insofern scheint es ihr aus dieser Sicht richtig, dass sich staatliche Politik dieses Sektors besonders annimmt und seine Entwicklung nicht einfach den Kräften des internationalen Wettbewerbs überlässt. Dies gelte um so mehr, als auch andere Länder genauso verfahren würden[2].

Basierend auf den im vorherigen Abschnitt dargelegten aktuellen Erkenntnissen müssen diese Aussagen aus heutiger Sicht kritisch betrachtet werden. So wurde dargestellt, dass die deutsche LRI bezogen auf die Wertschöpfung innerhalb des verarbeitenden Gewerbes eher eine untergeordnete Rolle einnimmt. Es mag in diesem Industriezweig zwar Aspekte wie technologisches Know-how oder Systemkompetenz geben, die eine besondere Wirkung nach außen entfalten, wie stark diese Aspekte jedoch zu gewichten sind, kann lediglich subjektiv beurteilt werden.

Ferner müssen außen- und verteidigungspolitische Aspekte zwar berücksichtigt werden, sie können aber kein abschließendes Argument für den Zusammenschluss Daimler-Benz/MBB sein. Insofern ist auch das Argument nur schwer haltbar, dass sich die Politik dieses Sektors besonders annehmen sollte. Wäre dies der Fall, müsste man sich vielmehr fragen, welche Industriebereiche als unterstützungswürdig eingestuft werden sollten und welche nicht. Genauso hinkt die Argumentation, wenn man einerseits eine stärkere Überführung staatlicher

1 Vgl. BDLI: Jahresbericht 1996/1997 (1997), S. 21 ff.; Bundesministerium für Wirtschaft (1997), S. 6 ff.

2 Vgl. Monopolkommission: 18. Sondergutachten (1989b), S. 68.

Unternehmen in der LRI in die privatwirtschaftliche Eigenverantwortung fordert und andererseits die Kräfte des internationalen Wettbewerbs ausschließen möchte. Erst die Öffnung dieser Märkte kann zu wirklicher unternehmerischer Vielfalt führen. Dies setzt allerdings voraus, dass die Rahmenfaktoren im eigenen Land, wie z.B. die Möglichkeiten zur Entfaltung im Zusammenspiel zwischen Wirtschaft und Forschung, richtig gesetzt sind. Zuguterletzt ist der Fingerzeig auf die Vorgehensweise in anderen Ländern genauso wenig haltbar. Dies ergibt sich allein daraus, dass in den Ländern mit signifikanten LRI-Aktivitäten stets eine enge Verknüpfung zwischen politischen und wirtschaftlichen Interessen gab. Insofern gibt es aber auch keinen Beleg dafür, dass sich in einer Situation des freien Spiels der Marktkräfte ohne staatliche Eingriffe eine suboptimale Situation für einzelne Staaten ergeben könnte. Da somit nicht abschließend belegt werden kann, welche Marktsituation zum besten Ergebnis für die Beteiligten führt, kann hiermit an dieser Stelle auch nicht argumentiert werden.

Entgegen den Schlussfolgerungen der Monopolkommission in ihrem Sondergutachten zu dem Zusammenschluss bezüglich bestehender Abstrahleffekte auf andere Industriebereiche muss man aus heutiger Sicht ebenfalls zu einer anderen Einschätzung ihrer Wirkungen kommen. Demnach muss man aufgrund der aktuellen empirischen Studien zu dem Ergebnis gelangen, dass, in Anbe-tracht der Höhe der öffentlichen Fördergelder, die erzielten Abstrahleffekte relativ gering ausfallen und diese Effekte somit in der öffentlichen-politischen Diskussion häufig überbewertet werden. Daraus folgt, dass allein das Argument von „Spin-off"s nicht ausreicht, um bestimmte Verteidigungs- oder Raumfahrtprojekte zu finanzieren. Die Investitionen in diesem Bereich sind nur unter spezifischen verteidigungs- und raumfahrtpolitischen Zielsetzungen und unter der Voraussetzung begründbar, dass neue Methoden gefunden werden, um den Technologietransfer sicherzustellen und ihn zu fördern.

Im Zuge der veränderten internationalen Rahmenbedingungen im Luft- und Raumfahrtbereich wird eine vertiefte europäische Zusammenarbeit mehr und mehr zur Voraussetzung für eine langfristige Wettbewerbsfähigkeit der deutschen LRI. Die Bundesregierung hat nach eigenen Angaben ein politisches und ökonomisches Interesse an einer leistungs- und wettbewerbsfähigen Luft- und Raumfahrt. Hieraus folgt, dass für eine Verbesserung der Rahmenbedingungen speziell für die wehrtechnische Industrie ein europäischer Rüstungs- und Beschaffungsmarkt realisiert werden müsste. Aus diesem Grund sollte die staatliche Politik soweit als möglich den Einfluss auf diesen Sektor reduzieren und seine Entwicklung stärker den Kräften des internationalen Wettbewerbs überlassen[1]. Die Art und Weise des Zusammenschlusses von Daimler-Benz und MBB

---

1 Vgl.Bundesministerium für Wirtschaft (1997), S. V.

ist hierfür eher ein gegenteiliges Beispiel und hat bis heute nicht zu einem politisch unabhängigen Industriezweig geführt.

3.2 Die Auswirkungen des Zusammenschlusses auf die Entwicklung der deutschen Airbus-Aktivitäten

Bevor im Detail auf die Auswirkungen des Zusammenschlusses auf das deutsche Engagement bei Airbus Industrie eingegangen wird, ist es sinnvoll, einen kurzen Überblick über die Entwicklung und Situation auf dem Weltmarkt für zivile Luftfahrt zu geben, um somit die Folgen, die durch den Zusammenschluss entstanden sind, besser einschätzen zu können[1].

Kenngröße	Jahresdaten			Wachstumsraten[a)] in %			
	1980	1990	2000	1980/85	1985/90	1990/95	1995/00
Personen-Linienverkehr							
Passagiere (Mio.)	748	1.165	1.656	3,8	5,3	2,4	5,4
Verkehrsleistung (Mrd. Pkm)	1.090	1.894	3.017	4,6	6,7	3,7	6,8
Transportleistung[b)] (Mrd. Tkm)	36	59	118	4,8	6,8	8,3	8,4
Sitzplatzkapazität (Mrd. Skm)	1.724	2.831	4.879	3,7	6,5	4,5	6,7
Auslastungsfaktor in %	63,2	66,9	68,2	-	-	-	-
Durchschnittsentfernung	1.460	1.630	1.822	0,9	1,4	1,2	1,1

a) Durchschnittliche jährliche Wachstumsraten. – b) Einschl. Reisegepäck.

Tabelle V-9: Eckdaten des weltweiten Personenluftverkehrs[2].

Der weltweite Luftverkehr ist in den achtziger Jahren um 5,6% p.a. gewachsen. Dieses Wachstum war jedoch nicht gleichmäßig über die ganze Dekade verteilt, sondern konzentrierte sich eher auf die zweite Hälfte dieses Zeitraumes[3]. So nahm die Verkehrsleistung des Personen-Linienverkehrs in dieser Zeit jährlich um 6,7% zu. Der Auslastungsfaktor der Fluggesellschaften bewegte sich ab 1987 um den bisherigen Höchststand von 67% (vgl. Tabelle V-9), die Ertragsla-

1 Wichtig werden in diesem Zusammenhang folgende Kenngrößen sein:
Pkm = Personenkilometer = Zahl der Passagiere mal durchschnittliche Reiseentfernung
Skm = Sitzplatzkapazität = verfügbare Sitzplatzzahl mal Durchschnittsentfernung
Tkm = Tonnenkilometer = beförderte Tonnen mal durchschnittliche Transportentfernung
Auslastungsfaktor = Pkm / Skm.

2 Quelle: International Civil Aviation Organization (ICAO), Statistical Database (2005).

3 Nach dem zweiten Ölpreisschock (1979/80) durchlief der weltweite Luftverkehr von 1980 bis 1983 eine Phase mit nur geringen Wachstumsraten (3% im Durchschnitt dieser Jahre).

ge der Luftverkehrsgesellschaften war relativ gut, und nach den damaligen Prognosen konnte von einem anhaltenden Wachstum auf hohem Niveau ausgegangen werden. Durch diese Euphorie entstand eine hohe Investitionsneigung bei den Luftverkehrgesellschaften, die zu einem sehr starken Anwachsen der Flugzeugbestellungen in den Jahren 1988 und 1989 führte.

Zu Beginn der neunziger Jahre brach diese Tendenz jedoch unmittelbar ab. Verursacht durch den Golfkrieg, verringerte sich 1991 die Welt-Personenverkehrsleistung erstmals absolut um -2,6%. In den Folgejahren kam es nur zu einer sehr moderaten Erholung. Dies führte zu hohen Verlusten bei den Fluggesellschaften. Dementsprechend verschlechterte sich das Investitionsklima nachhaltig. 1994 kündigte jedoch eine erneute Kehrtwende das Ende der Abschwächungsphase im Weltluftverkehr an[1].

Die von unterschiedlichen Stellen abgegebenen Schätzungen zur weiteren Entwicklung des zivilen Luftfahrtverkehrs geben für die nächsten 15 bis 20 Jahre eine relativ optimistische Prognose. Für den Luftverkehr sind solche Langfristbetrachtungen der globalen Verkehrsentwicklung von besonderer Bedeutung, da im Luftverkehrssektor große und nur langfristig abschreibbare Investitionen getätigt werden wie zum Beispiel für Flughäfen und Flugzeuge. Die beiden Marktführer in der Produktion von Großraumflugzeugen, Boeing und Airbus, erstellen jedes Jahr eigene Prognosen mit einem 20-jährigem Horizont. Darin wird die Entwicklung der weltweiten Luftverkehrsnachfrage als abgeleitete Größe der allgemeinen Wirtschaftsentwicklung angesehen[2]. Die im Jahr 2004/ 2005 erschienenen Prognosen gehen von einem durchschnittlichen jährlichen Wachstum der globalen Nachfrage des Personenluftverkehrs (gemessen in Passagierkilometern) von 4,8 (Boeing) bzw. 5,3 (Airbus) bis 2024, also einer Gesamtzunahme von 181% bzw. 211%, aus[3].

Neben diesen beiden Prognosen werden vom IACAO-Commitee on Aviation Environmental Protection (CAEP) Langfristprognosen erstellt, um unter anderem Maßnahmen zur Senkung der Luftverkehrsemissionen untersuchen zu können. Danach geht die IACAO-CAEP-Prognose aus dem Jahr 2003 von einem durchschnittlichen jährlichen Wachstum der globalen Luftverkehrsleistung von 4,3% aus. Dieser Wert ist im Vergleich zu den oben angegebenen prozentualen Zuwächsen von Boeing und Airbus niedriger, da innerhalb des ICAO-CAEP-Prognosezeitraums (2000-2020) die Terroranschläge des 11. September 2001 samt ihrer Auswirkungen liegen, während die Prognosezeiträume von Boeing

1 Vgl. BDLI: Jahresbericht 1996/1997 (1997), S. 12; Hild/Breitenacher/Pieper (1997), S. 97 ff.

2 Vgl. DLR (2004), S. 29 .

3 Vgl. Airbus - Global Market Forecast (2004) und Boeing - Current Market Outlook (2005).

und Airbus erst mit dem Jahr 2004 beginnen und ab dort eine weitgehende Erholung des Nachfragewachstums angenommen wird. Gleichwohl haben auch Boeing und Airbus die Ereignisse um den 11. September 2001 thematisiert. Im Ergebnis wird dem globale Luftverkehrswachstum in allen Projektionen einen optimistischen Entwicklung vorhergesagt wobei in der ICAO-CAEP-Prognose beim grenzüberschreitenden Luftverkehr ein größeres Wachstum (ca. 4,9%) angenommen wird als beim Binnenverkehr in den einzelnen Ländern (ca. 3,5%). Insgesamt wird eine Steigerung der Luftverkehrsleistung von ca. 3 Mrd. Passagierkilometern im Jahr 2000 auf ca. 7 Mrd. Passagierkilometern im Jahr 2020 erwartet[1].

Im Gegensatz zum Personenverkehr werden in den o.g. Prognosen zum Luftfrachtverkehr nur sehr grobe Schätzungen vorgenommen. So geht Boeing von einem durchschnittlichen jährlichen Wachstum der Luftfrachtleistung (gemessen in Tonnenkilometern) zwischen 2005 und 2024 von 6,2% aus, während Airbus in dem ein Jahr kürzeren Betrachtungshorizont eine Wachstumsrate von 5,9% annimmt. Mit diesen Wachstumsraten käme es somit zu mehr als einer Verdreifachung der heutigen globalen Luftfrachtleistung[2].

Für die beiden größten Hersteller ziviler Verkehrsflugzeuge Airbus und Boeing ist die Entwicklung des Luftverkehrs eine wichtige Determinante, weitaus interessanter ist für sie jedoch die daraus abgeleitete Bedarfsprognose für den Einsatz von Flugzeugen. Die Nachfrage nach neuem Fluggerät setzt sich aus den beiden Komponenten Flottenerweiterung und Ersatzbedarf zusammen. Im Hinblick auf die künftige Flottenentwicklung nimmt Boeing an, dass sich die im Einsatz befindenden Passagierflugzeuge ab 50 Sitzplätzen bis zum Jahr 2024 gegenüber dem Stand von 2004 von 16.800 auf ca. 35.300 Maschinen mehr als verdoppeln werden. Gleichzeitig rechnet man mit einem Ersatzbedarf für ausgemusterte Flugzeuge in Höhe von 7.200 Maschinen für den gleichen Zeitraum. Dies würde einen Bedarf an neuen Flugzeugen in Höhe von 25.700 Maschinen bedeuten[3]. Zu einer ähnlichen Vorhersage kommt auch Airbus Industrie. Hier erwartet man ein Wachstum bei Flugzeugen ab 100 Sitzen im Zeitraum von 2004-2023 von 10.838 auf 21.759 und somit mehr als eine Verdoppelung der Kapazitäten. Dabei geht Airbus von einer Erhöhung der Anzahl der Sitzplätze von 20% bzw. von 181 auf 215 aus. Der Ersatzbedarf wird bei Airbus auf 9.200 Maschinen dieser Größenordnung geschätzt. Somit kommt Airbus insgesamt auf einen geschätzten Bedarf von 17.328 Flugzeugen in den nächsten 20 Jahren[4].

1 Vgl. ICAO/CAEP/6/FESG (2003).
2 Vgl. Airbus - Global Market Forecast (2004) und Boeing - Current Market Outlook (2005).
3 Vgl. Boeing - Current Market Outlook (2005), S. 15.
4 Vgl. Airbus - Global Market Forecast (2004), S. 9.

Diese Prognosen der beiden Hersteller entsprechen einem Nachfragepotenzial von knapp 866 Flugzeugen pro Jahr für Flugzeuge über 100 Sitzen und liegt damit deutlich über dem Niveau der letzten Jahre mit 605 (in 2004) bzw. 675 (in 2005) Jets pro Jahr. Hieraus lässt sich (durch die in den prognostischen Ausarbeitungen angesetzten durchschnittlichen Werte pro Maschine) das gesamte Marktpotenzial errechnen. Demnach kann im Zeitraum von 2004 bis 2024 von einem gesamten weltweiten Marktpotenzial für Verkehrsflugzeuge von ca. zwei Billionen US-$ ausgegangen werden[1].

Für das Verständnis der Vorgänge auf dem Markt für zivile Verkehrsflugzeuge ist weiterhin von Bedeutung, dass sich die Nachfrage in der Regel nicht kontinuierlich entwickelt, sondern in heftigen kurz- bis mittelfristigen Schwankungen auftritt, was zu erheblichen Anpassungsproblemen auf der Angebotsseite führen kann. Dieses Problem traf die Flugzeughersteller vor allem in den Jahren 1991 bis 1993, als zu einem verminderten Auslastungsfaktor und einem Preis- und Ertragsverfall auch noch verstärkend hinzukam, dass viele der in der Boomphase bestellten Flugzeuge erst in den Krisenjahren fertig gestellt wurden und zur Auslieferung kamen und somit die Kapazitäten erhöhten, anstatt sie anzupassen. Dies führte nicht nur zu einem Einbruch bei den Neubestellungen sondern auch zu Abbestellungen älterer Aufträge oder zu einer Verschiebung der Liefertermine. Der weltweite Auftragseingang bei Großflugzeugen sank von 953 Maschinen im Jahr 1989 auf nur 248 in 1994. Im Jahr 1995 stiegen die Aufträge mit 562 Maschinen bereits wieder deutlich[2].

Da die Produktion im Flugzeugbau nur bedingt flexibel ist, kann sie sich der Nachfrageentwicklung nur unvollständig und allmählich anpassen. So bauen sich in Boomphasen große Auftragsbestände auf, da die Kapazitäten nicht kurzfristig entsprechend ausgeweitet werden können. Dementsprechend liegt zu Beginn eines Nachfragerückganges der Auftragsbestand auf sehr hohem Niveau und ermöglicht noch für einige Zeit eine gute Auslastung des Produktionsapparates. Dies wird auch aus der Betrachtung der letzten Jahre deutlich (vgl. Abbildung V-8). Nach einem ständigen Anstieg der Produktionszahlen in der zweiten Hälfte der achtziger Jahre wurde das Maximum der Auslieferungen mit 848 Maschinen erst im Krisenjahr 1991 erreicht, und auch 1992 wurden 788 Maschinen fertiggestellt. Erst ab 1993 kam es zu einer stärkeren Unterauslastung der in den achtziger Jahren ausgeweiteten Kapazitäten mit 546 fertiggestellten Maschinen, ein Trend, der sich auch bis in das Jahr 1995 mit 380 ausgelieferten Maschinen fortsetzte.

---

1 Airbus kommt hierbei auf 1,9 Billionen US-$ Marktpotential und Boeing auf 2,1 Billionen US-$. Vgl. hierzu Airbus - Global Market Forecast (2004) S. 6 und Boeing - Current Market Outlook (2005), S. 3.

2 Vgl. Aerospace Industries Association (AIA) statistics.

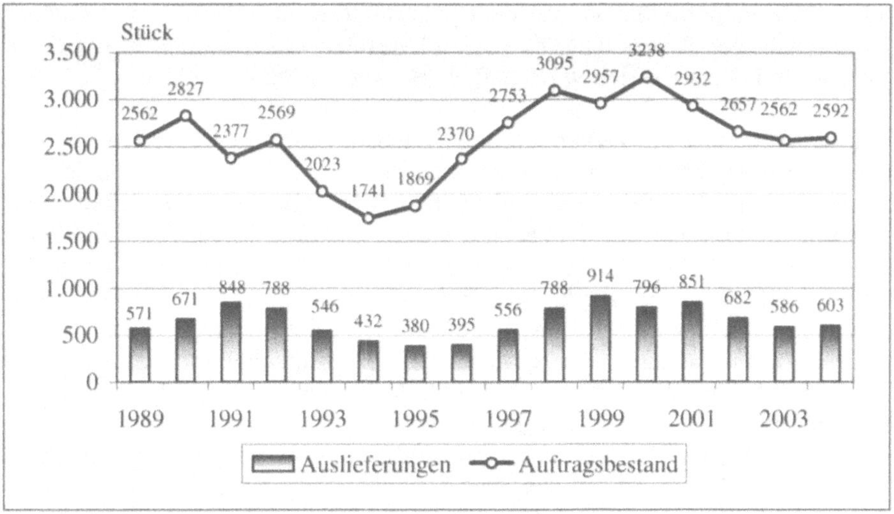

Abbildung V-8: Der Weltmarkt von Großflugzeugen - Auslieferungen und Auftragsbestand[1].

Nach den Konzentrationsprozessen in den USA teilen sich die beiden Flugzeughersteller Airbus und Boeing den Weltmarkt von zivilen Großflugzeugen mit mehr als 100 Sitzen. Unter technologischen Gesichtspunkten hat Airbus gegenüber Boeing eine relativ starke Position, da ihre Geräte auf dem neuesten Stand der Technik sind. Erfolgsentscheidend sind auf dem Investitionsgütermarkt aber auch die Kosten (Beschaffungs- und Betriebskosten), die den Betreibern (Airlines) entstehen. In bezug auf Preise und Finanzierungsmodalitäten war Airbus in der Vergangenheit alleine schon durch die Dollar-Fakturierung im Flugzeugmarkt und die dadurch entstehende Wechselkursabhängigkeit eher benachteiligt. Unter dem Aspekt der Betriebskosten ermöglichte der Technologievorsprung von Airbus z.B. einen relativ günstige Treibstoffverbrauch. Moderne Gerätekonzeptionen und die Kommunalität[2] innerhalb der Airbus-Familie boten Vorteile gegenüber der Konkurrenz.

Auf dem Markt für Großflugzeuge herrscht durch die global oligopolistischen Marktstrukturen ein intensiver Konkurrenzkampf, der zum Teil auch mit dem Einsatz politischen Einflusses geführt wird. Dabei möchte Boeing mit allen Mit-

1 Quelle: Aerospace Industries Association (AIA); Erfassung der Flugzeuge der EU und der USA. Der Auftragsbestand ergibt sich aus den kumulierten Bestellungen minus den kumulierten Auslieferungen zu einem bestimmten Zeitpunkt.

2 Unter Kommunalität versteht man ein hohes Maß an Übereinstimmung (Bedienung, Funktionalität, Wartung) zwischen verschiedenen Modellen eines Herstellers.

teln seine dominante Position verteidigen bzw. aus heutiger Sicht eher zurückerlangen, wogegen Airbus Industrie das Ziel verfolgt, ihre Marktanteile weiter zu steigern, um in eine betriebswirtschaftlich bessere Position zu gelangen.

Bei der Förderung des zivilen Großflugzeugbaus beschritten die USA und die einzelnen europäischen Länder sehr unterschiedliche Wege. Während in den USA die Unterstützung primär über indirekte Förderung vor allem in Form der Nutzung militärischer Entwicklungsaktivitäten lief, organisierten die am Airbus beteiligten Länder den Entwicklungsvorgang hauptsächlich in Form von direkten Projektförderungen, Produktions- und Absatzhilfen. Vor allem in Deutschland kam es zu einer Diskussion über die Airbus Subventionierung[1]. Die Mittel, die dem Airbus zuflossen, wurden dabei als negativ interpretiert, vor allem, weil die wirtschaftlichen Erfolge von Airbus Industrie bisher nicht ausreichend waren, um zukünftige Entwicklungen aus eigener Kraft zu tragen und die bisher erhaltenen Mittel zurückzahlen zu können. Man darf dabei allerdings nicht übersehen, dass die Vorteile, die den amerikanischen Herstellern von zivilen Luftfahrterzeugnissen aus der indirekten Förderung zufallen, erheblich sind und den europäischen Fördervolumina kaum nachstehen.

In handelspolitischer Hinsicht wurde der Bereich „Aircrafts" weitgehend aus dem ASCM (Agreement on Subsidies and Countervailing Measures) der Uruguay-Runde ausgeklammert. Die staatliche Förderung dieser Produktgruppe wurde im Rahmen eines bilateralen Abkommens zwischen den USA und der EU, dem GATT (General Agreement on Tarifs and Trade) für Large Civil Aircraft vom Juli 1992 geregelt. Es untersagt die Unterstützung der Produktion von Großflugzeugen[2], eine direkte Förderung der Entwicklung ist bis zu 33% der Entwicklungskosten in Form verzinslicher, innerhalb einer Frist von 17 Jahren bedingt rückzahlbarer Darlehen zulässig. Hintergrund des GATT-Abkommens war ein durch die USA erwirktes Verfahren gegen Deutschland, auf Basis dessen die Wechselkursbeihilfen für den Airbus eingeschränkt werden sollten. Ferner sollte es auch zur Entspannung des (wirtschafts-) politischen Klimas beitragen. Den USA war hierbei wichtig, dass sie ihr indirektes Förderungspotenzial erhalten konnten, da dieses den Kernbereich ihrer industriepolitischen Unterstützung des zivilen Luftfahrzeugbaus bildete. Für die Europäer bedeutete das Abkommen, dass sie die direkte Förderpraxis massiv einschränken mussten. Dem trug die

1 Vgl. Berg/Tielke-Hosemann (1988), S. 122 ff.; Bletschacher/Klodt (1992), S. 139 ff.

2 Daneben behält der „Aircraft Code" von 1979 aus der Tokio Runde (Übereinkommen über den Handel mit zivilen Luftfahrzeugen) weiterhin Gültigkeit. Er gilt für alle Luftfahrzeuge und untersagt insbesondere Exportsubventionierungen. Der Versuch, im Rahmen der Uruguay-Runde einen neuen „Aircraft-Code" zu vereinbaren (Lindström-Entwurf), scheiterte am Widerstand der USA. Mit ihm sollten u.a. die indirekten Förderungen transparenter gemacht werden. Vgl. Knitter (1994), S. 2 ff.

Bundesregierung mit dem „Programm zur Forschungs- und Technologieförderung im zivilen Luftfahrtbereich, 1995-1998" mit einem Fördervolumen von 600 Mio. DM Rechnung[1]. Mitte bis Ende der neunziger Jahre wurden in den USA die öffentlichen F&E-Mittel zur Förderung der zivilen Luftfahrttechnologien, getragen von der NASA und dem DoD, stark ausgeweitet. Zusätzlich subventionierte die Regierung der USA auch den Absatz von Verkehrsflugzeugen in unterschiedlicher Weise. Schätzungen zufolge zogen Boeing und McDonnell Douglas 1992 daraus einen Nutzen von rund 100 Mio. US-$[2]. Insgesamt wird Airbus vorgeworfen, seit 1969 etwa 15 Milliarden Euro vor allem in Form rückzahlbarer Darlehen erhalten zu haben. Laut EU-Angaben soll Boeing im Gegenzug seit 1992 in den Genuss von rund 23 Milliarden Dollar an Subventionen seitens der US-Regierung gekommen sein[3].

Nachdem sich die Fronten in dem Subventionsstreit in der zivilen Flugzeugproduktion zwischen Airbus und Boeing in den vergangenen Jahren zunehmend verhärtet hatten, gab es Anfang 2005 erste Anzeichen für eine Annäherung. Im Zuge dieser Annäherung wurden die jeweiligen Klagen der beiden Parteien vor der Welthandelsorganisation (WTO) seit Januar 2005 nicht weiter vorangetrieben und ein Ansatz zu neuen Verhandlungen unternommen. Ziel der Verhandlungen war es, neue Regeln für die Vergabe von staatlichen Hilfen für die beiden Flugzeugkonzerne auszuhandeln. Die neue Vereinbarung sollte das Ende 2004 einseitig von den USA gekündigte Abkommen von 1992 ersetzen. Airbus untermauerte seine Bemühungen zur Lösungsfindung insbesondere dadurch, dass im September 2005 ankündigt wurde, bereits zugesicherte Starthilfen[4] für die Entwicklung des A350 vorerst nicht in Anspruch zu nehmen, um somit mehr Freiraum für weitere Verhandlungen zu lassen. Seit dem 31. Mai 2005 haben sich die Hoffnungen auf eine Lösung des Handelsstreits jedoch zerschlagen, da beide Parteien die Verhandlungen als gescheitert erklärten und ihre seit Anfang des Jahres ruhenden Klagen vor der WTO erneut aufgenommen haben.

All diese Zusammenhänge spielen für die Beurteilung der heutigen Marktsituation im weltweiten zivilen Flugzeugbau eine wesentliche Rolle. Genauso erge-

1 Vgl. BDLI: Jahresbericht 1994/1995 (1996), S. 58; Bundesministerium für Wirtschaft (1996b), S. 41 ff.; Bundesministerium für Wirtschaft (1997), S. 15 ff.

2 Vgl. Arnold/Porter (1994), S. 75; Feldmann (1993), S. 155 f.

3 Vgl. Lawrence (2001), S. 5 f.; Der Autor kommt in seiner aktuellen Studie zu dem Ergebnis, dass durch die US-Regierung alleine in den Jahren 1996 und 1997 zwischen zwei und vier Milliarden US-$ an Subventionen an die Hersteller großer Verkehrsflugzeuge geflossen sind.

4 Airbus hatte in der Vergangenheit rund ein Drittel seiner Entwicklungskosten als rückzahlbare Anschubfinanzierung aus Frankreich, Deutschland, Großbritannien und Spanien erhalten. Die Entwicklungskosten für den A350 werden derzeit mit 4,4 Mrd. € beziffert.

ben sich hieraus Rückschlüsse auf den Unternehmenszusammenschluss Daimler-Benz/MBB, da der deutsche Anteil des Airbus-Programms Bestandteil von MBB zum Zeitpunkt des Zusammenschlusses war und somit die Auswirkungen und Entwicklungen auf dem Markt für zivile Verkehrsflugzeuge mit in diesen Gesamtkontext eingeordnet werden müssen.

Im Rahmen des Verfahrens zu dem Zusammenschluss von Daimler-Benz und MBB wurde seitens der Antragsteller angemerkt, dass die deutsche Beteiligung am europäischen Airbus-Projekt unzureichend strukturiert und organisiert sei. Der Zusammenschluss sei in diesem Zusammenhang dazu geeignet, diese *Struktur- und Organisationsprobleme* zu vermindern bzw. zu beheben. Dies würde vor allem zwei Folgewirkungen auslösen:

- Durch den Zusammenschluss würde das unternehmerische Risiko vom Bund auf die Industrie verlagert werden, was den staatlichen Subventionsbedarf entscheidend mindere.
- Durch den Zusammenschluss würde die deutsche Airbus-Produktion in die industrielle Eigenverantwortung überführt, was eine stärkere betriebswirtschaftliche Rationalisierung ermögliche.

Des weiteren sei die deutsche zivile Flugzeugindustrie nach Auffassung der Antragsteller aufgrund ihrer Struktur- und Organisationsprobleme im internationalen Maßstab nur begrenzt wettbewerbsfähig. Deshalb würde der Zusammenschluss die *internationale Wettbewerbsfähigkeit* in folgender Weise verbessern:

- Durch den Zusammenschluss würde die deutsche Position im Airbus-Konsortium gestärkt werden; hierdurch könnte der deutschen Industrie künftig technologisch interessantere Arbeitspakete verschaffen werden.
- Der Zusammenschluss würde organisatorische Veränderungen innerhalb des Airbus-Konsortiums begünstigen, die eine Rationalisierung auf europäischer Ebene ermöglichen und die Wettbewerbsfähigkeit des Airbus gegenüber Boeing und McDonnell Douglas stärken würden[1].

Diese eben genannten positiven Auswirkungen des Zusammenschlusses seitens der Antragsteller sollen nun im folgenden den tatsächlichen Entwicklungen und Gegebenheiten gegenübergestellt werden.

3.2.1 Verlagerung des unternehmerischen Risikos auf die Industrie

Seit der Gründung von Airbus Industrie ist die damit verbundene Subventionierungspraxis heftig umstritten. Sie wurde ursprünglich als notwendig angesehen,

1 Vgl. Monopolkommission (1989b): 18. Sondergutachten, S. 68 f.

um es Airbus zu ermöglichen, in diesem investitionsreichen Wirtschaftszweig[1] mit komplexen Rahmenbedingungen Fuß zu fassen, um langfristig einen Gegenpol gegenüber den amerikanischen Flugzeugherstellern zu bilden. Somit lastete von Beginn an ein großen finanzielles und unternehmerisches Risiko auf Seiten der am Airbus-Projekt beteiligten Staaten. Zum Zeitpunkt des Zusammenschlusses zwischen Daimler-Benz und MBB waren Subventionen bereits in umfangreichen Maße geflossen und es wurde seitens der antragstellenden Parteien argumentiert, dass der Zusammenschluss diese Subventionen nachhaltig reduzieren würde. Wie im folgenden deutlich werden wird, ist dies bis heute nicht eingetroffen.

Die seitens der beteiligten europäischen Regierungen für die Entwicklung, Produktion und Vermarktung der Airbus-Flugzeuge geleisteten Beihilfen und Subventionszahlungen lassen sich nur schwer ermitteln. Hintergrund ist vor allem die ursprüngliche Organisationsform von Airbus Industrie (AI). Erst mit Gründung der Airbus Integrated Company (AIC) als selbständiges Unternehmen im Jahr 1999, an dem der europäische Luft- und Raumfahrtkonzern EADS zu 80% und BAE Systems zu 20% beteiligt sind, ist die Basis für mehr Transparenz geschaffen worden. Somit soll an dieser Stelle vor allem die Förderung des deutschen Gesellschafters von Airbus Industries, der Daimler-Benz Aerospace Airbus GmbH (DA) bis 1999 betrachtet werden[2]. Im einzelnen werden diese Angaben durch Zuwendungen an die Folgegesellschaft Airbus Deutschland GmbH ergänzt.

In Abhängigkeit des jeweiligen Subventionsziels und Subventionsgebers nimmt die Förderung der DA unterschiedliche Formen an:

- modellspezifische Entwicklungskostenzuschüsse,
- Absatzfinanzierungshilfen,
- Wechselkursabsicherungen,
- Forschungsförderungen der deutschen Bundesregierung,
- Förderungen durch die Europäische Union.

Als Geldgeber fungieren zentral der Bund und die EU. Eine Förderung durch die Bundesländer erfolgt in der Regel im Rahmen ihrer allgemeinen Wirtschaftsförderung und kann somit unterschiedlich ausgestaltet sein. Die Stadt Hamburg bewilligte im Jahr 1988 66 Mio. € für Maßnahmen zur MBB Werkserweiterung und die für den Bau des A380 notwendigen Werkserweiterungen in Hamburg wurde vom Hamburger Senat mit 665 Mio. € unterstützt. Insofern wird deutlich,

1 Die Flugzeugproduktion impliziert sehr hohe Entwicklungs- und Vorlaufkosten.
2 Vgl. Hopf/Link/Stewart-Ladewig (2003), S. 6. Sowie Maennig/Hölzer (1999), S. 191.

dass die folgenden quantitativen Angaben der konkreten Subventionsprogramme eine Untergrenze der aktuellen Förderung darstellen.

Seitens der Bundesregierung wurden zwischen 1967 und 1996 Zuschüsse zu den Entwicklungskosten für die einzelnen Flugzeugtypen der Airbus Familie gewährt. Dabei wurden die Mittel seit 1971 nur noch als bedingt rückzahlbarer Zuschuss gewährt, d.h., sie müssen, je nach Gewinnsituation, zurückgezahlt werden. Die Entwicklungskostenzuschüsse betrugen von 1967-1996 über alle Flugzeugmodelle hinweg 3,4 Mrd. € und machten jeweils 90% des von der DA zu tragenden Anteils an den Entwicklungskosten von 37,9% am Airbus Projekt aus. Diese Zuschüsse liefen 1996 aus, gleichwohl wurden Entwicklungskostenzuschüsse für neue Flugzeugmodelle unter Beachtung der durch das bilaterale GATT-Abkommen vorgegebenen Grenzen (maximal 33% der gesamten Entwicklungskosten) auch weiterhin vergeben. So ist im Finanzplan des Bundes von 2002-2006 für den Bau des A380 eine Darlehensermächtigung von rund 1 Mrd. € ausgewiesen. Für das Zinsausfallrisiko sind zusätzlich fast 800 Mio. € angesetzt[1]. Darüber hinaus haben die am Airbus-Projekt involvierten Staaten einschließlich Deutschland Starthilfen für die Entwicklung und den Bau des A350 bereits grundsätzlich bewilligt, wenn auch die Inanspruchnahme dieser Gelder vorerst ausgesetzt wurde.

Im Gegenzug hat die DA den Zuschuss für den Airbus A320 1991 in Höhe von 220 Mio. € und 1997 in Höhe von 715 Mio. € vorzeitig zurückbezahlt. Damit wurde der gesamte Forderungsanspruch des Bundes bezüglich des A320 als abgegolten vereinbart. Trotz der im Vergleich zur ursprünglichen Subvention nominal höheren Rückzahlung verbleiben im Saldo erhebliche Subventionen in Höhe von 140 Mio. €, unter Annahme durchschnittlicher Umlaufrenditen[2].

Neben den Entwicklungskostenzuschüssen gewährt die Bundesregierung seit 1975 Absatzfinanzierungshilfen für den Export von Airbus Flugzeugen. Bereitgestellt werden Exportgarantien bzw. -bürgschaften und Kredite zu begünstigten Zinskonditionen zum Absatz der Airbus Flugzeuge. Als Begründung hierfür wird angeführt, dass man auf europäischer Seite gleiche Voraussetzungen schaffen müsse, wie sie sich den amerikanischen Flugzeugherstellern darstellen. Da die Absatzfinanzierungshilfe für die Käufer zu einer Aufwandsverringerung führt, ist ihre Wirkung der einer Preissubvention gleichzusetzen.

Tabelle V-10 gibt einen Überblick über die gewährten Absatzfinanzierungshilfen der deutschen Bundesregierung zwischen 1990 und 2002. Insgesamt sind

1 Vgl. Finanzplan des Bundes 2002-2005, S. 23; Hopf/Link/Stewart-Ladewig (2003), S. 8.
2 Vgl. Maennig/Hölzer (1999), S. 192.

von 1990 bis 1997 Subventionen in Höhe von 182,1 Mio. € für die Absatzförderung von Airbus-Flugzeugen aufgewendet worden. Dabei ist der Rückgang der Absatzfinanzierungshilfen ab dem Jahr 1998 auf eine Verfahrensumstellung seitens des Bundesministeriums für Finanzen zurückzuführen. Hierdurch sollten diese Ausgaben in den Bundeshaushaltsplänen für 1998 und 1999 haushaltstechnisch reduziert werden. Allerdings handelt es sich an dieser Stelle um keine substantielle Verminderung der Absatzfinanzierungshilfen, sondern lediglich um eine zeitliche Verschiebung der Mittel[1].

Jahr	1990	1991	1992	1993	1994	1995	1996	1997	1998	1999	2000	2001	2002
AF	6,5	15,7	8,3	10,8	6,9	61,9	10,6	61,4	-	-	14,3	46,4	77,8
kumm. AF	6,5	22,2	30,5	41,3	48,2	110,1	120,7	182,1	182,1	182,1	196,4	242,8	320,6

Tabelle V-10: Absatzfinanzierungshilfen (AF) der deutschen Bundesregierung für Airbus Flugzeuge (in Mio. €)[2].

Die Wechselkursabsicherung als dritte Subventionierungsform zugunsten von Airbus ist darauf zurückzuführen, dass internationale Kaufverträge für Flugzeuge in der Regel auf US-Dollarbasis abgeschlossen werden, während die Kosten für die Entwicklung und den Bau der Airbus-Flugzeuge vornehmlich in heimischer Währung anfallen. Zur Absicherung des hieraus resultierenden, im Vergleich zur amerikanischen Konkurrenz erhöhten finanziellen Risikos erklärte sich die Bundesregierung im Zusammenhang mit der Fusion Daimler-Benz/MBB bereit, bei Airbus-Flugzeugen eine Wechselkursgarantie von 1,80 DM/US-$ bei Altprogrammen und von 1,60 DM/US-$ bei Neuprogrammen zu übernehmen. Die Vereinbarung sah jedoch nicht vor, dass die Bundesregierung entstehende Gewinne abschöpft, wenn der tatsächliche DM/US-$-Wechselkurs über dem festgelegten Kurs lag. Die so festgelegte Wechselkursabsicherung, die maximal bis 1997 laufen sollte, wurde seitens der US-Amerikaner heftig kritisiert, da sie einen bewusst zu hoch angesetzten langfristigen Dollarkurs in der betriebswirtschaftlichen Kalkulation der Industrie zur Folge haben könnte. Die amerikanische Regierung reichte 1991 eine formelle Klage beim GATT ein, nach der die Wechselkursabsicherung eine Exportsubvention darstelle, die gegen den Subventionskodex des GATT verstoße. In Folge dessen wurden im Januar 1992 die Zahlungen der Bundesregierung vom GATT-Schlichtungsausschuss als rechtswidrig verurteilt. Die Bundesregierung stellte daraufhin ihre

1 Vgl. ebenda, S. 194.
2 Quelle: Maennig/Hölzer (1999), S. 195, 18. Subventionsbericht der Bundesregierung, S. 14 und 15.

Hilfen ein, die bis dahin insgesamt 422 Mio. € oder durchschnittlich 7,4% des Umsatzes der DA betragen hatten (siehe Tabelle V-11)[1].

Jahr	1990	1991	1992	Summe 1990-1992
Wechselkursabsicherung (in Mio. Euro)	48,1	179,0	194,8	421,9
Wechselkursabsicherung in Relation zum Umsatz der DA (in %)	2,8	8,6	10,5	7,4

Tabelle V-11: Ausgaben der deutschen Bundesregierung für Wechselkursabsicherungen[2].

Eine weitere Form der Subventionierung zugunsten der Hersteller ziviler Großflugzeuge stellt die Forschungsförderung dar. Zwar beschränkt das GATT-Abkommen zwischen der EU und den USA Entwicklungskostenzuschüsse und staatliche F&E-Förderungen. Allerdings bezieht sich die Obergrenze, bis zu der F&E gefördert werden darf, auf den „feststellbaren Vorteil" aus staatlich finanzierten Forschungs- und Technologieprogrammen. Demnach lässt diese Regelung erhebliche Interpretationsspielräume zu. Seitens der europäischen Luftfahrtindustrie wurde ein Ausgleich zu den deutlichen F&E-Unterstützungen gefordert, die der US-Konkurrenz gewährt wurden[3]. Darauf reagierte die Bundesregierung mit der Einführung des Luftfahrtforschungs- und Technologieprogramms 1995-1998 und die EU-Kommission mit einer stärkeren Berücksichtigung der Luftfahrtindustrie in den EU-Rahmenprogrammen. Der zivile Teil des deutschen Luftfahrtforschungs- und Technologieprogramms hatte ein Finanzvolumen von insgesamt 614 Mio. €, das jeweils zur Hälfte vom Bund und der Industrie getragen wurde. Die 307 Mio. € Fördermittel des Bundes wurden zu 80% beim Bundesministerium für Bildung, Wissenschaft, Forschung und Technologie (BMBF) und zu 20% beim Bundeswirtschaftsministerium (BMWi) veranschlagt. Die dadurch im wesentlichen vom Bund finanzierte Großforschungseinrichtung „Deutsches Zentrum für Luft- und Raumfahrt e.V." (DZLR) trug mit ca. 182 Mio. € aus ihrem eigenen Etat in den drei Jahren zusätzlich zum Programm bei. Darüber hinaus wurden die Forschungsprojekte durch Kooperatio-

1 Vgl. Maennig/Hölzer (1999), S. 195.

2 Quelle: Maennig/Hölzer (1999), S. 195.

3 Nach Angaben der EU-Kommission hat die amerikanische Federal Aviation Administration ein jährliches F&E-Budget von mehr als 2 Mrd. US-$. Nach Schätzungen, die im Auftrag der EU durchgeführt worden sind, könnten zudem 70% der NASA-Luftfahrtausgaben (1 Mrd. US-$ pro Jahr) als Unterstützung für die amerikanischen Hersteller angesehen werden.

nen mit der Deutschen Forschungsgemeinschaft (DFG), die ein Volumen von ca. 10 Mio. € ausmachten, und der Zusammenarbeit mit Universitäten ergänzt[1].

Auch wenn die F&E-Förderungen, die zwischen 1995 und 1998 im Rahmen des ersten zivilen Luftfahrtforschungsprogramms vom BMBF direkt an die DA gezahlt wurden jährlich lediglich zwischen 2 und 22 Mio. € betrugen, war die tatsächliche Förderung höher. Dies ergibt sich dadurch, dass ein Großteil der Projekte bei anderen Organisationen, wie z.B. über das DZLR durchgeführt wurden. Unter der Annahme, dass die DA genauso wie an den Luftfahrtforschungsfördermitteln des Bundes zu 50% an den vom DZLR bereitgestellten Geldern profitierte, ergab sich eine F&E-Förderung der DA im Rahmen des ersten zivilen Luftfahrtforschungsprogramm von insgesamt 66 bis 72 Mio. € pro Jahr. Hierbei sind die von der DFG und den Universitäten eingebrachten Mittel unberücksichtigt. Diese entsprach im Jahr 1997 rund 3,3% am DA-Umsatz und 45,8% an den aus Eigenmittel finanzierten F&E-Aufwendungen der DA[2].

Nach dem Auslaufen des ersten Luftfahrtforschungsprogramm wurde ein zweites Programm aufgesetzt, dass den Zeitraum 1999 bis 2002 umfasste. Das Bundesministerium für Wirtschaft und Arbeit (BMWA) stellte für diesen Zeitraum ein Volumen von 124 Mio. € zur Verfügung[3]. Im Anschluss an dieses Programm legte die Bundesregierung im Jahr 2002 ein drittes Luftfahrtforschungsprogramm auf. Dieses umfasst den Zeitraum 2003 bis 2007 und weist ein Gesamtvolumen von 320 Mio. € auf, wovon 160 Mio. € der Bund bereitstellt und für diese finanziellen Mittel eine gleich hohe Beteiligung seitens der einzelnen Bundesländer erwartet[4].

Als letzte Subventionsform verbleibt die finanzielle Unterstützung durch Programme auf europäischer Ebene. Mit der Verabschiedung der Verträge von Maastricht im Jahre 1992 wurde das Wettbewerbsprinzip der Industriepolitik erstmals rechtlich gleichgestellt und der Industriepolitik somit ein neuer Stellenwert verliehen. Ausschlaggebend für eine spezifische Förderung der Luftfahrtindustrie seit dem zweiten EU-Rahmenprogramm war in diesem Zusammenhang die 1988 verfasste EUROMART-Studie[5], in der die Wettbewerbsnachteile der Europäer gegenüber der marktbeherrschenden US-Konkurrenz betont und eine Konzentration der europäischen Forschungsförderung auf „technologische Schlüsselfaktoren" gefordert wurde. Die im Laufe der Zeit geflossenen

1 Vgl. Maennig/Hölzer (1999), S. 196.
2 Vgl. ebenda, S. 196.
3 Vgl. Finanzplan des Bundes 2001-2005, S. 28.
4 Vgl. Finanzplan des Bundes 2004-2008, S. 24.
5 EUROMART steht für: European Cooperative Measures for Aeronautical Research and Technology.

Förderungsvolumina aus den EU-Rahmenprogrammen II-V ergeben sich aus Tabelle V-12.

EU-Rahmenprogramm	II	III	IV	Va	Summe 1990-2002
Gesamtes Förderungsvolumen des Rahmenprogramms (in Mio. Euro)	5.396	6.600	13.100	16.300	41.396
Förderungsvolumen Luftfahrt (in Mio. Euro)	66	110	400	700	1.276

Tabelle V-12: F&E-Förderungen der Luftfahrtindustrie durch die EU-Rahmenprogramme[1].

Hinsichtlich der gewährten Subventionen kann man somit zusammenfassend festhalten, dass in den auf den Zusammenschluss zwischen Daimler-Benz und MBB folgenden Jahren 1990-1997 insgesamt rund 2,23 Mrd. € deutsche Subventionen an das Airbus-Projekt geflossen sind. Dabei machten die Entwicklungskostenzuschüsse mit rund 1,4 Mrd. € und die Wechselkursabsicherung in Höhe von 422 Mio. € den größten Anteil aus. Diese gesamte Förderung entspricht einem Anteil von 16% des Umsatzes der DA in diesem Betrachtungszeitraum[2].

Es ist festzustellen, dass die Förderungssummen zwar tendenziell rückläufig sind, allerdings ist der Rückgang darauf zurückzuführen, dass die Wechselkursabsicherung 1992 und die Entwicklungskostenzuschüsse 1996 ausgelaufen sind. Dieser Tatbestand darf jedoch nicht zu der Annahme führen, dass sich dieser Trend weiter fortsetzen wird. Im Gegenteil, die insgesamt rückläufige Tendenz wird durch die Entwicklung der zivilen F&E-Förderung, die maßgeblich als Reaktion auf das bilaterale GATT-Handelsabkommen zurückzuführen ist, aufgehoben. Derzeit decken die von der Bundesregierung festgelegten Luftfahrtforschungsprogramm noch einen Zeitraum bis 2007 ab. Bisher hat aber jedes Luftfahrtforschungsprogramm eine Fortsetzung erfahren. Darüber hinaus stehen weitere Entwicklungskostenzuschüsse für den A380 und den A350 bereit.

Durch die Luftfahrtforschungs- und Technologieprogramme hat sich die Bundesregierung ein Instrumentarium geschaffen, um die Luftfahrtforschung bzw. die Luftfahrtindustrie weiterhin fördern zu können. Von einem generellen Rückzug der Politik aus den Airbus-Subventionen kann auch im Jahr 2005, also 15

1 Quelle: Maennig/Hölzer (1999), S. 198.
2 Vgl. Maennig/Hölzer (1999), S. 200.

Jahre nach der Realisierung des Unternehmenszusammenschlusses nicht die Rede sein. Vielmehr ist zu erwarten, dass der Fluss von Subventionsgeldern unter wechselnden Namen und Bezugsgrößen fortgeführt wird.

3.2.2 Verlagerung der unternehmerischen Verantwortung auf die Industrie

Bei der Beurteilung des Zusammenschlusses 1989 teilte die Monopolkommission die Auffassung der Antragsteller, dass die damalige Organisation der deutschen Airbus-Aktivitäten ineffizient ausgestaltet sei, welches man insbesondere drei Faktoren zuschrieb:

- Da die deutschen Airbus-Aktivitäten auf die DA (Programm-Management) und MBB (Entwicklung, Fertigung) aufgeteilt waren, wurden vermeidbare Koordinierungskosten verursacht.
- Der Bund war faktisch Träger des unternehmerischen Risikos und hatte somit weitreichenden Einfluss auf die Programmplanung, welches eine langfristige Planung erschwerte.
- Die Geschäftsführung von MBB war durch die Partikularinteressen der Ländergesellschafter in ihrem Entscheidungsspielraum eingeengt, was eine rationelle Fertigung des deutschen Airbus-Bauteils behinderte[1].

Durch den Zusammenschluss wurde der MBB-Unternehmensbereich Transport- und Verkehrsflugzeuge in die DA eingebracht, welches den bisherigen umständlichen Abstimmungsprozess zwischen den beiden Unternehmen beseitigte. Programm-Management und Entwicklung/Fertigung werden seitdem in einem Unternehmen geregelt.

Wie im vorhergehenden Kapital dargelegt, kommt Airbus nach wie vor in den Genuss erheblicher finanzieller Zuwendungen seitens der deutschen Bundesregierung, die somit immer noch einen gewissen Teil des unternehmerischen Risikos bei Airbus trägt. In diesem Zusammenhang besteht auch nach wie vor eine gewisse Möglichkeit der Einflussnahme durch die Bundesregierung auf die Programmplanung von Airbus. Dies ergibt sich allein daraus, dass Projekte wie der Bau des A380 wohl nicht erfolgt wären, wenn keine Entwicklungskostenzuschüsse seitens der am Airbus-Projekt beteiligten Regierungen geflossen wären. Man muss jedoch zu dem Schluss kommen, dass es sich dabei eher um eine indirekten Einflussnahme handelt. Konkrete programmatische Mitentscheidungen bei Airbus finden durch die Bundesregierung nicht statt. Außerdem ist nach Aussagen der Unternehmensleitung von Airbus das Unternehmen inzwischen

1 Vgl. Monopolkommission (1989b): 18. Sondergutachten, S. 75 f.

prinzipiell in der Lage, selbst die notwendigen Mittel für die Entwicklung eines neuen Flugzeugs aufzubringen. Airbus würde lediglich weiterhin neue Hilfen beantragen, um keinen Wettbewerbsnachteil gegenüber dem Konkurrenten Boeing zu erleiden[1]. Dies verdeutlicht die prinzipielle Unabhängigkeit, die das Unternehmen Airbus inzwischen erreicht hat. Des weiteren wird die Unabhängigkeit von Airbus auch durch seine inzwischen vorgenommene Gesellschaftsstruktur deutlich (vgl. hierzu Abschnitt 3.2.4).

Der Einfluss der Ländergesellschafter auf die Geschäftsführung der deutschen Airbusgesellschaft besteht heute nicht mehr. Die Airbus Deutschland GmbH ist inzwischen ein hundertprozentiges Tochterunternehmen der Airbus S.A.S. und somit formell unabhängig von deutschen staatlichen Einrichtungen. Insofern sind inzwischen auch Vereinbarungen obsolet, die für die Zeit nach dem Unternehmenszusammenschluss zwischen Daimler-Benz und MBB getroffen wurden. So hatte sich Daimler-Benz im Rahmen des Zusammenschlusses dazu bereit erklärt, im Rahmen der Neuordnung der deutschen Luft- und Raumfahrtindustrie die in den Bundesländern gewachsenen Strukturen zu berücksichtigen und entsprechend ihrer Bedeutung und Gewichtung bei der zukünftigen Entwicklung des Wirtschaftszweiges zugrunde zu legen[2]. Durch die Gründung der EADS und die Verschmelzung der DASA in den europäischen Luft- und Raumfahrtkonzern sind dies Vereinbarungen inzwischen hinfällig geworden.

Man kann zu dem Ergebnis kommen, dass der Zusammenschluss inzwischen zu einer deutlichen Reduzierung der Einflussmöglichkeiten staatlicher Einrichtungen geführt hat. Dabei kam es zu einer fast vollständigen Verlagerung der unternehmerischen Verantwortung auf die Industrie und somit zu einer Überführung des deutschen Airbus-Anteils in die industrielle Eigenverantwortung.

3.2.3 Stärkung der deutschen Position im Airbus-Konsortium

Vor dem Zusammenschluss konnten nach Auffassung der Antragsteller die deutschen Interessen im Airbus-Konsortium nicht ausreichend vertreten werden. Denn obwohl die beiden Anteile von Aérospatiale und MBB an Airbus Industrie

1 Nach Aussage von Noël Forgeard im Oktober 2005 könne Airbus die Finanzierung für die Entwicklung des A350 gänzlich ohne staatliche Hilfen, allein durch den eigenen Cash-Flow und herkömmliche Kredite sicherstellen.

2 Daimler-Benz hat den Ländergesellschaftern zugesichert, sie über alle wesentlichen Angelegenheiten der DA zu informieren und vor wichtigen unternehmerischen Entscheidungen zu konsultieren.

mit 37,9% gleich hoch waren[1], habe Aérospatiale faktisch die Systemführungsrolle übernehmen können. Daraus seien zwei Nachteile für die Bundesrepublik entstanden:

- MBB musste sich im Rahmen der Arbeitsteilung im Airbus-Konsortium mit technologisch weniger interessanten Arbeitspaketen begnügen.
- Die Beteiligung der deutschen Ausrüstungs- und Zuliefererindustrie an den Airbus-Programmen war unzureichend[2].

Nach dem Zusammenschluss wurde durch die Zusammenführung der zuvor geteilten deutschen Airbus-Aktivitäten „Programm-Management“ und „Leistungserstellung“ der deutsche Einfluss im Airbus-Konsortium gestärkt, indem die auf MBB und Dornier verteilten Systemführungskompetenzen in einem Konzernverbund zusammengeführt wurden. Hierdurch entstand ein durchsetzungsfähiger deutscher Partner, der besser als vorher in der Lage sein sollte, technologisch interessante Arbeitspakete innerhalb von Airbus Industrie durchzusetzen[3].

So ist es inzwischen zu einer stärkeren Bündelung des deutschen Einflusses im Airbus-Konsortium gekommen. Dies hat dazu geführt, dass, neben der Tatsache, dass große Teile des Rumpfes und des Seitenlaufwerks aus Deutschland kommen, auch andere wichtige Arbeitspakete durch die deutsche Airbus Gesellschaft gesichert werden konnten. So erhalten die meisten Flugzeuge in Hamburg nicht nur ihre Innenausstattung, sondern es erfolgt hier auch die technisch anspruchsvolle Endmontage des A321 und des A319[4]. Des weiteren ist es gelungen im Rahmen des Baus des A380 die Arbeitsbereiche für Kabinenausstattung und Lackierung für das Airbus-Werk in Hamburg zu sichern.

Zusammenfassend kann somit festgehalten werden, dass die deutsche Seite wohl ihre Position im Airbus-Konsortium durch Bündelung ihrer Kräfte eher gestärkt als geschwächt haben dürfte. Ob die Sicherung aktueller Arbeitspakete aller-

---

1 Die anderen Anteile an Airbus-Industrie betrugen 20% von British Aerospace und 4,2% von Casa.

2 Die Monopolkommission hatte in ihrem Sondergutachten 1989 sowohl den Anteil als auch die Anzahl deutscher Ausrüster an den Airbus-Projekten ermittelt. Damals lag der Anteil der deutschen Ausrüster an der Gesamtausrüstung für die einzelnen Flugzeugtypen deutlich unter dem deutschen Anteil von 37,9%. Aktuelle Daten für eine vergleichbare Analyse waren jedoch weder vom BDLI noch vom der Airbus Deutschland GmbH in Hamburg zu bekommen, wodurch die Analyse dieses Aspektes aus der Betrachtung ausgegrenzt werden muss.

3 So ist es der Airbus Deutschland GmbH inzwischen gelungen, weitere Arbeitspakete bei der Airbus-Produktion für sein Werk in Hamburg zu sichern und somit auch die Auslastung und Arbeitsplatzsicherung zu festigen.

4 Außerdem ist die Daimler-Benz Aerospace Airbus im Auftrag von Airbus Industrie zuständig für die komplette Ersatzteil-Versorgung aller Airbus-Typen weltweit.

dings originär auf diese Entwicklung zurückzuführen ist, ist nur schwer zu beurteilen.

3.2.4 Rationalisierung der europäischen Airbus-Organisation

Die ineffiziente Organisation der europäischen Airbus-Aktivitäten war vor dem Zusammenschluss ein starker Kritikpunkt, der neben dem Wechselkursrisiko[1] als das größte Hindernis gesehen wurde, um die Airbus-Programme auch wirtschaftlich rentabel zu machen. Lange Zeit war das europäische Airbus-Konsortium in der Gesellschaftsform einer nicht publizitätspflichtigen „Groupement d'Intérêt Economique" nach französischem Recht organisiert. Hierbei fehlte es jedoch an einer einheitlichen, für alle Bereiche zuständigen, Leitung mit Gesamtergebnisverantwortung.

Das Problem bei Airbus bis zur Gründung von EADS war, dass die Serienfertigung und Entwicklung und damit die Verantwortung für den größten Teil der Kosten eines Flugzeuges bei den Airbus-Gesellschaftern lag, während Airbus Industrie (AI) für den Absatz und die Erlöse verantwortlich war. Aufgrund der fehlenden Gesamtergebnisverantwortung hatte AI den Charakter einer Verkaufsorganisation und zielte als solche vor allem darauf ab, mengenmäßige Verkaufserfolge zu erzielen. Sie ging deshalb in der Regel auf Forderungen der Luftfahrtgesellschaften nach besonderen kundenspezifischen Ausstattungen ein, ohne die Mehrkosten für die produzierenden Gesellschafter zu beachten[2].

Die am Airbus beteiligten Länder hatten diese Missstände zwischenzeitlich erkannt, wollten eine neue Gesellschaftsform mit einer einheitlichen Führung einführen und planten, den bisherigen gemeinsamen Funktionen (Marketing, Verkauf, Auslieferung) die Bereiche Tests, Ingenieurwesen, Produktion, Zulieferer sowie Kundendienst hinzufügen[3].

Im Anschluss an die Gründung der EADS stellten am 11. Juli 2001 EADS und BAE Systems ihre mit Airbus im Zusammenhang stehenden Konstruktions-, Engineering-, Herstellungs- und Produktionsaktivitäten in Frankreich, Deutschland, Spanien und Großbritannien sowie ihre sämtlichen Mitgliedsrechte an Airbus Industrie GIE (Groupement d'Intérêt Économique) unter die gemeinsame Leitung von Airbus S.A.S. (Societé par Actions Simplifiée) und unter die Lei-

1 Vgl. o.V. (1998b), S. 26; im Jahr 1998 wurden von Airbus erstmals nur noch fünfzig Prozent der Aufträge in Dollar abgerechnet, um dadurch unabhängiger von Währungsschwankungen zu werden.

2 Vgl. Monopolkommission (1989b): 18. Sondergutachten, S. 86.

3 Vgl. BDLI: Jahresbericht 1996/1997 (1998), S. 21.

tung dessen Managementteams. Das Managementteam von Airbus ist darüber hinaus auch weiterhin für Marketing und Kundenbetreuung verantwortlich. EADS hält einen 80%-igen Anteil an Airbus S.A.S. und übt die effektive Managementkontrolle über die Geschäftsaktivitäten aus, während BAE Systems, welche die restlichen 20% hält, spezielle Minderheitsrechte genießt. Hintergrund dieser Neuorganisation war die Notwendigkeit nach einer neuen gesellschaftsrechtlichen Organisation, in der das Management die zentrale Kontrolle über alle Aspekte und Aktivitäten des Unternehmens übernimmt[1].

Aus heutiger Sicht zeigt der Erfolg von Airbus, dass man in den letzten Jahren trotz einer großen Anzahl von Fertigungsstätten an einer Vielzahl von Standorten verstanden hat, sich strukturell so aufzustellen, dass man wettbewerbsfähige Großflugzeuge produzieren kann. Das sich dieser Eindruck schnell ändern kann, zeigen die aktuellen Produktions- und Lieferprobleme im Zusammenhang mit dem A380, der durch seine eigene Produktkomplexität das funktionierende Netzwerk von AI zu sprengen droht. Das diesbezüglich aufgesetzte Rationalisierungsprogramm wird in den nächsten Jahren zeigen, inwiefern sich Airbus gezwungen sieht, auch in der Produktion über die Zusammenlegung von Aktivitäten an zentralen Standorten nachzudenken[2].

Der Zusammenschluss Daimler-Benz/MBB kann nicht unbedingt als Voraussetzung oder als auslösender Faktor für die inzwischen vollzogene Neuorganisation von AI angesehen werden. Allerdings kann die Konsolidierung der deutschen Luft- und Raumfahrtindustrieaktivitäten als eine notwendige, wenn auch nicht hinreichende Voraussetzung für diese Entwicklung gesehen werden, in deren Zusammenhang der Zusammenschluss Daimler-Benz/MBB eine wesentliche Rolle spielte.

3.3 Die Auswirkung des Zusammenschlusses auf die Entwicklung der deutschen Luft- und Raumfahrtindustrie

Nach Auffassung der Antragsteller im Rahmen des Zusammenschlusses war die Struktur und Organisation der deutschen Luft- und Raumfahrtindustrie[3] in der Zeit vor dem Zusammenschluss ungeeignet, die Aufgaben, die in der Zukunft auf diese Branche zukommen sollten, zu bewältigen. Dabei wäre es insbesondere vonnöten, die Effizienz der Unternehmensstrukturen zu verbessern. Kennzeichnend waren ihrer Meinung nach Rationalisierungsdefizite, eine zu geringe

1 Vgl. EADS Geschäftsbericht – Referenzdokument (2003), S. 10.

2 Vgl. o.V. (2006), S. 17.

3 Die Bezeichnung Luft- und Raumfahrtindustrie meint in diesem folgenden Gliederungsabschnitt 3.3 stets einschließlich Wehrtechnik und ohne Airbus.

Eigenkapitalquote und die Unterschiedlichkeit der Interessen der Gesellschafter. In den Augen der Antragsteller würde sich der Zusammenschluss positiv auf die Luftfahrt, Raumfahrt- und Wehrtechnikaktivitäten der beteiligten Unternehmen und auf die Strukturen der deutschen Luft- und Raumfahrtindustrie insgesamt auswirken[1]. Dabei wurde insbesondere auf die folgenden Wirkungen verwiesen[2]:

- Rationalisierungswirkungen
- Verbesserung der Systemfähigkeit der deutschen Luft- und Raumfahrtindustrie
- Verbesserung der internationalen Wettbewerbsfähigkeit der deutschen Luft- und Raumfahrtindustrie
- Verbesserung der Chancen für die deutsche Zulieferer- und Ausrüstungsindustrie

Im folgenden sollen diese prognostizierten Wirkungen des Zusammenschlusses von Daimler-Benz und MBB mit der tatsächlichen Entwicklung seit 1989 verglichen werden.

3.3.1 Rationalisierungseffekte des Zusammenschlusses

Die Monopolkommission erkennt einzelwirtschaftliche Rationalisierungsvorteile bei den beteiligten Unternehmen eines Zusammenschlusses als gesamtwirtschaftlichen Vorteil an, wenn die Rationalisierungsvorteile auf realen Ersparnissen (sog. real economies) und nicht lediglich auf einer Umverteilung zu Lasten anderer Wirtschaftseinheiten (sog. financial economies) beruhen. Rationalisierungswirkungen sollen darüber hinaus im Einzelfall ein großes Gewicht haben und mit hinreichender Sicherheit und Genauigkeit nachgewiesen werden können[3].

Nach Ansicht der antragstellenden Unternehmen würde der Zusammenschluss die Zusammenarbeitsmöglichkeiten der damals mit Daimler-Benz verbundenen Unternehmen (insbesondere Dornier) und MBB verbessern, Rationalisierungspotentiale freilegen, Doppelaktivitäten reduzieren und weitere, technologisch wichtige Betätigungsmöglichkeiten eröffnen. Diese gesteigerte Effizienz trage somit zu einer Vergrößerung des Einsparungspotentials im Verteidigungsressort bei[4].

1 Vgl. Dubbermann (1994), S. 11 ff.
2 Vgl. Monopolkommission (1989b): 18. Sondergutachten, S. 87.
3 Vgl. Monopolkommission (1989b): 18. Sondergutachten, S. 88.
4 Vgl. ebenda, S. 89.

In ihrem Sondergutachten kam die Monopolkommission 1989 zu dem Schluss, dass es durch den Zusammenschluss, vor allem durch die Überschneidungen zwischen MBB und Dornier, zu Effizienzsteigerungen kommen könne. Die Kommission verwieß in diesem Zusammenhang vor allem auf die Unflexibilität bestehender Organisationsstrukturen in Verbindung mit dem Abbau von Arbeitsplätzen. Im Zuge dessen rechnete sie zumindest kurzfristig mit einem Kapazitätsabbau, da die beteiligten Unternehmen bestrebt sein würden, Doppelaktivitäten zu verhindern. Darüber hinaus rechnete sie mit der Realisierung von Rationalisierungspotentialen sowohl in der Entwicklung als auch in der Fertigung bei MBB. Ihrer Meinung nach scheiterten in der Vergangenheit entsprechende effizienzsteigernde Maßnahmen zumindest zum Teil an den politischen Gegebenheiten, da die Geschäftsführung von MBB die Partikularinteressen der Ländergesellschafter aus Bayern, Hamburg und Bremen berücksichtigen musste. Somit waren in der Zeit vor dem Zusammenschluss Entscheidungen, die z.B. regional kurzfristig mit dem Abbau von Arbeitsplätzen oder der Stilllegung von Betriebsteilen verbunden waren, nicht zu realisieren[1].

Tatsächlich zwang die schwierige Entwicklung der Luft- und Raumfahrtindustrie und die dramatische Verschlechterung des wirtschaftlichen Umfeldes Anfang der neunziger Jahre alle Unternehmen dieser Branche zu maximaler Effizienz und Kosteneinsparung. Aus diesem Grund war auch das damals noch recht junge Unternehmen DASA gezwungen, seine Rationalisierungspotenziale möglichst umfassend auszuschöpfen[2]. Ende 1991 kündigte die DASA tief greifende strukturelle Veränderungen an[3]. Im Zuge dessen analysierte man mehrere Szenarien, um die dazu gewonnenen Tochterunternehmen besser zu integrieren. Im Ergebnis wurden 1992 die Aktivitäten von MBB und der Telefunken Systemtechnik AG (TST) mit der bisherigen Deutschen Aerospace zusammengefasst. Zunächst wurde die TST auf die MBB verschmolzen und anschließend der Geschäftsbetrieb der Deutsche Aerospace AG auf die MBB übertragen[4]. MBB wurde in einem weiteren Schritt in Deutsche Aerospace AG umbenannt[5]. Der Name der bisherigen Deutsche Aerospace AG wurde entsprechend der bei ihr verbleibenden Aufgaben in Daimler-Benz Luft- und Raumfahrt Holding AG ge-

1 Vgl. ebenda, S. 90.

2 Vgl. o.V. (1991a), S. 9.

3 Vgl. o.V. (1991a), S. 1.

4 Vgl. Geschäftsbericht der DASA (1992), S. 11 und 61; Problematisch war damals, dass der Freistaat Bayern noch mit 17,44% an MBB beteiligt war. Erst als man sich auf einen Tausch dieser Anteile in eine 10%ige Beteiligung an der DASA geeinigt hatte, war der Weg für die vollständige Eingliederung von MBB in die DASA frei. Die Beteiligung der DASA an MBB erhöhte sich damit zum Dezember 1991 auf 82%.

5 Somit hat das traditionsreiche Unternehmen Messerschmitt-Bölkow-Blohm GmbH seit 1992 seine rechtliche Selbständigkeit verloren und ist ein Teil der DASA geworden.

ändert. Die so neu geschaffene Deutsche Aerospace übernahm im folgenden die Funktion der operativen Kerngesellschaft des Unternehmensbereichs Luft- und Raumfahrt im Daimler-Benz Konzern[1].

Ergebnis dieses Vorgehens war, dass die DASA ihre Handlungs- und Kooperationsfähigkeit auf den internationalen Märkten erheblich verbessern konnte und ihre Transparenz und Wirtschaftlichkeit erhöhte. Parallel zu dieser gesellschaftlichen Umstrukturierung wurde die Organisation gestrafft und die schon vorher eingeführte Kostensenkungsprogramme fortgeführt[2]. Diese beinhalteten insbesondere Personalkürzungen, die konzernweit auf der Verwaltungsebene durchgeführt wurden, von denen somit sowohl MBB als auch die DASA betroffen waren. Außerdem wurden im Arbeitsgebiet Energie- und Industrietechnik die gleichartigen zivile Geschäfte von Dornier, MBB und TST zusammengelegt, um so weitere Synergiepotenziale zu nutzen[3].

Im Geschäftsjahr 1993 verfolgte man weiterhin das Ziel, die Kerngeschäftsfelder zu stärken und strategisch nicht mehr relevante Geschäftsfelder abzustoßen sowie das Programm zur Struktur- und Kapazitätsanpassung an die reduzierte und erwartete Auslastung der Kapazitäten weiterzuführen. Im Juni 1994 einigte man sich zwischen Arbeitgebern und Arbeitnehmern auf einschneidende Maßnahmen. Die Vereinbarung sah vor, 10.300 Arbeitsplätze vor allem in den Geschäftsfeldern Luftfahrt sowie Verteidigung und zivile Systeme abzubauen. Außerdem sollten in dem Zeitraum 1993 bis 1996 mehrere Standorte geschlossen oder veräußert werden[4].

Im Ergebnis lässt sich somit festhalten, dass es durch den Zusammenschluss, unter anderem aufgrund von Überschneidungen zwischen MBB und insbesondere Dornier, in verschiedenen Bereichen zur Realisierung von Rationalisierungspotenzialen kam, wie dies die Monopolkommission in ihrem Gutachten antizipiert hatte. Es ist anzunehmen, dass hierbei vor allem die nach dem Zusammenschluss geringere Beteiligung der Ländergesellschafter eine nicht unwesentliche Rolle gespielt hat, da unbequeme Entscheidungen getroffen werden mussten. Ein Abbau von Arbeitsplätzen in den genannten Dimensionen bzw. die Stilllegung von Betriebsteilen wäre in der Zeit vor dem Zusammenschluss eher blockiert worden, da er politisch nicht leicht vermittelbar gewesen wäre[5].

---

1 Vgl. Geschäftsbericht der DASA (1993), S. 10.

2 So wurde im Rahmen dieser strukturellen Veränderungen aus Kostengründen auch beschlossen, die Zentrale der DASA aus der Münchner Leopoldstraße nach Ottobrunn zu verlegen, wo bis dahin MBB seinen Unternehmenssitz hatte.

3 Vgl. Geschäftsbericht der DASA (1993), S. 10; o.V. (1991c), S. 1.

4 Vgl. Geschäftsbericht der DASA (1995), S. 11.

5 Vgl. Monopolkommission (1989b): 18. Sondergutachten, S. 89.

Die Entscheidung der Monopolkommission in der Frage der Rationalisierungswirkungen zu dem Zusammenschluss wurde durch die tatsächliche Marktentwicklung in der Luft- und Raumfahrtindustrie Anfang der neunziger Jahre zusätzlich unterstützt. Aus heutiger Sicht ist es fraglich, ob MBB vor dem Hintergrund der dramatischen Branchenentwicklung Anfang der neunziger Jahre in der Lage gewesen wäre, weiterhin selbständig am Markt zu agieren respektive die notwendigen Restrukturierungsmaßnahmen einzuleiten. Sicherlich kann man nicht automatisch davon ausgehen, dass die notwendigen Kapazitätsanpassungen, die bei MBB erforderlich gewesen sind, nicht auch mit den beteiligten Ländergesellschaftern möglich gewesen wären. Allerdings kann man annehmen, dass die notwendigen Entscheidungen in diesem Falle wohl erst dann getroffen worden wären, wenn sich eine besondere Dringlichkeit eingestellt hätte.

3.3.2 Verbesserung der Systemfähigkeit und der internationalen Wettbewerbsfähigkeit der deutschen Luft- und Raumfahrtindustrie

Nach Ansicht der Antragsteller würde der Zusammenschluss entscheidend dazu beitragen, die Systemführungskompetenz der beteiligten Unternehmen zu erhöhen. Dies gelte sowohl für die Wehrtechnik als auch für die sonstige Luft- und Raumfahrt. Hierdurch könnten sich neue Chancen für die deutsche Industrie im Rahmen internationaler Kooperationen ergeben, indem sie qualitativ hochwertige Systemführungsaufgaben auf allen Systemebenen erhalten. Dies trage zu einer zukunftsorientierten Entwicklung von Daimler-Benz und MBB sowie der Branche insgesamt bei und sichere somit nachhaltig die Beschäftigung und die Ertragskraft. Dabei sah man eine solche Verbesserung der Systemführerschaft im Rahmen internationaler Kooperationsprojekte in enger Verbindung mit einer Stärkung der internationalen Wettbewerbsfähigkeit der deutschen Luft- und Raumfahrtindustrie. Durch eine Zusammenführung der beiden Systemführer Daimler-Benz und MBB erhoffte man sich eine kompetentere Teilnahme am internationalen Wettbewerb, da hierdurch die beiden wichtigsten Wettbewerbsparameter in Form von Unternehmensgröße und Finanzkraft zusammen gestärkt würden[1].

3.3.2.1 Der Begriff des Systemführers

Die Produktion von technischen Großsystemen in der Luft- und Raumfahrt erfordert einen ungewöhnlich hohen Koordinationsbedarf. Aufgrund der hohen technischen Komplexität der Systeme ist das erforderliche produktionstechni-

1 Vgl. Monopolkommission (1989b): 18. Sondergutachten, S. 91.

sche Know-how nur selten in einem einzelnen Unternehmen vorhanden. Bei der Produktion eines solchen Systems muss deshalb eine Vielzahl von Firmen in einem arbeitsteiligen Prozess zusammenwirken. Der dafür erforderliche Abstimmungsbedarf ist so groß, dass eine marktbezogene Lösung an den Transaktionskosten scheitert. Dies gilt um so mehr, als es sich bei einzelnen Teilprodukten häufig um einmalige, für konkrete Anwendungen maßgefertigte Güter handelt. Es muss demnach eine enge Zusammenarbeit zwischen den beteiligten Firmen zustande kommen, die von einem der beteiligten Unternehmen, dem so genannten Systemführer (prime contractor) koordiniert werden muss. Diese Koordinationsaufgabe bezieht sich nicht nur auf die Kontrolle und Überwachung der Unterauftragnehmer, sondern betrifft ebenso die Planung und Auslegung der bei einem bestimmten Projekt zu realisierenden Arbeitsteilung. Man kann den Systemführer demnach mit einem Architekten vergleichen, der den Plan entwirft und dafür sorgt, dass die einzelnen Handwerker ihre Arbeiten pünktlich und in der gewünschten Qualität abliefern[1].

Eine solche Aufgabe erfordert ein breites technisches Know-how und erhebliche Erfahrung. Eine Studie des DIW kommt zu dem Schluss, dass die Fähigkeit der Systemführerschaft eng mit der permanenten Ausübung einer solchen Rolle verbunden ist. *„Wer sie nicht dauernd ausübt, kann sich auf Dauer nicht den erforderlichen technischen Stab leisten, der dazu erforderlich ist. Wer sich aber diesen Stab nicht leistet, besitzt nicht mehr das aktuelle technische Wissen und die breite technische Basis, um ein erfolgreicher Systemführer zu sein. Wer aber als Systemführer nicht erfolgreich ist, wird keine weiteren Aufträge erhalten und hat damit keine Möglichkeit, seine Kompetenz als Systemführer zu pflegen und weiterzuentwickeln. Es wird also eine abwärtsgerichtete Spirale in Gang gesetzt, bei der die Fähigkeit zur Systemführerschaft in verhältnismäßig kurzer Zeit atrophiert. Trifft diese Abwärtsbewegung alle inländischen Unternehmen gleichzeitig, wandert die Systemführerschaft und damit eine wertschöpfungsintensive Produktionsstufe ins Ausland aus. Der heimischen Industrie verbleibt dann im wesentlichen die Rolle des Zulieferers.[2]“*

Der Begriff des Systemführers bezeichnet somit eine Art von Generalunternehmer bzw. einen Hersteller, der entsprechende Enderzeugnisse für die Luft- und Raumfahrtindustrie liefert. Dabei wird neben anderen Kriterien in der Regel auf die Gesamtverantwortlichkeit des Unternehmens für komplette Projekte abgestellt, während sie in erheblichem Umfang Zulieferungen (Teile, Komponenten, Ausrüstungen) von anderen Unternehmen beziehen[3].

---

1 Vgl. Wieland/Mahmood/Röller (1998), S. 50.

2 ebenda, S. 50 f.

3 Vgl. Helmstädter (1991), S. 546 ff.

Für die so genannte Systemführungskompetenz müssen insbesondere zwei zentrale Fähigkeiten bzw. Anforderungen gegeben sein. Die erste Voraussetzung ist *das technische Know-how* über die gesamte Breite des Gesamtsystems hinweg und die zweite das *Management-Know-how*, also die Fähigkeit, ein hochkomplexes System konzeptionell, strukturell und organisatorisch zu beherrschen und zu integrieren. Um die Bedeutung der Systemführerschaft richtig einschätzen zu können, ist es darüber hinaus erforderlich, zwischen nationalen und internationalen durchgeführten Projekten zu unterscheiden. Wird ein Unternehmen im Rahmen eines *nationalen Projekts* zum Generalunternehmer bestimmt, ist es in der Lage, weitgehend frei über die Vergabe von Unteraufträgen zu bestimmen. Dies ermöglicht es ihm, je nach Fertigungstiefe technologisch anspruchsvolles Wertschöpfungsvolumen im eigenen Unternehmen zu binden. Große Luft- und Raumfahrtprogramme werden jedoch überwiegend im Rahmen *internationaler Kooperationen* durchgeführt. Hauptgründe für die bisher überwiegend auf europäischer Ebene vollzogene Arbeitsteilung ist die Aufteilung der hohen Entwicklungskosten sowie die Erhöhung der Stückzahlbasis. Dabei ist der Verhaltensspielraum eines internationalen Systemführers erheblich kleiner als der eines nationalen Generalunternehmers, da er bei der Verteilung der Wertschöpfungsanteile an politisch vereinbarte Quoten gebunden ist[1].

Es stellt sich somit die Frage, welche volkswirtschaftlichen Argumente es für die Förderung und Sicherung von inländischer Systemführerschaft gibt. Aus Sicht der Industrie gestattet das Innehaben der „Systemführerschaft" die Erwirtschaftung von Oligopolrenten. Der Wettbewerb auf der Ebene der Subsystemfirmen und der Zulieferer ist äußerst hart, wodurch umfangreiche Gewinne hier kaum erzielt werden können. Auf der Systemebene existieren hingegen weltweit nur wenige Unternehmen, weshalb zu einem gewissen Grad Oligopolrenten realisierbar sind. In deren Erzielung besteht nach Einschätzung der Industrie die Bedeutung der Systemführerschaft. Aus wissenschaftlicher Sicht handelt es sich hier um ein klassisches Rent-Shifting-Argument, wenn der Staat durch industriepolitische Maßnahmen die heimische Industrie bei der Bildung ihrer Systemführerschaft unterstützt und dadurch Monopol- und Oligopolrenten in das eigene Land umlenkt[2].

Zum Zeitpunkt des Zusammenschlusses besaßen in der Bundesrepublik Deutschland allein die Unternehmen MBB und Dornier Systemführungskompetenz, die nach dem Zusammenschluss auf die DASA überging[3]. Da die DASA in den EADS Konzern integriert wurde, sind ihre Fähigkeiten in diesem Bereich in den europäischen Konzernstrukturen der EADS aufgegangen, insofern ist es

1 Vgl. Monopolkommission (1989b): 18. Sondergutachten, S. 93 f.
2 Vgl. Wieland/Mahmood/Röller (1998), S. 51.
3 Vgl. Hild/Breitenacher/Pieper (1997), S. 3 ff.

durch den Zusammenschluss nicht gelungen, Systemführungskompetenz in der rein deutschen LRI langfristig in der Breite zu sichern bzw. auszubauen. Jedoch kann als Teilerfolg gewertet werden, dass die DASA in den neunziger Jahren einige interessante Arbeitspakete bei europäischen LR-Projekten erlangte. Auf konkrete Beispiele wird im folgenden Kapitel eingegangen.

3.3.2.2 Finanzkraftwirkungen

Problematisch war die Beteiligungsstruktur bei MBB vor dem Zusammenschluss, da Bayern, Hamburg und Bremen die Kapitalmehrheit an dem Unternehmen besaßen. Dadurch konnten die Möglichkeiten einer angemessenen Eigenkapitalausstattung des Unternehmens nicht ausreichend gefördert werden. Dies lag daran, dass die unternehmenspolitische Einflussnahme der Anteilseigner nicht nur von privatwirtschaftlichen Kapitalgeberinteressen, sondern auch von teilweise gegensätzlichen wirtschafts- und regionalpolitischen Vorstellungen geprägt war. Diese Interessengegensätze und die mangelnde Bereitschaft, weiteres Kapital zur Verfügung zu stellen, stellten vor dem Zusammenschluss ungünstige Entwicklungsbedingungen für MBB dar[1].

Durch den Zusammenschluss von Daimler-Benz und MBB wurde die Situation für MBB positiv verändert. Einerseits führte die Daimler-Benz AG durch die mit dem Zusammenschluss verbundene Kapitalerhöhung MBB zusätzliches Eigenkapital in Höhe von 993 Mio. DM zu. Hiervon wurden jedoch 800 Mio. DM direkt an die DA weitergeleitet, wodurch bei MBB selbst folglich nur 193 Mio. DM verblieben, die zur Stärkung ihrer Haftungsbasis eingesetzt wurden[2]. Andererseits wurde durch die neue Kapitaleignerstruktur erreicht, dass Interessenkonflikte zwischen den Kapitalgebern ausgeschlossen wurden und das Unternehmen kapitalkräftig und nur unternehmerischen Interessen verpflichtet war.

Die Einbindung von MBB in den Daimler-Benz-Konzern erhöhte also die Finanzkraft von MBB. Speziell für den Luft- und Raumfahrtbereich ist die Finanzkraft ein wichtiges Kriterium für die Leistungsfähigkeit eines Unternehmens. So wurde bereits angesprochen, dass z.B. für die Entwicklung ziviler oder militärischer Flugzeugmodelle große finanzielle Vorleistungen erforderlich sind. Auch bei der Wehrtechnik müssen die in der Rüstungswirtschaft tätigen Unternehmen im voraus eigene Produktideen entwickeln und dafür einen erheblichen finanziellen Aufwand erbringen, ohne dass die spätere Auftragsvergabe gesichert ist. Der Zusammenschluss schuf somit eine breite Kapitalbasis, die die

---

1 Vgl. ebenda, S. 100 f.; AECMA (1997), S. 7 ff.
2 Vgl. Haussmann (1989a), S. 12.

Voraussetzungen dafür schaffte, risikoreichere Projekte der Luft- und Raumfahrtindustrie zu aquirieren und auf europäischer und internationaler Ebene zu konkurrieren.

Hierbei bleibt zu beachten, dass solche europäischen Gemeinschaftsvorhaben durch zwischenstaatliche Verhandlungen zustande kommen und die Aufteilung des Auftragsvolumens weitgehend nach politischen Kriterien entschieden wird. Die Existenz eines leistungsfähigeren Luft- und Raumfahrtunternehmens hat dabei die Verhandlungsposition der deutschen Regierung bei gemeinschaftlichen Vorhaben unterstützt. Ein Beispiel hierfür ist das inzwischen gestartete Kooperationsprojekt „Eurofighter", an dem Deutschland mit 33% beteiligt ist. Dabei konnte Deutschland im Rahmen der Arbeitsteilung die besonders anspruchvollen Teilbereiche Flugeigenschaften/Triebwerkentwicklung und die Avionik-Integration inklusive Waffenintegration für die DASA beanspruchen[1].

3.3.2.3 Steigerung der Unternehmensgröße durch Zusammenlegung der Systemführungskompetenz

Bei einem Größenvergleich der führenden Unternehmen der Luft- und Raumfahrtindustrie in der Zeit nach dem Zusammenschluss wird ersichtlich, dass die DASA, gemessen an den Aktivitäten der Luft- und Raumfahrt sowie der Verteidigungstechnik, eher klein ist[2]. Innerhalb Europas nahm die DASA in den neunziger Jahren nach Umsätzen aus der Luft- und Raumfahrt sowie der Verteidigungstechnik, wie in der Zeit vor dem Zusammenschluss mit MBB, Platz drei ein[3].

Wie bereits ausgeführt, stellten die Systemführungskompetenz und entsprechendes Management-Know-how die notwendigen Faktoren dar, um die technologische Beherrschung eines möglichst breiten Spektrums an Luft- und Raumfahrttätigkeiten zu ermöglichen, woraus die Erfordernis einer gewissen Unternehmensgröße abgeleitet werden kann. Dies wird durch die insbesondere in den letzten Jahren festzustellende Tendenz zur internationalen Konzentration in der Luft- und Raumfahrtindustrie zusätzlich verdeutlicht[4]. Für die Unternehmen ist

1 Vgl. Daimler-Benz Aerospace AG (1996a), S. 31 f.

2 Im Jahr 1996 nahm die DASA im weltweiten Vergleich der LRI-Unternehmen Platz 7 ein und besaß mit 8,3 Mrd. US-$ Umsatz einen Marktanteil von 4,4% am gesamten weltweiten Umsatzvolumens. Boeing/McDonnell Douglas dagegen realisierte im gleiche Jahr 37 Mrd. US-$ Umsatz und besaß somit einen Marktanteil von knapp 20%.

3 Vgl. Daimler-Benz Aerospace AG (1997a), S. 3.

4 Bundesministerium für Wirtschaft (1996b), S. 25 ff.; Bundesministerium für Wirtschaft (1997), S. 8 f.

es erforderlich, ihre Leistungsfähigkeit anhand konkreter abgeschlossener Projekte immer wieder nachweisen zu können. Dies wird schwierig, wenn das nationale Auftragsvolumen nicht ausreicht, um die Systemfähigkeit mehrerer Unternehmen zu fördern.

Im Hinblick auf die seit 1989 um mehr als 30 Prozent gekürzten Ausgaben des Bundes für die Luft- und Raumfahrt (vgl. C-1 im Anhang) kann man zu dem Schluss kommen, dass der Rückgang der öffentlichen Beschaffungsvorhaben sich negativ auf die Systemführungskompetenz von zwei nationalen Systemfirmen ausgewirkt hätte. Dies wiederum hätte zu einer Schwächung der deutschen Position bei internationalen Projekten geführt. Man kann somit festhalten, dass es aufgrund der durch den Zusammenschluss entstandenen Unternehmensgröße möglich wurde, die Systemführungskompetenz besser zu sichern.

Schon in den Anhörungen der Monopolkommission 1989 vertrat das Bundesministerium für Verteidigung (BMV) die Auffassung, dass es für die Verhandlungsposition der jeweiligen Regierungsvertreter nicht unerheblich sei, ob sie auf zwei unabhängige Systemfirmen oder auf ein größeres, einheitliches Luft- und Raumfahrtunternehmen verweisen könnten. Aus dieser Sicht erhoffte man sich schon damals von dem Zusammenschluss eine Stärkung bei der Verhandlung über künftige Kooperationsprojekte durch einen einheitlichen Systemführer, was sich in den folgenden Jahren auch bestätigte[1].

3.3.3 Konsequenzen für die Ausrüstungs- und Zuliefererindustrie

Der technologische Leistungsstandard der Ausrüstungsindustrie hat starke Auswirkungen auf die Wettbewerbsfähigkeit der deutschen Luft- und Raumfahrtindustrie. Innovationen auf dem Gebiet der Ausrüstung bestimmen maßgeblich den technischen und wirtschaftlichen Erfolg eines LR-Produktes. Eine leistungsfähige Ausrüstungsindustrie kann in Deutschland langfristig jedoch nur dann erfolgreich bestehen, wenn es der nationalen Systemindustrie gelingt, im zivilen und militärischen Bereich der LR-Industrie dauerhaft eine führende Position einzunehmen. Eine gut abgestimmte Koordination zwischen System- und Ausrüstungsindustrie und die gemeinsame Nutzung von Ressourcen, technologischen Fähigkeiten und Marktzugangsmöglichkeiten sind dabei unabdingbar[2].

Die deutsche LRI hat in den letzten Jahrzehnten eine im internationalen Umfeld anerkannte Position erreicht. So ist sie in allen wesentlichen Technologie- und

1 Vgl. Monopolkommission (1989b): 18. Sondergutachten, S. 103.
2 Vgl. BDLI: Jahresbericht 1996/1997 (1998), S. 30.

Produktfeldern präsent und in besonderer Weise europäisch bzw. international verflochten. Die letzte verbleibende deutsche Systemfirma DASA hatte in diesem Zusammenhang in den neunziger Jahren für die Ausrüstungsindustrie eine besondere Katalysator-Funktion. Sie eröffnete durch die Fähigkeit der Systemintegration für kleine und mittlere Unternehmen Geschäftspotenziale. So ergaben Erhebungen aus dem Jahr 1993, dass ein Systemführer im Raumfahrtbereich ca. 55% des Auftragsvolumens an Unterauftragnehmer weiterleitete. Speziell beim Airbus-Programm hat die DASA als Systemführer in großem Maße zum Aufbau von technologischer Kompetenz bei den deutschen Ausrüstungsunternehmen beigetragen, die dort mit einem Anteil von rund 30% am Gesamtwert eines Flugzeuges ein unverzichtbarer Partner geworden ist[1].

	Technologische Herausforderungen der Luftfahrt				
	Oprimierung der Einsatzparameter	wirtschaftlicher Betrieb	umweltfreundlicher Betrieb	effizientere Verfahren	Steigerung des Passagierkomforts
	Beitrag der Austrüstunsindustrie				
Sysembezug: funktionell	1. Flugsteuerung/ Aktuatoren 2. Kraftübertragung	8. Elektr. Systeme 9. Fahrwerke	13. Triebwerkregelung 14. LH2-Technologie 15. Kolbentriebwerk		20. Klimaanlagen
Sysembezug: operationell	3. Cockpitausrüstung (MMI) 4. Navigations- und Flugführungssysteme 5. Flight-/Ground-Management 6. Sicherheitssyst.	10. Fuelmanagement 11. Kommunikationssysteme		16. IMA	21. Kabinenausrüstung 22. Schutzsysteme
Sysembezug: unterstützend	7. ATM-Systeme	12. Wartung		17. Concurrent Engineering 18. Simulation 19. Validierung/ Zertifizierung	

Abbildung V-9: Beitrag der Ausrüstungsindustrie in der LRI[2].

Seit dem Unternehmenszusammenschluss von Daimler-Benz und MBB hat die deutsche Ausrüstungsindustrie eine Phase der nachhaltigen Restrukturierung durchlaufen. Dabei haben sich der Umsatz und die Anzahl der Mitarbeiter seit 1989 nahezu halbiert. Gleichzeitig war man gezwungen, aufgrund der Einbrüche im militärischen Geschäft den Schwerpunkt auf Systeme und Komponenten für den zivilen Luft- und Raumfahrzeugbau zu verlegen (vgl. Abbildung V-9)[3]. Dabei wurden Kompetenzen und Kapazitäten teilweise über die Grenzen hinweg

---

1 Nach Angaben des BDLI reicht der wertmäßige Anteil der Ausrüstung heute von 30% bei Zivilflugzeugen über 50% bei Kampfflugzeugen bis zu 70% bei spezialisierten Missionsflugzeugen. Vgl. hierzu BDLI (1998a), S. 31.

2 Quelle: BDLI Jahresbericht 1996/1997 (1998), S. 31.

3 Vgl. BDLI (1998a), S. 32.

gebündelt[1] und umfangreiche Effizienzsteigerungs- und Kostensenkungsprogramme zur Stärkung der internationalen Wettbewerbsfähigkeit durchgeführt.

Bei Ausrüstern und Zulieferern haben sich in den letzten Jahren aufgrund der verstärkten Nachfrage nach technologieübergreifenden Subsystemen (z.B. Cockpit) zunehmend Kompetenzen in dieser Richtung herausgebildet[2]. Dabei sind die Ausrüstungsunternehmen insgesamt unterschiedlich strukturiert. Neben LRI spezialisierten Unternehmen, die zwar eigenständig, jedoch mit größeren auch internationalen Konzernen verbunden sind, behaupten sich mittelständische Unternehmen[3].

Im Rahmen der Entwicklung der letzten Jahre sehen sich die Ausrüster einem zunehmenden internationalen Verflechtungsdruck ausgesetzt. Aus diesem Grund ist die deutsche Ausrüstungsindustrie bemüht, durch strukturelle Veränderungen die Integration der europäischen Industrie voranzutreiben[4]. Durch zahlreiche Gemeinschaftsprogramme ist im Ausrüstungsbereich ein breites Kooperationsgeflecht entstanden, das Joint Ventures und letztlich auch gegenseitige Kapitalbeteiligungen fördert[5]. Allerdings ist die Kapitalbeteiligung deutscher Ausrüster an ausländischen Partnerunternehmen bis heute eher selten.

Durch den Zusammenschluss und durch die Verbesserung der Systemfähigkeit der DASA konnte die nationale Ausrüstungsindustrie zumindest in den neunziger Jahren gezielt gestützt werden. Das Ausmaß, mit dem die Ausrüster und Zulieferer vom Technologiezuwachs profitierten, hing in weiten Bereichen maßgeblich von dem Verhalten des alleinigen Systemführers DASA ab. Heute stehen der mittelständisch geprägten deutschen Ausrüsterindustrie im internationalen Vergleich große, bereits sehr weit reichend konsolidierte und global agierende Ausrüstungskonzerne im Wettbewerb gegenüber. Diese Wettbewerber positionieren sich durch strategische Angebote, die durch die Finanzkraft ihrer Mutterkonzerne ermöglicht werden. In der Vergangenheit konnten die deutschen Ausrüster ihre Wettbewerbsfähigkeit und ihre Position in diesem hart umkämpf-

---

1 Beispiele hierfür sind: Diehl Gruppe/Sextant; Liebherr-Aerospace; Lindberg/Liebherr-Aerospace Toulouse (ehemals ABG-SECMA); Litef/Tedix.

2 Vgl. BDLI (1998a), S. 31 f.

3 Vgl. Bundesministerium für Wirtschaft (1996b), S. 16.

4 Vgl. BDLI (1998a), S. 31 f.

5 z.B. gehören das BGT und VDO Luftfahrtgeräte-Werk zur Diehl-Gruppe. VDO arbeitet eng mit der französischen Gruppe Sextant zusammen, die mit 49,5% an VDO beteiligt ist, BGT kooperiert mit Thomson-CSF. Zur Gruppe Liebherr Aerospace gehören Unternehmen in Frankreich, den USA und Singapur. LITEF und Teldix sind inzwischen in den US-Konzern Litton integriert.

ten Markt sichern und ausbauen[1]. Wie lange dies allerdings noch in der gleichen Art und Weise funktionieren wird, ist fraglich.

Der weitgehend abgeschlossene Konsolidierungsprozess der globalen Luft- und Raumfahrtindustrie auf Systemebene setzt sich heute im Bereich der Ausrüstungsindustrie fort. Dies führt dazu, dass sich weltweit wenige große Systemhäuser auf die Integration von Subsystemen konzentrieren. Entwicklungsverantwortung für diese Subsysteme kann zunehmend nur noch von Ausrüstern wahrgenommen werden, die über eine entsprechende finanzielle Ausstattung verfügen. Durch den teilweise geringen Integrationsgrad ihrer Produkte drohen somit einige kleinere deutsche Ausrüsterunternehmen in der Zuliefererkette nicht mehr wettbewerbsfähig zu sein. Ferner sehen sich die deutschen Unternehmen zunehmend Wettbewerbern ausgesetzt, die an kostengünstigeren Standorten agieren[2].

Den grundsätzlich positiven Effekten des Zusammenschlusses für die Ausrüsterindustrie durch den gestärkten Systemanbieter DASA stehen langfristig negative Effekte durch die Integration der DASA in den EADS-Konzern gegenüber. Beschleunigt durch diese Integration findet der Konkurrenzkampf in der Ausrüsterindustrie zunehmend auf europäischer bzw. internationaler Ebene und häufig mit finanzkräftigen Großunternehmen statt. Inwiefern deutsche Ausrüstungsunternehmen heute bessere oder schlechtere Zugangsmöglichkeiten zu Aufträgen des EADS Konzerns oder anderen Systemherstellern haben, muss differenziert betrachtet werden[3]. Tatsache ist, dass die Realisierung neuer LR-Projekte inzwischen stärker europäisch erfolgt, wodurch die Wettbewerbssituation für die Ausrüstungsfirmen eher erschwert wird. Insofern besteht auf Ausrüsterebene ein europäischer und internationaler Konsolidierungsdruck, der zu bewältigen ist.[4] Gleichzeitig besteht aber die Möglichkeit am größeren Marktvolumen auf internationaler Ebene teilzuhaben und dies als Chance zu nutzen. Im Ergebnis bedeutet dies, das nur Ausrüsterunternehmen die sich richtig aufgestellt haben und spezielle technische Fähigkeiten durch andauernde F&E vorweisen können, langfristig im Wettbewerb Bestand haben werden.

1 Vgl. BDLI Jahresbericht (2004), S. 32.

2 Vgl. BDLI Jahresbericht (2004), S. 52.

3 Heute stehen bereits drei von vier Ausrüsterunternehmen in der LRI in Kooperationen mit anderen Unternehmen, aber nur jedes vierte davon agiert auf der Ebene der Subsystemhersteller und der Systemintegratoren. Vgl. hierzu Koordinator für die deutsche Luft und Raumfahrt (2002), S. 12.

4 Vgl. Koordinator für die deutsche Luft- und Raumfahrt (2002), S. 25.

4. Beurteilung der prognostizierten Gemeinwohlnachteile

Bei der Prüfung des Zusammenschlusses von Daimler-Benz und MBB hatte die Monopolkommission 1989 auch mögliche Gemeinwohlnachteile in ihre Abwägung einzubeziehen, die sich aus den wettbewerbs- und gesellschaftspolitischen Risiken ökonomischer Macht ergeben könnten. Aus diesem Grund wurde im Rahmen der Prüfung des Zusammenschlusses insbesondere auf zwei Aspekte eingegangen[1]:

- Daimler-Benz hatte bereits bis 1989 durch diversifizierende Zusammenschlüsse[2] eine Größe erreicht, aus der ein erhebliches Potenzial für marktübergreifende Wettbewerbsgefährdungen sowie für Eingriffe in politische Entscheidungsmechanismen entstanden war. Weiteres externes Wachstum musste deshalb kritisch betrachtet werden.

- Des weiteren ergaben sich wettbewerbs- und gesellschaftspolitische Risiken aus der Beteiligung der Deutsche Bank an Daimler-Benz. Nach Ansicht der Monopolkommission wies die Mitwirkung der Deutsche Bank am Zustandekommen des Zusammenschlussvorhabens auf die Problematik hin, *„die sich aus der Verbindung von Kreditgeschäft und industriellem Eigenbesitz, Aufsichtsratmandaten und Vollmachtstimmrecht ergibt.*[3]*"*

4.1 Die Problematik des externen Wachstums von DaimlerChrysler

DaimlerChrysler (vormals Daimler-Benz) stellte bereits bei der Beantragung des Zusammenschluss mit MBB ein großes Industrieunternehmen dar, so dass die Monopolkommission die Perspektive eines weiteren externen Wachstums untersuchte[4]. Die Monopolkommission konzentrierte sich in einer von Einzelmarktbetrachtungen losgelösten Perspektive auf wettbewerbspolitische Implikationen des Zusammenschlusses[5]. So wurde als ein wettbewerbsbedenklicher Aspekt die Verstärkung der Marktstellung von Daimler-Benz auf einer Vielzahl von Märkten des Rüstungsbereichs angesehen, da dem Staat als Nachfrager von Rüstungsgütern nur noch ein deutscher Anbieter gegenüberstehen würde[6]. Eine solche Marktstellung eines Unternehmens, die nahezu alle Märkte eines Wirt-

1 Vgl. Monopolkommission (1989b): 18. Sondergutachten, S. 109.
2 Vgl. Berg/Müller (1995), S. 367 ff.
3 Monopolkommission (1989b): 18. Sondergutachten, S. 109; Templeman/Maremont (1989), S. 22 f.; Viehöver (1989), S. 54 ff.
4 Vgl. Schirmeister (1989), S. 33 ff.
5 Vgl. Böbel (1984), S. 144 ff.
6 Vgl. ebenda, S. 110.

schaftssektors erfassen würde, wurde von der Monopolkommission als sehr kritisch angesehen.

Diese Wettbewerbsbeschränkung wurde vom Bundeswirtschaftsminister in seiner Entscheidung aufgegriffen (vgl. Kapitel IV-2.4). In der Entscheidung wurde, wie bereits erläutert, die Erlaubnis zu dem Zusammenschluss mit Auflagen versehen, um die wettbewerbsbeschränkenden Wirkungen so weit zu reduzieren, dass sie von den Gemeinwohlvorteilen übertroffen würden[1]. Eine Schlüsselrolle kam dabei den Auflagen bezüglich der Veräußerung bestimmter Teile von MBB zu, die gerade die Vormachtstellung von MBB in gewissen Bereichen wie z.B. der Wehrtechnik erheblich einschränken sollte[2]. Die im Rahmen der Ministererlaubnis festgelegten Auflagen wurden von den beiden Unternehmen akzeptiert und im Anschluss zügig umgesetzt, wodurch sich die Wettbewerbsbeschränkungen zumindest verringerten.

Als einen weiteren Gemeinwohlnachteil sah die Monopolkommission gesellschaftspolitische Risiken, die durch die Größe des Daimler-Benz Konzerns und seiner dadurch resultierenden Fähigkeit zur politischen Einflussnahme resultieren würde[3]. So berühren Investitions- bzw. Desinvestitionsentscheidungen großer Konzerne die wirtschaftliche Situation ganzer Regionen. Dies wurde besonders durch die Reaktionen der norddeutschen Küstenländer deutlich, die ihre Zusage zu dem Zusammenschluss von Arbeitsplatz- und Standortgarantien der Daimler-Benz AG abhängig machen wollten[4].

Daneben hat sich aus Sicht der Kommission die volkswirtschaftliche Bedeutung der damaligen Daimler-Benz AG durch den Zusammenschluss zusätzlich erhöht, indem das Einflusspotenzial dieses Unternehmens auf die Entscheidungen verschiedener politischer Ebenen zugenommen hat. Auch wenn diese Macht nicht konkret ausgenutzt wurde, so verwies die Monopolkommission im Rahmen ihres Sondergutachtens darauf, dass *„ökonomische Macht, die demokratisch nicht legitimierten und kontrollierten Einfluss auf die staatlichen Organe ausübt, (...) die Gewaltenteilung zwischen Staat und Wirtschaft in Frage [stellt]“*[5]. Daneben bestand ihrer Meinung nach eine besondere ordnungspolitische Gefahr darin, dass Großunternehmen wie Daimler-Benz wegen ihrer überragenden Bedeutung für die Beschäftigung faktisch konkursunfähig seien[6].

1 Vgl. Frantzke/Kurz (1991), S. 252.
2 Vgl. Haussmann (1989b), S. 2 ff.
3 Vgl. o.V. (1989f), S. 35.
4 Vgl. o.V. (1989g); o.V. (1989h); o.V. (1989i); o.V. (1989j).
5 Quelle: Monopolkommission (1989b): 18. Sondergutachten, S. 112.
6 Vgl. ebenda, S. 112.

Als weiteres gesellschaftspolitisches Risiko wurde die überragende Bedeutung von Daimler-Benz bei der Produktion von Rüstungsgütern angesehen, die in der Bundesrepublik zu einer verstärkten Abhängigkeit des BMV bei Beschaffungsvorhaben führen würde[1]. Dies wurde jedoch durch die bereits erwähnten Auflagen durch den Bundeswirtschaftsminister in einem gewissen Masse relativiert. Außerdem wurde durch die weltpolitischen Entwicklungen in den Jahren nach 1989 und die dadurch vollzogenen Abrüstungsinitiativen das Verteidigungsbudget in Deutschland erheblich gekürzt (vgl. Tabelle C-1 im Anhang), wodurch sich die Abhängigkeiten zwischen dem BMV und Daimler-Benz reduzierten da effektiv weniger Rüstungsgüter nachgefragt wurden. Gleichwohl ist die stärkere Abhängigkeit von einem Hersteller/Unternehmen und einem geringeren Preiswettbewerb langfristig als negativ zu sehen.

Seit DaimlerChrysler die in der DASA zusammengefassten deutschen Luft- und Raumfahrtpotentiale in den europäischen Luft- und Raumfahrtkonzern EADS eingebracht hat, hat der DaimlerChrysler Konzern nach wie vor einen nicht unwesentlichen Einfluss im Rahmen der Beteiligungsstruktur der EADS, allerdings ist der Einfluss der EADS auf die inländische Industrie heute indirekter und geringer als dies zu Zeiten der DASA der Fall war. Insofern haben sich die wettbewerbs- und beschaffungsrelevanten Kritikpunkte inzwischen weitestgehend relativiert. Immer häufiger wird ferner die Frage gestellt, inwiefern DaimlerChrysler langfristig an der strategischen Beteiligung am EADS Konzern festhalten wird, so dass eine komplette Loslösung vom Luft- und Raumfahrtgeschäft inzwischen eine strategische Option für DaimlerChrysler scheint. Dies würde alle zuvor diskutierten wettbewerbsbezogenen Kritikpunkte obsolet werden lassen, wenn man auch nicht vergessen darf, dass sie trotz alledem über einen Zeitraum von mindestens 15 Jahren Bestand hatten.

4.2 Die Problematik der Beteiligung der Deutsche Bank an Daimler Chrysler

In der Vergangenheit hat die Monopolkommission mehrfach den Einfluss von Banken auf die unternehmerischen Entscheidungen insbesondere großer Industrie- und Handelsunternehmen kritisiert[2]. Dieser Einfluss ergibt sich aus der als problematisch angesehenen Verbindung von Kreditgeschäft und eigenem industriellen Anteilsbesitz sowie der Wahrnehmung von Aufsichtsratsmandaten[3].

1 Vgl. ebenda, S.111.

2 Vgl. Monopolkommission: Hauptgutachten 1973/1975, (1976), Kap. III; Monopolkommission: Hauptgutachten 1976/1977, (1978), Kap. IV; Monopolkommission: Hauptgutachten 1984/1985, (1986), Tz. 435-438.

3 Vgl. Arbeitsgemeinschaft Selbständiger Unternehmer e.V. (1989), S. 4.

Probleme können dadurch entstehen, dass die Banken als Kreditgeber einen detaillierten Einblick in die Vermögens- und Ertragslage der Unternehmen haben und somit über Informationen verfügen, die wettbewerbsverzerrend angewendet werden können[1].

In bezug auf den Zusammenschluss von Daimler-Benz und MBB spielte die Deutsche Bank als größter Anteilseigner an Daimler-Benz eine besondere Rolle. So hielt die Deutsche Bank 1989 einen Anteil von 28,24% an der Daimler-Benz AG und war somit größter Einzelaktionär. Dadurch hatte sie am Zustandekommen des Zusammenschlussvorhabens einen maßgeblichen Anteil und war von Anfang an in das Verfahren eingebunden. Der damalige Vorstandsvorsitzende der Deutsche Bank, HILMAR KOPPER, ist seit 1990 Vorsitzender des Aufsichtsrats der Daimler-Benz AG bzw. von DaimlerChrysler[2].

Trotz der in ihrem Sondergutachten wiederholten Empfehlung der Monopolkommission, Kreditinstituten den Eigenerwerb von Anteilen an Nichtbanken zu untersagen, soweit sie mehr als 5% der Summe der Kapitalanteile erwerben und die gleichzeitige Wahrnehmung von Aufsichtsratsmandaten nicht zu gestatten[3], die in einer Konkurrenzbeziehung zueinander stehen, wurden bis heute vom Gesetzgeber keine rechtlichen Schritte unternommen, um diesen Empfehlungen nachzukommen[4]. In seiner Entscheidung zur Genehmigung des Zusammenschlusses hat der damalige Bundeswirtschaftsminister HELMUT HAUSSMANN den beteiligten Unternehmen lediglich die Auflage erteilt, dass Daimler-Benz/MBB keine Vertretung in Führungs- und Aufsichtsorganen anderer Unternehmen wahrnehmen dürfe, die in nennenswertem Umfang im Rüstungsgeschäft tätig sind[5]. Dies hat zumindest indirekt eine weitere Involvierung der Deutsche Bank bezüglich Luft- und Raumfahrtunternehmen unterbunden.

---

1 Vgl. Monopolkommission (1989b): 18. Sondergutachten, S. 114.

2 Seitens der Deutschen Bank wird betont, dass Herr Kopper seit dem Rückzug aus dem Aufsichtsrat der Deutschen Bank nicht mehr die Belange der Bank in seinen weitergeführten Tätigkeiten vertritt.

3 Vgl. Arndt, (1980), S. 13 ff.

4 Vgl. Monopolkommission (1989b): 18. Sondergutachten, S. 116.

5 Vgl. Haussmann (1989a), S. 2.; In der ausführlichen Verfügung wurde festgehalten, daß die Antragsteller Daimler-Benz/MBB keine Führungs- und Aufsichtsratsmandate bei Unternehmen wahrnehmen dürfen, die:
   1. Rüstungsgüter herstellen oder anbieten und
   2. der Anteil des Rüstungsgeschäfts am konsolidierten Gesamtumsatz dieser Unternehmen in einem der letzten drei Geschäftsjahre mindestens 10% beträgt oder das Volumen des konsolidierten Gesamtumsatzes dieser Unternehmen mit Rüstungsgütern im Durchschnitt der letzten drei Geschäftjahre mindestens 100 Mio. DM erreicht.

Die Deutsche Bank hat im Zuge der Reduzierung ihrer Industriebeteiligungen bis zum Juli 2005 ihren Anteil an der DaimlerChrysler AG auf 6,9% verringert und im November 2005 angekündigt, ihren Anteil weiter auf 4,4% reduzieren zu wollen[1]. Durch den Rücktritt des Vorstandsvorsitzenden von DaimlerChrysler JÜRGEN SCHREMPP, im Jahr 2005 und das Auslaufen des Aufsichtsratsmandates von HILMAR KOPPER im Jahr 2007 ist davon auszugehen, dass der gegenwärtige Vorstandsvorsitzende der Deutsche Bank, JOSEF ACKERMANN, seine Strategie weiter forcieren dürfte, die Deutsche Bank stärker auf ihre Kerngeschäftsfelder zu fokussieren und im Zuge dessen weitere Industriebeteiligungen zu verkaufen. Die Verringerung des Anteilsbesitzes der Deutsche Bank an DaimlerChrysler unter die psychologisch wichtige Marke von 5% bestätigt dies. Dies wird den Einfluss, den die Deutsche Bank innerhalb des Unternehmens DaimlerChrysler hat, erheblich reduzieren und als logische Konsequenz auch den Einfluss auf die Luft- und Raumfahrtaktivitäten des Konzerns noch weiter verringern. Insofern haben sich die Bedenken der Monopolkommission bezüglich einer zu starken Verflechtung zwischen der Deutsche Bank und DaimlerChrysler inzwischen weitestgehend relativiert.

1 Vgl. o.V. (2005), S. 16; Der Großteil der Anteilreduzierungen entfiel auf die Jahre 2004 und 2005. Im Jahr 2003 betrug der Anteil der Deutschen Bank an DaimlerChrysler noch 12%. Eine Anteilsreduzierung fand im Juli 2005 statt, als die Deutsche Bank nach dem Rücktritt von JÜRGEN SCHREMPP ihre Anteile von 10,4 auf 6,9 reduzierte, nachdem im Zuge des Rückritts der Aktienkurs von DaimlerChrysler auf über 40 Euro je Aktie gestiegen war. Vgl. hierzu ebenda, S. 16.

5. Wettbewerbsbeschränkungen
5.1 Wettbewerbswirkungen auf Systemebene

Den Gemeinwohlvorteilen des Zusammenschlusses hat die Monopolkommission als ersten und gravierendsten Nachteil die auf den Märkten für Lenkwaffen und Drohnen vorliegende Wettbewerbsbeschränkung gegenübergestellt. In diesem Zusammenhang hatte bereits das Bundeskartellamt in seinem Ablehnungsbescheid festgestellt, dass sowohl in der Wehrtechnik als auch in der Raumfahrt auf der Systemebene von nationalen Märkten auszugehen ist, da insbesondere industrie- und sicherheitspolitische Gründe bei der Beschaffung, wie z.B. die Sicherung hochwertiger Arbeitsplätze, die Erhaltung der Systemkompetenz oder die Aufrechterhaltung einer eigenen rüstungstechnologischen Kapazität, eine Rolle spielten. Aus diesem Grund bestehe ein starker politischer Druck, Rüstungs- und Raumfahrtgüter im Inland zu beziehen[1]. Dies gilt sowohl für rein nationale Beschaffungsvorhaben als auch für internationale Kooperationsprojekte[2].

Die Monopolkommission kam 1989 in ihrem Sondergutachten zu dem Ergebnis, dass durch den Zusammenschluss horizontale Wettbewerbsbeschränkungen auf der Systemebene durch den Wegfall des Wettbewerbes zwischen MBB und Dornier entstehen würden. Obwohl die Monopolkommission damals in mehreren Bereichen Daimler-Benz/MBB eine marktbeherrschende Stellung zuschrieb, sah sie lediglich die Wettbewerbsbeschränkungen auf den Märkten für Drohnen, Lenkwaffen sowie bei wissenschaftlichen Satelliten als gravierend an. Für die anderen Märkte musste man sich die Frage stellen, ob es, aufgrund der Durchführung umfangreicher Großprojekte, die sich über einen längeren Zeitraum erstrecken, und aufgrund der Bedarfsentwicklung sowie der Komplexität der Projekte, ökonomisch sinnvoll sei, zwei unabhängigen Systemfirmen in diesen Märkten zu fördern. Auf den Märkten für Drohnen, Lenkwaffen und bei wissenschaftlichen Satelliten wurde das Verstärken einer marktbeherrschenden Stellung jedoch als gravierend eingeschätzt, da es in diesen Bereichen nicht in dem Maße notwendig sei, eine umfassende Gesamtsystemkompetenz zu haben. Außerdem seien in diesen Bereichen die Projekte von vergleichsweise kleinerem finanziellen und technischen Umfang, so dass das BMV die Möglichkeit habe, parallel Aufträge zu vergeben, um mehr Wettbewerb zu ermöglichen.

Unter Berücksichtigung dieser Ergebnisse sind schließlich auch die Auflagen des Bundeswirtschaftsministers zu sehen (vgl. Kapitel IV-2.4), welche die Wettbewerbsbeschränkungen zumindest auf ein annehmbares Maß beschränken soll-

---

1 Vgl. Monopolkommission (1989b): 18. Sondergutachten, S. 117 f.

2 Vgl. für die Begründung dieser Aussagen Untersagungsverfügung des Bundeskartellamts (1989), S. 26 ff.

ten und die in diesem Sinne schließlich von Daimler-Benz/MBB im Zuge des Zusammenschlusses umgesetzt wurden. Hierbei war der Bundeswirtschaftsminister gefordert, weder überragende Verbundpotenziale zu zerstören noch technisch-wirtschaftlich unvertretbare Herauslösungen von Unternehmensteilen zu verfügen[1]. Somit waren die Auflagen ein Schritt, um die Wettbewerbsbeschränkungen in diesen Bereichen ein wenig zu mindern. Im Ergebnis hatte die durch den Zusammenschluss erreichte Verbesserung der Wettbewerbsposition der deutschen LRI bei internationalen Projekten zumindest teilweise zu einer Relativierung der festgestellten horizontalen Wettbewerbsbeschränkungen geführt, die aus dem Wegfall des Wettbewerbs zwischen MBB und Dornier resultierten[2]. Tatsache bleibt jedoch, dass schließlich nur ein großer Marktteilnehmer verblieb und es somit weniger Wettbewerb gab als vor dem Zusammenschluss.

5.2 Wettbewerbswirkungen auf Ausrüsterebene

Der Zusammenschluss zwischen Daimler-Benz und MBB hat bewirkt, dass nur noch die DASA als Systemführer übrig geblieben. Dabei war ein Unternehmen entstanden, das sehr stark vertikal integriert war, wie die Monopolkommission in ihrem Sondergutachten feststellte. Dies traf besonders für den Bereich Wehrelektronik zu. Somit war es nach dem Zusammenschluss in diesem Bereich möglich, Unteraufträge im eigenen Konzernverbund zu vergeben. In den Jahren nach dem Zusammenschluss gab es jedoch eine Reihe von Entwicklungen, die diese Wettbewerbsbeschränkungen relativierten. So führte einerseits die Reduzierung der nationalen wehrtechnischen Ausgaben dazu, dass dieser vorher sehr umsatzträchtige Bereich erheblich an Bedeutung verlor. Andererseits wurde durch eine Zunahme des internationalen Wettbewerbs die Konkurrenzsituation in der Wehrtechnik erheblich verschärft[3].

Dazu kommt, dass aufgrund der Erkenntnisse, die man aus dem Zusammenschlussverfahren zwischen Daimler-Benz und MBB gezogen hatte, in den folgenden Jahren die Vergaberegeln des BMV geändert wurden. Danach wurde in Vergabefällen, in denen nur ein Auftragnehmer als Generalunternehmer in Betracht kam, dem Bewerber aufgetragen, Unteraufträge in einer im Einzelfall festzulegenden Höhe für Firmen vorzusehen, die nicht der eigenen Unternehmensgruppe angehören. Gleichzeitig wurde beim Bundeswehrbeschaffungsamt (BWB) ein Beauftragter zur Überwachung der Praxis bei der Unterauftragsver-

---

1 Vgl. Haussmann (1989a), S. 10.
2 Vgl. Monopolkommission (1989b): 18. Sondergutachten, S. 120.
3 Vgl. Kapitel V-3.3.3.

gabe eingesetzt, der regelmäßig darüber zu berichten hatte, wie sich die Vergabe von Unteraufträgen insbesondere an mittelständische Unternehmen entwickelte[1].

Somit lässt sich festhalten, dass die Wettbewerbsbeschränkungen auf der Ausrüsterebene, wie sie 1989, speziell im wehrtechnischen Bereich befürchtet wurden, durch gegenläufige Entwicklungen am Markt und durch eine neue Vergabepraxis erheblich relativiert worden sind und nur noch eine untergeordnete Rolle spielen.

---

1 Vgl. Haussmann (1989a), S. 8.

6. Abschließende Beurteilung des Unternehmenszusammenschlusses aus heutiger Sicht

Die nachfolgende Tabelle gibt einen zusammenfassenden Überblick über die in diesem Kapitel durchgeführte Analyse:

Beurteilte Kriterien	Einschätzung seitens der Monopolkommission bzgl. der Wirkung des Zusammenschlusses	Entwicklung/Beurteilung seit dem Zusammenschluss[a)]
Wachstumsperspektiven der LRI	Keine spezifische quantitative Analyse.	▪ Umsatz der LRI +7% ▪ Bruttowertschöpfung der LRI +7% ▪ Wertschöpfungsquote der LRI +/-0[b)] ▪ Beschäftigte der LRI -1,5%
Volkswirtschaftlich-technologische Bedeutung der LRI	Durch die in der LRI vorhandenen zukunftsweisenden Hochtechnologiefelder hat die LRI eine hohe Bedeutung für die Bundesrepublik Deutschland als hoch entwickeltes Industrieland.	▪ Anteil Bruttowertschöpfung der LRI am VGe +0,48% ▪ Anteil Beschäftigte der LRI am VGe -0,06% ▪ F&E-Intensität der LRI -8,9%
Abstrahleffekte	Es ergeben sich bedeutsame Abstrahleffekte aus der LRI.	„Spin-off" Effekte in der LRI sind nur sehr begrenzt feststellbar.
Außerökonomische Faktoren	Die LRI hat eine außen- und verteidigungspolitische Bedeutung, die weit über seinen Wertschöpfungsanteil am Sozialprodukt hinausgeht.	Außerökonomische Faktoren spielen nach wie vor eine Rolle, sind aber inzwischen stärker im europäischen Zusammenhang zu sehen.
Auswirkungen auf die Luftfahrtindustrie	▪ Auf lange Sicht Minderung der staatlichen Subventionen ▪ Stärkung der deutschen Position im Airbus-Konsortium ▪ Rationalisierung der Airbus-Organisation ▪ Stärkung der Wettbewerbsfähigkeit des Airbus	▪ Subventionen fließen nach wie vor - keine Ende absehbar ▪ Stärkung der deutschen Position bei einzelnen Projekten (z.B. Rolle bei Produktion des A380) ▪ Umstrukturierung und Gründung der EADS im Jahr 2000 aber immer noch strukturelle Probleme ▪ Marktanteil von Airbus von 20% auf ca. 50% gestiegen
Auswirkungen auf die Luft- und Raumfahrtindustrie inklusive Wehrtechnik	▪ Rationalisierungswirkungen ▪ Erhalt und Stärkung der Fähigkeit zur Systemführerschaft ▪ Verbesserung der deutschen Wettbewerbsfähigkeit ▪ Stützung der deutschen Ausrüster- und Zuliefererindustrie	▪ Realisierung von Rationalisierungspotentialen ▪ Systemführerschaft auf nationaler Ebene nur noch indirekt über EADS vorhanden ▪ Verbesserung der Wettbewerbsfähigkeit auf europäischer Ebene ▪ Gefährdung der deutschen Ausrüster- und Zuliefererindustrie

a) Für quantitative Angaben wird die Entwicklung im Zeitraum von 1990-2000 zu Grunde gelegt. – b) Anteil der Bruttowertschöpfung am Umsatz.

Tabelle V-13: Gegenüberstellung der prognostizierten Gemeinwohlvorteile und der tatsächlichen Entwicklungen in der LRI im Anschluss an den Zusammenschluss Daimler-Benz/MBB[1].

Anhand von Tabelle V-13 erkennt man die generelle Problematik im Zusammenhang mit Unternehmenszusammenschlüssen dieser Größenordnung und

1 Quelle: eigene Darstellung.

Tragweite. So ist es generell schwierig, alle Teilaspekte, richtig zu beurteilen, zum einen aufgrund der vorliegenden Komplexität, zum anderen aufgrund der unsicheren zukünftigen Entwicklung. Nichtsdestotrotz sind die Einschätzungen seitens der Monopolkommission die Basis für eine Empfehlung an den Bundeswirtschaftsminister und insofern von einer hohen Tragweite und Relevanz. Um so wichtiger ist es, bei der Einschätzung eine gewisse Vorsicht walten zu lassen und allzu optimistische Zukunftsszenarien zu vermeiden.

Im Zusammenhang mit dem Unternehmenszusammenschluss Daimler-Benz/MBB sind die Einschätzungen der Monopolkommission in ihrem Sondergutachten von 1989 (vgl. Tabelle V-13) zum größten Teil nicht eingetroffen. Wenigstens das Kriterium einer höheren Wettbewerbsfähigkeit der Luft- und Raumfahrtindustrie auf europäischer Ebene ist auf lange Sicht eingetreten. Eines der Hauptziele bzw. Argumente für den Zusammenschluss aber, die Reduzierung der staatlichen Subventionen für diesen Industriezweig, hat sich bis heute nicht bewahrheitet.

Auch wenn sich die Wettbewerbsfähigkeit auf europäischer Ebene durch den Zusammenschluss langfristig verbessert hat, bleibt festzuhalten, das dies nicht der originäre Fokus und auch nicht das Ziel in den Betrachtungen der Monopolkommission als eine Institution der nationalen Zusammenschlusskontrolle war. So lag der Fokus der Analyse 1989 primär auf den Entwicklungen und Auswirkungen für den deutschen Markt und die deutsche LRI. Es galt, den Zusammenschluss in erster Linie aus rein nationalen Gesichtspunkten zu bewerten und seine Auswirkungen einzuschätzen. Dies hatte die Monopolkommission in ihrem Sondergutachten getan und kam zu dem Ergebnis, dass bei einem Zusammenschluss die positiven Auswirkungen für die deutsche LRI überwiegen würden. Dies hat sich im nachhinein jedoch nur sehr bedingt bewahrheitet. Auch wenn in Einzelfällen wie z.B. durch den Erfolg des europäischen Airbus nationale LRI-Kapazitäten nicht nur erhalten, sondern in den vergangenen Jahren ausgeweitet wurden, ist die Entwicklung der gesamten Branche aus rein deutscher Sicht eher kritisch zu beurteilen.

Dabei darf man allerdings nicht verkennen, dass sich die politischen und sozioökonomischen Rahmenbedingungen in Europa in den letzten 15 Jahren stark verändert haben und sich im Zuge dessen heute eine gänzlich neue Situation im Vergleich zum Ende der achtziger Jahre für die LRI darstellt. Insofern ist es schwierig zu antizipieren, wo die deutsche LRI heute stehen würde, wenn es den Unternehmenszusammenschluss Daimler-Benz/MBB nicht gegeben hätte. Anzunehmen ist jedoch, dass ohne die im ersten Schritt vollzogene nationale LRI-Konsolidierung die Einflussmöglichkeiten bei der Entwicklung europäischer LRI-Strukturen tendenziell geringer ausgefallen wären. Dies hätte unweigerlich dazu geführt, dass die deutsche LRI noch stärker den Anschluss verloren hätte und die deutschen LRI-Kapazitäten somit noch stärker gefährdet wären, als sie es heute ohnehin sind.

Insofern ergeben sich zwei unterschiedliche Interpretationsrahmen, ein nationaler und ein europäischer, vor dessen Hintergrund der Zusammenschluss aus heutiger Sicht gesehen werden muss. Im Rahmen der rein nationalen Betrachtung ist die Sinnhaftigkeit des Zusammenschlusses aus den angeführten Gründen kritisch zu beurteilen. Aus europäischer und gar internationaler Sicht wiederum kann man Gründe finden, die für die Genehmigung des Zusammenschlusses sprechen. Dies verdeutlicht den schwierigen Balanceakt der bei solchen Zusammenschlüssen oft eine Rolle spielt und zeigt gleichzeitig die Gefahr auf, wie schnell man bei dem Versuch einer objektiven Beurteilung von Zusammenschlüssen zu einem falschen Ergebnis kommen kann.

C) Anwendung der strategischen Handelspolitik auf den Zusammenschluss

VI. Beurteilung der Fusion im Rahmen der strategischen Industrieökonomik am Beispiel 'Airbus'

1. Theoretische Anwendung für den Fall 'Airbus'

Der in Kapitel III dargestellte theoretische Rahmen zur strategischen Handelspolitik hat verdeutlicht, dass staatliche Interventionen in den Außenhandel unter Umständen angebracht sein können. Allerdings muss eine solche aktive staatliche Industriepolitik im Einzelnen genau begründet werden und sie muss geeignet sein, ein bestehendes Marktversagen im Inland zu beheben. Problematisch ist, eben dieses Marktversagen eindeutig zu diagnostizieren und im folgenden die staatliche Förderung an der richtigen Stelle anzubringen und zu bemessen.

Um den Zusammenschluss zwischen Daimler-Benz und MBB im Rahmen der strategischen Industrieökonomik zu interpretieren, soll der deutsche Anteil am Airbus-Projekt stellvertretend für die ehemaligen Teile der alten MBB herangezogen werden. Dies findet seine Legitimation zum einen darin, dass die deutsche Beteiligung am Airbus nach wie vor klar von den anderen unternehmensübergreifenden Konsolidierungen abgrenzbar ist. Zum anderen machte der zivile Flugzeugbau mit 54% des Umsatzes den größten Teil der Geschäftstätigkeit von MBB vor dem Zusammenschluss aus und stellt somit einen akzeptablen Gradmesser für die Entwicklung nach dem Zusammenschluss dar. Somit kann durch die Entwicklung von Airbus seit dem Zusammenschluss, wenn auch mit aller Vorsicht, zumindest zum Teil eine Rückschluss über den Erfolg oder Misserfolg des Zusammenschlusses angestellt werden. Diese Vorgehensweise wird bestätigt, wenn man einerseits betrachtet, welchen großen Anteil die Entwicklung von Airbus für die DASA und später auch für EADS hatte und man andererseits berücksichtigt, welchen Stellenwert die Entwicklung der deutschen Airbus-Aktivitäten im Sondergutachten der Monopolkommission und bei der Bewertung des Zusammenschlusses gespielt hat.

In Kapitel V-3.2 wurde gezeigt, welches Ausmaß die deutschen Subventionen für die zivile Luftfahrtindustrie inzwischen angenommen haben. Sie sind ein wesentlicher Faktor im Wettbewerb der Hersteller für zivile Verkehrsflugzeuge. Wie dargestellt wurde, konnten die Subventionen in diesem Bereich bis heute nicht nachhaltig reduziert werden und es ist bis auf weiteres auch nicht davon auszugehen, dass dies in absehbarer Zukunft geschieht. Um so mehr ist es von Interesse, sich mit den genauen Wirkungen dieser Subventionen auseinander zu setzen und über spieltheoretische und kallibrierte Modelle ihren Einfluss auf den Wettbewerb zu analysieren. Hierdurch sollen daraus resultierende Auswirkungen aus heutiger Sicht dargestellt werden.

Um die Subventionen im Rahmen des Airbus-Projektes einer genaueren Untersuchung zu unterziehen, werden in einem ersten Schritt Subventionen im Zusammenhang mit externen Effekten und bei unvollständigem Wettbewerb betrachtet, um erste Schlüsse hinsichtlich der Wirkungen einer nationalen Industrieförderung zu ziehen. Im Anschluss werden die in diesem Industriezweig vorliegenden Marktschranken in Form von Skaleneffekten detailliert erläutert, um darzustellen, wie Monopolgewinne in der Flugzeugindustrie umgeleitet werden können. Anschließend werden die Wohlfahrtseffekte in der Flugzeugindustrie anhand von 3 Studien quantifiziert, um so genauere Aussagen über die Wirksamkeit von Subventionen herzuleiten. Abschnitt 3 widmet sich anschließend ausführlich dem Thema der internationalen Handelsverträge und stellt ebenfalls eine aktuelle Studie vor, die aufzeigt, wie diese Handelsverträge die Preise und den Wettbewerb des Sektors beeinflussen.

1.1 Externe Effekte

Eine erste Begründung für staatliche Interventionen bei Marktversagen liefern externe Effekte, also Gewinne, die bei anderen Parteien als den sie erzeugenden Unternehmen anfallen[1]. So ist es teilweise für Hochtechnologie-Unter-nehmen nicht möglich, eine Rendite aus denjenigen Teilen ihrer Forschung zu ziehen, die aufgrund ihrer Verwertbarkeit von anderen Unternehmen übernommen werden. Wenn Unternehmen in einem Industriesektor Wissen entwickeln, das sich andere Unternehmen unentgeltlich zunutze machen können, dann produziert diese Branche einen zusätzlichen Output, der sich nicht in Angebot und Nachfrage niederschlägt. Solche externen Effekte haben vor allem in fortgeschrittenen Industrieländern ein besonderes Gewicht, da es in ihnen wichtige Hochtechnologiebranchen gibt, in denen die Erzeugung von Wissen in vieler Hinsicht der zentrale Aspekt der Unternehmen ist. Unternehmen dieser Branchen verwenden einen großen Teil ihrer Ressourcen auf die Verbesserung der Technologie. Dies geschieht entweder in Form direkter Ausgaben für F&E oder durch die Bereitschaft, bei neuen Produkten und Prozessen anfängliche Verluste in Kauf zu nehmen, um Erfahrungen zu sammeln. Als Argument für eine aktive Außenhandelspolitik wird hier argumentiert, dass diese Unternehmen zwar einen gewissen Gewinn aus ihren Investitionen in die eigene Wissensbildung ziehen, aber nicht alle Gewinne in vollem Umfang realisieren. So kommt ein Teil dieser Gewinne

1 Per Definition sind Externe Effekte vorteilhafte oder nachteilige Auswirkungen, die durch die Aktivität einzelner Wirtschaftssubjekte (Personen, Unternehmen, Haushalte u. a.) bei anderen spürbar werden, ohne dass dafür Ausgleichsleistungen gezahlt oder empfangen werden.

anderen Unternehmen zugute, welche die Ideen und Techniken der Pioniere imitieren[1].

Die eben genannten Kriterien für das entstehen externer Effekte treffen insbesondere auf den Markt für zivile Verkehrsflugzeuge zu. So stellt dies ein Argument dar, durch das die Airbus-Subventionen in den letzten Jahrzehnten auf nationaler Ebene gerechtfertigt wurden.

Anhand eines aktuellen Beispiels lässt sich die Problematik verdeutlichen, die mit einer massiven Technologie- und F&E-Förderung wie im Fall Airbus verbunden ist. Um die Erschließung des chinesischen Marktes für Airbus-Flugzeuge schneller voranzutreiben und das Ansehen von Airbus bei den staatliche chinesischen Stellen zu erhöhen, wird derzeit geprüft, ob nicht eine weitere Montagelinie für den Bau des A320 in China errichtet werden soll[2]. Zeitgleich werden in Deutschland Befürchtungen laut, die Chinesen würden auf diesem Weg Zugang zu den über Jahrzehnte mühsam entwickelten Technologien des Airbus Konzerns erhalten. Darüber hinaus bestehe die Gefahr, das die Chinesen im folgenden dieses Wissen ausnutzen könnten, um eine eigene Luftfahrtindustrie aufzubauen[3]. Das diese Befürchtungen nicht aus der Luft gegriffen sind bestätigen aktuelle Berichte aus dem Januar 2006, wonach China plant spätestens im Jahr 2011 mit der Entwicklung eigener Flugzeuge in größerem Maßstab zu beginnen. Demnach soll der Bau einer Maschine mit 150 bis 200 Sitzplätzen im nächsten Fünfjahresplan für die chinesische Luft- und Raumfahrtbranche oberste Priorität haben[4].

Dass China in der Lage ist, über das Lernen von ausländischen Herstellern und die darauf folgende eigene Entwicklungsarbeit sich neue Technologiefelder zu erschließen, haben die Chinesen in der Vergangenheit schon öfters durch eine ausgeprägte Kompetenz beim Imitieren fremder Technologien gezeigt. Wenn es den Chinesen aber gelingt, auf dem eben beschriebenen Weg eine eigene Luftfahrtindustrie aufzubauen, hätten sie dies nicht zuletzt zu einem gewissen Teil den Steuerzahlern der an Airbus beteiligten Nationen zu verdanken, deren Steuergelder über die unterschiedlichen Subventionsformen, wie sie in Kapitel IV-

1 Vgl. Krugman/Obstfeld (2004), S. 364.

2 Die Prüfung einer Montage des A320 in China steht im Zusammenhang mit einem Großauftrag zur Lieferung von 150 Flugzeugen diesen Typs in Höhe von ca. 10 Milliarden US-Dollar im Dezember 2005.

3 In den Medien betont Airbus, man werde durch geeignete Maßnahmen einen unkontrollierten Technologietransfer verhindern. Die Kontrolle zu behalten dürfte aber schon aufgrund enger Grenzen für Beteiligungen an chinesischen Gemeinschaftsunternehmen schwierig sein. Vgl. Hegmann/Maier (2005), S. 1 sowie Schubert (2005), S. 11.

4 Vgl. o.V. (2006), S. 15.

3.2 beschrieben wurden, an Airbus geflossen sind. Dies stellt einen Grund dar, warum ein Subventionsverhalten wie es in der LRI praktiziert wird, als kritisch angesehen werden kann[1].

1.2 Unvollständiger Wettbewerb

Ein weiteres Argument für staatliche Intervention und eine gezielte Förderung bestimmter Industriebereiche ist das Vorhandensein von Marktversagen durch das Fehlen von vollständigem Wettbewerb. Die hieraus entstandene strategische Handelspolitik (vgl. Kapitel III-2) geht davon aus, dass in bestimmten Industrien überdurchschnittliche Gewinne möglich sind, weil der Wettbewerb beschränkt ist. Bei einer begrenzten Zahl von Marktteilnehmern befinden sich diese in einer strategischen Interdependenz, die darin besteht, dass ein rational handelnder Oligopolist die Überlegungen seiner Wettbewerber in den eigenen Kalkül mit einbeziehen muss. Falls die Oligopolisten auf internationalen Märkten tätig sind, können auch die Regierungen der verschiedenen Länder in eine strategische Interdependenz geraten, da sie mit ihrer Handelspolitik bzw. ihrer staatlichen Intervention das Marktergebnis des internationalen Oligopols beeinflussen können.

In einer geschlossenen Volkswirtschaft sind Oligopolgewinne grundsätzlich wohlfahrtsmindernd, da die Gewinne selbst eine reine Umverteilung von den heimischen Konsumenten zu den Produzenten darstellen und aus der Obligopolisierung so genannte „deadweight losses" aufgrund suboptimal genutzter Ressourcen resultieren. In einer offenen Volkswirtschaft ist es jedoch möglich, Oligopolgewinne zu Lasten ausländischer Konsumenten zu erzielen, so dass die inländische Wohlfahrt auf Kosten des Auslands erhöht werden kann. Somit kann es zu einem lohnenden Ziel der Wirtschaftspolitik werden, heimischen Produzenten auf internationalen Märkten eine stärkere Oligopolstellung zu verschaffen[2]. Im einfachsten Fall kann eine Subvention an einheimische Unternehmen ausländische Wettbewerber von Investitionen und Produktion abschrecken und somit die Renditen der einheimischen Unternehmen um einen Betrag steigern, der die Subventionssumme übersteigt. Abgesehen von den Folgen für die inländischen Konsumenten - die entfallen wenn Unternehmen ihre Produkte ausschließlich im Ausland absetzen - erhöht dieses Abfangen der Renditen ausländischer Konkurrenten durch die Subvention das eigene Nationaleinkommen auf Kosten anderer Länder.

1 Vgl. Schubert (2005), S. 11.
2 Vgl. Klodt (1995), S. 75.

Die These der beiden Ökonomen BARBARA SPENCER und JAMES BRANDER lässt sich anhand eines einfachen spieltheoretischen Beispiels mit den Flugzeugherstellern Airbus-Boeing veranschaulichen. Ausgangspunkt ist die Annahme, dass sowohl in Europa als auch in den USA jeweils ein Unternehmen (Airbus und Boeing) zu den gleichen technischen Bedingungen Flugzeuge produzieren kann, dass aber aufgrund von Skalenerträgen in der Produktion keine rentable Produktion möglich ist, wenn beide Unternehmen im Markt vertreten sind. Es gebe nun ein neues Produkt, ein Flugzeug mit 150 Sitzen, das beide Unternehmen herstellen können. Um den Fall zu vereinfachen gibt es keine Zwischenlösungen, d.h. jedes Unternehmen kann das Flugzeug entweder ganz oder gar nicht bauen[1].

Tabelle VI-1 zeigt die möglichen Entscheidungen in Abhängigkeit von den zu erwartenden Gewinnen. Die Zahl unten/links gibt jeweils den Gewinn für Boeing, die Zahl oben/rechts den Gewinn für Airbus an. Demnach könnte jedes Unternehmen für sich mit der Produktion des neuen Flugzeugs Gewinn machen. Wenn allerdings beide Unternehmen das Flugzeug herstellen, fahren beide Verluste ein. Bei der Beantwortung der Frage, welches der beiden Unternehmen sich nun aber die Gewinne sichern wird, kommt es einzig und allein darauf an, wer schneller ist. Beginnt z.B. Boeing mit der Produktion bevor Airbus tätig werden kann, entfällt somit der Produktionsanreiz für Airbus und Boeing nutzt seine „first mover advantage"[2].

Boeing \ Airbus	*Produktion*	*Keine Produktion*
Produktion	-5 (oben/rechts) -5 (unten/links)	0 (oben/rechts) 100 (unten/links)
Keine Produktion	100 (oben/rechts) 0 (unten/links)	0 (oben/rechts) 0 (unten/links)

Tabelle VI-1: Hypothetische Auszahlungsmatrix für Boeing und Airbus – Wettbewerb zwischen 2 Unternehmen[3].

Laut der Theorie von Brander und Spencer können die europäischen Regierungen die Lage umkehren. Angenommen, Europa stellt seinem Unternehmen eine Subvention in Höhe von 25 in Aussicht, falls es die Produktion aufnimmt. Dann

1 Vgl. Aruli (2000), S. 135 ff.
2 Vgl. Klodt (1995), S. 76 sowie Krugman/Obstfeld (2004), S. 367.
3 Quelle: in Anlehnung an Krugman/Obstfeld (2004), S. 367.

würde sich die Ertragslage entsprechend Tabelle VI-2 ändern[1]. Völlig unabhängig vom Verhalten von Boeing lohnt es sich nun für Airbus, das neue Flugzeug zu bauen.

Boeing \ Airbus	*Produktion*	*Keine Produktion*
Produktion	-5 / 20	100 / 0
Keine Produktion	0 / 125	0 / 0

Tabelle VI-2: Hypothetische Auszahlungsmatrix für Boeing und Airbus – Die Folgen einer Subvention für Airbus[2].

Boeing weiß nun, dass es Einbussen verzeichnen wird, wenn es gemeinsam mit Airbus produziert. Dementsprechend ist nun Boeing das Unternehmen, das vom Markeintritt abgeschreckt wird. Somit hat die Subvention den Vorteil des früheren Produktionsbeginns, den zunächst Boeing besaß, wieder aufgehoben und auf Airbus übertragen.

Nichtsdestotrotz kann man aus diesem hypothetischen Beispiel nicht ableiten, dass die strategische Außenhandelspolitik auf jeden Fall staatliche Eingriffe befürwortet. Hintergrund ist, dass die praktische Anwendung dieser Theorie weitaus mehr Informationen erfordert als normalerweise verfügbar sind und dass zusätzlich das Risiko von Vergeltungsmaßnahmen des Auslands bestehen. Darüber hinaus ist nach Meinung der Kritiker der strategischen Handelspolitik die Anwendung derart ausgefeilter Analyseinstrumente aufgrund der innenpolitischen Gegebenheiten in Handel und Industrie von vornherein ausgeschlossen[3]. Das Problem der unzureichenden Information hat zwei Aspekte. Es ist selbst dann, wenn man einen Industriezweig isoliert betrachtet, recht schwierig, annähernd die richtigen Werte für die richtige Subventionshöhe und -methode (und somit eine Tabelle des soeben gezeigten Typs) zu ermitteln. Falls aber der Staat Subventionen in falscher Höhe wählt, kann sich die durchgeführte Subventionspolitik als kostspieliger Irrtum erweisen. Um dies zu veranschaulichen, ist analog zu dem vorherigen Beispiel in Tabelle VI-3 eine leichte Abwandlung des soeben beschriebenen Falls dargelegt.

---

1 Vgl. Salot (2006), S. 82 f.

2 Quelle: in Anlehnung an Krugman/Obstfeld (2004), S. 367.

3 Vgl. ebenda, S. 368.

Eine Betrachtung der Werte in Tabelle VI-3 weist nur geringe Abweichungen von der Ausgangssituation in Tabelle VI-1 auf, hat aber große Auswirkungen. Die hier dargelegten Werte setzen voraus, dass Boeing einen Vorteil hat, wie z.B. eine bessere Technologie, und daher auch dann mit Gewinn produzieren kann, wenn Airbus ebenfalls mit der Produktion beginnt. Im Gegensatz dazu kann Airbus nicht mit Gewinn produzieren, wenn außer ihm auch Boeing tätig wird. In dieser Situation und ohne Subvention würde demnach Boeing produzieren, Airbus aber nicht.

Airbus / Boeing	*Produktion*	*Keine Produktion*
Produktion	-20 / 5	0 / 125
Keine Produktion	100 / 0	0 / 0

Tabelle VI-3: Hypothetische Auszahlungsmatrix für Boeing und Airbus – Wettbewerb zwischen zwei Unternehmen – Alternative 2[1].

Vergibt Europa nun erneut eine Subvention von 25 an Airbus, würde dies das Unternehmen zur Produktion veranlassen. Diese neue Situation ist in Tabelle VI-4 dargestellt. Ergebnis wäre, dass beide Unternehmen produzieren. Allerdings erwirtschaftet Airbus, trotz der Subvention in Höhe von 25, nur einen Gewinn von 5. Im Ergebnis übertrifft die Gewinnsteigerung infolge der Subvention nicht deren Eigenbetrag, da beide die Produktion aufnehmen würden. Der Grund hierfür ist, dass die Subvention dieses Mal keine abschreckende Wirkung auf Boeing entfalten konnte[2].

Die dargelegten Beispiele zeigen, wie nah Erfolg und Misserfolg bei einer Subventionierung zusammen liegen. Hieraus lässt sich schließen, dass die Entscheidung, ob strategische handelspolitische Maßnahmen angebracht sind oder nicht, jeweils von einer exakten Beurteilung der Lage abhängt. Insofern ist es nicht verwunderlich, das sich eine Reihe von Ökonomen daher die Frage stellen, ob die zur erfolgreichen Anwendung dieses theoretischen Ansatzes erforderliche Datenmenge überhaupt in ausreichendem Maße zusammengetragen werden kann[3].

1 Quelle: in Anlehnung an Krugman/Obstfeld (2004), S. 368.
2 Vgl. ebenda, S. 369.
3 Vgl. Salot (2006), S. 71 f.

Boeing \ Airbus	Produktion	Keine Produktion
Produktion	5 (Airbus) / 5 (Boeing)	0 (Airbus) / 125 (Boeing)
Keine Produktion	125 (Airbus) / 0 (Boeing)	0 (Airbus) / 0 (Boeing)

Tabelle VI-4: Hypothetische Auszahlungsmatrix für Boeing und Airbus – Wettbewerb zwischen zwei Unternehmen – Alternative 3[1].

Die Beschaffung der notwendigen Daten gestaltet sich deshalb so kompliziert, weil die jeweiligen Branchen nicht isoliert betrachtet werden dürfen. Wenn ein Wirtschaftszweig subventioniert wird, verzerrt dies die Produktionskosten im Vergleich zu anderen Wirtschaftszweigen und kann in der Folge dazu führen, dass Ressourcen aus anderen Branchen abgezogen werden und sich deren Kosten erhöhen. Also sind seitens der staatlichen Stellen diese negativen Folgen gegen die positiven abzuwägen. Außerdem sind genaue Kenntnisse über diejenigen Branchen notwendig, mit denen der Subventionsanwärter um Ressourcen konkurriert. Dies verdeutlicht, dass die Anwendung der Theorie der strategischen Handelspolitik nicht so einfach ist, wie es im ersten Moment erscheint. Aber selbst wenn diese Hürden gemeistert würden, bliebe die Gefahr der Vergeltungsmaßnahmen bestehen. Strategische Außenhandelspolitik ist immer eine „Beggar-Thy-Neighbor-Politik" indem sie die eigene Wohlfahrt auf Kosten anderer Länder erhöht und birgt somit das Risiko eines Handelskriegs, der allen Beteiligten schadet[2].

1 Quelle: in Anlehnung an Krugman/Obstfeld (2004), S. 369.

2 Der anhaltende Streit über die Subventionen für die zivile Flugzeugproduktion und die Einhaltung der GATT-Regelungen ist hierfür ein passendes Beispiel. Vgl. hierzu Zimmermann (1998), 1 ff.

2. Der Markt für zivile Großraumflugzeuge

Der Weltmarkt für zivile Verkehrsflugzeuge war schon immer ein enges Oligopol mit wenigen Unternehmen. Ob eine solche Anbieterkonzentration das Erzielen von Monopolgewinnen erlaubt, hängt nicht nur vom Marktverhalten der Oligopolunternehmen ab, sondern auch davon, wie leicht potentielle Konkurrenten in den Markt eintreten können. Nur dort, wo die Marktschranken hoch sind, lassen sich auf Dauer überdurchschnittliche Gewinne erzielen[1].

2.1 Skaleneffekte

Beim Bau für zivile Verkehrsflugzeuge sind die Skalenerträge die wichtigste Marktschranke. Sie verschaffen dem bereits im Markt etablierten Unternehmen einen Kostenvorsprung vor der potentiellen Konkurrenz. Dabei entstehen statische Skalenerträge durch hohe Fixkosten und dynamische Skalenerträge durch Lerneffekte bei der Produktion sowie Kostenvorteile bei Herstellern und Abnehmern durch das gleichzeitige Angebot mehrerer Flugzeugtypen (economies of scope und Netzwerkexternalitäten)[2]. Da der Eintritt potentieller Konkurrenten durch diese Marktschranken wirksam behindert wird, bietet der Industriezweig vergleichsweise günstige Voraussetzungen für die Anwendung handels- und industriepolitischer Instrumente[3].

2.1.1 Statische Skalenerträge

Wie bereits erläutert wurde, erfordert die Entwicklung eines neuen Flugzeugtyps Investitionen in Milliardenhöhe. Die Theorie der bestreitbaren Märkte (contestable markets) besagt in diesem Zusammenhang, dass „sunk costs" als Marktschranken wirken. „Sunk costs" sind der Teil des gebundenen Kapitals, der keine alternative Verwendung innerhalb oder außerhalb des Unternehmens hat. Nur wenn solche Kosten entstehen, braucht ein etabliertes Unternehmen keine „hit and run"-Strategie eines potentiellen Konkurrenten zu befürchten, da der neue Anbieter solange nicht wieder ohne Verlust aus dem Markt austreten kann, bis seine Verkaufserlöse neben den variablen Kosten und den Fixkosten auch die sunk costs abdecken[4].

1 Vgl. Bletschacher/Klodt (1992), S. 72.
2 Vgl. Salot (2006), S. 30 f.
3 Vgl. Bletschacher/Klodt (1991), S. 17.
4 Vgl. Baumol (1992), sowie Tirole (1999), S. 675 ff.

Beim Bau ziviler Verkehrsflugzeuge entstehen sunk costs in erster Linie im Bereich der Produktentwicklung. Technisches Wissen, das angesammelt wird, hat außerhalb des forschenden Unternehmens kaum einen Marktwert. Nur ein kleiner Teil der Ergebnisse fällt in Form von Patenten an, und selbst diese Patente lassen sich kaum kostendeckend an andere Unternehmen veräußern oder über Lizenzgebühren finanzieren[1]. Darüber hinaus können wesentliche Teile der Produktionsanlagen zur Herstellung eines neuen Flugzeugtyps ebenso sunk costs darstellen wie auch der Marketingaufwand eines Markteinsteigers, um bspw. seinen Ruf hinsichtlich Zuverlässigkeit seiner Produkte zu festigen[2].

2.1.2 Dynamische Skalenerträge

Dynamische Skalenerträge entstehen bei der Herstellung von Flugzeugen durch Lerneffekte während der Produktion, vor allem bei der Montage des Flugzeugrumpfs. So ergibt sich die optimale Abfolge der zahlreichen Arbeitsschritte erst durch die praktische Erfahrung, die im Produktionsablauf gesammelt wird. Dieses Erfahrungswissen ist im folgenden an das Unternehmen gebunden und kann nicht ohne weiteres auf andere Unternehmen übertragen werden[3]. Neu in den Markt eintretende Unternehmen können dieses Wissen nicht übernehmen, sondern müssen es sich beim Aufbau der eigenen Produktion selbst aneignen.

Welches Ausmaß Lerneffekte haben, ist empirisch nur schwer zu ermitteln, da hierzu unternehmensinterne Kostenangaben notwendig wären. In der Literatur hat man sich schon häufig mit diesem Problem auseinander gesetzt und zahlreiche Studien kommen zu sehr ähnlichen Ergebnissen. So wird häufig, in bezug auf die Studie von HARTLEY aus den sechziger Jahren[4], eine Lernrate von 0,2 genannt, d.h., die Kosten sinken um 20%, wenn der kumulierte Output verdoppelt wird[5]. BLETSCHACHER/KLODT konnten diesen Wert recht genau für MBB/Airbus auf Basis des Arbeitsansatzes im Rahmen der Produktion des A300 bestätigen[6]. Weitere Studien ermittelten im Gegenzug für Boeing eine Lernrate von 0,31[7]. Die noch etwas höhere Lernrate von Boeing ist dadurch zu

1 Vgl. Bletschacher/Klodt (1992), S. 73.

2 Vgl. Günther (2004), S. 185 f.

3 Noch präziser formuliert ist das Erfahrungswissen sogar an den jeweiligen einzelnen Betrieb gebunden.

4 Zu dem Ergebnis kommt Hartley durch die Analyse der Auswirkungen des Arbeitseinsatzes im Produktionsverlauf bei der Herstellung der Boeing 737.

5 Vgl. Hartley (1965), S. 122 ff. und Hartley (1988), S. 336 sowie Berg/Tielke-Hosemann (1989), S. 125 f.

6 Vgl. Bletschacher/Klodt (1992), S. 75.

7 Vgl. Schmidt (1997), S. 34 ff.; Für den damals noch vorhandenen Wettbewerber McDonnell Douglas wurde eine Lernrate von 0,26 ermittelt.

erklären, dass es ein modellübergreifendes Lernen bei der Herstellung von Verkehrsflugzeugen gibt[1]. So spiegelt sich die zeitliche Folge des Markteintritts auch in der Höhe der Lernraten wieder und der Erstanwender profitiert somit von einer höheren Lernrate[2]. Dem entsprechend können Lerneffekte aus früheren Produktionen quasi als Vorleistung in spätere Fertigungen eingebracht werden. Etablierte Hersteller können sich durch diese Lerneffekte selbst dann von ihrer Konkurrenz absetzen, wenn alle zum gleichen Zeitpunkt die Produktion eines neuen Flugzeugtyps mit den gleichen Stückzahlen beginnen würden[3].

Die möglichen Lerneffekte sind Schätzungen nach erst bei einer Stückzahl von rund 700 Flugzeugen ausgeschöpft. Solche hohen Stückzahlen werden, wenn überhaupt, in der Regel erst nach zehn oder mehr Produktionsjahren erreicht. Da aber jedes Jahr weltweit nur wenige hundert Verkehrsflugzeuge abgesetzt werden, muss ein neu in den Markt eintretendes Unternehmen einen recht großen Marktanteil erobern, um den Kostennachteil gegenüber dem im Markt etablierten Unternehmen auszugleichen. Damit werden solche Lerneffekte zu einer bedeutenden Marktzutrittschranke, die bereits im Markt etablierte Unternehmen weitgehend vor potentiellen Wettbewerbern schützt[4].

2.1.3 Economies of scope / Netzwerkexternalitäten

Erträge, die sich aus der gleichzeitigen Produktion mehrer Flugzeugtypen ergeben, wirken ebenso als Marktzutrittsschranken. Solche Erträge fallen in Form von „economies of scope" bei den Herstellern an, die grundlegende Konstruktionsprinzipien eines Flugzeugtyps zumindest teilweise auf andere Typen übertragen können. Je mehr Flugzeugtypen auf Basis dieser einheitlichen Konstruktionsprinzipien konstruiert und gebaut werden, desto geringer sind die auf den einzelnen Typ entfallenden Fixkosten und sunk costs.

Darüber hinaus können bei Fluglinien und Flughäfen Netzwerkexternalitäten realisiert werden, wenn alle Flugzeuge einer Flotte vom gleichen Hersteller kommen. Hierdurch entsteht die Möglichkeit, Kostenersparnisse bei der Wartung und Reparatur, aber auch bei der Ausbildung des Flugpersonals zu erzielen. Dies zeigt den Flugzeugherstellern die Notwendigkeit auf, ein hinreichend differenziertes Flugzeugangebot bereitzustellen, damit die Fluglinien ihre kompletten

1 Vgl. Schmidt (1997), S. 35 für weitere Untersuchungen in diesem Themenumfeld seit den dreißiger Jahren.
2 Der Vergleich der Lernraten der Hersteller entspricht ihrem Markteintritt: Boeing (0,31) > MDD (0,26) > Airbus (0,2).
3 Vgl. Günther (2004), S. 185.
4 Vgl. Bletschacher/Klodt (1992), S. 75.

Flottenbedarf bei einem Hersteller decken können. Für die Fluggesellschaften bedeutet es dagegen eine Abwägung von Vor- und Nachteilen. Die Konzentration auf einen Hersteller spart Kosten, schwächt auf der anderen Seite aber die Verhandlungsposition beim Flugzeugkauf. Aus diesem Grund gibt es heute keine größere Fluglinie mehr, die ihre gesamte Flotte von einem einzigen Hersteller bezieht[1].

Insgesamt kann man somit festhalten, dass beim Bau ziviler Verkehrsflugzeuge erhebliche Marktschranken existieren, wobei die Lerneffekte bei der Produktion quantitativ das größte Gewicht haben. Aufgrund dieser Marktschranken können Monopolgewinne möglich sein, die nach der Theorie der strategischen Handelspolitik den Einsatz staatlicher Interventionen rechtfertigen. Diese Marktschranken bewirken aber auch, dass, wenn ein Unternehmen erfolgreich in den Markt eindringen will, es sich von vornherein die Eroberung eines großen Marktanteils zum Ziel setzten muss. Dies hatten europäische Flugzeughersteller seit den fünfziger Jahren mehrfach vergeblich versucht. Erst mit der Gründung von Airbus im Jahr 1970 und der Zusage umfangreicher staatlicher Subventionen gelang es, sich am Markt zu durchzusetzen[2].

2.2 Quantifizierung der Wohlfahrtseffekte

In Kapitel III-2 wurde anhand der Theorie der strategischen Handelspolitik die Möglichkeit aufgezeigt, in Märkten mit unvollkommener Konkurrenz durch gezielte Staatseingriffe gesamtwirtschaftliche Wohlfahrtsgewinne zu erzielen. Die Frage die sich nun stellt, ist, ob und in welchem Maße aktive industrieökonomische Interventionen tatsächlich wohlfahrtssteigernd wirken. Man kann anhand der Wohlfahrtseffekte die kontroverse Diskussion über die Beihilfen zur zivilen Flugzeugproduktion darstellen und die Auswirkungen unterschiedlicher Markt- und Wettbewerbssituationen auf die nationale und internationale Wohlfahrt skizzieren.

Bisher liegen drei Analysen über die Wohlfahrtseffekte durch europäische Subventionen in der Flugzeugindustrie vor. Die erste stammt von RICHARD BALDWIN und PAUL KRUGMAN, die zweite von GERNOT KLEPPER und die dritte von DAMIEN NEVEN und PAUL SEABRIGHT[3]. Alle drei Studien verwenden als Methode zur empirischen Abschätzung der Wohlfahrtseffekte durch industrieökonomische Maßnahmen das Modell der Kalibrierung. In diesen Modellen werden die

1 Ebenda, S. 76 f.
2 Vgl. Bletschacher/Klodt (1991), S. 18 f.
3 Vgl. Baldwin/Krugman (1988), S. 45 ff. und Klepper (1990), S. 775 ff, Klepper (1994) sowie Neven/Seabright (1995), S. 315 ff.

Wohlfahrtseffekte anhand der Veränderung der Konsumenten- und Produzentenrenten ermittelt. Dabei gilt, wenn die Summe dieser Renten in einer Situation mit Staatseingriff per Saldo höher ist als ohne Staatseingriff, gilt die Maßnahme als wohlfahrtssteigernd. Umverteilungseffekte zwischen inländischen Konsumenten und Produzenten gelten dabei als wohlfahrtsneutral. Zu beachten bleibt bei diesen Modellen, dass die Ergebnisse eines solchen Wohlfahrtsvergleichs mit und ohne Staatseingriff maßgeblich von den Annahmen abhängen, die dem Modell zugrunde liegen[1].

BALDWIN und KRUGMAN konzentrieren sich in ihrem Modell auf den Wettbewerb im Flugzeugmarkt für zwei vergleichbare Produkte, den Airbus A300 und der Boeing 767. Dabei vergleichen sie drei hypothetische Szenarien mit unterschiedlichen Marktstrukturen. Das erste Szenario ist ein Airbus Monopol, in dem der A300 das einzige verfügbare Mittelstrecken-Flugzeug ist. Das zweite Szenario ist ein Duopol, in dem die B767 dem A300 in den Markt folgt. In einem dritten Szenario nehmen sie ein Monopol von Boeing angenommen, bei dem Airbus nicht in den Markt eintritt. Gleichzeitig liegt dem Modell die Annahme zugrunde, dass die europäischen Regierungen eine Subvention in Höhe von 1,5 Mrd. US-$[2] zur Entwicklung des A300 beisteuern.

BALDWIN und KRUGMAN errechneten anhand des von ihnen simulierten Modells die folgenden Wohlfahrtseffekte in Folge einer europäischen Subvention: Für den Rest der Welt steigt die Konsumentenrente durch geringere Flugzeug- und Flugscheinpreise (plus 2 Mrd. US-$). Die USA verlieren dagegen an nationaler Wohlfahrt, da bei ihr die höhere Konsumentenrente (plus 3 Mrd. US-$) durch eine erheblich geringere Produzentenrente auf Seiten von Boeing (minus 5 Mrd. US-$) überkompensiert wird. Die Europäer dagegen steigern vor allem ihre Konsumentenrente, müssen aber gleichzeitig für die Subventionierung aufkommen (plus 2 Mrd. US-$, minus 1,5 Mrd. US-$). Insgesamt fällt somit die Wohlfahrt in den USA geringer aus, während Europa, durch die Subventionierung seine Wohlfahrt geringfügig steigern kann (plus 0,5 Mrd. US-$) und der Rest der Welt ebenfalls eine Wohlfahrtsteigerung erlebt. Für die Welt insgesamt ergibt sich somit ein Saldo von plus 0,5 Mrd. US-$. Dieser Wohlfahrtsgewinn ist jedoch so gering, dass BALDWIN und KRUGMAN zu dem Ergebnis kommen, dass *„the A300 project constituted both a beggar-thy-neighbor policy and a beggar-thyself policy for Europe.*[3]"

---

1 Vgl. für eine ausführlichere Erläuterung des Modells der Kalibrierung Bletschacher/Klodt (1992), S. 90 f.

2 In Preisen von 1974.

3 Baldwin/Krugman (1988), S. 69.

Das Ergebnis von BALDWIN und KRUGMAN muss vor dem Hintergrund der restriktiven Annahmen interpretiert werden, die in das Modell eingebaut wurden. So wurde ein wesentlicher Skaleneffekt, der im vorangegangenen Kapitel dargestellt wurde, nicht mit berücksichtigt, und zwar die „economies of scope" zwischen einem Flugzeugmodell und einer ganzen Produktfamilie. So war der A300 nur das erste einer ganzen Flugzeugfamilie von Airbus-Produkten, die ohne den subventionierten Eintritt von Airbus in den Markt nicht möglich gewesen wären. Dementsprechend muss eine vollständige Analyse nicht nur die Kosten und Vergünstigungen für ein Flugzeug wie den A300 betrachten, sondern es müssen vielmehr die Einflüsse auf die gesamte Produktfamilie inklusive aller Lerneffekte berücksichtigt werden.

In einer zweiten weiterreichenden Studie versuchte KLEPPER, die Einschränkungen des Modells von BALDWIN und KRUGMAN zu kompensieren und betrachtete in seinem Analysemodell speziell auch „economies of scope", kommt dabei aber zu ähnlichen Ergebnissen. KLEPPER modellierte den Wettbewerb anhand von drei Produktfamilien in den Märkten für Kurz-, Mittel- und Langstrecken-Flugzeuge. Dabei betrachtete auch er in seinem Modell drei Szenarien: Ein Boeing Monopol, ein Boeing-McDonnell Douglas Duopol und ein Boeing-Airbus Duopol. Es wird darüber hinaus angenommen, dass im Falle der Subventionierung des Airbus in Europa Boeing und Airbus die einzigen Anbieter von zivilen Großflugzeugen sind und dass beide Unternehmen über die gleiche Technologie verfügen. Boeing hat jedoch Kostenvorteile aufgrund von Lerneffekten aus früherer Produktion, die den Markteintritt von Airbus verhindert hätten, wenn keine staatlichen Subventionen gezahlt worden wären.

Die Wohlfahrtseffekte, die sich nach dem Modell von KLEPPER ergeben, sind in Tabelle VI-5 zusammengefasst. Im Vergleich zum Boeing Monopol ergeben sich für alle Regionen ein Zuwachs an Konsumentenrente, da Boeing keine Monopolpreise mehr verlangen kann und sämtliche Fluglinien und Passagiere von den niedrigeren Flugzeugpreisen profitieren. Allerdings müssen die europäischen Konsumenten aus ihren Steuergeldern die Airbus-Subventionen aufbringen, die auf insgesamt 20 Mrd. US-$ geschätzt werden. Die Vorteile in der Konsumentenrente werden dadurch überkompensiert, so dass die gesamte Konsumentenrente per Saldo negativ ausfällt. Die Airbus Unternehmen können dagegen Produzentenrenten in Höhe von 17,2 Mrd. US-$ realisieren, so dass sich die Wohlfahrt für Europa insgesamt erhöht. Verlierer ist in diesem Szenario Boeing, dessen Produzentenrente so stark fällt, dass sowohl für Nordamerika, als auch für die Welt insgesamt durch den Markteintritt von Airbus ein Wohlfahrtsverlust resultiert[1].

1 Vgl. Bleschacher/Klodt (1992), S. 92; Tyson (1993), S. 194.

	Veränderung in Mrd. US-$		
	Produzentenrente	Konsumentenrente	Gesamtwohlfahrt
	Im Vergleich zu einem Boeing Monopol		
Europa:			
ohne Subvention	-2,8	10,5	7,7
mit Subvention	17,2	-9,5	7,7
Nordamerika	-107,6	12,6	-95,0
Übrige Länder	0	13,6	13,6
Welt insgesamt	-110,4	36,7	-73,7
	Im Vergleich zum Boeing-McDonnell Douglas Duopol		
Europa:			
ohne Subvention	-2,8	-0,9	-3,7
mit Subvention	17,2	-20,9	-3,7
Nordamerika	12,0	-1,4	10,6
Übrige Länder	0	-1,0	-1,0
Welt insgesamt	9,2	-3,3	5,9

Tabelle VI-5: Wohlfahrtseffekte durch den Eintritt von Airbus in den Markt für zivile Großflugzeuge[1].

Der Vergleich zum Szenario mit einem Boeing-McDonnell Douglas Duopol fällt im Modell von KLEPPER deshalb anders aus, da hier die Flugzeugpreise aufgrund der Verdrängung von McDonnel Douglas durch Airbus steigen. Daher ist in diesem Fall in allen Regionen die Konsumentenrente niedriger als ohne den Markteintritt von Airbus. Dadurch ist auch die Wohlfahrt aus gesamteuropäischer Sicht negativ. Die Produzentenrente in Nordamerika ist dagegen höher, da Airbus weniger Flugzeuge produziert als das verdrängte Unternehmen McDonnell Douglas und Boeing somit größere Lerneffekte realisieren kann.

In einem dritten Modellversuch haben NEVEN und SEABRIGHT ebenfalls versucht, die Auswirkungen eines Markteintritts von Airbus auf dem Markt für zivile Verkehrsflugzeuge zu quantifizieren. Sie modellierten dabei ein mehrstufiges Spiel mit den drei Marktteilnehmern Boeing, McDonnell Douglas (MDD) und Airbus und analysierten, welche Auswirkungen sich mit und ohne einen Markteintritt von Airbus auf diesem Markt ergeben hätten. Im Ergebnis kommen sie zu mehreren Erkenntnissen.

Unter der Voraussetzung einer vorhandenen Marktpräsenz von MDD, kommen NEVEN und SEABRIGHT zu der Erkenntnis, dass ein Markteintritt von Airbus nur

1 Quelle: Klepper (1990), S. 788.

geringe Auswirkungen auf die Preise für Verkehrsflugzeuge haben würde, (im Schnitt minus 3,5%). Dies kommt ihrer Ansicht nach dadurch, da Airbus mit einem Markteintritt zwar Boeing herausfordert, aber somit für MDD einen geringerer Anreiz vorhanden ist, mit Boeing zu konkurrieren. Gleichzeitig wird der Marktanteil von Boeing reduziert, so dass dieser Hersteller nicht mehr die gleichen „economies of scale" und „economies of scope" realisieren kann wie zuvor. Zusammenfassend bedeutet dies, dass das Argument einer steigenden Konsumentenrente durch staatliche Subventionierung in diesem Modell nur sehr schwach gestützt wird. Aber Airbus ist trotzdem ein effektiverer Wettbewerber als MDD, da die Preise in einem Marktszenario mit Boeing und MDD im Schnitt 2% höher wären als in einem Markt mit Boeing und Airbus. Dies liegt daran, dass MDD Flugzeuge produziert, die signifikant höhere laufende Kosten haben als die von Airbus. Allerdings wären die Preise im Falle eines Boeing Monopols dramatisch höher, nämlich um 15%. Dies weist darauf hin, dass der Zugewinn an Konsumentenrente durch eine Herausforderung von Boeing schon erheblich war[1].

Ein zweites Ergebnis der Untersuchungen von NEVEN und SEABRIGHT war, das ein Eintritt von Airbus den Gewinn von Boeing um mindestens 100 Mrd. US-$ und den von MDD um ungefähr zwei Drittel reduziert. Airbus würde dabei Gewinne machen, die nur schwer quantifizierbar wären, aber ca. 40 bis 52 Mrd. US-$ betragen dürften. Somit, unter der Voraussetzung einer gleichen Gewichtung von Wohlfahrtsgewinnen in Form von Produzentenrenten oder Konsumentenrenten, hat der Markteintritt von Airbus einen stark negativen Impuls auf die weltweite Wohlfahrt, dafür aber eine positive Auswirkung auf die europäische Wohlfahrt.

Eine dritte Erkenntnis aus der Simulation von NEVEN und SEABRIGHT ergab sich durch die Betrachtung eines feststehenden Eintritts von Airbus auf das Verhalten der anderen Hersteller. Obwohl der Markteintritt von Airbus möglicherweise MDD davon abgehalten hat, ein Flugzeug in der gleichen Kategorie wie den A300 zu produzieren, erleichterte dies MDD die MD11 als Konkurrenzprodukt zum A330/A340 und der Boeing 777 zu entwickeln. Der Verlust von „economies of scale" und „economies of scope" für Boeing als Ergebnis des Airbus Markteintritts hat für Boeing die Produktionskosten zur Herstellung der 777 erheblich gesteigert und somit den Einstieg für MDD attraktiver gemacht, sogar unter der Voraussetzung einer Präsenz von Airbus[2]. Im Ergebnis bedeutet dies eine asymmetrische Wettbewerbssituation, bei der das Verhalten eines Unternehmens A den Wettbewerber B so schwächt, dass die Gefahr, die dieser Wett-

1 Vgl. Neven/Seabright (1995), S. 319.
2 Neven/Seabright (1995), S. 320.

bewerber B für Wettbewerber C darstellt so weit reduziert wird, dass die Gefahr von Wettbewerber A auf Wettbewerber C überkompensiert wird und sich C zum Markteintritt entscheidet.

Gerade sehr hohe „economies of scale" und „economies of scope" sind im Model von BRANDER und SPENCER eine wichtige Voraussetzungen für die Verschiebung von Renten. Dies bestätigen NEVEN und SEABRIGHT durch ihre Untersuchungen und kommen bezüglich des Markteintritts von Airbus zu dem abschließenden Ergebnis, dass der externe Nutzen zwar positiv, aber nur sehr gering ausfällt. Demnach würde sich die staatliche Unterstützung für Airbus auf lange Sicht nur durch entsprechende Gewinne auf Unternehmensseite rechtfertigen lassen[1].

Die eben dargestellten Modelle können trotz des komplexen zugrundeliegenden Rechenwerks immer nur ein vereinfachtes Bild der Realität wiedergeben. So wird z.B. in allen drei Modellen den herstellenden Unternehmen Cournot-Verhalten unterstellt, d.h. es wird unterstellt, dass das jeweils konkurrierende Unternehmen mit seinen Produktionsentscheidungen nicht auf die Produktionsentscheidung des Wettbewerbers reagiert. Dies stellt insbesondere in einem Duopol-Fall eine gewagte Annahme dar[2]. Darüber hinaus haben sich seit der Anfertigung dieser Studien Ereignisse am Markt ergeben, die nicht berücksichtigt werden konnten[3]. Die Tatsache, dass die Airbus Flugzeugbestellungen die von Boeing in jüngster Zeit übersteigen und dass Airbus als Unternehmen operativ profitabel ist, fließt ebenso wenig in die Betrachtungen ein wie die Fusion von Boeing und McDonnell Douglas. Zudem werden weiterreichende Wohlfahrtseffekte außer acht gelassen. So weisen z.B. Untersuchungen darauf hin, dass zusätzliche Wohlfahrtseffekte für Europa berücksichtigt werden müssten, die durch die Schaffung hoch qualifizierter und hoch bezahlter Arbeitsplätze entstehen. Genauso wenig werden die Auswirkungen auf die Geschwindigkeit und Richtung von Innovationen in der Flugzeugindustrie und ihr Wirken auf Fluggesellschaften und Passagiere berücksichtigt. Auch hier gibt es Hinweise, dass diese Effekte wesentlichen Einfluss auf die Wohlfahrt haben[4].

Aufgrund der Restriktionen der dargestellten Modelle ist es schwer, ein abschließendes Urteil über die Airbus Subventionen aus wohlfahrtstheoretischer Sicht zu fällen. Man kann feststellen, dass alle drei Modelle zu dem Ergebnis

1 Ebenda, S. 321.
2 Alleine aus der Diskussion über die Produktion einer verlängerten Version der 747 von Boeing als Antwort auf die Produktion des A380 ist zu erkennen, dass auf Produktionsentscheidungen des Wettbewerbers in diesem Markt genauestens geachtet und reagiert wird.
3 Vgl. Bletschacher/Klodt (1992), S. 93.
4 Vgl. Tyson (1993), S. 194.

kommen, dass sich, wenn überhaupt, nur geringe wohlfahrtsteigernde Effekte auf globaler Ebene aus den Modellen ergeben. Für Europa isoliert betrachtet war die Subventionierung lohnenswert, so dass zumindest aus der rein europäischen Perspektive die staatliche Subventionierung hinsichtlich ihrer Wirkung als gerechtfertigt angesehen werden kann.

Es bleibt darüber hinaus aber festzuhalten, dass auch bevor Airbus in den Markt für zivile Verkehrsflugzeuge einstieg, bereits einige amerikanische Großhersteller, ihrerseits gestützt durch substanzielle nationale Subventionen aktiv waren. Insgesamt und global betrachtet haben sowohl die amerikanischen als auch die europäischen Subventionen den Wettbewerb gefördert und Innovationen in der Flugzeugindustrie beschleunigt. Ohne ein umfassenderes Modell zur Bestimmung der Wohlfahrtseffekte ist es aber nicht möglich, darüber zu urteilen, ob diese Subventionen abschließend positive Auswirkungen auf die Wohlfahrt haben. Man sollte sie demnach aber auch nicht generell und einseitig verurteilen.

3. Europäische Dimension strategischer Handelspolitik in der Flugzeugindustrie

Die Theorie der strategischen Handelspolitik hat für Märkte mit unvollständiger Konkurrenz aufgezeigt, dass staatliche Intervention unter bestimmten Umständen zum Vorteil des intervenierenden Landes gereichen kann, indem ausländische Produzentenrenten ins Inland umgeleitet werden können (rent shifting). Allerdings sind die Anforderungen für eine erfolgreiche Intervention hoch und die Gefahr eines wohlfahrtsmindernden Eingriffs ist entsprechend groß, falls nicht alle Voraussetzungen für einen erfolgreichen Eingriff erfüllt sind (vgl. hierzu Kapitel III-2).

Wie dargestellt wurde, weist die Flugzeugindustrie Charakteristika eines Sektors auf, in dem strategische Handelspolitik erfolgreich sein kann. Die koordinierte, europaweite staatliche Intervention hat im Fall Airbus gezeigt, dass es durch ein solches Vorgehen möglich ist, auch auf hart umkämpften Märkten mit vielfältigen Eintrittbarrieren Fuß zu fassen. Befürworter und Kritiker solcher staatlichen Interventionen sind sich zumindest in der Hinsicht einig, dass es ohne die umfangreiche Subventionierung Airbus heute nicht geben würde und Europa somit um einen Hochtechnologiesektor ärmer wäre. Gerade angesichts der langen, schwierigen Anfangsphase des Projekts und des inzwischen eingetretenen Markterfolgs des Airbus kann vermutet werden, dass staatliche Interventionen bei einer entsprechenden Verpflichtung der beteiligten Regierungen positive Ergebnisse erbringen können.

Bevor auf die bestehenden Handelsabkommen und ihre Auswirkungen eingegangen wird, lässt sich vorab folgendes festhalten: Das multilaterale Regelwerk von GATT und WTO konnte sich bisher nicht als Rahmen für die Regelungen der Fragen im Flugzeugsektor etablieren, da einige wichtige Fragen bislang nur durch bilaterale Abkommen zwischen der EU und den USA geregelt werden. Außerdem bestehen grundlegende Hindernisse für eine Berücksichtigung strategischer Handelspolitik in internationale Handelsregeln. Dies ergibt sich zum Beispiel durch die Schwierigkeit, den Einfluss von Subventionen im Militärbereich auf den zivilen Flugzeugbau zu messen oder eine ausreichende Transparenz staatlicher Unterstützungsleistungen sicherzustellen. Allgemein geht es um die Schwierigkeit, raffinierte Förderinstrumente durch Handelsverträge zu disziplinieren. Diese Problematik wird der effektiven Beseitigung von Schlupflöchern im Rahmen internationaler Abkommen bei der Unterstützung der Flugzeugindustrie auch zukünftig im Wege stehen.

3.1 Handelsabkommen in der Flugzeugindustrie

Im Rahmen der Diskussion über die Höhe der europäischen Airbus-Subventionen wurden in Kapitel V-3.2 bereits einige grundlegenden handelpolitische Hintergründe dargestellt. Im Folgenden soll auf die historische Entwicklung des Handelsstreits zwischen des USA und der Europäischen Union eingegangen werden, um im Anschluss die Auswirkungen der im Laufe der Zeit geschlossenen Handelsverträge im Lichte der strategischen Handelspolitik zu beleuchten.

Erste Ansätze, Regeln für den Welthandel in der Flugzeugindustrie zu definieren, gehen auf die Tokio-Runde 1979 zurück. Dort schlossen die Europäische Union und die USA ein multilaterales Abkommen unter dem Dach des „General Agreement on Tarifs and Trade“ (GATT) ab, das „Agreement on Trade in Civil Aircraft“. Das Abkommen umfasste den Handel mit Flugzeugen aller Größen inklusive Hubschraubern sowie den Handel mit Komponenten wie Flugzeugmotoren und Flugtechnik. Es sah eine Beseitigung der Zölle auf Flugzeuge und bestimmte Flugzeugteile sowie ein Verbot mengenmäßiger Beschränkungen vor. In diesem Abkommen forderten sich die Parteien außerdem dazu auf, auf die Beeinflussung von Fluglinien hinsichtlich des Kaufs bestimmter Flugzeuge zu verzichten und bei Flugzeugbauprogrammen darauf zu achten, dass von diesen keine negativen Auswirkungen auf den Handel ausgingen. Das Abkommen sah außerdem vor, dass die Preissetzung bei Flugzeugen so erfolgen sollte, dass alle Kosten im Laufe der Kommerzialisierung gedeckt werden können, so auch Anlaufkosten und der zugehörige Anteil an militärischer Forschung in Zivilflugzeugen und Flugzeugteilen. Über welchen Zeitraum diese Kosten wieder erwirtschaftet werden sollten, blieb in dem Abkommen allerdings offen[1].

Das Abkommen vermochte es angesichts der vage gehaltenen Formulierungen und den Problemen mit der Durchsetzung von Regeln unter dem GATT nicht, einen unverzerrten Wettbewerb im Flugzeugsektor zu gewährleisten. Hinzu kam, dass trotz des Abkommens weiterhin unterschiedliche nationale Interessenslagen bestehen blieben. Den Europäern kam es darauf an, einen vom Wettbewerb geprägten Markt für Flugzeuge zu garantieren, während die USA Wert auf die Festlegung von Wettbewerbsregeln legten. Das bedeutet, dass die Europäer sich die Möglichkeiten zur Sicherung des Fortbestands einer eigenständigen europäischen Flugzeugindustrie nicht nehmen lassen, die USA hingegen einen von (europäische) Subventionen freien Wettbewerb erreiche wollten, wobei sie es billigend in Kauf genommen hätten, wenn dabei nur ein Unternehmen (z.B. Boeing) übrig geblieben wäre. Zusammenfassend kann festgestellt werden,

1 Vgl. Aruli (2000), S. 139 f.

dass das Abkommen angesichts der Unbestimmtheit der Bestimmungen und unterschiedlich gelagerter Interessen nicht den erhofften Beitrag zur Schaffung eines verzerrungsfreien Marktes leisten konnte[1].

Mit dem zunehmenden Erfolg der Airbus Produkte in den neunziger Jahren sahen sich die US-Hersteller ziviler Großflugzeuge einem Abbröckeln ihrer führenden Marktposition durch abnehmende Marktanteile gegenüber. Durch den zunehmenden Druck vor allem auf den amerikanischen Hersteller Boeing wuchsen die Befürchtungen der USA in bezug auf die Wettbewerbssituation im Markt und den Grad einer akzeptablen staatlichen Unterstützung. Dabei tendierte die amerikanische Seite stets dazu, ihre eigenen Finanzierungshilfen nicht als Subvention zu sehen[2].

Die zunehmenden Handelsstreitigkeiten zwischen den USA und der EU wurden in den frühen neunziger Jahren in der Öffentlichkeit über eine Reihe von in Auftrag gegebenen Berichten und Studien ausgetragen. Als wichtigste Dokumente sind in diesem Zusammenhang die Studien von GELLMAN RESEARCH ASSOCIATES (1990) sowie ARNOLD und PORTER (1991) zu nennen. Jeder dieser Berichte diente einem speziellen Ziel. Der GELLMAN-Bericht versetzte die USA in die Lage, die Rechtfertigung für das Airbus-Programm in Frage zu stellen und unterstellte, dass Airbus nur durch die hohen Subventionen der beteiligten europäischen Länder existieren konnte und das eine solche Unterstützung nicht gerechtfertigt sei. Der Bericht von ARNOLD und PORTER stellte dagegen eine detaillierte Erwiderung auf die US-Position seitens der Europäischen Kommission dar. Diese Studie versuchte, den Grad der direkten und indirekten Subventionierung der amerikanischen Luftfahrtindustrie zu dokumentieren. Dabei ging es vor allem um die Mittel, die über militärische Beschaffungsmaßnahmen durch das US-Verteidigungsministerium und die Luftfahrtunterstützung seitens der NASA in den Sektor flossen. Im Ergebnis kam der Bericht zu dem Schluss, dass die finanzielle Unterstützung der europäischen Luftfahrtindustrie lediglich eine notwendige Antwort auf die viel früher erfolgte und umfangreiche Intervention seitens der US-Regierung gewesen sei, die so versucht hatte, ihre eigene Wirtschaft zu schützen[3].

Das „Civil Aircraft Agreement" der Tokio-Runde blieb lange Zeit die einzige Grundlage für den internationalen Handel mit Flugzeugen. Erst im Jahr 1992, als Airbus eine Weltmarktanteil von 30% an den in diesem Jahr ausgelieferten Flugzeugen erreicht hatte, schlossen der „US-Trade Representative" und die EU-Kommission einen bilateralen Vertrag zur Regelung der strittigen Fragen im

1 Vgl. Zimmermann (1998), S. 5.
2 Vgl. Tyson (1993), S. 195 ff.
3 Vgl. Lawrence (2001), S. 16 f.

Flugzeughandel ab. Im Gegensatz zum Abkommen der Tokio-Runde ist der Geltungsbereich dieses bilateralen Abkommens, das nicht unter dem Dach des GATT geschlossen wurde, auf große Flugzeuge beschränkt und umfasst auch nicht den Handel mit Motoren und Flugzeugtechnik[1].

Im Rahmen dieses bilateralen Abkommens erreichten die USA ein Verbot von Produktionssubventionen. Hierdurch wurde das Produktionsrisiko wesentlich erhöht, da sich die Hersteller nicht mehr darauf verlassen konnten, dass der Staat einspringen würde, wenn die hohen Investitionen aufgrund zu geringer Flugzeugverkäufe nicht amortisiert werden konnten. Im Gegenzug erhielten die Europäer eine Ausnahmeregelung für bereits ausgezahlte Subventionen sowie für bestehende Subventionszusagen im Hinblick auf zukünftige Programme. Dies war unbedingt notwendig, da es Airbus ansonsten wohl kaum gelungen wäre, für damals laufende Modelle die enormen Anlaufkosten zu amortisieren. Hinsichtlich der Entwicklungssubventionen wurde vereinbart, dass maximal 33% der Entwicklungskosten über staatliche Subventionen aufgebracht werden durften, wobei diese innerhalb von 17 Jahren zurückgezahlt werden mussten[2].

Im Bereich der indirekten Subventionen regelte das Abkommen, dass maximal 3% des jährlichen Umsatzes des Industriezweigs und maximal 4% des jährlichen Umsatzes eines Unternehmens als indirekte Subvention fließen durften, wobei diese Subventionen nicht zurückgezahlt werden mussten. Im Abkommen wurde allerdings nicht spezifiziert, was unter einer indirekten Subvention zu verstehen sei, so dass erhebliche Interpretationsspielräume offen blieben. Diese Bestimmung war den Europäern sehr wichtig, da nur so eine Disziplinierung der US-Subventionen durch Militär- und Raumfahrtausgaben auf die zivile Flugzeugproduktion erreicht werden konnten. Ausnahmeregelungen sollten lediglich für staatliche Unterstützung über die Zeichnung und das Halten von Aktien von Flugzeugherstellern gelten. Dabei sollte davon ausgegangen werden, dass die Abwesenheit von Dividendenzahlungen und dauerhaft fallenden Aktienkurse ein Hinweis auf eine illegitime staatliche Subvention sein könnten. Daneben enthält das Abkommen Regeln für die Transparenz von Subventionszahlungen und den Informationsaustausch[3].

Sinn und Zweck dieses als „1992 July Agreement" bezeichneten Abkommens war, das explosive Thema Flugzeugbau und -subventionierung zu entschärfen, indem man es aus dem Zentrum der politischen Diskussion entfernte, um somit weiteren Komplikationen im Bereich der volatilen transatlantischen Handlungsbeziehungen vorzubeugen. Trotzdem glimmte die Auseinandersetzung sowohl

1 Vgl. Aruli (2000), S. 140 f.
2 Vgl. Tyson (1993), S. 207 f.
3 Vgl. Zimmermann (1998), S. 6.

auf politischer Ebene als auch zwischen den großen internationalen Flugzeugherstellern unterschwellig weiter. Die zunehmende Marktpenetration von Airbus auf der einen und die umfassenden Unternehmensrestrukturierungen auf amerikanischer Seite stellten neue Herausforderungen für beide Seiten dar und belasteten das Abkommen. Auslöser für die in jüngster Zeit verstärkten handelspolitischen Attacken der USA war dabei die Ankündigung von Airbus im Dezember 2000 mit der Entwicklung des A380 zu beginnen und damit die Vorherrschaft der Amerikaner im letzten verbleiben Segment für Flugzeuge mit mehr als 400 Sitzen anzugreifen[1].

Im Zusammenhang mit der GATT Uruguay Runde im Januar 1995 wurde ein weiteres Subventionsabkommen abgeschlossen. Das so genannte „Agreement on Subsidies and Countervailing Measures" (ASCM) bildete die Subventionsregeln der World Trade Organization (WTO) ab, welche das GATT im Januar 1995 ersetzt hatte. Somit ist die WTO inzwischen die internationale regulative Instanz, die allgemein die internationalen Handelsbeziehungen regelt. Dieses Abkommen erlaubte wesentlich umfangreichere Subventionen im Bereich Forschung und Entwicklung als das bilaterale Abkommen von 1992, nämlich Subventionen in Höhe von 75% der Kosten industrieller Forschung und 50% der Entwicklungskosten. Allerdings finden diese Bestimmungen für die Flugzeugindustrie, für die im Rahmen des bilateralen Abkommens von 1992 strengere Regeln festgelegt wurden, gemäß einer Fußnote keine Anwendung. Darüber hinaus enthält das Subventionsabkommen der Uruguay-Runde strengere Bestimmungen für den Bereich der Produktionssubventionen. Da diese Bestimmungen, angewandt auf den Flugzeugsektor, aber das im bilateralen Abkommen zwischen den USA und der EU ausgehandelte Gleichgewicht zuungunsten der EU gestört hätte, wurde auch hier die Gültigkeit für den Flugzeugsektor durch eine Fußnote ausgeschlossen[2].

Auch wenn das bilaterale Handelsabkommen zwischen den USA und der EU von 1992 über längere Zeit für relative Ruhe in den Auseinandersetzungen zwischen den beiden Parteien gesorgt hatte, so eskalierte der Konflikt erneut im Jahr 2004. Boeing warf Airbus vor, entgegen dem Abkommen von 1992 den Bau und die Entwicklung des A380 und des A350 zu subventionieren und Airbus konterte mit dem Vorwurf direkter und indirekter Vergünstigungen seitens der USA für die Boeing 787. Der Streit eskalierte schließlich, als die USA im Oktober 2004 das 1992 geschlossene Abkommen einseitig kündigten und die EU vor der WTO verklagten. Die EU reichte daraufhin eine Gegenklage bei der WTO ein. Im Januar 2005 einigten sich die beiden Parteien schließlich nach

1 Vgl. Lawrence (2001), S. 26.
2 Vgl. Zimmermann (1998), S. 6 f.

monatelangem Kampf, die Gespräche wieder aufzunehmen und vorerst die jeweiligen Klagen vor der WTO ruhen zu lassen. Ziel der nun folgenden Gespräche war es, neue Regeln für die Vergabe von staatlichen Hilfen für die zwei Flugzeugkonzerne auszuarbeiten. Die neue Vereinbarung sollte das im Herbst 2004 einseitig von den USA gekündigte Abkommen von 1992 ersetzen. Im Juni 2005 erklärten beiden Seiten jedoch die Gespräche für gescheitert und die seit Anfang des Jahres ruhenden Klagen vor der WTO wurden wieder aufgenommen. Die Einschaltung eines Schiedsgerichts seitens der WTO scheint somit unvermeidbar und eine Einigung zwischen den beiden Seiten so schwierig wie nie zuvor.

Als Fazit der vorangegangenen Betrachtungen lässt sich festhalten, dass bisher auf Ebene des GATT/WTO noch nicht im gewünschten Umfang ein geeigneter Rahmen für die Sicherstellung einer weltweiten Handelsordnung im Flugzeugsektor geschaffen werden konnte. Zwar weisen die Anmerkungen im Subventionsabkommen der Uruguay-Runde auf den angestrebten Abschluss eines multilateralen Vertrages für den Flugzeugsektor hin, doch sind alle bisherigen Verhandlungen gescheitert. Somit bleibt der bilaterale Vertrag zwischen den USA und der EU derzeit die einzige Grundlage für die Regelung von Subventionen in diesem Sektor.

3.2 Auswirkungen der Handelsabkommen auf den Wettbewerb

Wie in Kapitel VI-2.2 dargestellt wurde, haben sich in der Vergangenheit mehrere empirische Studien mit dem Markt für zivile Verkehrsflugzeuge beschäftigt und dabei kalibrierte Simulationsmodelle verwendet, um das Zusammenspiel im Wettbewerb zwischen Airbus und Boeing zu beschreiben. Diese Modelle konzentrierten sich auf die Auswirkungen auf Kosten und Gewinne der anderen Marktteilnehmer durch den Markteintritt von Airbus und auf die Veränderungen in der Konsumentenrente, um so die Wohlfahrtseffekte durch einen Eintritt von Airbus in den Markt analysieren zu können.

Eine weiterführende aktuelle Studie von Irwin und Pavcnik versuchte in ihrem empirischen Ansatz den internationalen Wettbewerb und den transatlantischen Handelsstreit für zivile Großraumflugzeuge zu beleuchten. Dazu wurde die Nachfrage in diesem Oligopolmarkt mit differenzierten Produkten empirisch hergeleitet, indem Daten über Preise, Verkaufszahlen und andere Eckdaten aus der Flugzeugindustrie von 1969 bis 1998 verwendet wurden[1]. Hieraus ergaben

1 Vgl. neben Irwin/Pavcnik (2003) auch Benkard (2004). Auch er verwendet Elemente der Nachfrageschätzung und Marktsimulationen. Im Rahmen seiner Simulationen über die

sich Schätzungen über die Kreuzpreiselastizitäten der Nachfrage, die es ihrerseits ermöglichten, das Nachfrageverhalten in bezug auf unterschiedliche Flugzeugtypen zu beurteilen. Diese Informationen über die Nachfrage, kombiniert mit Annahmen über das Verhalten der Unternehmen im Markt und die entsprechenden Lernparameter in der Produktion, führten zu Preis- und Kostenveränderungen, über die es möglich wurde, herauszufinden, ob der Wettbewerbsdruck im Markt durch den Eintritt von Airbus und das Ausscheiden von Lockheed und McDonnell Douglas zugenommen hatte[1].

IRWIN und PAVCNIK untersuchten im Rahmen ihrer Studie die Auswirkungen zweier Ereignisse auf die Nachfragestruktur und den Wettbewerb im Markt für zivile Großraumflugzeuge. Als erstes analysierten sie die Auswirkungen des bilateralen Handelsabkommens von 1992 zwischen den USA und der EU und als zweites den Eintritt des Airbus A380 als neues direktes Wettbewerbsprodukt zur Boeing 747 auf dem Markt für zivile Großraumflugzeuge[2].

IRWIN und PAVCNIK fragten sich, ob das bilaterale Abkommen von 1992 einen Einfluss auf die Preissetzung im Markt für Verkehrsflugzeuge gehabt hatte. A priori würde man davon ausgehen, dass das Abkommen die Preise erhöht haben müsste, da die Beschränkungen des Abkommens in den Bereichen Finanzierung, Produktionssubventionen und hinsichtlich der Rückzahlungskonditionen für Kredite die Grenzkosten für ein Flugzeug erhöhen würden. Anhand ihres Modells verglichen IRWIN und PAVCNIK die Preise für einzelne Flugzeugtypen vor und nach dem Abkommen. Dabei kamen sie tatsächlich zu dem Ergebnis, dass das bilaterale Abkommen von 1992 zur Limitierung von Flugzeugsubventionen die Preise der beiden Hersteller Boeing und Airbus erhöht hatte. Diese Verhalten ist konsistent mit einem Cournot oder Bertrand Duopol-Modell, in dem Subventionen eliminiert werden. In bezug auf das Ausmaß der Preiserhöhung kamen sie zu dem Ergebnis, dass durch das Abkommen die Preise von Airbus und Boeing um ungefähr 3,7% gestiegen waren. Gleichzeitig entnahmen sie ihrem Modell, dass diese Preiserhöhung mit einer 5 prozentigen Erhöhung der Grenzkosten der Produktion einherging.

Der zweite Punkt, den IRWIN und PAVCNIK versuchten im Rahmen ihrer Studie zu analysieren, waren die Auswirkungen durch die Markteinführung des A380, als Anlass für die aktuellen handelspolitischen Auseinandersetzungen. Der A380

Wohlfahrtwirkungen einer monopolfeindlichen Wettbewerbspolitik kommt er zu dem Schluss, dass sich eine Obergrenze für den Marktanteil der einzelnen Wettbewerber ergibt und dass dies die Konsumenten schädigt bzw. die weltweite Wohlfahrt mit hoher Wahrscheinlichkeit reduziert.

1 Vgl. Irwin/Pavcnik (2003), S. 2 f.

2 Ebenda, S. 20.

von Airbus als zur Zeit das weltweit größte Passagierflugzeug hat eine Kapazität von 550 bis 650 Passagieren und eine Reichweite von 14.200 km. Die Regierungen von Deutschland, Frankreich und England werden voraussichtlich rund ein Drittel der veranschlagten 12 Mrd. US-Dollar Entwicklungskosten tragen. Die Vereinigten Staaten haben die europäischen Regierungen gewarnt, dass diese Finanzierungshilfen für Airbus das bilaterale Abkommen von 1992 und die Subventionsregelungen, die seitens der WTO 1994 vereinbart wurden, verletzten. Die EU konterte diese Vorwürfe mit dem erneuten Hinweis auf die indirekten amerikanischen Beihilfen durch militär- und NASA-Aufträge[1].

Der Listenpreis für den A380 beträgt rund 235 Mio. US-Dollar pro Flugzeug, wobei davon auszugehen ist, das nicht unwesentliche Preisnachlässe gewährleistet werden[2]. Airbus weist darauf hin, dass ab einer Anzahl von 250 verkauften Flugzeugen die Gewinnschwelle erreicht sei und die Entwicklungskosten gedeckt wären. Ende 2005 waren 159 feste Bestellungen für den A380 bei Airbus eingegangen, wobei das ursprüngliche Ziel, bis Ende 2005 Bestellungen für 200 Maschinen vorliegen zu haben, nicht erreicht wurde. Der A380 wurde gebaut, um in direkten Wettbewerb zur Boeing 747 im oberen Marktsegment für Großraumflugzeuge zu treten. Als Verkaufsargument weist Airbus auf die besonders günstigen Betriebskosten ihrer Neuentwicklung hin. Boeing bezweifelt im Gegenzug, dass es einen Markt für ein solches Großflugzeug gäbe und konzentriert sich seitdem auf die Entwicklung seines Modells des 787 Dreamliner[3].

Aufgrund der hitzigen Handelsdebatte sowie der anderen Kontroversen im Zusammenhang mit der Markteinführung des A380 simulierten IRWIN und PAVCNIK in ihrem Modell die Auswirkungen der Markteinführung auf die Preise und den Marktanteil bereits im Markt befindlicher Flugzeugtypen. Dabei kamen sie zu dem Ergebnis, dass die Einführung des A380 einen signifikant negativen Effekt auf die Preise[4] und Verkäufe der Boeing 747 im Markt für Großraumflugzeuge haben würde. Interessant war, dass den Untersuchungen zufolge auch Airbus negative Auswirkungen auf seine bestehenden Großraumflugzeugmodelle (A330 und A340) durch die Einführung des A380 zu spüren bekommen würde. Der Studie zufolge reduziere die Einführung des A380 den kombinierten Marktanteil des A330 und A340 stärker als den Marktanteil der 747[5].

---

1 Vgl. Pavcnik (2002), S. 741 f.

2 Man spricht hier von Preisnachlässen um die 10%. Zu Beginn der Verkaufsphase für den A380 sollen sogar Preisnachlässe von ca. 35% gewährt worden sein.

3 Für die Boeing 787 gab es alleine im Jahr 2005 235 Aufträge wogegen Airbus in diesem Jahr 182 Bestellungen für den noch zu entwickelnden A350 verbuchen konnte.

4 Sie berechnen einen Preisverfall für Boeing in Höhe von 0,9 bis 1,3% und einen Preisverfall für bestehende Airbus Flugzeuge von 0,3%.

5 Vgl. Irwin/Pavcnik (2003), S. 25 ff.

Diese Ergebnisse weisen darauf hin, dass es für Airbus und Boeing im Laufe der Zeit immer schwieriger wird, als Mehrproduktunternehmen das Ziel der Gewinnmaximierung zu verfolgen, da die Nachfrage nach bereits existierenden Flugzeugmodellen sensibel auf die Preise und Eigenschaften neuer Flugzeugmodelle reagiert. Wenn Hersteller ihre Produktreihen erweitern, wird ihr Anreiz, Konkurrenten aggressiv zu unterbieten, geringer, da Preisreduzierungen auch ihre eigenen Verkäufe anderer Produkte negativ beeinflussen können. Nichts desto trotz wird der Marktanteil von Airbus durch die Einführung des A380 zunehmen. Vor dem Hintergrund, dass die Boeing 747 einen substanziellen Teil zu den Gewinnen von Boeing beiträgt, kann die Markteinführung des A380 somit negative Auswirkungen auf die amerikanischen Hersteller mit sich bringen und zukünftig zu weiteren Spannungen in den Handelsbeziehungen zwischen den USA und der EU führen[1].

IRWIN und PAVCNIK versuchen mit Hilfe ihres Modells auch zu beantworten, ob es Airbus gelingen wird, genügend Maschinen des A380 zu verkaufen, um die Entwicklungs- und Produktionskosten zu amortisieren. Unter der Annahme eines durchschnittlichen Preisnachlasses von 20% und ohne Nachfragezuwachs kommen sie auf 38 mögliche Verkäufe pro Jahr. Dies wären 760 Flugzeuge in den nächsten 20 Jahren mit einem Gesamtwert von 140 Mrd. US-Dollar. Somit wäre Airbus in der Lage, seine Entwicklungskosten zu decken und staatliche Beihilfen zurückzuzahlen. Der errechnete Wert liegt allerdings weit unter der von Airbus kalkulierten Gesamtmarktnachfrage von 1.500 Superjumbos in den nächsten 20 Jahren mit einem Wert von 345 Mrd. US-Dollar. Diese Art der Analyse lässt jedoch andere potentielle Gründe für eine Markteinführung des A380 außen vor. Obwohl die meisten Flotten der Fluglinien sowohl aus Airbus als auch aus Boeing Maschinen bestehen, könnten sich Synergien aus einer Flotte mit ausschließlich Airbus Maschinen ergeben. Wenn dies der Fall sein sollte, könnte die Einführung des A380 einzelne Fluglinien dazu veranlassen, von Boeing-Flugzeugen auf Airbus-Flugzeuge umzusteigen[2].

Zusammenfassend lässt sich folgendes festhalten. Das Modell der strategischen Handelspolitik von BRANDER und SPENCER (1985) und später das von EATON und GROSSMAN (1986) haben gezeigt, dass der Erfolg von Gewinnverlagerung über Ländergrenzen hinweg im Rahmen einer optimalen Handelspolitik davon abhängig ist, ob die Unternehmen über Preise oder Mengen im Wettbewerb stehen. Die Modelle haben sich dabei ausschließlich auf Einproduktunternehmen konzentriert. Die von IRWIN und PAVCNIK dargestellten Ergebnisse zeigen auf, dass die Existenz von Mehrproduktunternehmen ein weniger aggressives Bert-

1 Vgl. Irwin/Pavcnik (2003), S. 28.
2 Ebenda, S. 29.

rand-Verhalten bewirkt. Darüber hinaus wird es durch die Existenz von mehreren Produkten für die Flugzeughersteller schwieriger, ein neues Flugzeug erfolgreich im Markt zu platzieren, ohne dabei die bestehende Produktlinie zu gefährden. Dies zeigt die Simulation der Markteinführung des A380. Hierbei konnte demonstriert werden, dass der Markteintritt den kombinierten Marktanteil der bereits bestehenden Airbus Großraumflugzeuge stärker reduziert als den Marktanteil der Boeing 747. Die Simulationen von Irwin und Pavcnik implizieren darüber hinaus, das Airbus in den nächsten 20 Jahren viel weniger Bestellungen für den A380 erhalten wird als derzeit vorausgesagt wird. Airbus dürfte zwar genug Maschinen dieses Typs verkaufen um seine Entwicklungskosten zu decken, ob der A380 allerdings je Gewinne abwerfen werde, ist eher unwahrscheinlich[1].

Es bleibt festzuhalten, dass eine große Menge an Informationen über Produkteigenschaften, Verkaufszahlen und Preise notwendig ist, die ihrerseits mit Annahmen über das Unternehmensverhalten und die Nachfrage kombiniert werden müssen, um zu beurteilen, wie sich unterschiedliche handelspolitische Maßnahmen auswirken, mit denen der jeweils inländische Flugzeughersteller unterstützt wird. Obwohl der Markt für zivile Verkehrsflugzeuge nur aus zwei großen Wettbewerbern besteht, komplizieren Eigenschaften wie Mehrproduktunternehmen, Marktsegmentierung, große „economies of scale" die Analyse. Insofern ist der Einsatz und die prognostozierte Wirksamkeit handelspolitischer Maßnahmen auf die nationale Wohlfahrt eines Landes immer mit einer gewissen Vorsicht zu sehen[2].

---

1 Vgl. Irwin/Pavcnik (2003), S. 29.

2 Vgl. Krugman/Obstfeld (2004), S. 369; Pavcnik (2002), S. 750.

4. Ergebnis

Die in Kapitel VI dargestellten Ergebnisse lassen sich wie folgt zusammenfassen: In Verbindung mit externen Effekten bergen Subventionen die Gefahr, dass Gewinne nicht nur von einheimischen Unternehmen, sondern gegebenenfalls auch von ausländischen Unternehmen angeeignet werden können. Darüber hinaus zeigen spieltheoretische Modelle der strategischen Handelspolitik und der neuen Wachstumstheorie, dass bei Märkten mit unvollständigem Wettbewerb die Förderung von inländischen Oligopol-Unternehmen nur unter ganz bestimmten Voraussetzungen die entsprechende positive Wirkung für die nationale Wohlfahrt generiert und dass Erfolg und Misserfolg von Subventionen sehr eng zusammen liegen. Gleichsam wurde gezeigt, wie in der Flugzeugindustrie Skaleneffekte als Marktschranken potentielle Konkurrenten von einem Markteintritt abhalten können, wodurch sich dieser Industriezweig besonders gut für die Anwendung handels- und industriepolitischer Instrumente eignet. Studien zeigen, dass wohlfahrtsteigernde Effekte durch eine Subventionierung des Airbus-Projektes auf globaler Ebene allenfalls gering, wenn nicht sogar negativ ausfallen. Aus europäischer respektive deutscher Sicht haben die Subventionen dagegen zu einer Wohlfahrtssteigerung geführt. Im Anschluss an die Darstellung der vorliegenden Handelsabkommen für die Flugzeugindustrie wurde abschließend anhand einer weiteren Studie gezeigt, dass der Abschluss des bilateralen Handelsabkommens von 1992 zur Limitierung von Flugzeugsubventionen wie erwartet die Preise der beiden globalen Hersteller für Verkehrsflugzeuge erhöht hat. Darüber hinaus wurde gezeigt, dass die beiden großen Flugzeughersteller Airbus und Boeing aufgrund ihrer inzwischen komplett ausgebauten Produktpaletten in Zukunft mit größeren Problemen bei Neuprodukteinführungen rechnen müssen, da dies verstärkt Auswirkungen auf die bestehende Produktlinien haben wird.

Hinsichtlich der Anwendung der strategischen Handelspolitik wurden in den vorangegangenen Abschnitten auf eine Reihe von Schwächen und Kritikpunkte hingewiesen. Ungeachtet dieser theoretischen Einwände liefert die Analyse jedoch eine wesentliche Einsicht: Es gibt Anreize für eine einseitige strategische Handelspolitik zu Lasten anderer Länder, bei der die strategische Interaktion in- und ausländischer Unternehmen durch den handelspolitischen Eingriff verändert wird. Dies bietet eine Erklärung, warum Regierungen versuchen, die Position einzelner Sektoren im internationalen Wettbewerb durch Subventionen zu stärken. Somit ist Freihandel bei bestimmten Marktstrukturen aus Sicht nationaler Regierungen nicht mehr „first best“. Es wäre jedoch falsch, hieraus eine Rechtfertigung für einen Neo-Merkantilismus abzuleiten. Gegen eine solche Interpretation des Arguments der strategischen Handelspolitik spricht die Gefahr, dass sich Länder gegenseitig mit Maßnahmen der strategischen Handelspolitik schaden[1].

Problematisch ist im Rahmen der Anwendung der strategischen Handelspolitik die kollektive Dilemmasituation: Wenn mehrere Länder einzelstaatlich rational ihren Anreizen zu einem Eingreifen im Sinne der strategischen Handelspolitik folgen, besteht die Gefahr, dass sie ein international schlechtes, pareto-inferiores Politikergebnis erzielen. Angedrohte Vergeltung kann zwar diese Gefahr eindämmen, mit ihr verschwindet dann aber im Regelfall auch das Motiv für eine strategische Handelspolitik und man kehrt zum Freihandel zurück. Damit Drohungen wirksam formuliert und auch realisiert werden können, bedarf es internationaler Organisationen, die Regeln und Mechanismen schaffen, mit denen die einzelstaatlichen Anreize für handelspolitisches Eingreifen zur Rentenumlenkung eliminiert werden. Somit wird die Rolle von GATT und WTO als Garanten für kollektiv rationale Lösungen zusätzlich betont[2].

Bleibt die Frage, wie all dies vor dem Hintergrund des Zusammenschlusses Daimler-Benz/MBB zu interpretieren ist? Tatsache ist und bleibt, dass die nationale Konsolidierung der deutschen Luft- und Raumfahrtaktivitäten Voraussetzung für die zügige Gründung eines europäischen Luft- und Raumfahrtkonzerns, wie es die EADS heute darstellt, war. Ferner hat sich das Airbus-Projekt vor allem seit der Eingliederung in den EADS-Konzern und somit unter eine einheitliche Unternehmensleitung gegenüber dem Konkurrenten Boeing außerordentlich gut entwickelt. Dies ist sowohl der allgemeinen Nachfrage nach zivilen Verkehrsflugzeugen als auch den neuen Unternehmensstrukturen zuzurechnen.

Des weiteren spielen die Subventionen für Airbus nach wie vor eine wichtige Rolle und sind bislang ein wesentlicher Bestandteil bei jeder Flugzeug-Neukonstruktion. Es konnte in den vergangenen Kapiteln gezeigt werden, dass diese Subventionen die europäische Wohlfahrt gesteigert haben. Einen wirklichen Erfolg stellen die geleisteten Subventionen allerdings erst dann dar, wenn sie dazu führen, das Airbus auch operative Gewinne einfährt. Desto mehr Flugzeuge Airbus im Laufe der Jahre vertreiben kann, desto wahrscheinlicher ist es, dass dieses Ziel für die jeweiligen Flugzeugtypen erreicht wird. Inwiefern dies abschließend gelingt, bleibt abzuwarten.

Es ist davon auszugehen, dass der Unternehmenszusammenschluss Daimler-Benz/MBB ein wichtiger Schritt war, um die im Anschluss umgesetzten organisatorischen Veränderungen innerhalb des Airbus-Konsortiums durchzuführen

1 Vgl. Welzel (1998), S. 31.
2 Ebenda, S. 33.

und seine Integration im Rahmen des EADS-Konzerns zu beschleunigen. Dies hat weitergehend zu einer Rationalisierung innerhalb der Flugzeugindustrie auf europäischer Ebene geführt und die Wettbewerbsfähigkeit von Airbus gegenüber dem Konkurrenten Boeing nachhaltig gestärkt.

D) Zusammenfassung / Schlussfolgerungen / Perspektiven

VII. Ergebnis der Analyse und Ausblick

1. Zusammenfassung der Ergebnisse und Schlussfolgerungen

Es sollen nun die in Kapitel I-2.1 aufgestellten Untersuchungshypothesen anhand der in den vorangegangenen Kapiteln dargelegten Analyse überprüft werden.

Die erste Untersuchungshypothese besagt, dass, für den Fall, dass Kapitalmangel oder ein zu hohes unternehmerisches Risiko die langfristige Entwicklung eines als „strategisch" bezeichneten Wirtschaftszweigs gefährden, der Staat nicht nur interveniert, sondern zu einem treibenden Element im gesamten wirtschaftlichen Prozess wird. Wenn man auf die Zeit vor dem Zusammenschluss von Daimler-Benz und MBB zurückblickt, war die Situation der deutschen Luft- und Raumfahrtindustrie geprägt durch starke Zersplitterung und eine unzureichende Eigenkapitaldecke der einzelnen Unternehmen[1]. Es konnte im Rahmen der Analyse gezeigt werden, dass der Staat eine eindeutig aktive Rolle bei der Umstrukturierung der deutschen LRI-Landschaft wahrgenommen hat. Dies wurde explizit mit dem Argument gerechtfertigt, dass es sich um einen strategischen Wirtschaftszweig handele und man somit steuernd in den wirtschaftlichen Prozess eingreifen müsse. Die Gefahr sei zu groß, den Anschluss an andere LRI-Nationen zu verlieren. Obwohl der deutsche Staat heute keine direkte Beteiligung an EADS und damit implizit an Airbus hat, ist es ihm nach wie vor ein großes Anliegen, bei weit reichenden Entscheidungen auf die Einhaltung nationaler Interessen zu drängen. Dies liegt zum einen an der nicht geringen Anzahl der Arbeitsplätze, die diese Branche bereitstellt und die somit eine politische Determinante darstellen und zum anderen an den getätigten Subventionen, aus denen man nach wie vor implizit einen Einmischungsanspruch ableitet. Dabei gelten diese Erkenntnisse nicht nur für Deutschland, sondern spielen auch in anderen traditionellen LRI-Ländern wie zum Beispiel Frankreich eine große Rolle. Frankreich hält allerdings im Gegensatz zu Deutschland einen direkten Anteil an EADS von 15%. Die Einmischung staatlicher Institutionen geht in Frankreich sogar soweit, dass die Schließung wirtschaftlich unrentabler Standorte verhindert wird[2]. Insofern ist es nicht verwunderlich, dass die Führung von EADS eine stärkere Entpolitisierung fordert, um EADS und Airbus effizienter zu gestalten[3], da ansonsten die mühsam und mit erheblichen finanziellen Mitteln aufgebaute Marktposition schnell gefährdet sein kann.

1 Vgl. Schulte-Hillen (1974), S. 10.

2 Im Jahr 2006 verhinderte die Regierung unter Dominique de Villepin in Frankreich die Schließung des maroden französischen Standortes der EADS-Tochtergesellschaft Sogerma.

3 Vgl. Steltzner (2006), S. 11.

Dies leitet über zur zweiten Untersuchungshypothese, die besagt, dass ein aufeinander abgestimmtes Vorgehen zwischen Staat und privatwirtschaftlichen Unternehmen die strukturelle Entwicklung der LRI bestimmt und somit der Staat und nicht der Wettbewerb die LRI international konkurrenzfähig macht. Das abgestimmte Verhalten kann bereits durch die Art und Weise der Gründung von EADS und Airbus leicht nachvollzogen werden. Besonders deutlich wird die Abstimmung zwischen Staat und Privatwirtschaft aber bspw. durch Beteuerungen seitens DaimlerChrysler, eine Reduzierung seiner Anteile an EADS nur in enger Abstimmung mit der Bundesregierung vorzunehmen[1]. Ein wesentlicher Grund der engen Verknüpfung zwischen Politik und Wirtschaft ist, dass die LRI eine hohe verteidigungsrelevante Bedeutung hat, so dass Regierungen stets Einfluss nehmen möchten, da es ihre nationale Sicherheit betrifft. Zum anderen war zur Konzerngründung von EADS und Airbus ein grenzüberschreitender Kraftakt notwendig, der die Standortinteressen von vier Nationen miteinander vereinen musste. Insofern ist es nicht verwunderlich, dass die Regierungen der beteiligten Staaten, die im Verteidigungssektor Auftraggeber und im Zivilgeschäft Kreditgeber für neue Flugzeugtypen sind, ihren Einfluss wahren wollen. Niemand möchte schließlich Arbeitsplätze an andere, wenn auch partnerschaftlich verbundene, Nationen verlieren. EADS muss sich faktisch bei übergreifenden und weit reichenden Entscheidungen mit den einzelnen beteiligten Regierungen abstimmen, unabhängig ob sie direkt Anteile am Unternehmen halten oder nicht[2]. Fraglich ist jedoch, ob es dadurch gelingt, die Wettbewerbsfähigkeit der LRI langfristig zu sichern. Wie die aktuellen Probleme mit dem Großraumflugzeug A380 zeigen, wurden durch das nationale Besitzstandswahrungsverhalten bei Airbus langfristig komplexe, länderübergreifende Produktionsstrukturen und Doppelkapazitäten aufgebaut. Auch wenn Airbus in den vergangenen Jahren sehr erfolgreich war und gegenüber Boeing die Marktführerschaft bei der Herstellung ziviler Verkehrsflugzeuge erreichen konnte, zeigen die inzwischen aufgetretenen Verzögerungen beim A380 zweierlei: zum einen hat sich Airbus hinsichtlich der Komplexität der Herstellung eines solchen Großraumflugzeugs offensichtlich überschätzt und wird nun von den Versäumnissen bei der Bereinigung seiner internen Strukturen eingeholt. Zum anderen hat Boeing durch den zunehmenden Druck von Airbus in den vergangenen Jahren hinsichtlich seiner Produktivität aufgeholt und gefährdet somit langfristig die Erträge von Airbus (vgl. Abbildung VII-1)[3]. So kommen aktuelle Studien zu dem Ergebnis, dass

1 Vgl. o.V. (2006), S. 13.

2 Dies zeigen unter anderem die ausführlichen Gespräche der EADS-Führung mit Regierungsvertretern im Rahmen der Ankündigung des Restrukturierungsprogramms für Airbus im Oktober 2006.

3 Boeing hat nach der Reduzierung von Arbeitskräften und dem Schließen einzelner Werke heute neun Produktionsstandorte (einschließlich eines Militärwerks) - Airbus dagegen unterhält sechzehn Produktionsstandorte in vier Ländern.

Airbus sieben seiner sechzehn Standorte schließen müsste, um mit der Produktivität von Boeing mithalten zu können[1]. Im Ergebnis lässt sich festhalten, dass es den Europäern durch die staatliche Unterstützung im Fall von Airbus zwar gelungen ist, ein konkurrenzfähiges Unternehmen gegenüber Boeing aufzubauen; die Abhängigkeiten und Rollenverständnisse stehen aber langfristig einer rationalen wirtschaftlichen Entwicklung entgegen. Hierdurch zeigt sich, dass der Staat in einem solchen Fall nur bedingt dazu beitragen kann, einen Industriezweig konkurrenzfähig zu machen und dass es Zeitpunkte und Situationen gibt, in denen er sich besser zurückhalten sollte, um nicht zusätzliche Industriepotentiale zu gefährden. Nur der freie Wettbewerb sorgt hier langfristig für richtige und effiziente Strukturen.

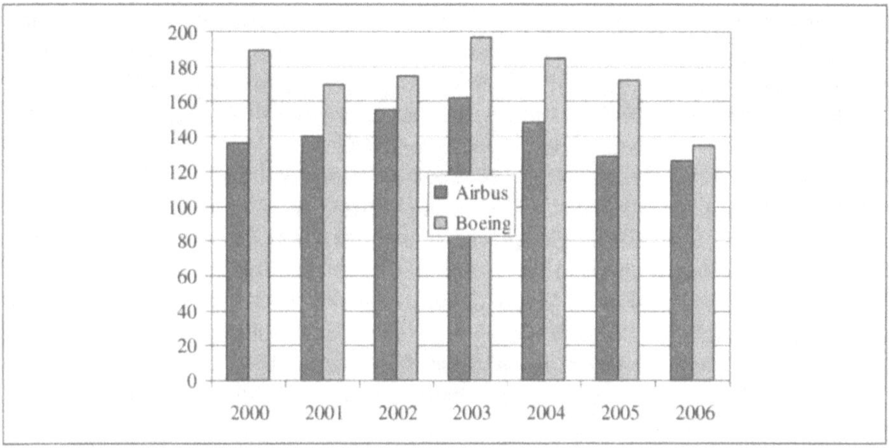

Abbildung VII-1: Airbus und Boeing - Beschäftigte je ausgeliefertem Flugzeug[2].

Die dritte Untersuchungshypothese konstatiert, dass die Überführung der staatlichen Beteiligung an MBB in die privatwirtschaftliche Eigenverantwortung eine notwendige Voraussetzung für die grundlegende strukturelle Neuordnung der deutschen und europäischen LRI darstellt. Dass dem so ist, wurde im Rahmen dieser Arbeit ausführlich dargestellt. Ohne die vorherige deutsche Konsolidierung der nationalen LRI-Kapazitäten und die Bildung der DASA wäre eine Einigung über Strukturen auf europäischer Ebene wahrscheinlich nicht möglich

1 Vgl. o.V. (2006), S. 17. Laut einer Studie der Investmentbank Goldman Sachs müsste sich Airbus von den Standorten Nantes und Méaulte (Frankreich), Stade, Buxtehude, Varel und Nordenham (Deutschland) sowie Illescas (Spanien) trennen, um gegenüber Boeing langfristig konkurrenzfähig zu bleiben.

2 Quelle: Goldman Sachs Global Investment Research (2006). Angaben für das Jahr 2006 geschätzt.

gewesen. Durch die Entstehung von EADS ist ein internationaler Systemhersteller entstanden, der heute als Abnehmer für Produkte deutscher Unternehmen aus vorgelagerten Produktionsstufen dient und somit aufgrund seiner Größe eine gewisse Sicherheit für diese Unternehmenslandschaft bietet. Der zweite Teil der Untersuchungshypothese stellt darüber hinaus die Frage nach der Beurteilung des Zusammenschlusses zwischen Daimler-Benz und MBB im Rahmen der Ministererlaubnis. Wie in Kapitel V dargelegt wurde, haben sich die seitens der Monopolkommission zur Beurteilung herangezogenen Kriterien nur bedingt so entwickelt, wie es zum Zeitpunkt des Zusammenschlusses antizipiert wurde. Lediglich das Kriterium einer höheren Wettbewerbsfähigkeit der LRI auf europäischer Ebene ist langfristig eingetreten. Man kann festhalten, dass es aufgrund der stärkeren Internationalisierung der LRI und dem rasant gestiegenen Investitionsbedarf in dieser Branche auch aus heutiger Sicht richtig war, den Zusammenschluss im Jahr 1989 zu genehmigen. Es wäre für die zersplitterte deutsche LRI-Landschaft langfristig nur schwer möglich gewesen, im internationalen Wettbewerb zu bestehen. Außerdem haben sich die befürchteten negativen Wettbewerbsimplikationen im nachhinein nicht eingestellt und auch die antizipierten Gemeinwohlnachteile können aus heutiger Sicht als nicht mehr relevant eingestuft werden[1].

Die vierte und letzte Untersuchungshypothese beschäftigt sich mit der Frage, inwiefern es dem Staat durch eine aktive Konzentrations- und Subventionspolitik in den vergangenen zwanzig Jahren gelungen ist, die deutsche LRI zu erhalten und international konkurrenzfähig zu machen. Man kann heute feststellen, dass es in Deutschland wesentliche LRI-Kapazitäten gibt, die stark in internationale Strukturen eingebunden sind[2]. Dabei ist in den letzten Jahren zu beobachten, dass eine Vielzahl von Unternehmen der traditionell als Material- und Komponentenhersteller orientierten deutschen LRI ihre Leistungserbringung stärker in Richtung Subsystemherstellung weiterentwickeln. Dies ist insofern von Relevanz, als sich auf den nachgelagerten Stufen der Wertschöpfungskette ein deutlich höherer Pro-Kopf-Umsatz und somit ein höherer Wertschöpfungsanteil generieren lässt[3]. Dies spricht für eine Unternehmenslandschaft mit einer soliden Basis, die das Potential aufweist, sich weiterhin positiv zu entwickeln. Welchen Anteil an der Entwicklung hin zu diesen Strukturen der Staat hat, ist schwer zu bemessen. Einerseits hat er den Industriezweig der LRI durch Subventionen immer wieder gestützt und durch seine Rolle als Abnehmer im wehr-

1 DaimlerChrysler hat im Jahr 2006 signalisiert, dass es seine Beteiligung an EADS von 22% in absehbarer Zeit auf 15% reduzieren möchte. Dies könnte, je nach Käufer, zu einer weiteren Entflechtung der alten Beteiligungsstrukturen beitragen.

2 In der deutschen LRI sind derzeit ca. 150 Unternehmen tätig, die einen Umsatz von ca. 16 Mrd. Euro mit ca. 70.000 Erwerbstätigen erzielen.

3 Vgl. Eberbach-Sahllioglu (2004), S. 4 f.

technischen Bereich durch sein Beschaffungsverhalten stets automatisch die Entwicklung beeinflusst. Andererseits hat er sich aber auch sehr direkt in die Entwicklung des Marktes eingemischt, wie am Beispiel des Unternehmenszusammenschlusses Daimler-Benz/MBB verdeutlicht wurde und so eine aktive Konzentrationspolitik betrieben. Hierdurch ist es dem Staat aus heutiger Sicht zumindest gelungen, dass nach wie vor wesentliche LRI-Kapazitäten im Land vorhanden sind. Wie sich die Situation ohne das direkte Engagement der staatlichen Stellen im Rahmen der Konsolidierung der Branche heute darstellen würde, wäre spekulativ. Ob das Ergebnis allerdings die Höhe der getätigten staatlichen Subventionen rechtfertigt, bleibt ebenso mehr als fraglich. So bleibt zum einen offen, wie viele Subventionen in der Zukunft noch in diesen Sektor fließen werden und zum anderen muss die Frage gestellt werden, ob die getätigten Subventionen an anderer Stelle nicht einen höheren Nutzen für das Gemeinwohl hätten stiften können.

2. Perspektiven der europäischen Luft- und Raumfahrtindustrie

Die zivile Luftfahrt ist einer der am stärksten wachsenden Industriezweige der Zukunft. Heute nutzen weltweit pro Jahr etwa 1,7 Milliarden Passagiere ein Verkehrsflugzeug. Prognosen sagen ein durchschnittliches Wachstum des Luftverkehrsaufkommens von fünf Prozent p.a. voraus, gleichzeitig soll sich der Luftfrachtverkehr mit jährlichen Steigerungsraten von sieben Prozent p.a. entwickeln. Insgesamt geht die EU-Kommission davon aus, dass sich das Luftverkehrsvolumen bis zum Jahr 2020 verdreifacht.

Die LRI hat in Europa eine wichtige strategische Position. Wirtschaftliches Engagement in der Luft- und Raumfahrt ist ein langfristiges Geschäft. Deshalb ist strategisches Denken und Handeln von herausragender Wichtigkeit. Höchste Sicherheits- und Umweltanforderungen sowie enormer Kostendruck führen zu einem hohen Innovationsdruck in der gesamten LRI. Handlungsbedarf für diesen Industriezweig und seine Zuliefererbranchen stellt sich aufgrund der skizzierten Entwicklung in folgenden Bereichen[1]:

- Sicherung eines dauerhaft hohen Niveaus an Investitionen im Bereich Forschung und Entwicklung
- Höchste Qualität von Produkten und Dienstleistungen
- Verkürzung von Entwicklungszeiten
- Sicherung der langfristigen globalen Wettbewerbsfähigkeit der deutschen und europäischen LRI

Wissenschaftliche Forschung sowie technologische Entwicklung und Innovation sind Schlüsselfaktoren für Wachstum, Beschäftigung und die internationale Konkurrenzfähigkeit von Unternehmen. Das Ziel aller diesbezüglichen Aktivitäten muss national wie auch grenzüberschreitend die Stärkung der Forschungs- und Investitionskapazitäten in ganz Europa sein. In der Luftfahrtforschung kommt der Entwicklung von Technologielösungen vor allem auf dem Feld der Umwelt- und Ressourcenschonung eine zentrale Bedeutung zu. Darüber hinaus erfordern Ansprüche an eine noch bessere Passagierfreundlichkeit (Sicherheit, Komfort, Pünktlichkeit) bei gleichzeitig vorhersehbaren Kapazitätsgrenzen der Verkehrsträger neue Denkansätze. Hierzu gilt es, die Kompetenzen der deutschen Luftfahrt- und Ausrüsterindustrie im Verbund mit wissenschaftlichen Forschungseinrichtungen in regionalen, nationalen und internationalen Netzwerken weiterzuentwickeln. Hierdurch soll die bisher erarbeitete Ausgangsposition im internationalen Wettbewerb ausgebaut werden[2].

1 Vgl. Arendt (2006), S. 1.
2 Vgl. ebenda, S. 1.

Forschung und Technologie muss ganzheitlich vor dem Hintergrund ziviler und militärischer Anwendungen betrachtet werden. Die symbiotische Nutzung der Forschungspotentiale für zivile und militärische Anwendungen führt zu Synergien und wirkt als Multiplikator für die gesamte Luftfahrt. Ein effizientes Forschungs- und Technologienetzwerk muss deshalb neben der zivilen auch die militärische Luftfahrt umfassen. Eine so breit angelegte Forschung verlangt nach einer strategischen Forschungsagenda auf internationaler Ebene[1].

Ziel muss es in den nächsten Jahren sein, die erarbeitete günstige Ausgangsposition in der deutschen und europäischen LRI im internationalen Wettbewerb durch Stärkung der technologischen Kompetenz weiter zu festigen und auszubauen. Zur Realisierung dieser Vorhaben bedarf es jedoch nicht nur eines nachhaltigen Engagements von Wirtschaft und Wissenschaft, sondern auch die Politik ist, wenn auch in eingeschränktem Maße, gefordert. Hierbei kann Deutschland seine Chancen im internationalen Wettbewerb nur wahrnehmen, wenn es der Luft- und Raumfahrt einen ebenso großen Stellenwert einräumt wie andere europäische Staaten. Ansonsten drohen deutsche Kernkompetenzen und hoch qualifizierte Arbeitsplätze verloren zu gehen. Dabei soll es aber gerade nicht um direkte staatliche Einflussnahme in diesem Sektor gehen, sondern verstärkt um das Setzen der richtigen Rahmenfaktoren. In diesem Zusammenhang ist beispielsweise auch eine direkte Beteiligung der Bundesregierung an EADS, wie sie derzeit diskutiert wird, grundsätzlich abzulehnen. Es darf nicht zu einer Übermacht der politischen über die industrielle Logik kommen, da damit die grundsätzlichen Schwierigkeiten bei EADS nicht gelöst werden. Statt dessen würde man durch einen solchen Schritt das Problem der strukturellen und wirtschaftlichen Effizienz von EADS im Zweifel nur verzögern, was letztendlich noch schlimmere Folgen für Standorte und Arbeitsplätze haben könnte[2].

Die wichtigsten Aktionsfelder für die deutsche Politik wurden von der High-Level Group im Jahr 2001 wie folgt klar formuliert[3]:

- Weiterer Ausbau der Infrastruktur
- Ausbau der Forschungs- und Technologieförderung auf ein international vergleichbares Niveau
- Investitionen in zukunftsweisende Projekte

Demnach kann eine nachhaltige Verbesserung der wirtschaftlichen und politischen Rahmenbedingungen der LRI nur über eine langfristige Partnerschaft zwi-

1 Vgl. High-Level Group (2001), S. 13 ff.

2 Vgl. Hegmann (2006), S. 1.

3 Vgl. High-Level Group (2001), S. 2; Der High-Level Group gehören 12 hochrangige Experten aus der Luft- und Raumfahrt an.

schen Wirtschaft, Wissenschaft und Politik realisiert werden. Wichtig ist nur, dass eine Regierung sich seiner Rolle in dieser Triade stets bewusst ist und sich mit ordnungspolitischen Eingriffen soweit wie möglich zurückhält. Tut sie dies nicht, droht die Gefahr, dass politisches Kalkül betriebswirtschaftliche Mechanismen verhindert. Die europäische LRI verfügt als innovative Hochtechnologiebranche über weltweit anerkannte technologische Kompetenzen und Systemfähigkeiten, die nicht gefährdet sondern erhalten werden sollten. Es ist die Herausforderung der beteiligten Interessensgruppen in diesem Spannungsfeld zum Wohle des gesamten Industriezweigs den richtigen Weg zu finden.

Die deutsche LRI befindet sich nach wie vor inmitten eines tief greifenden europäischen Restrukturierungs- und Integrationsprozesses. Auf allen Ebenen steht die Internationalisierung der deutschen Aktivitäten im Vordergrund. Sowohl bei Industrie, Fluggesellschaften, Flughäfen wie auch bei der Forschung und der Wissenschaft verlieren nationale Grenzen an Bedeutung. Langfristig kann Deutschland seine Wettbewerbsfähigkeit als Luft- und Raumfahrtstandort nur im europäischen Verbund sichern. In einem zusammenwachsenden Europa mit immer knapper werdenden finanziellen Ressourcen hat die von nationalen Interessen bestimmte Zersplitterung der industriellen Kapazitäten keine Überlebenschance. In diesem Sinne sind kostspielige Parallelentwicklungen in mehreren europäischen Ländern, Doppelforschung und das Vorhalten redundanter nationaler Kapazitäten nicht mehr zielführend. Deshalb sollten die europäischen Nationen auf politischer, industrieller und wissenschaftlicher Ebene ihre vorhandenen Kräfte im Luft- und Raumfahrtsektor konsequent bündeln, um langfristig konkurrenzfähig zu sein. Der Unternehmenszusammenschluss Daimler-Benz/MBB aus dem Jahr 1989 steht am Anfang dieser Entwicklung, deren Ende noch nicht absehbar ist.

Literaturverzeichnis

AECMA (1997)
The European Aerospace Industry (Industry Restructuring Working Group), Brussels 1997.

AECMA (2003)
The European Aerospace Industry - Facts and Figures 1996-2002, Bussels 2002.

Aerospaciale (1995)
1995-2014 Market Forecast, Toulouse 1995.

Airbus Industrie (2004)
Global Market Forecast 2004-2023, Blagnac 2004.

Albach, H. (1991)
Unternehmen im Wettbewerb, Wiesbaden 1991.

Albrecht, U. (1989)
Die Nutzung und der Nutzen militärischer F&E-Ergebnisse für zivile Anwendungen, Köln 1989.

Albrecht, S. (1994)
Erfolgreiche Zusammenschlussstrategien, Wiesbaden 1994.

Alic, J. A. (1992)
Beyond „Spin-off" – military and commercial technologies in a changing world, Boston 1992.

Altfeld, H.-F. (2000)
Government Funding for Aerospace, AECMA Policy Research, Brussels 2000.

Arbeitsgemeinschaft Selbständiger Unternehmer e.V. (1989)
Anhörung im BMWi am 22. August 1989 zum Antrag auf Erteilung einer Ministererlaubnis nach § 24 Abs. 3 GWB für den Zusammenschluss Daimler-Benz AG/MBB GmbH, Bonn 1989.

Arendt (2006)
Forschung, Entwicklung, Innovation – Kernstücke der wissensbasierten Wirtschaft, in: LRI-Fakten, Ausgabe 01/02, Berlin 2006.

Arndt, H. (1971)
Die Konzentration in der Wirtschaft, Berlin 1971.

Arndt, H. (1980)
Wirtschaftliche Macht, München 1980.

Arndt, H. (1994)
Lehrbuch der Wirtschaftsentwicklung, Berlin 1994.

Arnold, P. (1994)
Supplemental Report on U.S. Government Support of the U.S. Commercial Aircraft Industry, Washington D.C. 1994.

Aruli, A. M. A. (2000)
Strategische Handelspolitik der Europäischen Union in der Hochtechnologieindustrie seit Maastricht 1992, Freie Universität Berlin, Dissertation, Berlin 2000.

ASD (2004)
Facts and Figures – Civil and Defence Aerospace, Brussels 2004.

Ault, L. A. / Cleland, J. G. (1989)
NASA „Spin-off"s to public service, in: 40th Congress of the International Astronautical Federation, October 7-12, Malaga, Spain 1989.

Bach, L. / Lambert, G. / Sachar, J. (1989)
BETA: Analyse des Mécanisme de Transfer des Technologies Spatiales: Le Role de l'Agence Spatiale Européenne, Vol. II: Rapport principal, Strasboug 1989.

Baldwin, R. E. / Krugman, P. R. (1988)
Industrial Policy and International Competition in Wide-Bodied Jet Aircraft, in: Baldwin, R. E. (ed.), Trade Policy Issues and Empirical Analysis, S. 45-71, Chicago 1988.

Baldwin, R. E. (1992)
Are Economists Traditional Trade Policy Views Still Valid?, in: Journal of Economic Literature, Vol. 30, S. 804-829, 1992.

Bamberg, Sebastian (1990)
„... und morgen die ganze Welt": Daimler-Benz – Ein Rüstungskonzern auf dem Weg ins 21. Jahrhundert, in: Pax-Christi-Bewegung (Hrsg.), Probleme des Friedens, Heft 2-3, Bonn 1989.

Bamberger, Burk (1993)
Der Erfolg von Unternehmensacquisitionen in Deutschland, Bamberg 1993.

Bauer, H. H. (1989)
Marktabgrenzung: Konzeption und Problematik von Ansätzen und Methoden zu Abgenzung und Strukturierung von Märkten unter besonderer Berücksichtigung von marketingtheoretischen Verfahren, Berlin 1989.

Baumbach, W. / Hefermehl, G. (1993)
Wettbewerbsrecht, München 1993.

Baumol, W. J. (1982)
Contestable Markets: An Uprising in the Theory of Industry Structure, in: American Economic Review, Vol. 72, Nr. 1, S. 1-5, 1982.

Bayoumi, T. / Coe, D. T. / Helpman, E. (1996)
R&D spillovers and global growth, in: Center for Economic policy Research, Discussion Paper No. 1467, London 1996.

BDLI (2004)
Jahresbericht 2003/2004, Berlin 2004.

BDLI (2005)
Statistiken zur Luft- und Raumfahrtindustrie 2003/2004, Berlin 2005.

Behrens, B. / Viehöver, Ulrich (1989)
Daimler-Benz/MBB: Signale an Hausmann, in: Wirtschaftswoche, Heft 32, 1989, S. 82-85, 1989.

Behrens, R. / Merkel, Reiner (1990)
Mergers & Acquisitions, Stuttgart 1990.

BenDaniel, D. J. / Rosenbloom, A. H. (1990)
The Handbook of International Mergers & Acquisitions, New York 1990.

Benichou, J. / Garcia, E. G. / Pfeifer, P. / Sterling, J. (1988)
A Report on the Airbus System, Hamburg 1988.

Benkard, C. L. (2004)
A Dynamik Analysis of the Market for Wide-Bodied Commercial Aircraft, in: Review of Economic Studies, Vol. 71, Issue 3, P. 581-611, 2004.

Berg, H. / Mammen, G. (1981)
Alternative Strategien staatlicher Technologieförderung: Eine Analyse der Projekte „Concorde" und „Airbus", in: Jahrbuch für Sozialwissenschaft, Band 3, S. 346-379, 1981.

Berg, H. (1985)
Internationale Wettbewerbsfähigkeit und nationale Zusammenschlusskontrolle, Köln 1985.

Berg, H. / Tielke-Hosemann, N. (1988)
Von Glanz und Elend staatlicher Technologieförderung: Das Projekt „Airbus", in: Hamburger Jahrbuch für Wirtschafts- und Gesellschaftspolitik, S. 122-130, 1988.

Berg, H. (1990)
Der Zusammenschluss „Daimler-Benz/MBB", in: WiST, Heft 12, Dezember 1990.

Berg, H. (1995)
Wettbewerbspolitik, in: Vahlens Kompendium der Wirtschaftstheorie und Wirtschaftspolitik, 6. Auflage, Band 2, S. 239-300, München 1995.

Berg, H. / Cassel, D. (1995)
Theorie der Wirtschaftspolitik, in: Vahlens Kompendium der Wirtschaftstheorie und Wirtschaftspolitik, 6. Auflage, Band 2, S. 163-238, München 1995.

Berg, H. / Müller, J. (1995)
Auf der Suche nach den Wettbewerbvorteilen Konglomerater Diversifizierung: Zur Transformation der Daimler-Benz AG vom Automobilproduzenten zum „integrierten Technologiekonzern", in: Hamburger Jahrbuch für Wirtschafts- und Gesellschaftspolitik, 40. Jg., S. 367-390, Hamburg 1995.

Bescond, P. (1989)
SPOT and Commercialization: „Spin-off" Benefits, in: 40'th Congress of the International Astronautical Federation, S. 1-4, 1989.

Besen, S. M. / Farrell, J. (1994)
Choosing how to Compete: Strategies and Tactics in Standardization, in : Journal of Economic Perspectives, Vol. 8, Nr. 2, S. 117-131, 1994.

Bischoff, M. (1995a)
Chancen und Risiken für die europäische Luft- und Raumfahrtindustrie – Die Wettbewerbspolitik der EU auf dem Prüfstand, in: Dokumente der Luft- und Raumfahrtindustrie, Deutsche Aerospace, Ottobrunn 1995.

Bischoff, M. (1995b)
Privatisierung der deutschen Flugzeugindustrie – Gesamtwirtschaftlicher Erfolg oder Misserfolg, in: Dokumente der Luft- und Raumfahrtindustrie, Deutsche Aerospace, Ottobrunn 1995.

Bischoff, M. (1996a)
Aktuelle Aspekte der Luft- und Raumfahrt aus deutscher Sicht, in: Dokumente der Luft- und Raumfahrtindustrie, Gesellschaft für Standortbetreiberdienste mbH, Ottobrunn 1996.

Bischoff, M. (1996b)
Luft- und Raumfahrt in Europa – aus der Praxis einer Zusammenarbeit, in: Dokumente der Luft- und Raumfahrtindustrie, DIB, Ottobrunn 1996.

Bischoff, M. (1997a)
Restructuration de l'industrie aéronautique et spatiale en Europe, Dokumente der Luft- und Raumfahrtindustrie, DIB, Ottobrunn 1997.

Bischoff, M. (1997b)
Europäisierung – der Schlüssel zur Zukunft unserer Industrien, in: Dokumente der LRI, DIB, Ottobrunn 1997.

Bischoff-Ehnes, T (1994)
Politische und ökonomische Regulationsmechanismen in den Luftfahrtindustrien der EG und der USA – Eine politikwissenschaftliche Branchenanalyse, Dissertation, Braunschweig 1994.

Bhagwati, J. N. (1989)
Is Free Trade Pass after All?, Weltwirtschaftliches Archiv, Band 125, S. 17-44.

Bletschacher, G. / Klodt, H. (1991)
Braucht Europa eine neue Industriepolitik?, in: Kieler Diskussionsbeiträge, Institut für Weltwirtschaft Kiel, Dezember 1991.

Bletschacher, G. / Klodt, H. (1992)
Strategische Handels- und Industriepolitik: Theoretische Grundlagen, Branchenanalysen und wettbewerbspolitische Implikationen, in: Kieler Studien, Hrsg.: Siebert, H., Tübingen 1992.

Böbel, I. (1984)
Wettbewerb und Industriestruktur, Berlin 1984.

Boing Commercial Airplane Group (2005)
Current Market Outlook, Seattle 2005.

Brander, J. A. / Spencer, B. J (1984)
International Markets with Asymmetric Labor Commitment und Union Power, Mimeo, 1984.

Brander, J. A. / Spencer, B. J (1985)
Export Subsidies and Market Share Rivalries, Journal of International Economics. Volume 18, S. 83-100, 1985.

Brander J. A. (1995)
Strategic Trade Policy, in: Grossman, G. M. /Rogoff, K. (eds), Handbook of International Economics. Volume III, Amsterdam: Elsevier, S. 1395-1455, 1995.

Bressmer, C. / Moser, A. C. / Sertl, W. (1989)
Vorbereitung und Abwicklung der Übernahme von Unternehmen, Stuttgart 1989.

Brösse, U. (1996)
Indistriepolitik, München 1996.

Bühler, S. / Jaeger, F. (2002)
Einführung in die Industrieökonomik, Berlin 2002.

Bühner, R. (1990)
Unternehmenszusammenschlüsse, Stuttgart 1990.

Bühner, R. (1991)
Management-Holding – ein Erfahrungsbericht, in: Die Betriebswirtschaft, 51. Jg., Heft 2, S. 141-151, 1991.

Bundeskartellamt (1988)
Quo vadis, Wettbewerbspolitik? Dokumentation einer Grundsatzdiskussion ordnungspolitischer und kartellrechtlicher Fragen, Berlin 1988.

Bundeskartellamt (1989)
Beschluß im Verwaltungsverfahren Daimler-Benz u.a. vom 17.4.1989, Untersagungsverfügung B7-35000-U-137/88, in: WuW/E, BkartA, 2335, 1989.

Bundeskartellamt (1991)
Bericht des Bundeskartellamtes über seine Tätigkeit in den Jahren 1989/1990 sowie über die Lage und Entwicklung auf seinem Aufgabengebiet, in: BTD, 12/847, Bonn 1991.

Bundeskartellamt (1993)
Bericht des Bundeskartellamtes über seine Tätigkeit in den Jahren 1991/1992 sowie über die Lage und Entwicklung auf seinem Aufgabengebiet, in: BTD, 12/5200, Bonn 1993.

Bundeskartellamt (1995)
Bericht des Bundeskartellamtes über seine Tätigkeit in den Jahren 1993/1994 sowie über die Lage und Entwicklung auf seinem Aufgabengebiet, in: BTD, 13/1660, Bonn 1995.

Bundesministerium für Bildung, Wissenschaft, Forschung und Technologie (1996)
Ready for Take-off, Forschung für die Luftfahrt, Bonn 1996.

Bundesminister für Wirtschaft (1974)
IV A 5-02 70 01 Organisationserlaß, Bonn den 4. Dezember 1974.

Bundesminister für Wirtschaft (1986)
Erfolgsbericht des Bundeswirtschaftsministeriums über Ministererlaubnisverfahrens bei Fusionen, in: WuW, Vol. 10, S. 788-793, 1986.

Bundesministerium für Wirtschaft (1989a)
Bericht des Koordinators für die deutsche Luft- und Raumfahrt, Dokumentation Nr. 297, 1989.

Bundesministerium für Wirtschaft (1989b)
Die Konkurrenzsituation der deutschen Luft- und Raumfahrt im internationalen Vergleich, Bericht des Koordinators für die deutsche Luft- und Raumfahrt an den Haushaltsanschluß des Deutschen Bundestages, Bonn 1989.

Bundesministerium für Wirtschaft (1992)
Erfahrungsbericht über Ministererlaubnis-Verfahren bei Firmen Fusionen, Dokumentation Nr. 323, Bonn 1992.

Bundesministerium für Wirtschaft (1994)
Expertenbeiträge zum Forum Luft- und Raumfahrt in Bonn am 17. Januar 1994, Bonn 1994.

Bundesministerium für Wirtschaft (1996a)
Anpassung des deutschen Kartellgesetzes an das europäische Recht?, Gutachten des Wissenschaftlichen Beirates beim Bundesministerium für Wirtschaft, Bonn, September 1996.

Bundesministerium für Wirtschaft (1996b)
Bericht des Koordinators für die Deutsche Luft- und Raumfahrt, Dokumentation Nr. 393, Bonn 1996.

Bundesministerium für Wirtschaft (1997)
Für eine integrierte europäische Luft- und Raumfahrtindustrie – Klärungsbedarf und Handlungserfordernisse in der Luft- und Raumfahrtpolitik, Bonn, 14. Mai 1997.

Bundesrechnungshof (1989)
Bericht über die Neustrukturierung der deutschen Luftfahrtindustrie, Bonn, den 26. Januar 1989.

Bundesverband der Deutschen Industrie (1989)
BDI-Stellungnahme zum Zusammenschlussvorhaben Daimler-MBB, Bonn, 1989.

Bundesverband der Deutschen Luft- und Raumfahrtindustrie (1997)
Jahresberichte 1996/1997, Bonn 1997.

Bundesverband der Deutschen Luft- und Raumfahrtindustrie (1998a)
Die Unternehmen im Bundesverband der Deutschen Luft- und Raumfahrtindstrie – Lieferungs- und Leistungsverzeichnis 1998/99, Bonn, April 1998.

Bundesverband der Deutschen Luft- und Raumfahrtindustrie (1998b)
Statistiken zur deutschen Luft- und Raumfahrtindustrie, Bonn, Mai 1998.

Bureau d'économie théorique et appliquée (1980)
Les effets économiques induits des contrats de l'Agence Spatiales Européenne, Strasbourg 1980.

Burkhardt, J. (1995)
Kartellrecht, München 1995.

Busse, C. v. / Coenenberg, A. G. (1992)
Unternehmensakquisition und Unternehmensbewertung, Köln 1992.

Caves, R. E. (1985)
International Trade and Industrial Organization. Problems, Solved and Unsolved, in: European Economic Review, Volume 28, S. 377-395.

Chatterjee, S. (1986)
Types of synergy and economic value: the impact of acquisitions on merging and rival firms, in: Strategic Management Journal, Vol. 7, S. 119-139, 1986.

Clever, H. (1993)
Post-Merger-Management, Stuttgart 1993.

Cohendet, P. / Ledoux, M. (1986)
Étude sur les effets économiques des dépenses spatiales européennes, in: Bureau d'économiques theorique et appliquée, Vol. II: Rapport théorique et méthodologique, Strasbourg 1986.

Cohendet, P. / Ledoux, M. (1988a)
Étude sur les effets économiques des dépenses spatiales européennes, in: Bureau d'économiques theorique et appliquée, Vol. I: Résultats, Strasbourg 1988.

Cohendet, P. / Ledoux, M. (1989)
Analyse des mécanismes de transferts des technologies spatiales: Le rôle de l'Agence Spatiale Européenne, in: Bureau d'économiques theorique et appliquée, Rapport Principal, Strasbourg 1988.

Commission of the European Communities (1986)
The European Aerospace Industry – Trading Position and Figures, Brussels 1986.

Cox, H. / Jens, U. / Markert, K. (1981)
Handbuch des Wettbewerbs, München 1981.

Daimler-Benz AG (1997)
Aufstellung des Anteilbesitzes gemäß § 313 HGB zum 31. Dezember 1997, Stuttgart 1997.

Daimler-Benz Aerospace AG (1995)
World Market Forecast 1995-2015 for Civil Air Transport, München 1995.

Daimler-Benz Aerospace AG (1996a)
Geschäftsbereich Militärflugzeuge: „Eurofighter 2000", München 1996.

Daimler-Benz Aerospace AG (1996b)
Zeit im Flug – Eine Chronologie der Daimler-Benz Aerospace AG, München 1996.

Daimler-Benz Aerospace AG (1997a)
Europäisierung der Luft-, Raumfahrt- und Verteidigungsindustrie – ihre Bedeutung für Europa – und die Rolle Deutschlands und seiner Industrie, München 1997.

Daimler-Benz Aerospace AG (1997b)
Der Fortschrittsmotor, München 1997.

Deardorff, A. V. / Stern, R. M. (1987)
Current Issues in Trade Policy: An Overview, in: Stern, R. M. (Hrsg.), U.S. Trade Policies in a Changing World Economy, S. 15-68, Cambrige/Mass. and London 1987.

Denver Research Institute (1963)
The Commercial Application of Missile/Space technology, Denver 1963.

Denver Research Institute (1972)
Mission-Oriented R&D and the Advancement of Technology, Denver 1972.

Denver Research Institute (1981)
Space benefits: The Secondary Application of Aerospace Technology in Other Sectors of the Economy, Final Report, Denver 1981.

Deutsche Aerospace Airbus GmbH (1993)
Geschäftsbericht 1992, Hamburg 1992.

Deutsches Institut für Wirtschaftsprüfung (1995)
Produktionsvolumen und –potential, Produktionsfaktoren des Bergbaus und des Verarbeitenden Gewerbes, 37. Folge, Berlin 1995.

Deutsches Zentrum für Luft- und Raumfahrt (2004)
Luftverkehrsbericht 2004, Köln 2004.

Dixit, A. K. (1984)
International Trade Policy for Oligopolistic Industries, in: Economic Journal, Volume 94, 1984, S. 1-16.

Dixit, A. K. / Norman, V. D. (1980)
Theory of International Trade, Cambridge University Press, Cambridge 1980.

Dixit, A. K. / Kyle, A. S. (1985)
The Use of Protection and Subsidies for Entry Promotion and Deterrence, in: The Economic Journal Conference Papers, Vol. 94, S. 1-16, 1985.

Dosi, G. (1993)
Evolutionäre Ansätze zu Innovationen, Marktprozessen und Institutionen sowie einige Konsequenzen für die technologiepolitik, in: Meyer-Krahmer, F. (Hrsg.), Innovationsökonomie und Technologiepolitik, Heidelberg 1993.

Dubbermann, G. (1994a)
Marktprozeß und staatliche Koordination. Eine markttheoretische Analyse am Beispiel des bundesdeutschen Raumfahrtengagements, Frankfurt am Main 1994.

Dubbermann, G. (1994b)
Schlüsseltechnologien oder Subventinsruinen im Orbit - Zur ökonomischen Analyse der Raumfahrtförderung in der Bundesrepublik, Jahrbuch für Sozialwissenschaft, Nr. 45, S. 245-272.

Dunn, M. H. (1995)
Neue Industriepolitik oder Stärkung der Marktkräfte? in: Jahrbuch für Ordnung von Wirtschaft und Gesellschaft, Band 46, S. 166-183, Stuttgart 1995.

Eaton, J. /Grossman, G. M. (1983)
Optimal Trade and Industrial Policy under Oligopoly, NBER Working Paper No. 1236, 1983.

Eaton, J. /Grossman, G. M. (1986)
Optimal Trade and Industrial Policy Under Oligopoly, Quarterly Journal of Economics, Volume 101, S. 383-406, 1986.

Eberbach-Sahillioglu, M. (2004)
Strukturanalyse und Wertschöpfungskette in der deutschen Luft- und Raumfahrtindustrie, Trier 2004.

Ehrensberger, S. (1993)
Synergieorientierte Unternehmensintegration, Köln 1993.

Emmerich, V. (1989)
Fusionskontrolle 1988/89, in: Die Aktiengesellschaft, Heft 11, S. 369-380, 1989.

Eußlin, K. J. (1989)
Technologische „Spin-off"-Effekte aus der Raumfahrt. Vom staatspolitischen Anspruch zum unternehmerischen Problem, Frankfurt 1989.

Euroconcult (1996)
Les Retombées es Effects D'Entrainement des Technologies Satiales. Mythes es Réalités, für das französische Ministerium für Post, Telekommunikation und Raumfahrt, Februar 1996.

Europäische Wirtschaftsgemeinschaft (1992)
Abkommen zwischen der Europäischen Wirtschaftsgemeinschaft und der Regierung der Vereinigten Staaten von Amerika über die Anwendung des GATT-Abkommens über den Handel mit Zivilluftfahrzeugen auf den Handel mit Großraum-Zivilluftfahrzeugen. Abgedruckt im Amtsblatt der Europäischen Gemeinschaften, Nr. L301, Brüssel, 17.10.1992.

European Commission (1997a)
The European Aerospace Industry – Meeting the global Challenge, COM (97) 466 fin., Brussels, September 1997.

European Commission (1997b)
The European Aerospace Industry – Trading Position and Figures, D-G III, Brussels 1997.

European Commission (2000)
„Spin-off" technologies from Community Research, Enterprise Directorate-General, EUR 17027, 2000.

Europäische Kommission (1997)
Sache Nr. IV/M.894 – Rheinmetall/British Aerospace/STN ATLAS, Brüssel 24/04/1997.

Feldman, E. J. (1985)
Concorde and dissent. Explaining high technology project failures in Britain and France, Cambridge 1985.

Feldmann, H. (1993)
Konzeption und Praxis der EG-Industriepolitik - Eine Bestandsaufnahme aus ordnungspolitischer Sicht, in: Ordo, Bd. 44, S. 139 ff., 1993.

Fischer, M. / Schmitz, W. (1989)
Konkurrenz für Daimler, in: Wirtschaftswoche, 43. Jg., Heft 20, S. 124-128, 1989.

Flassbeck, H. (1996)
Die Weltwirtschaft zu Beginn des 21. Jahrhunderts und die Herausforderung für den Westen, in: Lutz, B. (Hrsg.), Produzieren im 21. Jahrhundert: Herausforderungen für die deutsche Industrie, S. 47-69, Frankfurt/Main 1996.

Frank, G. M. (1993)
Rahmenbedingungen von Unternehmensübernahmen in Deutschland, Stuttgart 1993.

Frantzke, A. / Kurz, R. (1991)
Der Fall Daimler-Benz/MBB, in: Jahrbuch für Sozialwissenschaft, Vol. 42, S. 247-261, 1991.

Freytag, M. (1989)
Warum fürchten Sie Widersprüche nicht, Herr Reuter? Interview mit dem Vorstandvorsitzenden der Daimler-Benz AG, in: FAZ-Magazin, 12. Woche, 23.3.1989.

Fricke, W. (1992)
Industriepolitik in Europa: Zukunftsicherung durch Förderung von Hochtechnologien?, in: Beiträge zum 2. internationalen Ingenieurkongress der Freidrich-Ebert-Stiftung, Forum Humane Technikgestaltung, Heft 17, Bonn 1992.

Fuchs, S. (2002)
Der Konflikt zwischen Airbus und Boeing als Resultat der strategischen Industriepolitik der Europäischen Union und der USA, Osnabrück 2002.

Gaughan, P. A. (1994)
Readings in Mergers and Acquisitions, New York 1994.

Gerpott, T. J. (1993)
Integrationsgestaltung und Erfolg von Unternehmensakquisitionen, Stuttgart 1993.

Gerstenberger, W. (1994)
Perspektiven für die deutsche Luft- und Raumfahrtindustrie, in: Expertenbeiträge zum Forum Luft- und Raumfahrt in Bonn am 17. Januar 1994, Göhner, R. (Hrsg.), Bonn 1994.

Gerybadze, A. / Arthur D. Little International (1988)
Raumfahrt und Verteidigung als Industriepolitik? Auswirkungen auf die amerikanische Wirtschaft und den internationalen Handel, Fankfurt/Main 1988.

Geschäftsbericht der Daimler-Benz AG (1996)
Geschäftsjahr 1996, Stuttgart.

Geschäftsbericht der Daimler-Benz AG (1997)
Geschäftsjahr 1997, Stuttgart.

Gesetz gegen Wettbewerbsbeschränkungen (1998)
In der Fassung vom 26. August 1998, Bundesgesetzblatt, Teil I, S. 2546, 1998.

Gilbert, R. L. / Lehrmann, S. A. (1989)
NASA „Spin-off"s to energy and the environment, in: 40'th congress of the IAF, 1989.

Glismann, H. H / Horn, E. J. / Schrader K. (1993)
Wohlfahrtseffekte von Rüstungs- und Raumfahrtausgaben, in: Kieler Studien, Siebert, H. (Hrsg.), Nr. 258, Kiel 1993.

Grande, E. (1992)
Diskussions- und Gestaltungsbedarf einer europäischen Industriepolitik, in: Industriepolitik in Europa, Fricke, W. (Hrsg.), S. 9-21, Düsseldorf 1992.

Griliches, Z. (1992)
The Search of R&D Spill-overs, in: Scandinavian Journal of Economics, S. 126-140, Stockholm 1992.

Grupp, H. (1994)
Innovationsaktivitäten in strategischen Sektoren: Messmethodik und empirische Befunde für ausgewählte Technologiegebiete, in: SV-Gemeinnützige Gesellschaft für Wissenschaftsstatistik mbH: Wissen-

schafts- und Technologieindikatoren, Technische Innovationen, Materialien zur Wissenschaftsstatistik, Heft 8, S. 83-90, Essen 1994.

Guay, T. R. (1998)
At Arm's Length – The European Union and Europe's Defence Industry, New York 1998.

Günther, Melanie (2004)
Das Prognoseproblem in der Fusionskontrolle: Eine theoretische und empirische Analyse am Beispiel des Falles „Daimler-Benz/MBB", Dortmund 2004.

Haag, T. A. (1995)
Beteiligungsstrategien zur Erschließung von Innovationen, Wiebaden 1995.

Hanusch, H. / Canter, U. (1993)
Neuere Ansätze in der Innovationstheorie und der Theorie des technischen Wandels – Konsequenzen für eine Industrie- und Technologiepolitik, in: Meyer-Kramer (Hrsg.), Innovationsökonomie und Technologiepolitik, Heidelberg 1993.

Hartley, K. (1965)
The Learning Curve and ist Application to the Aircraft Industry, Journal of Industrial Economics, Vol. 13, Nr. 2, S. 122-128, 1965.

Hartley, K. (1988)
Aerospace: the Political Economy of an Industry, in: Henk Wouter de Jong (ed.), The Structure of European Industry, Second Revised Edition, Dordrecht, S. 329-354, 1988.

Hartwig, K. H. (1994)
Veränderte Arbeitsteilung in Europa – Brauchen wir eine Industriepolitik?, Baden-Baden 1994.

Haubrock, M. (1994)
Konzentration und Wettbewerbspolitik, Frankfurt/Main 1994.

Haussmann, H. (1989a)
Ministerentscheidung Daimler-Benz/MBB, -Zusammenfassung-, Bonn 1989.

Haussmann, H. (1989b)
Verfügung in dem Verwaltungsverfahren Daimler-Benz/MBB, Bonn, 6. September 1989.

Haussmann, H. (1990)
Die Konzentration in der Luft- und Raumfahrtindustrie, in: Das Wirtschaftsstudium, Heft 1, 19. Jg., S. 9-11, 1990.

Hayward, J. (1995)
Industrial Enterprise and European Integration, New York (1995)

Hayward, H. (1994)
The World Aerospace Industry, London 1994.

Hegmann, G. / Maier, A. (2005)
Airbus pocht auf Mehrheit in China, in: FTD vom 08.12.2005.

Hegmann, G. (2006)
EADS – Wirtschaftspatriotismus Allemand, in: FTD vom 12.10.2006.

Heinzmann, W. (1994)
Industrielle Kooperationen im sicherheitspolitischen Umfeld, in: Dokumente der LRI, Deutsche Aerospace AG, Ottobrunn 1994.

Helmstädter, E. (1991)
Systemführerschaft – Wettbewerbstheoretische Begründung und wettbewerbs-politische Schlußfolgerungen, in: WuW, 41. Jg., Heft 7/8, S. 546-561, 1991.

Helpman, E. / Krugman, P. R. (1985)
Market Structure and Foreign Trade, Brighton 1985.

Henzler, H. (1988a)
Handbuch der strategischen Führung, Wiebaden 1988.

Henzler, H. (1988b)
Von der strategischen Planung zur strategischen Führung: Versuch einer Positionsbestimmung, in: ZfB, Heft 58, S. 1286-1307, 1988.

High-Level Group (2001)
Deutsche Luft- und Raumfahrt: Zukunftsbranche des 21. Jahrhunderts im europäischen und globalen Wettbewerb, Berlin, Juli 2001.

Hild, R. / Breitenacher, M. / Pieper, B. (1997)
Die deutsche Luft- und Raumfahrtindustrie: Strukturanalyse und Handlungserfordernisse, München 1997.

Hild, R. (1993)
Japans Raumfahrt im Aufbruch, in: ifo Schnelldienst, Nr. 26/27 vom 24.9.1993.

Hopf, R. / Link, H. / Stewart-Ladewig, L. (2003)
Analysis of Financial Support to the Aviation Sector in Germany, German Institute for Economic Research, Berlin 2003.

Hornschild, K. / Neckermann, G. (1988)
Die Deutsche Luft- und Raumfahrtindustrie: Stand und Perspektiven, Frankfurt/Main 1988.

Hornschild, K. (1993)
Luft- und Raumfahrtindustrie auf dem Weg zu einer europäischen Industrie?, in: Politik und Technologieentwicklung. Analysen ökonomisch-technischer und politischer Vermittlungen im Prozeß der europäischen Integration, Süß, W. / Becher, G. (Hrsg.), S. 135-148, Berlin 1993.

Hornschilf, K. /Neckermann, G. (1988)
Die deutsche Luft- und Raumfahrtindustrie - Stand und Perspektiven, Frankfurt am Main 1988.

Hornschild, K. / Wieland, B. (1997)
Deutsche und europäische Raumfahrtindustrie – fit für die Zukunft?, in DIW Wochenbericht, 64. Jg., Heft 43/97, S. 1-14, Berlin 1997.

Huemer, F. (1991)
Mergers & Acquisitions: Strategische und finanzielle Analyse von Unternehmensübernahmen, Frankfurt/Main 1991.

Hummel, M. (1993)
Industriepolitik – Kontrovers, in: ifo Schnelldienst, Nr. 17-18, S. 3, 1993.

Hunger, A. (1991)
High-Tech-Konzern Daimler-Benz: Mit Skalpell und Brechstange, in: Top Business, Heft 11, S. 56-66, 1991.

Huttner, K. / Riedl, E. (1992)
Probleme und Chancen der Luft- und Raumfahrt in der Bundesrepublik Deutschland, in: Berichte und Studien der Hanns-Seidel-Stiftung e.V., 1992.

ICAO/CAEP/FESG (2003)
Report of the FESG/CAEP/6 Traffic and Fleet Forecast, May 2003.

Immenga, U. (1990)
Fusionskontrolle auf konglomeraten und vertikalen Märkten, in: Die Aktiengesellschaft, Heft 5, S. 209-213, 1990.

Immenga, U. (1993)
Die Europäische Fusionskontrolle im wettbewerbspolitischen Kräftefeld, Tübingen 1993.

Industrieanlagen-Betriebsgesellschaft (1985)
Ziviler Nutzen militärisch motivierter Forschung und Entwicklung, Endbericht, Ottobrunn 1985.

International Air Transport Association (1995)
World Air Transport Statistics, Washington 1995.

Irwin, D. / Pavcnik, N. (2003)
Airbus versus Boeing revisited: International Competition in the Aircraft Market, in: Center für Economic Policy Research - Industrial Organization and International Trade, Discussion Paper No. 3876, London April 2003.

Jiache, Y. / Fangwen, X. / Peijian, Y. (1989)
Review of some „Spin-off" benefits of space technology in China, in: 40'th congress of the IAF, Washington 1989.

Johnson, P. (1993)
Air Transport, in: Johnson, P. (edt.) European Industries, S. 204-230, Durham 1993.

Jong-Tsong, Chiang (1991)
Technological „Spin-off": strategy implications from US experience, in: MIT Industrial Liaison Program, Report, 5-51-91.

Jungkruth, H. (1992)
Militärische Luft- und Raumfahrt – Anforderungen und Perspektiven, in: Huttner /Riedl (Hrsg.), Probleme und Chancen der Luft- und Raumfahrt in der BRD, Berichte und Studien der Hans-Seidel-Stiftung e.V., S. 111-124, 1992.

Katsoulascos, Y. / Ulph, D. (1996)
Endogenous innovation spillovers and technology policy, in: Center for Economic Policy Research, Discussion Paper No. 1407, London 1996.

Katz, M. L. / Shapiro, C. (1985)
Network Externalities, Competition and Compatability, in: The American Economic Review, Vol. 75, S. 424-440, 1985.

Katz, M. L. / Shapiro, C. (1994)
System Competition and Network Effects, in Journal of Economic Perspectives, Vol. 8, Nr. 2, S. 93-115, 1994.

Kelly, T. / Rishi, M. (2003)
An empirical study of the „Spin-off" effects of military spending, in: Defence and Peace Economics, Vol. 14 (1), S. 1-17, 2003.

Kemp, J. A. / Starke, P. (1989)
Humanitarian „Spin-off"s from space technology, in: 40'th congress of the IAF, Washington 1989.

Kern, D. (1991)
Marktwirtschaftliche Innovationspolitik durch Outputorientierung staatlicher Förderung, München 1991.

Kilger, W. / Karl, O. (1971)
Industrie und Konzentration, in: Arndt, H. (Hrsg.), Die Konzentration in der Wirtschaft, Band 2, Berlin 1971.

Kirchner, M. (1991)
Strategisches Akquisitionsmanagement im Konzern, Wiesbaden 1991.

Klank, W. (1989)
Eingliederung von MBB in den Daimler-Benz-Konzern – Ein bedeutender Monopolisierungsschritt, in: IPW-Berivhte, 18.Jg., Heft 12, S. 45-48, Dezember 1989.

Klepper, G. (1990)
Entry into the Market for Large Transport Aircraft, European Economic Review, Vol. 34, S. 775-703, 1990.

Klepper, G. (1994)
Industrial Policy in the Aircraft Industry, in: Krugman, P. and Smith, A. (eds.), Empirical Studies of Strategic Policy, Chicago: University of Chicago Press, 1994.

Klodt, H. (1989)
Technologietransfer und internationale Wettbewerbsfähigkeit, in: Institut für Weltwirtschaft an der Universität Kiel, Arbeitspapier Nr. 351, Kiel 1989.

Klodt, H. et al. (1989)
Weltwirtschaftlicher Strukturwandel und Standortwettbewerb, in: Kieler Studien, Siebert, H. (Hrsg.), Tübingen 1989.

Klodt, H. (1991)
Strategic Trade Policy and Multinational Enterprises, in: Kieler Arbeitspapiere, Institut für Weltwirtschaft, 492, 1991.

Klodt, H. (1992)
Theorie der strategischen Handelspolitik und neue Wachstumstheorie als Grundlage für eine Industrie- und Technologiepolitik, in: Kieler Arbeitspapiere, Nr. 533, Kiel 1992.

Klodt, H. et al. (1992)
Die Strukturpolitik der EG, in: Kieler Studien, Siebert, H. (Hrsg.), Tübingen 1992.

Klodt, H. (1993)
Rent Shifting, Industrial Policy and Multinatinal Enterprises, in: Meyer-Krahmer, F. (Hrsg.), Innovationsökonomik und Technologiepolitik. Forschungsansätze und politische Konsequenzen, S. 196-230, Heidelberg 1993.

Klodt, H. (1994)
Grundlagen der Forschungs- und Technologiepolitik, in: Institut für Weltwirtschaft an der Universität Kiel, Arbeitspapier Nr. 664, Kiel 1994.

Klodt, H. (1995)
Grundlagen der Forschungs- und Technologiepolitik, München 1995.

Klodt, H. (1996)
The German Innovation System: Conceptions, Institutions and Economic Efficiency, in: Institut für Weltwirtschaft an der Universität Kiel, Arbeitspapier Nr. 775, Kiel 1996.

Knieps, G. (2005)
Wettbewerbsökonomie, Berlin 2005.

Knitter, H. (1994)
Hochtechnologie – Sicherung des Industriestandortes Deutschland, in: Dokumente der LRI, Deutsche Aerospace, Ottobrunn 1994.

Knitter, H. (1996)
Fit für den Wettbewerb, in: Dokumente der LRI, Ottobrunn 1996.

Koelle, H. H. et al. (1970)
Welchen Nutzen hat das deutsche Weltraumprogramm? Zusammenfassung der Ergebnisse, Institut für raumfahrttechnik, Berlin 1970.

Koelle, H. H. et al. (1971)
Über den Nutzen der Weltraumforschung aus deutscher Sicht, Institut für Raumfahrttechnik, Berlin 1971.

Koordinator für die deutsche Luft- und Raumfahrt (2002)
Bericht zur Lage und Perspektiven der deutschen Luft- und Raumfahrt, Berlin 2002.

Kommission der europäischen Gemeinschaften (2003)
Ein kohärenter Rahmen für die Luft- und Raumfahrt – Reaktion auf den Bericht STAR 21, KOM (2003) 600, Brüssel 2003.

Köppen, M. (1989)
Stellungnahme der IG Metall zum Antrag und erteilung einer Ministererlaubnis für den Erwerb einer Daimler-Benz-Mehrheitsbeteiligung an MBB.

Köster, W. (1994)
Neue Wachstumstheorie und neue Außenhandelstheorie. Frische Argumente für eine staatliche Industriepolitik, in: WiSt, 23. Jg. (1994), S. 117-122.

Krakowski, M. (1989)
Gemeinwohlvorteile durch Großfusion?, in: Wirtschaftsdienst, 69. Jg., Heft 8, S. 368, 1989.

v. Kries, W. (1989)
Space technology „Spin-off"s in the Federal Republic of Germany, in: 40'th congress of the IAF, IAA-89-690.

Krishna, K. (1987)
High Tech Trade Policy, in: NBER Working Papers, 2182, Cambridge Mass., 1987.

Krück, C. P. (1993)
„Spin-off" aus der Raumfahrt – Empirische Befunde und Diskursstrategien, in: Technische Visionen – Politische Kompromisse. Geschichte und Perspektiven der deutschen Raumfahrt, Weyer, J. (Hrsg.), S. 285-314, Berlin 1993.

Krugman, P. R. (1984)
Import Protection as Export Promotion: International Competition in the Presence of Oligopoly and Economies of Scale, in: Kierzkowski, H. (Ed.), Monopolistic Competition and International Trade, Oxford 1984, S. 180-193.

Krugman, P. R. (1986)
New Thinking about Trade Policy, in: Krugman P. R. (Ed.), strategic Trade Policy and the New International Economics, Cambridge Mass. 1986, S. 1-22.

Krugman, P. R. (1990)
Rethinking International Trade, MIT Press, Cambridge 1990.

Krugman, P. R. / Obstfeld, M. (2004)
Internationale Wirtschaft – Theorie und Politik der Außenwirtschaft, München 2004.

Küchle, H. (2003)
Globalisierung in der Rüstungsindustrie – Formen und Auswirkungen aus den deutschen Standort und die Arbeitsplätze, Bonn International Center of Conversion, Bonn 2003.

Laffont, J. J (1988)
Fundamentals of Public Economics, The MIT Press, Cambridge 1988.

Lamparter, D. H. (1989)
Unternehmensführung, Großunternehmen: Je größer, desto träger, in: Management-Wissen, Heft 1, S. 22-27, 1989.

Lawrence, P. / Braddon, D. / Dowdall, P. (1999)
Strategic Issues in European Aerospace, Aldershot 1999.

Lawrence, P. K. (2001)
Aerospace Strategic Trade – How the U.S. subsidizes the large commercial aircraft industry, Aldershot 2001.

Leahy, D. / Neary, J. P. (1997)
R&D spillovers and the case for industrial policy in an open economy, in: Center for Economic Policy Research, Discussion Paper No. 1671, London 1997.

Linde, van der, C. (1992)
Deutsche Wettbewerbsvorteile, Düsseldorf 1992.

Linden, F. A. (1989)
Daimlers Start ins Abenteuer, in: Manager Magazin, 19. Jg., Heft 1, S. 30-40, 1989.

Lucas, R. (1988)
On the Mechanics of Economic Development, in: Journal of Monetary Economics, 1988.

Lutz, B. / Hartmann, M. / Hirsch-Kreinsen, H. (1996)
Produzieren im 21. Jahrhundert: Herausforderung für die deutsche Industrie, in: Veröffentlichungen aus dem Institut für Sozialwissenschaftliche Forschung e.V., IST, München 1996.

Lynn, M. (1997)
Birds of Prey – Boeing vs. Airbus: A Battle for the Skies, New York 1997.

Maennig, W. / Hölzer, K. (1999)
Zur aktuellen deutschen Förderung der Airbus-Industrie, in: Wirtschaftsdienst, Jg. 79, Heft 3, S. 191-200, 1999.

Markusen, J. R. / Melvin, J. R. / Kaempfer, W. H. / Maskus, K. E. (1995)
International Trade, McGraw-Hill, New York 1995.

Maselli, A. (1997)
„Spin-off"s zur Durchführung von Innovationen, eine Analyse aus institutionenökonomischer Sicht, Wiesbaden 1997.

Mason, E. S. (1957)
Economic Concentration and the Monopoly Problem, in: Harvard Economic Studies, Vol. 100, Cambrige, Mass. 1957.

Mathematica Inc. (1976)
Executive Summary: Quantifying the Economic Benefits to the National Economy from Secondary Applications of NASA Technology, Princeton, N.J. 1976.

Mathematica Inc. (1977)
A Cost-Benefit Analysis of Selected Technology Utilization Office Programs, Princeton, N.J., 1977.

McGuire, S. (1997)
Airbus Industrie: Conflict and Cooperation in US-EC Trade Relations, New-York 1996.

Meeks, G. (1977)
Disappointing Marriage: A Study of the Gains from Mergers, N.Y. 1977.

Meffert, H. / Wehrle, F. (1982)
Strategische Unternehmensplanung – Eine Bestandsaufnahme ausgewählter Grundprobleme, in: Arbeitspapier Nr. 4 der Wirtschaftlichen Gesellschaft für Marketing und Unternehmensführung e.V., Münster 1982.

Mehdorn, H. (1992)
Marktchancen für die europäische Flugzeugindustrie, in: Huttner/Riedel (Hrsg.), Probleme und Chancen der Luft- und Raumfahrt in der BRD, Berichte und Studien der Hans-Seidel-Stiftung e.V., S. 35-52, 1992.

Mehdorn, H. (1994a)
Chancen der deutschen Luft- und Raumfahrtindustrie im internationalen Wettbewerb, in: Göhner R. (Hrsg.), Expertenbeiträge zum Forum Luft- und Raumfahrt in Bonn am 17. Januar 1994, 68-75, Bonn 1994.

Mehdorn, H. (1994b)
Die deutsche Luftfahrtindustrie im Spannungsfeld zwischen internationalen Wettbewerb und politischen Rahmenbedingungen, in: Deutsche Aerospace, Dokumente der LRI, ,Ottobrunn 1994.

Mestmäcker, E.-J. (1981)
Kommentar zu § 24, in: Immenga, U./Mestmäcker, E.-J. (Hrsg.), Kommentar zum Gesetz gegen Wettbewerbsbeschränkungen, München 1981.

Midwest Research Institute (1971)
Economic Impact of Stimulated Technological Activity, Final Report-Summary, Washington DC 1971.

Monopolkommission (1975)
Wettbewerbliche und strukturelle Aspekte einer Zusammenfassung von Unternehmen im Energiebereich (VEBA/Gelsenberg), 2. Sondergutachten , Baden-Baden 1975.

Monopolkommission (1976)
1. Hauptgutachten 1974/1975, Mehr Wettbewerb möglich, Baden-Baden 1976.

Monopolkommission (1978)
3. Hauptgutachten 1976/1977, Fortschreitende Konzentration bei Großunternehmen, Baden-Baden 1978.

Monopolkommission (1985)
6. Hauptgutachten 1984/1985, Baden-Baden 1985.

Monopolkommission (1988)
7. Hauptgutachten 1986/1987, Die Wettbewerbsordnung erweitern, Baden-Baden 1988.

Monopolkommission (1989a)
17. Sondergutachten, Konzeption einer europäischen Fusionskontrolle, Baden-Baden 1989.

Monopolkommission (1989b)
18. Sondergutachten, Zusammenschlussvorhaben der Daimler-Benz AG mit der MBB GmbH, Baden-Baden 1989.

Monopolkommission (1990)
8. Hauptgutachten 1988/1989, Wettbewerbspolitik vor neuen Herausforderungen, Baden-Baden 1990.

Monopolkommission (1996)
11. Hauptgutachten 1994/1995, in Zeiten des Umbruchs, Baden-Baden 1996.

Müller, K. / Wange, G. (1989)
Wir wachsen in europäische Dimensionen, in: Flug Revue, Heft 2, S. 11-14, 1989.

Müller, U. R. (1997)
Nationale Forschungs- und Technologiekooperationen der DASA Airbus, in: Jahrbuch 1997 I der Deutschen Gesellschaft für Luft- und Raumfahrt (DGLR), S. 25-31, Hamburg 1997.

Niehans, J. (1995)
Geschichte der Außenwirtschaftsgeschichte im Überblick, Tübingen 1995.

Neumark, F. / Thalheim, K. C. / Hözler, H. (1976)
Wettbewerb, Konzentration und wirtschaftliche Macht, Festschrift für Helmut Arndt zum 65. Geburttag, Berlin 1976.

Neven, D. / Seabright, P. (1995)
European industrial policy: the Airbus case, in: Economic Policy, S. 313-358, Oxford 1995.

Oberender, P. (1989)
Marktökonomie: Marktstruktur und Wettbewerb in ausgewählten Branchen der Bundesrepublik Deutschland, München 1989.

Oberender, P. / Streit, M. E. (1991)
Marktwirtschaft und Innovation, Baden-Baden 1991.

Oberender, P. / Daumann, F. (1995)
Industriepolitik, München 1995.

Ochel, W. (1996)
Strategische Wirtschafts- und Technologiepolitik – Das Beispiel der Halbleiterindustrie, in: List Forum für Wirtschafts- und Finanzpolitik, Band 22, Heft 2, 1996.

OECD (1986)
Science and Technology Indicators, No. 2, Paris 1986.

OECD (1991)
Strategic Industries in a Global Economy: Policy Issues for the 1990s, Paris 1991.

OECD (1993)
Industrial Policy, Annual Review, Paris 1993.

OECD (1994)
Manufacturing Performance: A Scoreboard of Indicators, Paris 1994.

OECD (2003a)
STAN Indicators 1980-2002, Directorate for Science, Technology and Industry, Paris 2003.

OECD (2003b)
Structural Statistics for Industry and Services 1993-2000, vol. I, no. 769, pp. 1-543, Paris 2003.

OECD (2005)
Research and Development Expenditure in Industry, Paris 2005.

OECD (2005)
The STAN database for industrial analysis, Paris 2005.

Olten, R. (1995)
Wettbewerbstheorie und Wettbewerbspolitik, München 1995.

Oppenländer, K. H. (1994)
Wachstums- und Industriepolitik bei Vergrößerung des Wirtschaftsraumes, in: Gahlen, B./Ramser, J. (Hrsg.), Europäische Integrationsprobleme aus wirtschaftswissenschaftlicher Sicht, Tübingen 1994.

o.V. (1987)
Luftkampf um Milliarden, in: Wirtschaftswoche, Heft 29, S. 14-15, 1987.

o.V. (1988a)
Weltrangliste, in: FORTUNE, S. 10-15, 1. August 1988.

o.V. (1988b)
Rangliste Europa, in: Handelsblatt, S. 35-42, 27.Juli 1988.

o.V. (1988c)
Daimler-Benz: Come fly with me, in: The Economist, Vol. 309, Iss. 7576, 12-18 November, S. 83-84, 1988.

o.V. (1988d)
Große Anfrage der Abgeordneten Frau Vennegerts, Sellin, Hass und der Fraktion die Grünen zur Beteiligung von Daimler-Benz an Messerschmitt-Bölkow-Blohm -I-, in: Bundestagsdrucksache 11/3397, 1988.

o.V. (1988d)
Antwort der Bundesregierung auf die Anfrage der Abgeordneten Frau Vennegerts, Sellin, Hass und der Fraktion die Grünen zur Beteiligung von Daimler-Benz an Messerschmitt-Bölkow-Blohm, in: Bundesdrucksache 11/3397, 1988.

o.V. (1988e)
Große Anfrage der Abgeordneten Frau Vennegerts, Sellin, Hass und der Fraktion die Grünen zur Beteiligung von Daimler-Benz an Messerschmitt-Bölkow-Blohm -II-, in: Bundestagsdrucksache 11/3398, 1988.

o.V. (1989a)
Monopolkommission empfiehlt Ministererlaubnis für Daimler-MBB unter Auflagen, in: WuW, Heft9, S. 694, 1989.

o.V. (1989b)
Ministererlaubnis für Zusammenschluss Daimler-MBB, in: WuW, Heft 10, S. 803-807, 1989.

o.V. (1989c)
Ministererlaubnis eines Zusammenschlusses mit erheblichen Auswirkungen auf Märkte für Rüstungsgüter, in: WuW, Heft 11, S. 947-962, 1989.

o.V. (1989d)
Ready for Take-off, in: Industriemagazin, 23. Jg.,Heft 1, S. 26-35, Januar 1989.

o.V. (1989e)
Die Zeit läuft für uns, in: Industriemagazin, 23. Jg., Heft 7, S. 50-55, Juli 1989.

o.V. (1989f)
Gesamtwirtschaftliche Vorteile überwiegen – Fusion Daimler/MBB schafft internationale Dimensionen, in: SZ, Nr. 207, S. 35, 9./10. September 1989.

o.V. (1989g)
Keine „Ausverkaufslösung" für ausgegliederte Unternehmensteile, in: HB, 11.10.1989.

o.V. (1989h)
Hansestädte wollen Fusion Daimler/MBB noch nicht unterschreiben, in: FAZ 10.11.1989.

o.V. (1989i)
Küstenländer verlangen alleinige Systemführerschaft für den Airbus, in: Welt der Wirtschaft, 11.10.1989.

o.V. (1989j)
Daimler-Benz fordert umgehende Vertragsunterzeichnung, in: FAZ, 12.10.1989.

o.V. (1989k)
Daimler soll auf Wehrtechnik verzichten, in: Stuttgarter Zeitung, 3.8.1989.

o.V. (1989l)
Die Deutsche Bank soll sich von Daimler trennen, in: FAZ, 3.8.1989.

o.V. (1989m)
Daimler-Vorstand Schrempp: Nur korrumpierbare öffentliche Institutionen wären manipulierbar, in: HB, Nr. 162, S.4, 23.8.1989.

o.V. (1989n)
Die Fusion mit MBB macht Daimler zum Rüstungs-Giganten, in: Unternehmer, Heft 17, S. 8-10, 1989.

o.V. (1990)
Diversifikation bei Daimler: Systemführer ohne System, in: Unternehmer, Heft 4, S. 26, 1990.

o.V. (1991a)
Daimlers neue Aerospace, in: Die Welt, S. 9, 25. Oktober 1991.

o.V. (1991b)
DASA überlegt tiefgreifende Strukturänderungen, in: Pressespiegel, Reuters Monitor, 24.10.1991.

o.V. (1991c)
DASA vor schwieriger Phase, in: dpa-Zusammenfassung, S. 1, 17.12.1991.

o.V. (1992)
Argumente für und wieder die Raumfahrt, in: Zeitschrift „Ethik und Sozialwissenschaft", Heft 4, 1992.

o.V. (1993)
Internationale Partnerschaften steigern die Wettbewerbsfähigkeit, in: Beschaffung Aktuell, Heft 10, S. 32-35, 1993.

o.V. (1995)
Daimler-Benz Aerospace AG im Rückblick, Daimler-Benz Aerospace, München Juni1995.

o.V. (1996)
FORTNE's global 500 / The world's largest corporations, in: FORTUNE, S. F-1-,%. August 1996.

o.V. (1997a)
Der Daimler-Aufsichtsrat beschließt den Umbau des Konzerns, in: FAZ, Vr. 20, S. 20, 25 Januar 1997.

o.V. (1997b)
Europäisierung der Luft-, Raumfahrt- und Verteidigungsindustrie, in: Daimler-Benz Aerospace, Außenbeziehungen, Vorstandspapier, Ottobrunn Juli 1997.

o.V. (1997c)
Daimler-Benz, in: Hoppenstedt Verlag Konzerne in Schaubildern, S. VK 101/1-101/16, Darmstadt 1997.

o.V. (1997d)
DASA, in: Hoppenstedt Verlag Konzerne in Schaubildern, S. VK 119/1-119/12, Darmstadt 1997.

o.V. (1997e)
Industrieverbund legt Rezept für europäischen Luftfahrtkonzern vor, in: FAZ, Nr. 246, S. 25, Donnerstag 23 Oktober 1997.

o.V. (1997f)
DASA und Lagadere planen drittgrößten Raumfahrtkonzern der Welt, in: FAZ, Nr. 2, S. 13-15, 10. Mai 1997.

o.V. (1997g)
The European Aerospace Industry – Meeting the Global Challenge, Communication from the Commission to the Council and the European Parliament, Brussels, September 1997.

o.V. (1998a)
Airbus will Anfang des neuen Jahrhunderts 50 Prozent Marktanteil, in: FAZ, Nr. 116, S. 22, 20. Mai 1998.

o.V. (1998b)
Airbus hat bis April 216 Aufträge erhalten, in: FAZ, Nr. 122, S. 26, Donnerstag 28 Mai 1998.

o.V. (1998c)
Ein kleiner Airbus für jeden Außenminister, in: FAZ, Nr. 119, S. 19, Montag 25. Mai 1998.

o.V. (1998d)
Boing schließt trotz praller Auftragsbücher mit Verlust ab, in: FAZ, Nr. 24, S. 15, Donnerstag 29. Januar 1998.

o.V. (2003)
Agenda: Boeing am Boden, in: FTD.de, 02.12.03.

o.V. (2004a)
Zweikampf zwischen Airbus und Boeing wird schärfer, in: FAZ, Nr. 166, S. 15, Dienstag 20. Juli 2004.

o.V. (2004b)
„Neuordnung“ der europäischen Rüstungsindustrie, in: Redaktion Information zur Deutschen Außenpolitik, Köln 2004.

o.V. (2004c)
Die hundert größten Unternehmen, Sonderbeilage der FAZ vom 6. Juli 2004, Nr. 154, S. U1-U8.

o.V. (2005)
Die Auflösung der Daimler-Beteiligung der Deutschen Bank schreitet voran, in: FAZ, Nr.174, S. 16, Freitag 29. Juli 2005.

o.V. (2006)
China plant eigene Großflugzeuge, in: FAZ, Nr. 6, S. 15, Samstag 7. Januar 2006.

o.V. (2006)
Airbus rationalisiert Produktion, in: FAZ, Nr. 228, S. 17, Samstag 30. September 2006.

o.V. (2006)
Daimler-Chef gegen Staatsbeteiligung an EADS, Nr. 244, S. 13, Freitag 20.Oktober 2006.

Paulsen, E. (1989)
Strategische Handelspolitik und hochtechnologische Industrien, Dissertation, Giessen, 1989.

Pfähler, W. / Bönte, W. (1996)
F&E-Spillovers und staatliche F&E-Politik. Zur theoretischen und empirischen Fundierung der F&E-Politik in Deutschland, in: Aktuelle Probleme der Wettbewerbs- und Wirtschaftspolitik, S. 59-83, 1996.

Piller, W. (1994)
Die strategische Bedeutung der deutschen Luft- und Raumfahrtindustrie für den Standort Deutschland, in: Göhner, R. (Hrsg.), Expertenbeiträge zum Forum Luft- und Raumfahrt in Bonn am 17. Januar 1994, S. 8-17, Bonn 1994.

Piller, W. (1994)
Die strategische Bedeutung der deutschen Luft- und Raumfahrtindustrie für den Standort Deutschland, in: Deutsche Aerospace, Dokumente der LRI, Ottobrunn 1994.

Piller, W. (1995)
Industrielle und technologische Voraussetzungen für die außen- und sicherheitspolitische Handlungsfähigkeit Europas, in: Deutsche Aerospace, Dokumente der LRI, Ottobrunn 1995.

Porter, M. E. (1992)
Wettbewerbsstrategie: Methoden zur Analyse von Branchen und Konkurrenten, 7. Auflage, Frankfurt 1992.

Prem, H. / Würfel, M. (1992)
Technologie-“Spin-off“ der deutschen Luft- und Raumfahrtindustrie, in: Deutsche Aerospace, OTN-Berichtsstelle, Ottobrunn 1992.

Rädler, A. / Pöllath, R. (1982)
Handbuch der Unternehmensakquisition, Frankfurt am Main 1982.

Reinking, G. (2005)
Exklusiv: DaimlerChrysler hält an EADS fest, in: FTD vom 04.03.2005, S. 8, Hamburg 2005.

Reißer, S. (1992)
Synergiemanagement und Akquisitionserfolg, Gießen 1992.

Reuter, E. (1998)
Schein und Wirklichkeit, Berlin 1998.

Revuelta, A. (1999)
The European Response to Globolization, in: Lawrence / Braddon / Dowdall (eds.), Strategic Issueas in European Aerospace, S. 91-98, 1999.

Riedl, E. (1988)
Die Daimler-Benz/MBB-Fusion: ein wirtschaftspolitischer Sündenfall, in: Wirtschaftsdienst, 68. Jg., Heft 12, S. 599-605, 1988.

Riedl, E. (1992)
Die Luft- und Raumfahrtpolitik der Bundesregierung: Chancen und Perspektiven, in: Huttner/Riedl (Hrsg.), Probleme und Chancen der Luft- und Raumfahrt in der BRD, Berichte und Studien der Hans-Seidel-Stiftung e.V., S. 11-19, 1992.

Romer, P. (1986)
Increasing Returns and Long-Run Growth, in: Journal of Political Economy, 1986.

Rosenthal, F. (1993)
Die nationale LRI: Aspekte staatl. Engagements in Hochtechnologie-Branchen, Frankfurt/Main 1993.

Rotering, C. (1990)
Forschung- und Entwicklungskooperationen zwischen Unternehmen, Stuttgart 1990.

Rouse, D. J. et al. (1989)
NASA Spin offs to Bioengineering and medicine, in: 40'th Congess of the IAF, 1989.

Rüdiger, M. (1998)
Theoretische Grundmodelle zur Erklärung von F&E-Kooperationen, in: Zeitschrift für Betriebswirtschaft, 68. Jg., Heft 1, S. 25-48, 1998.

Rumelt, R. (1979)
Evaluation of strategy: theory and models, in: Schendel, D./Hofer, C. (eds.), „Strategic Management: A view of Business Policy and Planning", p. 196-212, Little Brown, Boston Mass. 1979.

Salecker, J. (1995)
Der Kommunikationsauftrag von Unternehmen bei Mergers & Acquisitions, Duisburg 1995.

Salot, Marion (2006)
Konkurrenz und Kooperation in Hightech-Branchen – Das Beispiel der internationalen Flugzeugbauindustrie, Bremen 2006.

Sauernheimer, K. (1994)
Die Grundgedanken der Theorie der Strategischen Handelspolitik, in: Hamburger Jahrbuch für Wirtschafts- und Gesellschaftspolitik, 39. Jg., S. 375-394, 1994.

Schaub, A. (1994)
Chancen der deutschen Luft- und raumfahrtindustrie im internationalen Wettbewerb, in: Göhner, R. (Hrsg.), Expertenbeiträge zum Forum Luft- und Raumfahrt in Bonn am 17. Januar 1994, Bonn 1994.

Schirmeister, C. (1989)
Machtpositionen in den EG als Ziel – Zum geplanten Zusammenschluss Daimler-MBB.

Schmidt, A. (1997)
Flugzeughersteller zwischen globalem Wettbewerb und internationaler Kooperation, Berlin, 1997.

Schmidt, A. (1998)
Ordnungspolitische Perspektiven der europäischen Integration im Spannungsfeld von Wettbewerbs- und Industriepolitik, Frankfurt am Main, 1998.

Schmitz, W. (1989a)
Daimler/MBB: Stein des Anstoßes, in: Wirtschaftswoche, Heft 17, S. 184-186, 1989.

Schmitz, W. (1989b)
Daimler/MBB: Vorteil und Nachteil, in: Wirtschaftswoche, Heft 24, S. 128-130, 1989.

Schmitz, W. (1989c)
Daimler/MBB: Das große Aufräumen, in: Wirtschaftswoche, Heft 48, ,S.167-168, 1989.

Schmitz, W. (1989d)
Rüstung: Fusion Daimler-Benz/MBB, in: Wirtschaftswoche, Heft 44, S. 160-165, 1989.

Schmitz, W. / Göppert, K. (1989)
Daimler/MBB: Der letzte Poker, in: Wirtschaftswoche, Heft 82, S. 217-220, 1989.

Schmitz, W. / Viehöver, U. (1989)
Daimler-Benz: Ein hartes Stück Arbeit, in: Wirtschaftswoche, Heft 32, S. 46-55, 1989.

Schmoch, U. et al. (1990)
Analysis of technical „Spin-off" effects of space-related R&D by means of patent indicators, in: 41'st congress of the IAF, IAA-90-610.

Schmoch, U. / Kirsch, N. (1992)
Analyse der Raumfahrtforschung und ihrer technischen Ausstrahleffekte mit Hilfe von Patentindikatoren, in: Frauenhofer Gesellschaft - Institut für Systemtechnik und Innovationsforschung, Karlsruhe 1992.

Schmoch, U. (1993)
Analyse von „Spin-off"s der Raumfahrtforschung mit Hilfe von Patentindikatoren, in: Weyer, J. (Hrsg.), Technische Visionen – politische Kompromisse. Geschichte und Perspektiven der deutschen Raumfahrt, S. 255-284, Berlin 1993.

Schrader, K. (1993)
Eine ökonomische Bewertung der bemannten Raumfahrt, in: Weyer, J. (Hrsg.), Technische Visionen – politische Kompromisse. Geschichte und Perspektiven der deutschen Raumfahrt, S. 237-253, Berlin 1993.

Schrempp, J. E. (1992)
Die Luft- und Raumfahrtindustrie in der Bundesrepublik Deutschland – Zielvorstellungen der neustrukturierten Luft- und Raumfahrtindustrie, in: Huttner/Riedl (Hrsg.), Probleme und Chancen der Luft- und Raumfahrt in der BRD, Berichte und Studien der Hans-Seidel-Stiftung e.V., S. 19-31, 1992.

Schrempp, J. E. (1994)
Industriepolitik in der Luft- und Raumfahrtindustrie, in: Industriepolitik im Widerstreit mit der Wettbewerbspolitik, S. 23-35, Ottobrunn 1994.

Schubert, C. (2005)
Airbus aus China, in: FAZ, Nr. 288 vom 10.12.2005, S.11, 2005.

Schütz, J. (1997)
Die Monopolkommission und die GWB-Reform, in: WuW, Heft 9, S. 689-699, 1997.

Schulte-Hillen (1974)
Die Luft- und Raumfahrtpolitik der Bundesrepublik Deutschland, Göttingen 1974.

Schulte-Hillen (1989)
„Spin-off"s der Raumfahrt: Ihre Auswirkungen auf Firmenstrategien und Märkte in der Bundesrepublik Deutschland, in: Forschungsauftrag Nr. 20/88 des Bundesministeriums für Wirtschaft / Koordinator für die deutsche Luft- und Raumfahrtindustrie, Köln 1989.

Schwarz, A. (1994)
Chancen der deutschen Luft- und Raumfahrtindustrie im internationalen Wettbewerb, in: Göhner, R. (Hrsg.), Expertenbeiträge zum Forum Luft- und Raumfahrt in Bonn am 17. Januar 1994, Bonn 1994.

Seidel, G. R. (1995)
Kritische Erfolgsfaktoren bei Unternehmensübernahmen, Wiesbaden 1995.

Sieben, G. / Stein, H.-G. (1992)
Unternehmensakquisition – Strategien und Abwehrstrategien, Frankfurt/Main 1992.

Siebert, H. (1988)
Strategische Handelspolitik. Theoretische Ansätze und wirtschaftspolitische Empfehlungen, in: Außenwirtschaft, 43. Jg., S. 549-584, 1988.

Siemer, S. (1991)
Diversifikation mit Venture Management, Berlin 1991.

Simons, J. (1997)
Industriepolitik: Theorie, Praxis, politische Kommunikation, Stuttgart 1997.

Sörgel, A. (1986)
Daimler-Benz: Der Multi im Musterländle, Bremen 1986.

Sontheimer, B. (1989)
Die Marktanalyse als Basis der externen Diversifikationsentscheidung, München 1989.

Spencer, B. J. (1986)
What Should Trade Policy Target? in: Kugman, P. R. (Ed.), Strategic Trade Policy and the New International Economics, S. 69-91, The MIT Press, Cambridge Mass. 1986.

Spencer, B. J. / Brander J. A. (1983)
International R&D Rivalry and Industrial Strategy, Review of Economic Studies, Volume 50, S. 707-722, 1983.

Spielberger, K. (1996)
Kauf von Krisenunternehmen: Bewertung und Übernahmetechnik, Wiesbaden 1996.

Statistisches Bundesamt (2005)
Volkswirtschaftliche Gesamtrechnung, Revidierte Jahresergebnisse 1991 bis 2004, Fachserie 18, Reihe S. 26, Wiesbaden 2005.

Statistisches Bundesamt (2004)
Produzierendes Gewerbe, Fachserie 4, Reihe 4.1.1, Beschäftigung, Umsatz und Energieversorgung der Unternehmen und Betriebe im Bergbau und Verarbeitenden Gewerbe, 2004.

Stegemann, K. (1988)
Wirtschaftspolitische Rivalität zwischen Industriestaaten: Neue Erkenntnisse durch Modelle strategischer Handelspolitik, in: Streit, E. S. (Hrsg.), Wirtschaftspolitik zwischen ökonomischer und politischer Rationalität, S. 3-26, Wiesbaden 1988.

Steger, U. (1993)
Industriepolitik: Eine Antwort auf die japanische Herausforderung, Frankfurt/Main 1993.

Stegemann, K. (1988)
Wirtschaftspolitische Rivalität zwischen Industriestaaten: Neue Erkenntnisse durch Modelle strategischer Handelspolitik?, in: Streit, M. E. (Hrsg.), Wirtschaftspolitik zwischen ökonomischer und politischer Rationalität, S. 3-25, Wiesbaden 1988.

Stein, Matthias (1993)
Die Management-Holding-Analyse eines Struktur- und Führungskonzeptes, Bamberg 1993.

Steltzner, Holger (2006)
Airbus – Ein Politikum, in: FAZ, Nr. 233, S. 11, Samstag 7. Oktober 2006.

Sterck, W. R. (1995)
Außenhandel mit Hochtechnologieprodukten, in: Gutachten des ifo-Instituts für das Statistische Amt der Europäischen Union, München 1995.

Stern, R. M. (1987)
U.S. Trade Policies in a Changing World Economy, Cambrige/Mass. and London 1987.

Stifterverband für die deutsche Wissenschaft (1996)
Forschung und Entwicklung in der Wirtschaft 1993, Essen 1996.

Storck, J. (1993)
Mergers&Acquisitions – Marktentwicklung und bankpolitische Konsequenzen, Wiesbaden, 1993.

Sterck, W. R. (1994)
Marktpotentiale neuer Werkstoffe, in: ifo-Studien zur Industriewirtschaft, München 1994.

Sterck, W. R. (1995)
Außenhandel mit Hochtechnologieprodukten, in: Gutachten des ifo-Instituts für das Strategische Amt der Europäischen Union, München 1995.

Streit, M. E. (1988)
Wirtschaftspolitik zwischen ökonomischer und politischer Rationalität, Wiesbaden 1988.

Süß, W. / Becher, G. (1993)
Politik und Technologieentwicklung. Analysen ökonomisch-technischer und politischer Vermittlungen im Prozess der europäischen Integration, Berlin 1993.

Teltschik, H. (1994)
Perspektiven der deutschen Automobilindustrie, in: Veränderte Arbeitsteilung in Europa – Brauchen wir eine Industriepolitik, Baden-Baden 1994.

Templeman, J. / Maremont, M. (1989)
The Even-Bigger Shadow Daimler Could Cost, in: Business Week, No. 3100-430, p. 22-23, May 22, 1989.

Theis, G. (1992)
Neue Konzernstrategien und einheitliche Leitung im faktischen Konzern, Stuttgart, 1992.

Tirmann, J.
The Defense-Economy Debate, in: Tirman, J. (Hrsg.), The Militarization of High Technology, Cambridge/Mass., 1984.

Tirole, J. (1999)
Industrieökonomik, München 1999.

Todd, D. / Simpson, J. (1986)
The World Aircraft Industry, London 1986.

Tolksdorf, M. (1994)
Dynamischer Wettbewerb, Wiesbaden 1994.

Traub, H.-P. (1990)
Per Staatsticket durch die Galaxis, in: Management-Wissen, S. 46-49, 9/1990.

Trein, W. J. (1995)
Wirtschaftsordnung, Unternehmensorganisation und internationale Wettbewerbsfähigkeit, Ein integrativer Ansatz – Dargestellt am Beispiel der Automobilindustrie, Frankfurt am Main, 1995.

Tyson, Laura D'Andrea (1993)
Trade Conflict in High-Technology Industries, Institute for International Economics, Washington DC, 1993.

Ulrich, Albert (1989)
Die Nutzung und der Nutzen militärischer F&E-Ergebnisse für zivile Anwendungen, Köln 1989.

U.S. Air Force (1972)
R&D Contributions to Aviation Progress – Executive Summary -, Washington D.C., 1972.

Varain, H. R. (2004)
Grundzüge der Mikroökonomik, 6. Auflage, München 2004.

Vayle, Richard (1991)
Collision Course in Commercial Aircraft: Boeing-Airbus-McDonnell Douglas, Harvard Business School Case Nr. 9-391-106, Harvard College, Boston 1991.

Viehöver, U. (1989)
Mischkonzerne: Gefährliches Potpouri, in: Wirtschaftswoche, 43. Jg., Heft 20, S. 54-60, 1989.

Waldecker, P. (1995)
Strategische Alternativen in der Unternehmensentwicklung: Interne Entwicklung und Unternehmensakquisition, Fankfurt am Main, 1995.

Walz, U. (1992)
Oligopolistischer Wettbewerb und internationaler Handel – Eine Analyse ausgewählter positiver und normativer Aspekte, Tübingen 1992.

Watter, R. (1990)
Unternehmensübernahmen, Zürich 1990.

Weber, E. (1991)
Berücksichtigung von Synergieeffekten bei der Unternehmensbewertung, in: Baetge, J. (Hrsg.), Akquisition und Unternehmensbewertung, Düsseldorf 1991.

Weckwerth, M. (1998)
Die Handlungsfähigkeit des Staates vor dem Hintergrund der Internationalisierung von Unternehmen, Frankfurt am Main 1998.

Welzel, P. (1991)
Strategische Handelpolitik – Nationale Anreize und internationale Koordinationsaufgaben, Dissertation, Heidelberg 1991.

Welzel, P. (1998)
Das Argument der strategischen Handelspolitik – was ist geblieben?, Diskussionsbeitrag Nr. 172, Institut für Volkswirtschaftslehre, Universität Augsburg 1998.

Weyer, J. (1993)
Technische Visionen – Politische Kompromisse, Berlin 1993.

Wieandt, A. (1994)
Die Entstehung, Entwicklung und Zerstörung von Märkten durch Innovation, Ulm 1994.

Wieland, B. /Mahmood, T. /Röller, L.-H. (1998)
Situation und Perspektiven der deutschen Raumfahrtindustrie – Eine ordnungspolitische Analyse, DIW, Beiträge zur Strukturforschung, Heft 172, Berlin 1998.

Wild, W. (1992)
Europäische und Transatlantische Perspektiven der Raumfahrt, in: Huttner/Riedl (Hrsg.), Probleme und Chancen der Luft- und Raumfahrt in der BRD, Berichte und Studien der Hans-SeidelStiftung e.V., S. 127-138, 1992.

Winter, H. (1994)
Interdependenzen zwischen Industriepolitik und Handelspolitik der europäischen Gemeinschaften, Baden-Baden 1994.

Wintermann, J. H. (1989)
Daimler/MBB: Konfrontation, in: Wertpapiere, Heft 1, S. 80, 1989.

Wong, K. (1995)
International Trade in Goods and Factor Mobility, MIT Press, Cambridge, 1995.

Yilin, Z. / Guirong, M. (1992)
„Spin-off“ from space technology in China, in: 43‘d congress of the IAF, IAA-92-0180.

Zimmermann, T. A. (1998)
Strategische Handelspolitik in der Flugzeugindustrie im Lichte des GATT/WTO-Regims – unter Berücksichtigung des Airbus Projekts, St. Gallen, 1998.

Zoern, A. (1994)
Motive für nationale Unternehmensakquisitionen deutscher und englischer Unternehmen, München 1994.

Zohlnhöfer, W. / Greiffenberg, H. (1981)
Neuere Entwicklungen in der Wettbewerbstheorie. Die Berücksichtigung organisationsstruktureller Aspekte, in: Cox, H./Jens, U. (Hrsg.), Handbuch des Wettbewerbs, S. 79-101, München 1981.

Anhang

Tabelle A-1: **Die Luft- und Raumfahrtindustrie im Rahmen des Verarbeitenden Gewerbes**[1]

Jahr	Umsatz nominal		Auslandsumsatz nominal		Exportquote[a)]		Bruttowertschöpfung[b)] nominal		Wertschöpfungsquote[c)] nominal	
	Mrd. €	Anteil an VGe (%)	Mrd. €	Anteil an VGe (%)	%	VGe = 100	Mrd. €	Anteil an VGe (%)	%	VGe = 100
1980	3,98	0,66	1,37	0,93	34,3	140,4	1,58	0,75	39,7	113,1
1981	4,55	0,72	1,75	1,06	38,5	146,5	2,05	0,97	45,0	133,7
1982	5,34	0,83	2,36	1,34	44,2	161,1	2,13	0,99	39,9	118,8
1983	4,68	0,71	2,43	1,35	51,9	189,3	2,07	0,92	44,1	129,2
1984	4,68	0,67	2,55	1,25	54,5	187,0	2,26	0,96	48,2	143,6
1985	5,06	0,67	2,76	1,22	54,6	181,9	2,36	0,93	46,7	138,6
1986	4,89	0,66	2,75	1,24	56,2	186,6	2,45	0,90	50,1	135,4
1987	5,61	0,75	2,99	1,33	53,3	177,1	2,87	1,02	51,1	135,1
1988	5,61	0,71	3,29	1,35	58,6	190,4	2,98	1,00	53,1	140,5
1989	7,80	0,91	4,32	1,61	55,3	177,3	3,21	1,01	41,1	110,6
1990	8,67	0,94	4,69	1,73	54,2	183,6	3,43	1,00	39,6	105,9
1991	9,08	0,92	5,36	2,01	59,1	217,8	3,49	0,96	38,4	103,6
1992	8,19	0,83	4,68	1,75	57,2	211,3	3,37	0,90	41,2	108,4
1993	7,84	0,86	4,79	1,92	61,0	224,2	3,03	0,86	38,6	101,1
1994	8,03	0,85	5,04	1,86	62,8	218,5	2,94	0,81	36,6	94,9
1995	7,05	0,66	3,99	1,33	56,7	199,7	2,79	0,74	39,6	110,9
1996	8,19	0,77	4,54	1,44	55,4	186,5	3,31	0,88	40,4	114,1
1997	10,4	0,93	6,34	1,78	61,0	191,2	3,88	1,00	37,3	107,1
1998	11,2	0,97	6,64	1,72	59,2	178,3	4,61	1,14	41,1	118,2
1999	13,1	1,10	8,02	1,96	61,0	178,6	5,61	1,39	42,7	126,3
2000	14,7	1,12	9,34	1,97	63,7	175,6	5,81	1,36	39,6	121,5

Zuordnung der Daten nach Betrieben. VGe = Verarbeitendes Gewerbe
a) Anteil des Auslandsumsatzes am Umsatz insgesamt. – b) Werte von 1980-1994 ermittelt aus dem Bruttowertschöpfungsvolumen nach Angaben des DIW und inflationiert mit dem Deflator für die Bruttowertschöpfung aus der VGR; ab 1995 Angaben des Stat. BA. – c) Anteil der Bruttowertschöpfung am Umsatz.

1 Quelle: Statistisches Bundesamt (2004), Fachserie 4, Reihe 4.1.1; Deutsches Institut für Wirtschaftsforschung, Produktionsvolumen und -potential, Produktionsfaktoren des Bergbaus und des Verarbeitenden Gewerbes, 37. Folge, Berlin 2004.

Tabelle A-2: **Die Luft- und Raumfahrtindustrie im Rahmen des Verarbeitenden Gewerbes**[1]

Jahr	Bruttowertschöpfung in Preisen von 2000		Beschäftigte		Beschäftigtenstunden		Beschäftigtenproduktivität[a)]		Arbeitsproduktivität[b)]	
	Mrd. €	Anteil an VGe (%)	1.000	Anteil an VGe (%)	Mio. Stunden	Anteil an VGe (%)	1.000 €/ Person	VGe = 100	€/Stunde	VGe = 100
1980	1,15	0,88	61,1	0,82	100,8	0,79	18,8	110,9	11,41	110,9
1981	1,55	1,11	64,2	0,88	104,3	0,85	24,2	130,3	14,89	130,3
1982	1,61	1,07	63,7	0,90	103,9	0,89	25,2	120,0	15,46	120,0
1983	1,57	0,97	61,6	0,91	98,9	0,88	25,5	110,2	15,86	110,2
1984	1,70	0,98	59,9	0,89	94,3	0,84	28,3	116,4	18,01	116,4
1985	1,78	0,93	63,8	0,94	100,0	0,88	27,9	105,7	17,79	105,7
1986	1,69	0,83	69,1	1,00	108,6	0,95	24,5	87,0	15,58	87,0
1987	1,93	0,91	69,0	1,00	107,3	0,95	27,9	95,7	17,96	95,7
1988	2,01	0,88	69,8	1,01	107,5	0,95	28,8	93,0	18,69	93,0
1989	2,24	0,90	74,8	1,06	115,3	1,02	29,9	88,0	19,39	88,0
1990	2,43	0,88	77,8	1,07	116,8	1,01	31,3	87,1	20,82	87,1
1991	2,50	0,78	78,1	1,06	114,6	0,99	32,0	78,8	21,82	78,8
1992	2,48	0,74	76,3	1,06	103,8	0,92	32,6	80,3	23,93	80,3
1993	2,36	0,72	71,8	1,08	93,1	0,92	32,5	78,7	25,31	78,7
1994	2,34	0,67	66,2	1,06	89,2	0,92	34,9	69,4	25,84	80,9
1995	2,62	0,74	62,8	0,93	90,9	0,85	41,7	79,6	28,81	86,5
1996	3,15	0,88	59,0	0,90	88,6	0,87	53,5	97,1	35,59	100,6
1997	3,77	1,00	58,5	0,93	87,3	0,89	64,4	107,6	43,16	112,7
1998	4,52	1,14	59,9	0,94	90,4	0,90	75,4	122,0	49,95	127,4
1999	5,53	1,39	63,3	0,98	93,4	0,94	87,4	141,0	59,22	148,1
2000	5,81	1,36	65,9	1,01	96,2	0,96	88,2	134,9	60,38	141,6

Zuordnung der Daten nach Betrieben. VGe = Verarbeitendes Gewerbe
a) Bruttowertschöpfung (in Preisen von 2000) pro Beschäftigten. – b) Bruttowertschöpfung (in Preisen von 2000) pro Beschäftigtenstunde.

1 Quelle: Statistisches Bundesamt (2004), Fachserie 4, Reihe 4.1.1; Deutsches Institut für Wirtschaftsforschung, Produktionsvolumen und -potential, Produktionsfaktoren des Bergbaus und des Verarbeitenden Gewerbes, 37. Folge, Berlin 2004.

Tabelle A-3: **Die Luft- und Raumfahrtindustrie im Rahmen des Verarbeitenden Gewerbes[1]**

Jahr	Lohn und Gehaltssumme		Durchschnittsverdienst[a)]		Stundenverdienst[b)]		Angestelltenanteil[c)]		Durchschnittliche Jahresarbeitszeit[d)]	
	Mrd. €	Anteil an VGe (%)	1.000 €/ Person	VGe = 100	€/ Stunde	VGe = 100	%	VGe = 100	Stunden	VGe = 100
1980	1,31	1,03	21,5	125,9	13,04	129,6	51,9	174,9	1649	97,1
1981	1,49	1,13	23,2	128,5	14,27	132,2	52,0	170,6	1626	97,4
1982	1,52	1,14	23,8	126,6	14,62	128,9	52,6	168,7	1630	98,3
1983	1,53	1,15	24,8	126,7	15,46	131,9	53,2	168,0	1605	96,0
1984	1,56	1,15	26,0	128,2	16,54	136,5	54,1	170,5	1573	93,9
1985	1,74	1,21	27,3	128,9	17,38	137,0	54,2	171,3	1566	94,0
1986	1,96	1,29	28,4	129,0	18,08	135,5	54,6	171,9	1573	95,3
1987	2,02	1,28	29,2	128,4	18,82	134,4	54,8	169,8	1555	95,5
1988	2,12	1,29	30,3	128,1	19,69	135,5	55,0	168,9	1539	94,6
1989	2,32	1,34	31,0	126,2	20,09	132,3	56,0	172,0	1542	94,7
1990	2,55	1,37	32,8	127,5	21,84	135,5	56,6	174,2	1502	94,1
1991	2,72	1,36	34,8	127,9	23,73	137,0	56,2	171,7	1468	93,3
1992	2,87	1,38	37,6	130,2	27,64	150,1	56,5	168,0	1361	86,7
1993	2,79	1,41	38,9	130,6	29,99	153,8	57,1	163,5	1296	84,9
1994	2,66	1,39	39,7	130,4	29,37	150,9	57,3	161,3	1347	86,3
1995	2,56	1,21	40,7	130,2	28,12	141,7	57,1	160,9	1448	92,0
1996	2,46	1,17	41,7	129,2	27,75	133,8	54,7	151,6	1502	96,5
1997	2,52	1,22	43,1	131,4	28,87	137,6	53,6	147,7	1493	95,6
1998	2,61	1,22	43,5	130,9	28,83	136,8	52,5	145,0	1509	95,7
1999	2,80	1,30	44,2	132,1	29,94	138,8	52,5	145,5	1477	94,2
2000	3,02	1,36	45,8	134,9	31,35	141,6	52,7	145,2	1461	93,2

Zuordnung der Daten nach Betrieben. VGe = Verarbeitendes Gewerbe
a) Lohn und Gehalt je Beschäftigten pro Jahr. – b) Lohn und Gehalt je Beschäftigtenstunde. – c) Anteil der Angestellten an den Beschäftigten insgesamt. –
d) Beschäftigtenstunden je Beschäftigten pro Jahr (= Arbeitsstunden je Arbeiter)

1 Quelle: Statistisches Bundesamt (2004), Fachserie 4, Reihe 4.1.1; Deutsches Institut für Wirtschaftsforschung, Produktionsvolumen und -potential, Produktionsfaktoren des Bergbaus und des Verarbeitenden Gewerbes, 37. Folge, Berlin 2004.

Tabelle B-1: **Beschäftigte in der deutschen Luft- und Raumfahrtindustrie nach Angaben des BDLI**[1]
(1.000 Personen)

Jahr	Insgesamt	Davon beschäftigt bei:				Darunter: Fremd-fertigung	Insgesamt Ohne Fremd-fertigung	Davon beschäftigt mit der Herstellung von[a)]:		
		System-herstellern	Triebwerks-herstellern	Ausrüstungs-herstellern	Werkstoff-herstellern			Zivilen Luft-fahrterzeug-nissen	Militärischen Luftfahrt-erzeugnissen	Raumfahrt-erzeugnissen
1980	72,9	47,3	8,9	13,7	3,0	3,9	69,1	21,3	44,9	2,8
1981	75,3	48,5	8,8	14,9	3,0	3,6	71,7	24,7	44,0	2,9
1982	73,2	47,1	8,5	15,0	2,6	3,8	69,4	26,3	40,0	3,2
1983	71,5	45,5	8,4	15,5	2,1	3,7	67,8	24,2	40,0	3,5
1984	71,1	47,1	7,7	14,4	2,0	3,9	67,2	23,8	38,7	4,7
1985	79,8	47,1	7,3	22,7	2,6	3,0	76,8	27,2	45,1	4,5
1986	85,0	49,0	7,7	25,8	2,5	6,2	78,9	28,4	44,9	5,6
1987	86,6	48,5	8,0	27,2	2,9	4,0	82,6	30,2	46,5	5,8
1988	93,6	49,9	8,3	32,3	3,1	6,3	87,2	33,1	47,7	6,4
1989	94,5	52,8	8,3	30,0	3,3	5,3	89,1	36,7	46,0	6,5
1990	95,0	56,0	9,3	26,4	3,4	4,0	91,0	39,6	44,4	7,0
1991	86,3	51,5	8,7	22,7	3,4	1,9	84,4	39,1	38,4	7,0
1992	78,5	49,3	8,0	18,6	2,7	-	78,5	40,9	31,0	6,6
1993	72,9	47,0	7,4	15,8	2,7	-	72,9	40,0	27,0	5,9
1994	68,0	43,0	7,6	15,9	1,5	-	68,0	38,7	24,2	5,0
1995	63,3	37,0	8,4	16,4	1,5	-	63,3	31,1	17,8	5,2
1996	61,2	35,2	8,2	16,0	1,9	-	61,2	29,5	17,2	5,3
1997	61,1[a)]	31,4	6,7	15,7	1,3	-	55,2	26,2	15,2	5,9
1998	65,7[a)]	33,5	7,2	17,3	1,4	-	59,3	28,6	16,7	6,2
1999	67,4[a)]	34,9	7,2	17,5	1,3	-	60,9	30,2	16,3	6,1
2000	69,1[a)]	36,6	7,2	17,2	1,4	-	62,4	32,3	15,9	6,0

a) inkl. Schätzung der nicht im BDLI organisierten deutschen Luft- und Raumfahrtunternehmen.

1 Quelle: Bundesverband der Deutschen Luft- und Raumfahrtindustrie.

Tabelle B-2: Beschäftigte in der deutschen Luft- und Raumfahrtindustrie nach Angaben des BDLI[1]

(1.000 Personen)

Jahr	LRI insgesamt ohne Fremdfertigung	Davon beschäftigt mit:								
		Der Herstellung von zivilen Luftfahrterzeugnissen			Der Herstellung von militärischen Luftfahrterzeugnissen			Der Herstellung von Raumfahrt-Erzeugnissen[a)]		
		Insgesamt	bei Systemherstellern	bei Komponenten- und Teileherstellern	Insgesamt	bei Systemherstellern	bei Komponenten- und Teileherstellern	Insgesamt	bei Systemherstellern	bei Komponenten- und Teileherstellern
1980	69,1	21,3	15,7	5,6	44,9	25,2	19,7	2,8	2,8	0,1
1981	71,7	24,7	19,2	5,5	44,0	23,1	20,9	2,9	2,8	0,1
1982	69,4	26,3	19,8	6,5	40,0	20,8	19,1	3,2	3,1	0,1
1983	67,8	24,2	18,2	6,0	40,0	20,5	19,5	3,5	3,4	0,1
1984	67,2	23,8	18,0	5,8	38,7	21,0	17,7	4,7	4,5	0,2
1985	76,8	27,2	18,3	8,9	45,1	22,1	23,0	4,5	4,3	0,2
1986	78,9	28,4	18,8	9,6	44,9	21,7	23,2	5,6	5,3	0,3
1987	82,6	30,2	19,9	10,3	46,5	21,1	25,4	5,8	5,4	0,4
1988	87,2	33,1	22,2	10,9	47,7	20,4	27,3	6,4	5,7	0,7
1989	89,1	36,7	24,8	11,9	46,0	20,7	25,3	6,5	6,1	0,4
1990	91,0	39,6	26,3	13,3	44,4	21,1	23,4	7,0	6,5	0,5
1991	84,4	39,1	26,2	12,9	38,4	17,4	21,1	7,0	6,5	0,4
1992	78,5	40,9	28,8	12,1	31,0	18,1	12,9	6,6	6,4	0,2
1993	72,9	40,0	29,0	10,9	27,0	16,0	11,0	5,9	5,7	0,2
1994	68,0	38,7	26,4	12,3	24,2	14,6	9,6	5,0	4,8	0,2
1995	63,3	31,1	20,4	10,7	17,8	6,9	10,9	5,2	4,9	0,3
1996	55,3	29,5	18,8	10,7	17,2	6,6	10,6	5,3	5,1	0,2
1997	55,2	26,2	16,5	9,7	15,2	5,7	9,5	5,9	5,3	0,6
1998	59,3	28,6	18,1	10,5	16,7	6,3	10,4	6,2	5,5	0,7
1999	60,9	30,2	19,4	10,8	16,3	6,1	10,2	6,1	5,6	0,5
2000	62,4	32,3	21,0	11,3	15,9	6,4	9,5	6,0	5,5	0,5

a) Zuordnung der Angestellten und Auszubildenden zu den Erzeugnisbereichen ab 1985 geschätzt.

1 Quelle: Bundesverband der Deutschen Luft- und Raumfahrtindustrie.

Tabelle B-3: **Umsatz der deutschen Luft- und Raumfahrtindustrie nach Angaben des BDLI**[1]

(Milliarden Euro)

Jahr	Insgesamt	Davon bei:				Darunter: LR-fremde Erzeugnisse	Insgesamt ohne LR-fremde Erzeugnisse	Davon mit:[a)]		
		System-herstellern	Triebwerks-herstellern	Ausrüstungs-herstellern	Werkstoff-herstellern			Zivilen Luft-Fahrterzeug-nissen	Militärischen Luftfahrt-erzeugnissen	Raumfahrt-erzeugnissen
1980	4,62	3,09	0,46	0,90	0,16	0,20	4,42	1,39	2,80	0,22
1981	5,89	3,84	0,58	1,17	0,30	0,24	5,65	1,96	3,46	0,23
1982	6,51	4,34	0,65	1,27	0,24	0,26	6,25	2,68	3,32	0,25
1983	6,71	4,50	0,65	1,32	0,24	0,26	6,45	2,71	3,45	0,30
1984	6,87	4,59	0,66	1,45	0,17	0,26	6,61	2,68	3,56	0,36
1985	9,30	6,26	0,66	1,89	0,49	0,26	9,04	3,05	5,30	0,69
1986	10,64	6,16	0,67	3,53	0,27	0,27	10,37	3,46	6,33	0,58
1987	10,68	5,97	0,70	3,72	0,28	0,52	10,16	3,54	5,93	0,69
1988	11,87	6,85	0,79	3,89	0,34	0,53	11,34	4,15	6,30	0,89
1989	12,59	7,31	0,96	3,94	0,38	0,61	11,98	4,60	6,23	1,15
1990	12,97	7,78	1,05	3,70	0,45	0,61	12,36	5,33	5,64	1,39
1991	13,69	8,67	1,00	3,59	0,43	0,05	13,64	6,12	6,00	1,51
1992	11,22	7,01	1,03	2,80	0,31	-	11,22	5,44	4,53	1,25
1993	9,53	6,21	0,81	2,30	0,21	-	9,53	4,78	3,73	1,02
1994	8,59	5,65	0,79	1,99	0,16	-	8,59	4,27	3,35	0,97
1995	7,85	4,75	0,99	1,91	0,20	-	7,85	4,02	2,59	1,24
1996	8,66	4,74	1,09	1,90	0,19	-	7,91	4,41	3,07	1,17
1997	10,86 b)	6,05	1,52	2,12	0,24	-	9,93	5,42	2,77	1,74
1998	12,19 b)	6,65	1,76	2,40	0,34	-	11,15	6,47	2,88	1,80
1999	13,12 b)	6,68	2,08	2,88	0,36	-	12,00	7,48	3,13	1,38
2000	14,80 b)	7,78	2,16	3,16	0,44	-	13,53	9,28	2,94	1,31

a) Zuordnung der Komponenten und Teile (Triebwerke, Ausrüstungen, Werkstoffe) zu den Erzeugnisbereichen ab 1985 geschätzt. – b) inkl. Schätzung der nicht im BDLI organisierten deutschen Luft- und Raumfahrtunternehmen.

1 Quelle: Bundesverband der Deutschen Luft- und Raumfahrtindustrie.

Tabelle B-4: **Umsatz der deutschen Luft- und Raumfahrtindustrie nach Angaben des BDLI**[1]
(Milliarden Euro)

Jahr	LRI insgesamt ohne LR-fremde Erzeugnisse	Davon durch: Die Herstellung von zivilen Luftfahrterzeugnissen			Die Herstellung von militärischen Luftfahrterzeugnissen			Die Herstellung von Raumfahrt-Erzeugnissen		
		Insgesamt	Systemhersteller	Komponenten- und Teilehersteller[a)]	Insgesamt	Systemhersteller	Komponenten- und Teilehersteller[a)]	Insgesamt	Systemhersteller[b)]	Komponenten- und Teilehersteller[a) c)]
1980	4,42	1,39	1,07	0,32	2,80	1,63	1,18	0,22	0,21	0,01
1981	5,65	1,96	1,39	0,58	3,46	2,02	1,44	0,23	0,22	0,01
1982	6,25	2,68	1,96	0,73	3,32	1,92	1,40	0,25	0,24	0,01
1983	6,45	2,71	1,96	0,75	3,45	2,02	1,43	0,30	0,28	0,02
1984	6,61	2,68	1,96	0,72	3,56	2,05	1,51	0,36	0,33	0,03
1985	9,04	3,05	2,03	1,02	5,30	3,36	1,94	0,69	0,65	0,04
1986	10,37	3,46	2,05	1,41	6,33	3,48	2,86	0,58	0,50	0,08
1987	10,16	3,54	2,02	1,52	5,93	3,18	2,75	0,69	0,56	0,14
1988	11,34	4,15	2,58	1,57	6,30	3,23	3,07	0,89	0,79	0,10
1989	11,98	4,60	2,84	1,76	6,23	3,30	2,93	1,15	1,05	0,10
1990	12,36	5,33	3,57	1,76	5,64	2,79	2,86	1,39	1,25	0,14
1991	13,64	6,12	4,00	2,12	6,00	3,32	2,67	1,51	1,33	0,18
1992	11,22	5,44	3,43	2,01	4,53	2,88	1,65	1,25	1,21	0,04
1993	9,53	4,78	3,14	1,64	3,73	2,57	1,16	1,02	0,88	0,14
1994	8,59	4,27	2,89	1,38	3,35	2,24	1,11	0,97	0,93	0,04
1995	7,85	4,02	2,51	1,51	2,59	1,03	1,56	1,24	1,20	0,05
1996	7,91	4,41	2,39	2,02	3,07	1,42	1,66	1,17	1,12	0,05
1997	9,93	5,42	3,18	2,24	2,77	1,23	1,54	1,74	1,64	0,10
1998	11,15	6,47	3,69	2,78	2,88	1,26	1,62	1,80	1,70	0,11
1999	12,00	7,48	4,03	3,45	3,13	1,34	1,79	1,38	1,31	0,07
2000	13,53	9,28	5,23	4,05	2,94	1,31	1,63	1,31	1,24	0,07

a) Zuordnung der Komponenten und Teile (Triebwerke, Ausrüstungen, Werkstoffe) zu den Erzeugnisbereichen ab 1985 geschätzt. – b) Einschließlich Raumfahrttriebwerke. – c) Ohne Raumfahrttriebwerke

1 Quelle: Bundesverband der Deutschen Luft- und Raumfahrtindustrie.

Tabelle B-5: **Umsatz je Beschäftigten sowie FuE- und Export Umsatz in der deutschen LRI nach Angaben des BDLI**[1]

Jahr	Umsatz je Beschäftigten (1000 Euro)				FuE-Umsatz (Mrd. Euro)			Export-Umsatz (Mrd. Euro)		
	Insgesamt ohne LR-fremde Erzeugnisse	Bei der Herstellung von:			Insgesamt	Davon bei:		Insgesamt	Davon bei:	
		Zivilen Luftfahrt-erzeugnissen	Militärischen Luftfahrt-erzeugnissen	Raumfahrt-erzeug-nissen		System-herstellern	Komponen-ten- und Teile-herstellern		System-herstellern	Komponen-ten- und Teile-herstellern
1980	63,37	65,29	62,40	80,35	-	-	-	1,73	1,59	0,14
1981	78,22	79,49	78,67	79,34	-	-	-	2,54	2,30	0,24
1982	88,93	102,06	82,96	76,69	-	-	-	3,29	3,03	0,27
1983	93,85	111,98	86,28	84,73	-	-	-	3,30	3,01	0,29
1984	96,62	112,78	92,09	76,15	-	-	-	3,34	2,53	0,81
1985	116,54	112,03	117,56	153,39	-	-	-	2,81	2,53	0,28
1986	125,18	121,88	141,09	103,17	-	-	-	3,26	2,89	0,37
1987	123,33	117,16	127,55	119,01	1,80	1,31	0,49	3,91	2,78	1,14
1988	126,82	125,27	132,06	139,81	1,89	1,31	0,58	4,98	3,75	1,23
1989	133,23	125,38	135,38	176,99	2,79	2,14	0,65	4,98	3,50	1,48
1990	136,53	134,67	127,02	197,94	2,77	2,14	0,63	5,29	3,60	1,69
1991	158,63	156,53	156,18	216,20	2,96	2,43	0,53	5,73	3,98	1,75
1992	142,93	133,01	146,13	189,80	3,05	2,70	0,35	4,73	3,41	1,32
1993	130,73	119,51	138,05	172,45	1,73	1,41	0,32	4,54	3,39	1,14
1994	126,32	110,45	138,60	193,27	2,25	1,97	0,29	4,22	3,27	0,95
1995	124,01	129,38	145,63	238,93	1,84	1,56	0,27	3,38	2,41	0,98
1996	141,50	149,57	178,65	220,92	1,93	1,64	0,29	4,43	2,89	1,54
1997	177,74	206,86	182,32	294,64	2,25	1,83	0,42	5,48	3,41	2,08
1998	185,54	226,15	172,68	291,11	2,16	1,53	0,63	6,35	3,89	2,45
1999	194,66	247,68	192,02	226,23	2,08	1,39	0,69	7,29	4,32	2,97
2000	214,18	287,31	184,91	218,33	2,68	1,94	0,74	8,58	5,44	3,14

1 Quelle: Bundesverband der Deutschen Luft- und Raumfahrtindustrie.

Tabelle C-1: **Ausgaben des Bundes für die Luft- und Raumfahrt**[1]

(in Mio. Euro)

		1991	1992	1993	1994	1995	1996	1997	1998	1999	2000	2001	2002	2003
1. Zivile Projekte Luftfahrt		**653**	**615**	**326**	**247**	**241**	**218**	**222**	**180**	**254**	**272**	**279**	**291**	**270**
1.1 Luftfahrtforschung/-technik[a)]	(BMBW)	130	128	106	93	106	141	139	139	138	141	144	149	156
1.2 Entwicklung/Forschung	(BMWi)	328	284	210	147	73	15	20	13	70	51	38	23	38
1.3 Absatzfinanzierung	(BMWi)	16	8	11	7	62	61	61		5	38	46	78	38
1.4 Wechselkurssicherung Airbus	(BMWi)	179	194	-	-	-	-	-	-	-	-	-	-	-
1.5 Erwerb von Luftfahrzeugen	(BMI)						1	1	28	41	43	51	41	39
2. Wehrmaterial Luft[b)]		**3.734**	**3.219**	**2.739**	**2.417**	**2.537**	**1.922**	**1.896**	**2.209**	**2.450**	**2.485**	**2.673**	**2.647**	**2.809**
2.1 Forschung und Technologie	(BMVg)	114	121	114	93	129	29	29	31	30	30	30	30	30
2.2 Entwicklung	(BMVg)	878	861	681	700	695	401	404	245	239	167	182	139	190
2.3 Beschaffung	(BMVg)	1.801	1.277	972	712	766	586	565	1.070	1.302	1.390	1.511	1.516	1.630
2.4 Materialerhaltung	(BMVg)	941	960	971	913	946	905	897	864	879	898	951	963	960
3. Raumfahrt		**933**	**1.023**	**958**	**859**	**818**	**713**	**675**	**692**	**681**	**689**	**724**	**728**	**748**
3.1 ESA		493	600	607	532	558	529	511	494	496	501	542	542	542
3.2 Nationale Vorhaben inkl. DLR[c)]	(BMBW)	295	313	314	297	251	184	163	197	186	188	182	186	177
3.3 Kommunikationssatelliten	(BMPT)	145	109	36	30	8	-	-	-	-	-	-	-	-
3.4 zivile Satellitennavig. GALILEO	(BMVBW)											5	0	30
Gesamtsumme 1.-3.:		**5.319**	**4.856**	**4.024**	**3.524**	**3.595**	**2.853**	**2.793**	**3.080**	**3.385**	**3.446**	**3.676**	**3.666**	**3.828**

a) Einschließlich des Anteils der institutionellen Förderung der DLR im Bereich Luftfahrtforschung und -technik.
b) Sollzahlen.
c) Einschließlich des Anteils der institutionellen Förderung im Bereich Weltraumforschung und –technik.

1 Quelle: Bundesministerium für Wirtschaft (1996b): Bericht des Koordinators für die Deutsche Luft- und Raumfahrt, Anhang; BDLI Statistik; Hopf/Link/Stewart-Ladewig (2003), S. 13 f.

Abbildung D-1: **Wesentliche Konzentrationsentwicklungen der deutschen LRI seit den sechziger Jahren**[1]

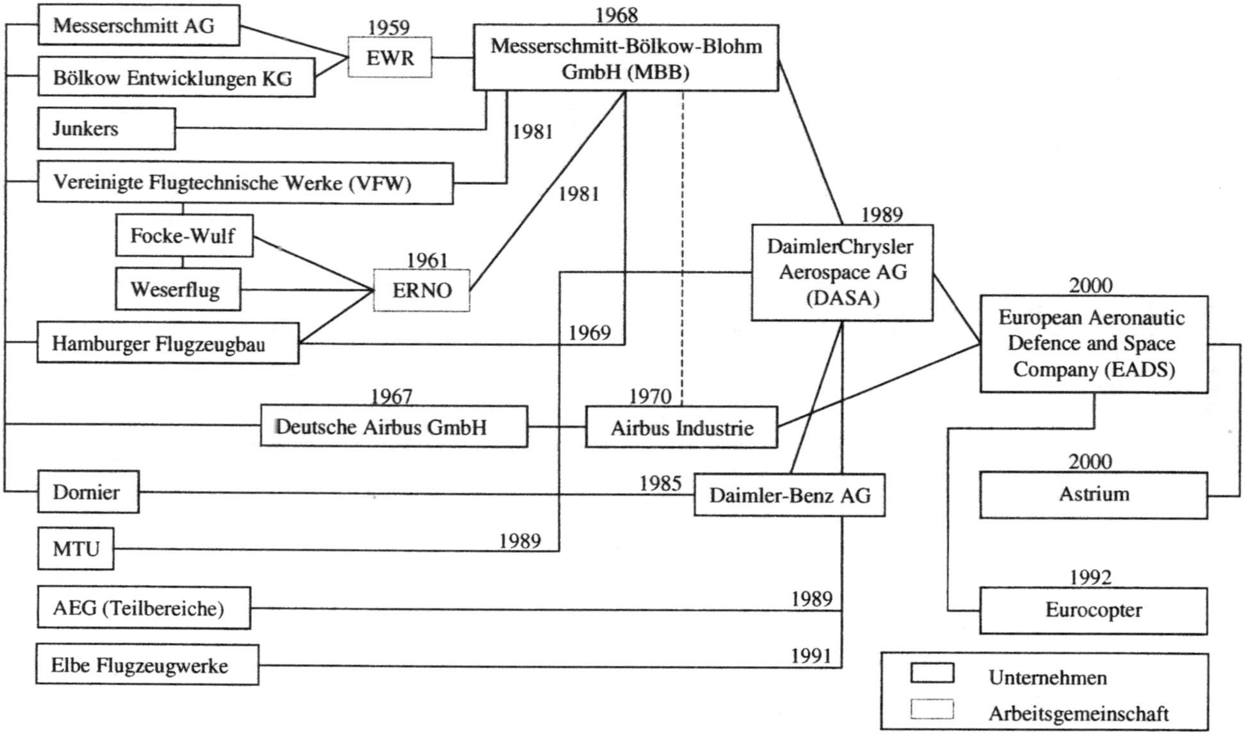

[1] Quelle: Eigene Darstellung; EWR = Entwicklungsring Süd; ERNO = Entwicklungsring Nord.

Strukturwandel und Strukturpolitik

Herausgegeben von Wolfram Elsner

Band 1 Karsten Seidel: Maritime Netzwerke und europäische Industriepolitik. 2000.

Band 2 Dieter Bögenhold (Hrsg.): Kleine und mittlere Unternehmen im Strukturwandel – Arbeitsmarkt und Strukturpolitik. 2000.

Band 3 Thomas Knogge: Umweltschocks und langfristige regionale Wirtschaftsentwicklung. Eine integrative Analyse reginalökonomischer Folgen des globalen Klimawandels. Mit dem Fallbeispiel der nordwestdeutschen Küstenregion. 2002.

Band 4 Wolfram Elsner (Hrsg.): Neue Alternativen des Länder-Finanzausgleichs. Modellrechnungen und Gutachten unter besonderer Berücksichtigung der Stadtstaaten-Problematik. 2002.

Band 5 Stefan Meyer: Strukturerneuerung und Regionalentwicklung durch Kooperationen und Netzwerke. Mit einer Fallstudie zum Autorecycling in Bremen. 2002.

Band 6 Martin Wrobel: Flughäfen in der Region. Regionale Gravitationszentren vor dem Verkehrsinfarkt? Eine Strukturanalyse und Prognose der landseitigen Verkehrssituation – am Beispiel des Airport Bremen. 2002.

Band 7 Martin Heinlein: Innovationen kleiner Unternehmen in regionalen Netzwerken. Die Förderung von Forschung und Entwicklung durch aktive Vermittlung im Wissens- und Technologietransfer. 2004.

Band 8 Martin Wrobel: Die Logistik als Motor regionaler Strukturentwicklung. Sektorale Clusterstrukturen und Netzwerkpotentiale am Beispiel Bremen und Hamburg. 2004.

Band 9 Sabine Bruns-Vietor: Logistik, Organisation und Netzwerke. Eine radikal konstruktivistische Diskussion des Fließsystemansatzes. 2004.

Band 10 Ernst Mönnich: Erklärungsansätze regionaler Entwicklung und politisches Handeln. Kritik und regionalökonomische Konsequenzen. 2004.

Band 11 Jost Bartkowiak: Stadtzentren im Umbruch. Zur *Revitalisierung* von Großstadtzentren, deren Bedeutung für Stadtökonomie, Städtebau und Stadtgesellschaft. Am Beispiel zentralstädtischer Bahnhofsareale. 2004.

Band 12 Wolfram Elsner / Christoph Otte / Inhi Yu: Klimawandel und regionale Wirtschaft. Vermögensschäden und Einkommensverluste durch extreme Klimaereignisse sowie Kosten-Nutzen-Analysen von Schutzmaßnahmen. Am Beispiel der nordwestdeutschen Küstenregion. 2005.

Band 13 Wolfram Elsner / J. Andreas Hübscher / Manfred Zachcial: Regionale Logistik-Cluster. Statistische Erfassung, Stärken und Schwächen, Handlungspotentiale. 2005.

Band 14 Marion Salot: Konkurrenz und Kooperation in Hightech-Branchen. Das Beispiel der internationalen Flugzeugbauindustrie. 2006.

Band 15 Maya Behrens-Schablow: Unternehmensinterne Netzwerke in der Informationsgesellschaft. Prozesse und Gestaltung der Vernetzung, Netzwerkkultur und Social Learning am Beispiel der Einführung von DC eLife in der DaimlerChrysler AG. 2007.

Band 16 Stefan Reiter: Wettbewerb und Monopolisierung in der Luft- und Raumfahrtindustrie. Analyse und Bewertung des Unternehmenszusammenschlusses Daimler-Benz/MBB aus Sicht der modernen Industrieökonomik. 2007

www.peterlang.de

For the avoidance of doubt, input of the whole or any part of this publication
into any generative artificial intelligence model, chatbot, program, software or technology
is expressly prohibited without the prior written consent of the publisher.

Printed by
CPI books GmbH, Leck

FSC
www.fsc.org
MIX
Papier | Fördert
gute Waldnutzung
FSC® C083411

Kolibri 360 GmbH
Ferdinand-Jühlke-Straße 7
99095 Erfurt, Deutschland
produktsicherheit@kolibri360.de